兰山血
广治泪

从南寮-9号公路大捷到广治大会战

越南战争的又一次大决战

一剑文化 著

台海出版社

图书在版编目（CIP）数据

　　兰山血、广治泪：从南寮-9号公路大捷到广治大会
战 / 一剑文化著. -- 北京：台海出版社，2016.4（2024.9重印）
　　ISBN 978-7-5168-0987-7

　　Ⅰ. ①兰… Ⅱ. ①一… Ⅲ. ①印支战争－越南－史料
Ⅳ. ①K333.52

　　中国版本图书馆CIP数据核字(2016)第090826号

兰山血、广治泪：
从南寮-9号公路大捷到广治大会战

著　　者：一剑文化

责任编辑：阴　鹏　　　　　　　　　装帧设计：指文文化
封面设计：舒正序　　　　　　　　　责任印制：蔡　旭

出版发行：台海出版社
地　　址：北京市东城区景山东街20号　　邮政编码：100009
电　　话：010－64041652（发行，邮购）
传　　真：010－84045799（总编室）
网　　址：www.taimeng.org.cn/thcbs/default.htm
E－mail：thcbs@126.com

经　　销：全国各地新华书店
印　　刷：重庆长虹印务有限公司
本书如有破损、缺页、装订错误，请与本社联系调换

开　　本：787mm×1092mm　　　　　1/16
字　　数：356千字　　　　　　　　　印　　张：24
版　　次：2016年8月第1版　　　　　印　　次：2024年9月第2次印刷
书　　号：ISBN 978-7-5168-0987-7

定　　价：129.80元

目录

CONTENTS

序

　　溪山战役的结束，并不意味着越南战争的终结。相反，美国远征军因及时放弃边远山区据点，而获得大量机动兵团，摆脱了威斯特摩兰时代兵力分散、处处挨打的窘境。在一代名将艾布拉姆斯上将指挥下，美军从1968年8月起，开始在整个越南南方掀起规模宏大的全线反击，新春总攻击和总奋起阶段蒙受惨重损失的越南人民军抵挡不住节节败退，不仅丢失大量地盘，地方部队和乡村游击队也损失大半。为了恢复地方—乡村游击队组织，越南南方的越南人民军不得不大量解散主力部队，下到各个地方充当地方部队，甚至乡村游击队的种子。即便如此，还是没法粉碎艾布拉姆斯的"扫与守"政策。日益被蚕食的地盘和枯竭的兵力，以及长山公路被轰炸封锁都严重困扰着越南人民军，1969年到1970年成为整个越南战争中，人民军最艰苦、最困难的岁月。不幸之中，自有万幸。尽管艾布拉姆斯打出了越南战争第二个高潮（第一个高潮是1968年新春总攻击和总奋起，第二个高潮是美国远征军1969年到1970年大反攻胜利，第三个高潮是1972年越南人民军战略进攻，第四个高潮是1975年春季大捷），成功地全面压制了南方的越南人民军，但美国对越政策已经转向，由美国为主包打的"局部战争战略"转型为美国全面撤出地面部队，只以海空炮火力支援获得大量美援的南越国军执行"战争越南化战略"。这个战略确实一度取得了很大的效果，把越南人民军逼入了绝境，可是美军的大量撤退和1970年5月入侵柬埔寨，却让越南人民军获得了在整个印度支那自由盘活的空间。

　　经过一年的休养，越南人民军在1971年和南越国军于柬埔寨、南寮—9号公路进行全面较量，两战告捷宣告了人民军逐步走出1969年至1970年失败的阴影，开始重新积蓄力量。在南寮—9号公路大捷的振奋下，越南中央政治局和中央军委也打算趁美军全面撤退，并已经不具备在越南南方战场进行地面作战能力的情况下，于1972年掀起战略进攻，主要进攻方向选在广治。为了打赢这次决定性的进攻战役，越南人民军一改先前的游击战略，主动转入大规模诸兵种协同进攻战役，动用4个步兵师（后增到6个师）、2个坦克装甲车团，以及大量炮兵、防空兵、工兵和特工支援，从西面、北面、南面同时对广治省北部地区发起猛烈进攻。由于定势思维和判断失误，加上训练不足和装备缺乏，南越国军第3师团在越南人民军第一击下损失惨重，麦克纳马拉电子防卫墙被全线突破不算，整个非军事区全部沦丧。尽管联合参谋本部从西贡陆续调来海军陆战师团、别动军3个联团和伞兵师团，并组织了"光中729行动"，但经过1个月的僵持，最终还是丢失了广治市，战线被击退至美政河，顺化也有丢失的危险。幸好美国空军进行了最大限度的海空火力支援，从近距离空中支援到战场遮断和战略轰炸，逐步结合起来切断了越南人民军的战略后勤线，使越南人民军在连续进攻后不仅势头衰竭而且补给不济。双方在美政河的对峙实际变成了双方拼后勤补给和兵力集结速度，联军依靠绝对制空权和发达公路网，抢在越南人民军之前完成了兵力集结和补给。从6月28日开始，胜负之势已然易手，尽管越南人民军拼命发动战役第三阶段进攻，却惊讶地发现自己的损失高于解放广治的前两阶段进攻，而且根本打不动对手。

联军把握战场机会的能力也确是棋高一招。趁着越南人民军进攻势头彻底衰竭，南越国军第1军区挥师反攻，最精锐的战略总预备队——海军陆战师团、伞兵师团、野战军第1师团和别动军第1联团，在第1装甲骑兵旅团、大量炮兵群及美国海空火力支援下，从美政河战线开始全线反攻。越南人民军突然从进攻转入防御，最初措手不及，丢失了许多地盘。但在越南中央军委的指导下，为了巴黎谈判中具有于己有利的态势，必须坚决死守广治市，寸土不让！为了加强防御战斗，越南人民军相继把第312A步兵师和第325步兵师、第246步兵团调到广治战场。除了第320A步兵师外，广治战场集中了越南人民军所有的绝对主力部队（第308A步兵师、第312A步兵师、第304A步兵师、第325步兵师、第320B步兵师、第324步兵师、第246步兵团）！交战双方都拿出了自己的家底，一边是南越国军战略总预备队（也是南越国军唯一拥有师团级别合成兵种攻防战斗力的部队），一边是越南人民军总部各个直辖机动主力师，双方拼死较量，围绕广治市周围每一寸土地、每一座房屋、每一个阵地、每一个战壕都展开激烈争夺，战斗打得十分惨烈。许多越南人民军分队往往战斗到最后一人才丢失了阵地。南越海军陆战师团和伞兵师团也打得异常勇敢，他们之中许多部队也损失50%以上的兵力，却没有一个部队叫苦。大家都抱定拼死战斗的心理，战斗变成了双方残杀，从6月28日到9月16日，双方进行了整整81天的苦战。最终南越国军海军陆战师团压倒了对手，夺回已成一片废墟、没有一座完整房屋的广治市和广治古城，把战线打到后汉河北岸。这81天的战斗也是整个越南战争中最残酷、最惨烈、双方伤亡最大的。尽管南越国军艰苦反击，夺回半个广治省失地，越南人民军却没有放弃，为了守住广治省剩下的解放区，越南人民军反过来围绕后汉河南岸的各个重要高地，和海军陆战师团、伞兵师团殊死争夺。这一次，失血过重的南越国军失去了进攻势头，战线僵持在后汉河南岸，直到《巴黎和平协约》签署、停战日到来，双方谁也没有再进一步。

为了还原这次血战，作者收集了不少越南文和英文书籍资料，力求在中立、客观的基础上撰写这本书，也算是溪山战役的续篇。

【第一章】
艰苦岁月

　　溪山战役的胜利并没有给越南人民军带来 1968 年决定性的胜利，相反，从 1968 年 1 月 30 日到 8 月 25 日在整个越南南方掀起的新春总攻击和总奋起，给越南人民军主力部队造成了极大的损失。按照越南中央军委 1969 年 4 月的报告，1968 年新春总攻击和总奋起第一阶段到第二阶段（1968 年 1 月 30 日到 7 月 2 日）共损失 124194 人（不含县地方部队、乡村游击队和地方工作干部）：牺牲 44824 人、负伤 61267 人、失踪 4511 人、被俘 912 人、失联 1265 人、逃亡 10899 人、投降 416 人；损失各种武器 27801 件。

　　在越南人民军失血过多而失去战略进攻能力的同时，新任美国远征军总司令艾布拉姆斯上将却巧妙采取战略收缩，放弃大量边远山区的据点，腾出机动兵力迅速夺回了战场主动权。从 1968 年 9 月开始，联军把原先的"觅歼"战略改为"扫和守"战略，最大限度集中机动兵力，发扬空炮火力优势，以美军为绝对主力实施机动打击，辅以中央情报局的"凤凰"行动，加上越南共和国的绥靖，采取"军政谍"三管齐下方式打击，让越南南方的越南人民军部队几乎陷入绝境。南部平原农村解放区几乎丢失殆尽不算，乡村游击队损失大半，著名的古芝游击队损失 95%，古芝 7 营损失殆尽，南部西区上半年就损失乡村游击队 1.5 万人，全年整个越南南方仅乡村游击队就损失了 12 万人，如果加上地方部队和主力部队，1969 年的总损失超过了 20 万人。

平原农村根据地的丢失和地方部队、乡村游击队损失惨重，给越南人民军坚持游击战争带来了巨大的困难。为了恢复地方组织和游击战争态势，越南人民军留在南方的主力部队一边顽强组织小规模袭击和渗透，还击美军和南越国军；一边被迫解散许多主力团，把这些部队派到各地充当地方部队和乡村游击队的火种。然而，"凤凰"行动和"扫与守"的战略产生了致命的效果，使越南人民军无论多么努力奋战也没法扭转 1969 年到 1970 年的被动不利局面。

越南人民军各军区和各省战史对 1969 年的艰苦局面都有诸多反映，《第 6 军区抗战史》对 1969 年战事就评论道："在平顺省，敌人占领了部分根据地，夺取了 2.4 万人。在宣德省，敌人沿着 20 号公路实施反复扫荡，逮捕 4000 多人，夺取了 K67 解放区，并且占领了 11 号公路、21 号公路沿线的部分村庄。在林同省，敌人沿着 20 号公路密集修建野战警察屯和保安屯，防范我军破交⋯⋯美伪军使用各种力量进行平定工作；用军事办法封锁并结合心理战，采取恐吓、贿赂手段，侵占和获得农村的控制权，特别是关键的农村地带。对我军来说，许多地区由于兵力不足，无法有效打击敌人的反击和侵占，许多村庄名义上归我军控制，可实际上我军只有在夜间才能在村里活动，而白天却是被敌人控制；双方争夺区是 3.2 万人人口，却形成了根据地仅 400 人（在部分地区）这种极为被动而奇特的斗争局面。"

《平福省（平隆和福隆省合并）抗战史》也记载道：

从 1969 年开始，美伪军给我军制造了很多困难，敌人频繁组织伏击，锐意要夺取人民，占领地盘，并且猛烈扩大"农村平定"计划。1969 年头几个月，我军还是守住了中间区，南方解放军的主力单位仍在积极活动，不断对敌人基地发动进攻；可到了 1969 年秋季，敌人集中步兵、空军、炮兵逐步蚕食吞并了中间区，以及平隆、福隆、禄宁、D 战区许多根据地的中间区和前沿⋯⋯敌人猛烈轰炸，最大限度使用火力对平隆、福隆、同帅周围地区的我军控制区实施绵密打击。

在不断组织扫荡的同时，敌人还把人民集中赶进各个"战略村"，企图隔断人民群众和革命的关系。敌人使用伪军主力兵团和美军从外面包围各村，然后使用保安部队、民卫、"平定"进行内部绥靖，对每个村都连续进行 5 到 10

天的清剿和绥靖。结合恐怖活动在中间地盘进行蚕食，清剿我方隐蔽留守的机动力量，铲除我方在中间地带各村的革命基础；企图在各大城市、县城周围建立安全环形带，特别是要打通诸如真城、平隆、福隆、同帅地区的重要交通路线（重点是 13 号和 14 号公路）……到 1970 年初，我军平福省的革命力量在力和势两方面都遇到了严重的困难，许多基本解放区被敌人占领，三种武装力量下降到了最低点，人民战争风潮遇到了很大的困难。随着美国远征军和各仆从国的地面部队开始逐步撤出，敌人转而加强 B-52 轰炸、炮兵轰击和别击活动。各类地雷和炸弹摧毁了许多高地的植被，给我军各个根据地造成了很大的困难和损失。

南部平原困难重重，紧靠越南人民军大后方的 9 号公路—北广治阵线形势也没有丝毫缓解。

苦斗"绥靖"

随着第 308A 步兵师撤回越南北方重新补充兵力和武器装备，9 号公路—溪山战役指挥部也结束了自己的使命，陈贵海和黎光道少将重返各自岗位。重新恢复指挥权的 9 号公路—北广治阵线决定以仅有的主力部队——第 320A 步兵师，在甘露到向化南面之间广大地区展开兵力，准备打击美军在 1968 年雨季的战略反击企图，保卫新解放的溪山地区。

然而，这个时候的美军陆战 3 师已非昔日手脚被缚的部队，放弃溪山使他们稳握主动权。在强大的空炮火力支援和灵活的打击下，第 320A 步兵师损失不小，从 7 月 24 日到 10 月 7 日牺牲了 502 人（美军宣称击毙敌 1500 人），但还是勉强保住了溪山解放区。10 月中旬，越南人民军总参谋部一纸命令，奋战大半年、损失过半的第 320A 步兵师也撤回越南北方，转移到河静省休整补充兵力。

主力部队的撤退和联军突然采取"军政谍"三管齐下的反攻，让毫无思想准备的越南人民军措手不及。应该说，美国驻越南共和国大使邦克和艾布拉姆斯上将终于洞悉了越南战争的关键因素——军政齐下。按照"扫和守"战略的分工，美军负责"扫"（扫荡），南越负责"守"（绥靖），中情局负责"谍"。这招正中越南人民军要害，使越南人民军总部直辖部队暂时失去战斗力，各个军区、阵线的主力部队也损耗较大，只能一再避战；顶在第一线的地方部队和乡村游击队根本不是美军的对手，在美军凶狠绞杀下损失大半，南越方面竭力巩固美军夺取的地盘，形成美军打一路、南越巩固一路的局面。如此这般，越南南方形势骤然逆转，9号公路—北广治阵线也被波及。至1969年初，9号公路—北广治阵线的战场范围宽约70公里（从越门河到越老边界）、纵深35到40公里（从边海河到博隆），绝对控制区只有一个县——溪山地区的向化县，部分控制区是犹灵县和甘露县部分乡村，总人口不足7万人。为了斗争发展需要，北广治阵线把负责的战场划分为4个区，每个区域的斗争形势差异较大：

东区主要是犹灵县地区。在这里，南越国军把人民集中到各个新生村（主要分布在犹灵县、越门港和广能县），只有甘露河北岸还有一些人民居住在自然村里。在1号国家高速公路东面，许多村庄被焚烧，村内空无一人。依靠美军强大的机械化作战能力和空炮火力掩护，南越重新组织了这里的绥靖力量，加强了工事系统，犹灵县的越南人民军地方、乡村部队要么被消灭，要么被赶进山区，只有寥寥几名秘密游击队员还在零星打枪。可以说，联军在东区的绥靖获得了完全成功。

中间地区指从76号公路西面到甘露河之间地区。这里是紧挨着边海河的山区，地形上有利于越南人民军。从1969年春节开始，美国空军对中间区进行绵密轰炸，并大量撒播橙剂来破坏该地区植被，剥夺越南人民军的地利优势。同时，美军还不断用空炮火力封锁边海河各个渡口和中间地区的各条交通干线，南越国军还在通往各条村落的路口组织伏击，给越南人民军活动带来了不小困难，但越南人民军还是有小块较为稳定的根据地。应该说，联军在这里的绥靖只成功了一半。

西区指从甘露河南岸到9号公路附近及越老边界地区，这里是长山公路连通9号公路—北广治阵地和越南南方各个战场的重要战略运输走廊。这个地盘的核心是刚刚获得解放的溪山地区，它同时也是9号公路—北广治阵线坚实的跳板。溪山地区在手，可以在最坏的情况下确保越南北方南下的兵力和物资进入战场，保障越南南方各个战场作战能够获得人力和物力补充。美军虽然放弃了溪山地区，但眼睛一直盯着长山公路。1969年到1970年，联军还是不断派美军"绿色贝雷帽"（SOG）进溪山地区，并深入老挝，侦察监视长山公路运输情况，捕捉越南人民军兵力集结情报，防范越南人民军再度发动类似1968年的全面进攻。总的来说，西区没有联军可靠的据点，是越南人民军相对稳定的控制区，也是越南人民军半个后方。

南区指9号公路以南到越门河地区。这一带是平原区，人民被联军集中到各个据点和基地周围的新生村。这里交通网发达，不利于越南人民军大部队活动，游击力量也很薄弱，没法掀起群众斗争风潮。总的来说，南区只能是半个游击区，而基本联军是掌控了该地盘。

各区斗争形势严峻，9号公路—北广治阵线兵力也很吃紧。和1968年同时拥有3个总部直辖主力师不同的是，1968年底到1969年初，阵线的主力部队只有第27步兵团（别号藩朗团）和第246步兵团（别号三岛团）、第84炮兵团、特工第31和第33营、第75防空营（12门37毫米高射炮）和第15工兵营，以及犹灵县和甘露县地方部队4个连。相对越南人民军薄弱的兵力，联军在9号公路—北广治战场却有美军11个营（美国海军陆战队9个营、2个装甲骑兵中队）、南越国军野战军4个营、保安军8个连、民卫队43个排、绥靖团8个和几千名野战警察。凭借着兵力优势和"军政谍"三管齐下的手段，联军控制着该地区70%到80%的人口，整体形势可以说是美强北越弱。9号公路—北广治阵线在这种情况下既要反击联军绥靖，又要守住解放区，还要保卫战略运输走廊，斗争的困难和复杂可想而知。

对美国来说，1969年同样也是不平凡的一年。不仅"阿波罗"号登月成功，开创人类探索宇宙的新纪元，新任美国总统的尼克松也宣布要推行新政策。对越政策的调整，自然是尼克松新政策的重头戏。他一上台就抛出新设想，和前任约翰逊积极使用美军包打越战不同，他要实现"战争越南化"，让南越国军逐步接过战争重任，美军转入辅助支援，继而从越南脱身。

但是，脱身并不意味美国会眼睁睁看着投资的上千亿美元打水漂。尼克松的"战争越南化"基本目标是很宏大的，军政齐下，主要目标是控制和绥靖越南南方大部分人民，剥夺越南人民军的群众依托，同时采取各种空中打击方式，切断长山公路，进而包围、孤立和瓦解越南人民军在南方部队的战斗意志；大力发展南越国军，让他们在美军的各种火力和后勤支援下接过战争重任，消灭南方越南人民军。总的来说，"战争越南化"战略的重点是"农村平定"，整个战略从1969年开始，头两年以美军为主，基本平定后改以南越国军为主，预计到1972年彻底完成。

遵照"战争越南化"重点平定农村的策略，联军从1969年初以美军陆战3师为主力，连续展开多次行动，扫荡9号公路西面和北面的越南人民军战略运输走廊、76号公路与边海河南岸部分乡村。

在联军凶猛军政攻势下，陷入被动的9号公路—北广治阵线党委只得在1969年2月9日到10日召开紧急会议，决定要"发挥主动，坚决、连贯、积极的进攻，粉碎敌人的意图，绝不能让敌人站稳脚跟，要孤立敌人，包围、分割、寻歼小股敌人"。鉴于阵线兵力严重不足，阵线党委要求1969年首要目标是务必死保西区的战略运输走廊，争取开辟新的战略运输走廊，确保大后方在手，同时发挥所谓"两条腿、三路夹攻（hai chân, ba mũi giáp công）"的打法，要求全阵线从1969年2月24日开始掀起新春攻势，对联军控制区实施小规模广泛运动袭击、特工袭击和游动炮击。具体要求如下：

在1号国家高速公路东面，各地地方党组织要动员犹美、犹河、甘江、莱安人民奋起，和南越绥靖团争夺农村控制权，牵制联军部分兵力和注意力；

在1号国家高速公路西面和76号公路，地方部队和乡村游击队在主力部队配合下，要守住控制区，防止对方渗透；

新兰西北地区是阵线后方休整区，绝对不能让联军突入，必须死守；

在东区和中间地区，要组织多路步兵袭击、伏击，特工袭击和游动炮击，最大限度消灭联军有生力量，粉碎对方的攻势和绥靖。

1969年2月24日，9号公路—北广治阵线的第84炮兵团、特工第31营和特工第33营突然对东河基地、昆先基地、头某基地、广能基地进行游动炮击。海军第126A特工团也袭击了在越门河航行的联军舰艇，爱子基地仓库区也没能幸免。

在炮兵和特工袭击的同时，阵线的两大主力团——越南人民军第246步兵团和第27步兵团，也分别偷袭了美军的内维尔火力基地和鲁塞尔火力基地。内维尔火力基地驻守的美军陆战4团2营H连2个排战死11人、负伤29人；鲁塞尔火力基地的陆战 4 团 E 连、F 连、K 连和迫击炮连，以及陆战 12 团 H 连蒙受了巨大损失，战死 26 人、负伤 77 人，宣称仅毙敌 25 人！

什么？仅仅一年工夫，越南人民军的袭击战斗本事又长进了？这样下去还得了！美军陆战 3 师不敢急慢，立即命令陆战 4 团主动出击，去打第 246 步兵团，任务是消灭对手或是把他们赶得远远的；美军第 5 机械化步兵师 1 旅和南越国军第 2 步兵团配合收拾第 27 步兵团。对第 246 步兵团的进攻从 3 月 1 日一直持续到 5 月 8 日，陆战 4 团宣称毙伤敌 347 人，自己损失百余。应该说，第 246 步兵团的战斗力确实了得，大战两个多月只损失了大约五分之一的兵力，有效躲过了美军的打击，保存了实力，还打出了董春国连长和阮文光指导员这对英雄。

对第 27 步兵团的进攻战斗打得更顺。美军第 5 机械化步兵师 1 旅 11 团 1 营除了在 208 高地战死 13 人外，基本没有什么大损失。到 4 月 3 日战斗结束时，美军宣称干掉越南人民军第 27 步兵团 300 多人。

为了策应第 27 步兵团和第 246 步兵团的战斗，第 15 工兵营、特工第 31 营和 33 营对 1 号国家高速公路、9 号公路进行袭击，海军第 126A 特工团也对越门河航运进行袭击，破坏了联军一批运输工具。

从 1969 年 2 月 10 日到 3 月 31 日，经过 50 个昼夜连续战斗，9 号公路—北广治阵线各武装力量打了 383 次小战斗，号称歼灭联军 8 个连又 14 个排，重创联军 6 个连，击毁 216 辆军车，击落 48 架飞机，打掉 47 门火炮，击沉 8 艘舰艇、打坏 4 艘，摧毁 7 个弹药库和油库。应该说，这个统计还是很准确的，美军虽然受到阵线各武装力量的进攻，但还是组织了陆战 9 团打进越南人民军的 611 号仓库区，缴获 1223 件步兵武器、16 门火炮（含 D74 122 毫米加农炮）、73 门高射炮、26 门迫击炮、104 挺机枪、92 辆卡车和 80.7 万发子弹和 170 吨大米。美军付出战死 130 人、负伤 920 人的代价，宣称击毙越南人民军 1617 人。

虽然经过努力奋战消灭了联军部分有生力量，但 9 号公路—北广治阵线本身就不多的兵力也受到不小损失。当时，越南人民军全线兵力和物资补充都很困难，不少指战员出现悲观情绪，士气也下降得很厉害。

对于越南南方战场出现的局势急剧逆转局面，北越高层忧心忡忡。在 1969 年 4 月召开的越南中央政治局会议上，北越方面首先肯定了 1968 年新春总攻击和总奋起迫使美国降级战争和暂停对越南北方进行战略轰炸的成就，但也指出损失兵力大，导致部队战斗力下降，补充不济。

在这个认识基础上，越南中央政治局认为联军内部还存在诸多矛盾和冲突，不可能团结一致战胜越南人民军和发挥自己的综合能力。因此，北越方面决定："在这个大时机（指再次发起总攻击和总奋起的机会）到来前，我们应该抓住机遇展开全面而连续的总进攻；把基本面推向一个新的阶段，打垮美帝国主义的侵略意志。同时指出总的任务是大力建设军事和政治力量，发展一个全面、连续的进攻战略，打败敌人各种防御办法和各个目标，打败敌人非美战争化的主张和结束战争的阴谋，赢得决定性的胜利，创造实现南方独立、民主、和平、中立，进而统一祖国的有利条件。"

按照越南中央政治局的决定，从 1969 年 5 月 11 日起，越南人民军又在整个越南南方掀起夏季攻势活动，一共对 830 个据点、基地（含 57 个师级团级指挥所、41 个机场）展开袭击活动和游动炮击。为了打好夏季攻势，越南人民军甚至把刚刚休整补充完毕，还没有完全恢复战斗力的第 304A 步兵师、第 325 步兵师和第 324 步兵师统统南调入战场。这种不顾 1968 年损失未恢复就强行发动全面袭击的做法，引来了联军强烈反应。为了打掉阿绍河谷这个通往治天军区的战略运输走廊，美军出动第 101 空中突击师 3 旅和陆战 3 师实施攻击。越南人民军第 324 步兵师和治天军区主力第 6 步兵团被打了个措手不及，双方在亚碑高地（美军称为汉堡高地）展开残酷厮杀。第 29 步兵团打得异常出色，按照《越南人民军卫生勤务史》第三卷的记载，1969 年 5 月至 6 月亚碑高地之战，越南人民军伤亡 346 人，其中 64.45% 是伤兵。[1] 伤势分布也让美军汗颜：亚碑高地之战伤员只有 8% 是重伤、33% 中等伤势、59% 轻伤；枪弹伤占伤员比例 8.8%，榴弹炮和迫击炮炸伤占 68.4%，炸弹炸伤占 16.1%，炸药爆破和地雷炸伤占 6.5%。[2] 虽然亚碑高地防御战越南人民军打得十分出色，但在退却过程中遭到陆战 3 师抄杀，损失较大。

为了保卫战略运输线，第 304A 步兵师奉命以所辖的第 24 步兵团和第 9 步兵团投入战斗，4 月底他们连续在溪山地区的 425 高地、420 高地、古堡、旭上、旭下、围村组织战斗，打击美军的 SOG 并机降偷袭溪山地区的南越国军部队；但战斗效率远不如前一年：战斗一个月宣称仅歼敌 200 人，自身反而蒙受了 149 人牺牲、200 人负伤的代价。第 304A 步兵师的战斗活动受到了批评。倒是第 325 步兵师进入战场打得不错，他们于 1969 年 4 月 18 日在 68 高地，通过伏击战斗重创南越国军一个保安连，歼敌 80 人；接着又在 33 高地和南越国军第 2 步兵团一个营血战，宣称歼敌 150 人，打掉 2 架直升机。

在越南人民军各个主力师和各军区主动出击掀起夏季攻势的同时，9 号公路—北广治阵线也不甘落后，同样打响了自己的进攻活动。

1969 年 5 月 11 日夜到 12 日凌晨，9 号公路—北广治阵线炮兵和特工部队同时对东河、越门、萨某、广能、头某、31 高地、同先、犹灵、甘露、333 高地展开攻击。其中，第 84 炮兵团 3 营用 H12 火箭炮（63 式 107 毫米多管火箭炮）轰击了萨某基地，宣称消耗 80 发火箭弹，击毁 4 辆军用车，毙敌 38 人。第 75 防空营 1 连和 4 连配合第 27 步兵团 1 营，围攻 544 高地，袭击卡罗尔火力基地和昆先基地。第 246 步兵团也在 233 高地、岘班、车卢组织袭击战斗。海军第 126A 特工团、特工第 31 营和 33 营沿着 1 号国家高速公路频繁实施袭扰交通线的战斗。5 月 22 日到 26 日，越南人民军第 27 步兵团 2 营和 3 营打了一个相对漂亮的战斗，在 6 门 82 毫米和 120 毫米迫击炮支援下，用 4 天时间拿下了 182 高地，重创南越国军第 3 步兵团 1 营，但自己也伤亡较大。

在 5 月 11 日到 6 月 20 日的夏季攻势中，越南人民军虽然投入了总部直辖主力师，但不管是战斗力还是战绩，他们显然都大不如以前了，而且自己还蒙受了较大的损失。其中 9 号公路—北广治阵线各武装力量打了 327 次中小规模战斗，结果很不理想且没能遏制联军的活动，完全没有达到预期要求。

对春夏季攻势的雷声大雨点小、损耗高歼敌少的问题，9 号公路—北广治阵线党委于 6 月 24 日和 25 日开会讨论时进行了严厉的批评，对这一阶段的活动评价为："炮兵和一些步兵单位打得相对出色，但许多主力部队打得不好，特工部队也没有什么出色战绩，游击战争在春季也没能得到广泛发展，打交通线更是既不猛烈也不连贯，配合南方各个战场的实际效果很有限，重点是战斗效率低！"通过总结，9 号公路—北广治阵线发现部队损耗大、战斗效率低的根本原因，就是连续战斗而没有得到休整巩固和训练，一有损失就塞新兵的做法是错误的。为了让部队恢复战斗力和得到充分休整与训练，9 号公路—北广治阵线决定采取轮战法，一半主力在前方作战，一半主力回后方重建和训练，采取战略收缩、停止大规模活动方针，以求保存实力，度过艰苦岁月。

与此同时，整个越南南方比他们还要艰苦。越南中央军委终于意识到目前越南人民军继续发动大规模全面进攻和袭击活动只会导致自己的损失更大和丢失更多根据地，此后，他们开始调整战略。1969 年 7 月初，越南中央军委下达新的命令，要求全线停止大规模进攻活动，根据战场态势进行精兵简政。地方部队和乡村游击队损失巨大的南部平原采取主力部队地方化政策，取消一切师级作战，把各个主力团加强或分散到各个地方去协助恢复地方部队，必要时解散部分主力部队去当地方部队或乡村游击队火种。参加 1968 年新春总攻击和总奋起的各个主力师（第 304A 步兵师、第 324 步兵师、第 325 步兵师、第 308A 步兵师、第 320A 步兵师），除部分加强南方战场的兵力外，其余兵力大部分集中整训，用一年时间恢复战斗力，做好 1970 年到 1971 年大战的准备。

与此同时，9 号公路—北广治阵线的领导班子也做出调整。黎思同出任阵线党委书记兼政委，他一上任就下令把历经半年战斗损失了大半兵力的第 27 步兵团给撤了下来。在 6 月和 7 月这两个月里，第 27 步兵团补充了 1200 多名新兵和若干武器装备，并进行积极训练，使满员率达到了 90%（越南人民军一个步兵团满员是 2000 人）。针对作战中出现的问题，黎思同强调要展开迫击炮、高射炮、工兵、特工和步兵协同打坚固工事的技战术训练，重点是组织好火力压制明暗火力点，打武装直升机。对游击战，他强调第 27 步兵团作为阵线主力部队，一定要打好插入敌后的迂回包围分割和运动伏击联军的行军队伍之类的传统战斗，绝不能重蹈 1969 年春夏季活动的覆辙。

为了保障第 27 步兵团撤出前线后 9 号公路—北广治阵线在前线的主力部队不会受到削弱，越南人民军总参谋部还特地把第 304A 步兵师 9 团暂时加强给阵线，让该团在新兰北部活动；第 4 军区的广平省地方部队 45 营和 49 营也奉命偷渡边海河，插到中间地区的 76 号公路活动，配合第 246 步兵团和特工第 31 营往东区的犹灵地区渗透。

为了提高这两个武装力量的战斗力，9 号公路—北广治阵线一边组织集训（共 52 期，每期有 20 到 30 名地方部队、乡村游击队指战员参加，集训 7 到 10 天，科目是如何搞武装宣传、动员人民、狙击，以及袭击保安屯、民卫屯、警察屯、乡公所），一边抽调 500 多名指战员下到各个地方充当火种，重新拉起乡村游击队和地方队伍。

这一时期，越南战场的军事、外交和政治的总体情况也发生了变化。1969 年 6 月底，为了给巴黎谈判创造有利的条件，美国总统尼克松宣布美国远征军开始撤军，第一批美军 2.5 万人将于 1969 年 8 月离开。

美军陆战 3 师部分兵力从 1969 年 7 月初就开始从 9 号公路西段的部分基地和据点撤离，把防务移交给南越国军第 1 师团部分单位。虽然美军开始撤离，但南越国军的战斗力却有增无减，而且美军在放弃 9 号公路西段部分据点的同时，却进一步强化了 9 号公路中段和东段的东全、卡罗尔、544 高地、庙沛山、昆先、头某、爱子、甘露等基地。对于越南人民军袭击新兰、544 高地、322 高地和 288 高地的活动，联军的反击力度丝毫没有减弱，甚至还深入到越南人民军控制区大杀一阵才收兵。同时，美国空军加强了轰炸力度，从 8 月到 10 月一连使用 B-52 战略轰炸机、喷气式战术飞机、舰炮火力对 9 号公路西面的越南人民军控制区进行狂轰滥炸，并对潮丰、海朗、犹灵、甘露反复进行扫荡，把渗透进来的越南人民军第 246 步兵团和特工 31 营给赶了出去，也有许多 9 号公路—北广治阵线派到东区的骨干指战员被逮捕或牺牲。虽然没有办法在东区恢复根据地，但 9 号公路—北广治阵线开始不断组织炮兵和主力部队轮番上前线，进行频繁的游动炮击和袭击，企图加大联军的损失，不让他们建立巩固的防线，拖延时间给越南北方的各个主力师整备争取宝贵时间。

1969 年 8 月 5 日，9 号公路—北广治阵线侦察兵突然发现昆先基地有增兵倾向，遂命令第 84 炮兵团 2 营组织游动炮击。从清晨 7 点到 16 点，第 84 炮兵团 3 营的 H12 火箭炮在多个阵地展开，间断轰击昆先基地，消耗火箭弹 69 枚，宣称歼敌 120 人，击毁 2 架直升机和 3 个弹药库。美军随即进行炮火和航空火力反击，但打中的都是第 84 炮兵团 2 营的疑兵阵地，2 营全部火箭炮毫无损失，安全返回根据地。

这次炮击胜利，让闷了几个月的 9 号公路—北广治阵线士气大振。且不说真实战绩有多少，在目前部队战斗力青黄不接、没法发动大规模进攻又被联军压着打的情况下，游动炮击至少是一种高效的还击手段。从这时起，不管是第 84 炮兵团还是各个主力团的迫击炮都掀起了游动炮击风潮，各炮兵分队把炮拆开，采取人力机动方式扛到联军据点周围，架炮突然袭击，快打快撤，充分发挥游动炮火威力，积小胜为大胜。

8 月 10 日，越南人民军在昆维据点附近布置了 1 门 120 毫米迫击炮、5 门 82 毫米迫击炮及 1 门 75 毫米无后坐力炮，伏击了前来救援据点的直升机群，打中 2 架直升机。第二天，第 84 炮兵团 3 营又用 20 发 H12 火箭弹轰击了东河基地。8 月

15 日，犹安县遭到 3 发 H12 火箭弹轰击。8 月 20 日，中山县地方部队更是用 60 毫米和 82 毫米迫击炮袭击头某基地，宣称毙敌 22 人。

1969 年底到 1970 年初，美军陆战 3 师陆续撤走，9 号公路由南越国军接防。9 号公路—北广治阵线的对手由原来的美军换成了南越国军，此时的他们经过重新武装与训练，战斗力与 1965 年相比可谓突飞猛进。为了打好 1970 年的战斗，阵线党委于 10 月 26 日开会检讨 1969 年活动情形，并布置 1970 年的任务，黎思同、高文庆、阮安德、阮公常、陈同、黄奎与会。阵线司令员高文庆认为，总体上，虽然 B5 阵线（9 号公路—北广治阵线代号）遇到很大的困难，比如说游击战争和政治斗争陷入低潮，但部队还是在战斗，至少西区的战略运输走廊是安全的，部队也在下半年得到了休整补充，特别是第 27 步兵团重建成功，第 246 步兵团也得到了几个月补充和训练的宝贵时间。

谈到具体问题时，高文庆和黎思同都表示很不满：部队打击不够连贯，各部队战斗配合不够密切，歼灭战太少，大部分战斗效率差、损失大，通信保障水平低以致许多单位在战斗中没法和阵线司令部取得联系。对于联军的部署，9 号公路—北广治阵线司令部认为，1970 年随着美军陆战 3 师的撤出，联军的主要目的是巩固平原，把平原和沿海城市变成安全大后方，同时动用空军对长山公路进行猛烈轰击，封锁越南人民军交通大动脉，孤立西区。对于新的对手——南越国军第 1 师团，高文庆大校提醒大家切勿低估。他说，第 1 师团是南越国军野战军的头号主力，换装美式武器以后，目前是越南共和国国军的现代化机动师团，具备协同兵种作战的能力，能进行局部攻防战斗；而且得到美国空军战术航空兵和武装直升机的支援，越南人民军如果在战斗中轻敌很可能导致严重的后果。他要求阵线主力部队继续以游击战争、局部运动战为主，积小胜为大胜，以南越国军营为作战目标，一口口吃，主要打公路线、运动进攻和运动袭击脱离工事的敌人，不要去冒险强攻据点或基地。根据这个原则，9 号公路—北广治阵线给 1970 年任务定调："消灭敌人许多有生力量，发起奋起解放人民，扩大敌运工作。打败敌人将战争越南化的阴谋，粉碎联军的战场换防，迫使西贡军队在防御上更为被动。要学习打击机械化步兵和西贡军队的各种营救力量，要重创敌人的主力，要消灭敌人的扫荡力量或迫敌投诚，要猛烈发展革命基础，要多多控制地盘，要大力发展游击战争，要进一步扩大和巩固、坚固解放区。"

根据新的任务，B5阵线司令部拟定1970年春季作战计划：

1. 在中间地区和西部地区的敌控区进行压制和打击，迫使联军被动应付，不断增加豹斑区（游击区），扩大敌后基础，加强兵运工作；

2. 组织力量保卫解放区，粉碎对方绥靖计划，创造条件建设革命基础，争取人民，发展进攻态势，结合兵运，打击对方绥靖力量，逐步向平原地区发展游击活动；

3. 克服一切困难，在博隆建立根据地，夺取对敌内线交通进攻的良好跳板，扰乱敌人后方，迫使敌人分兵应付，为恢复游击战争和前线作战形成有利态势。

这一年，B5阵线把战场划分为5个区域，各个区域的任务如下：

东区，要消灭诸如琴美、杜海、杜黎等村落的乡公所，逐步开辟游击区，创造让各路特工、别动队打击犹灵县周围南越国军后勤基地的跳板。除了特工和别动袭击外，越南人民军还要加强游击活动，争取击毁或打坏更多南越国军的装甲车辆，歼击对方的机械化兵力，袭击头某、昆先基地，巩固边海河南岸解放区，保障第4军区部队能够不断偷渡边海河，把补充兵力送进战场。这个区由特工31营作战，以及犹灵县地方部队和乡村游击队负责。

中间地区，大家主要集中在9号公路和76号公路打击联军机械化步兵，并且运动伏击前往中间地区，解救被围攻的据点和基地的联军各机械化步兵营单位，威胁东河、241高地、昆先、庙沛山、544高地（富禄）等基地。这个区的作战由第15工兵营、第27步兵团、特工13营13连和24连，以及第75防空营的部分高射炮分队负责。

西区，要打击伯胡山、东全西面和南面守军，打击从新兰转移到萨某的联军，钳制住联军炮兵，守住溪山地区。这里由第246步兵团、特工第33营1个连、2个炮兵连和第84炮兵团2个连负责。

南区，由特工第33营主力和第246步兵团部分兵力、第31步兵团，以及琴政、琴义两个乡的游击队负责，任务是建立游击区，袭击联军的后方基地，特别是要袭扰同吴到爱子基地之间的交通线。

爱子—东河区，由第84炮兵团和精干特工、别动队负责，专门袭击爱子基地仓库区和东河基地，战斗方式是游动炮击和特工袭击。

和谭光中一样，高文庆在抗法时期也是第308师副师长，拥有丰富的指挥经验，他除了把整个战场划分为5个区外，还对各个部队提出了明确要求。

由于1969年第246步兵团承担了主要作战责任，全年作战损失很大，该团除了3营前往南区配合特工第33营作战外，1营、2营留在向化县北面重建。阵线给该团建设和斗争的要求是，连要进行各种形式的运动袭击、运动伏击，营要进行较大规模袭击和包围战斗。

经过半年重建，第27步兵团恢复了战斗力，这个满员的步兵团成为B5阵线的机动主力团，高文庆和黎思同给第27步兵团的要求是实现具有营团级别迫、步、工、特防空多兵种协同战斗能力，和南越国军营级机动部队进行正面较量并打击坚固工事守敌，逐步实现从游击战过渡到运动战。

第84炮兵团要从单纯游动炮击过渡到既能支援步兵攻坚又能有效钳制和破坏各类目标的部队。特工31营和33营也要发展成全面打击，包括后勤基地、火力基地和各级指挥部在内的全能型特工单位。

为了达到这个目的，高文庆下令全阵线从1970年1月初到2月底狠抓训练2个月，各部队轮番撤下来，到向化县北部根据地进行各种武器的射击训练和战术技能的训练。尽管做了比较充分的准备，但也要看到南越国军在美军帮助下，战斗力提升的速度超过了越南人民军。

结果1970年B5阵线拉开春季攻势活动，依然打得不理想。按照高文庆的话来说，就是5个区的部队并没有完成阵线司令部交付的任务，虽然消灭了联军部分有生力量，但自己的伤亡还是比较大。

相对战斗行动的不理想，兵运工作却取得了很大的胜利。1970年头3个月，在越南人民军敌工运动的努力下，精锐的南越国军第1师团2团就有500多人逃亡（dào ngũ，逃伍），21名士兵携枪向越南人民军投诚。受到这个成绩的鼓舞，高文庆和黎思同要求阵线的敌工部门"继续猛烈开展对敌兵运活动，把原本单纯的一路进攻变成军事和政治两路进攻"。

可是，这些胜利并没有扭转越南人民军整体被动的不利态势。1970年，南越国军往 9 号公路增调了 1 个海军陆战旅团，保安军数量扩编到 14 个连，民卫队扩编到 66 个排，绥靖团增加到 20 个，野战警察增加到上万人，各级乡村基层政权得到了充实和巩固。在许多地方,南越南人民军警政力量和当地人民比例达到 1∶4，有效控制住了人民，清剿战斗也还是异常残酷，敌后活动的地方部队、地方政权和乡村游击队损失依然很大。

不过，此时的越南人民军总部可顾不上扭转局部战场态势：目前整个战场态势上占据优势的联军准备发起战略进攻了！越南人民军总参谋部判断，联军将以南越国军为主，要么袭击第 4 军区，要么对 9 号公路沿线的溪山地区和芒菲地区展开攻击，目的是摧毁越南人民军在 9 号公路西面老挝境内的仓库区，破坏长山公路。根据这个判断，越南人民军总部要求 B5 阵线加强敌后活动，打击联军各个后方火力基地或阵地。

从 1970 年 8 月 3 日开始，B5 阵线掀起夏秋季攻势活动。当天夜里，越南人民军海军第 1A 特工团（原第 126A 特工团改编）在越门河宣称击沉 5 艘敌艇，切断越门河航运达 10 天之久。接着，越南人民军第 27 步兵团连续包围打击 544 高地、322 高地、288 高地，特工第 33 营袭击东河基地、爱子基地。第 27 步兵团作为阵线机动主力，在第 75 防空营一个连的配合下，在围困 544 高地的战斗中打得很出色。特工第 33 营更是配合第 308A 步兵师特工连偷袭梅禄基地成功，打掉南越国军约 1 个连。

夏秋季的活动本意是破坏联军的战略进攻准备，实则收到了不小的效果——1969 年一度缩减到 7 万人的控制人口扩大到了 9 万人，同时战斗效率也开始上升，部队的偷袭、运动伏击及游动炮击开始恢复到 1968 年的水平。这一切使得 1970 年结束时，9 号公路—北广治阵线站稳了脚跟，重新和南越国军形成对峙态势，为越南人民军主力部队实施南寮—9 号公路反攻战役创造了可靠稳定的大后方。

不过，在战争演进到南寮—9 号公路反攻战役前，在越南人民军的战略交通大动脉——长山公路，越南人民军度过了自己最困苦的一段岁月。

血火生命线

兵马未动,粮草先行。这个道理并非只有越南人民军才懂，美军也是深谙其道。越南人民军能在南方持续奋战，长山公路这条战略运输线应居首功。擒贼先擒王，破敌先断粮，美军正是根据这个基本的战争法则，在地面战场掀起全面反攻前，首先把火力对准了越南人民军战略运输大动脉。越南人民军各个战场最先遭殃的，便是长山公路。

1968年4月1日，美国空军停止轰炸北纬20度以北地区，集中战术航空兵和B-52战略轰炸机猛烈攻击北纬17度到北纬20度之间的越南人民军第4军区，从兰江北岸到越老边界的各个路段受到美军持续不断的狂轰滥炸，各个重要口岸遭到封锁，给长山公路上行进车队的汽油保障带来了很大的困难。

面对美国空军的多点轰炸，越南人民军采取防空、汽车、工兵协同战斗的方式，与之顽强搏斗。防空兵力负责掩护各条重要运输干线，集中火力打击美机，迫使其拉高投弹；工兵负责护路填土，修补被美机炸坏的各个路段（4月填土426740立方米），在31号、32号、33号兵站抢修300公里的纵向道。

由于9号公路—溪山战役指挥部的战斗任务繁重，第304A步兵师的"飞马"行动是一场苦战，第320A步兵师在东河也与美军展开大战，治天军区要求加大物资补充以备第二阶段总攻击。为了满足这两个重要战场的需求，第559兵团司令员童士元大校不顾美军绵密轰炸，下令实施营级规模的汽车集中突击运输，强行冲破美军火力封锁，增加供应和出车趟次。据越南人民军统计，4月期间平均每夜过9号公路的运输量在400吨左右，运抵昆先东面约120吨，运到北口岸70吨，交付给9号公路—溪山战役指挥部和治天军区各142吨。

眼看空军轰炸没能完全遏制长山公路，美军决心投入地面部队实施攻击，重点是切断治天军区的运输大动脉——阿绍河谷。1968年4月19日，刚刚完成"飞马"行动、胜利给溪山守军解围的美国陆军第1骑兵师和南越国军第3伞兵战团未及休整，就突然在阿绍河谷、同山地区实施机降，直扑河霞（Hà Tía）和阿里（A Lưới）仓库区。当时，仓库区的越南人民军主要是工兵、防空兵、仓库兵、通信兵和交联员，步兵很少，结果被美军进攻打了个措手不及。

为了救援仓库并掩护物资转移，第559兵团司令员童士元大校急派副司令员黎定森带着2个步兵营赶到河霞仓库区，进行顽强阻击战斗，掩护仓库区疏散，并把储备的坦克和火炮转移到蒲历（Bù Lạch）和亚安（A Yên）。

4月19、20、21日的三个夜晚里，第55运输汽车营出动70台汽车从河霞（Hà Tía）拉着物资转移，可后面耗尽汽油。河霞仓库区虽组织了极为顽强的保卫战斗，可敌人过多，他们很快就突破了进来，结果损失了200多吨物资。在斜量（Tà

Lương），第 55 营的 35 台汽车在往治天战场运输时被堵住，他们和集结在该地的战场所属第 23 炮兵营和 85 营的炮，一起被敌人破坏。3

在河霞仓库区，尽管越南人民军调来 2 个步兵营拼死抵抗，还是挡不住美军骑兵 1 师和南越国军第 3 伞兵战团冲击，损失了 200 多吨物资并伤亡了 150 名干部战士。5 月 16 日，完成任务的美军撤离阿绍河谷。对第 559 兵团来说，这实在不是一段愉快的回忆。①

阿绍河谷的得手，让美军士气大振。接着，美军陆战 1 师又连续出击了越南人民军的 42 号和 44 号兵站，机降次数竟达 11 次之多！显然，在美军频繁机降打击下，继续往治天军区做机械化运输，只能是暴露自己实力，徒增损失而已。于是，第 559 兵团司令部及时调整力量，组织畜力往治天军区运输，保障了治天军区的总攻击第二阶段的战役准备。既然暂停往治天军区做机械化运输，省下来的汽车运力就可以全部集中到 9 号公路，使该月通过 9 号公路的运输量达到 11945 吨，这个数字是 1967 年单月最大运输量的 2 倍，也相当于 1968 年 3 月的 150%。

1968 年 5 月 5 日开始，越南人民军又开始第二阶段总攻击和总奋起，各个战场对物资的需求量显著提高，特别是治天军区和第 5 军区迫切要求迅速将大量物资送入战场，保障攻势的进行。为此，第 5 军区后勤主任梅仁（Mai Nhân）中校亲临第 559 兵团司令部，请求童士元大校提高运输量，保障第 5 军区的供应。治天军区司令员陈文光少将也不断急电催促，要求增加供应。此外，第 559 兵团还要做好雨季到来前自身的物资储备，保障雨季期间非机械化运输部队能维持对各个战场的供应。

在供给需求压力加重的同时，第 559 兵团自身也遇到了很大的困难，一方面是随着雨季的临近，降雨量时多时少，给汽车运输带来不小的挑战；另一方面，美国空军对第 4 军区的轰炸封锁使后方运到前线的汽油受到限制，整个长山公路运输线严重缺油。为了缓解油荒，第 559 兵团司令部只得专门抽出一批汽车，协助总后勤局的车队往返河静省、义安省、广平省，把汽油抢运到前线，分配给各个兵站，然后争取在 1968 年 5 月底组织一次突击大运输。

---

① 越南人民军损失引自《长山渴望之路》一书。

然而，1968年5月底暴雨席卷长山东侧地区，许多路段严重积水或淤泥深积，大规模汽车运输的条件已经不具备。在这种情况下，第559兵团党委和司令部果断决定，结束1967—1968年旱季运输战役，准备召开总结会议，并做好雨季运输的准备。

1968年6月6日，第559兵团司令部、党委开会总结总结：1967—1968年旱季的7个月，第559兵团各力量以非凡的努力赢得了伟大、全面、全线、连续和意义深远的胜利。运输总量达63024吨，是越南中央军委最初交付计划的140%。组织行军人数达155758人，含43个各技术兵器团，11个国际客团，大大超额完成交付计划。抵达战场人数为124016人，含20个坦克、炮兵营。各技术兵器单位集结在下述区域：9号公路、B45号公路、B46号公路、B49号公路、S8区域，待命区。转移到后方的伤病兵、南方干部和儿童共计17159人，其中含7425名伤病兵，相比前一年数量增长了八倍。[4]

在作战方面，第559兵团宣称一共击落330架各类飞机，配合老挝人民军解放了寮南地区，扩大了战略运输走廊的西向正面。

第559兵团党委和司令部认为，这些数字表明1967年到1968年的旱季运输战役完全取得了胜利。当务之急就是把汽车运输部队统统撤回越南北方，然后转入雨季运输，保障重点战场的物质需求，同时逐步为1968年到1969年旱季运输战役做准备。据此，第559兵团司令部决定：雨季运输量为1.9万吨到2万吨，交给各个战场的物资量为1.14万吨到1.2万吨，重点保障治天军区和第5军区；运输方式是陆路和水路、畜力结合。对第559兵团的决心，越南中央军委赞赏有加，武元甲大将要求第559兵团要不惜一切代价，继续努力在雨季期间维持对南方各个战场的供应，保障总攻击和总奋起第三阶段的实施。

有决心是好的，可天气和美国空军这两个强敌却让第559兵团有些吃不消。奋战在长山公路线的运输部队指战员们每天都要面对难以想象的困难，大雨连续冲垮许多浮桥，不少原本弯度和坡度都很大的路段更加难行，驾驶兵稍不留神就会车翻人亡。

林堡到罗合三岔路口的128B号公路，在1968年6月到7月间几乎成为一片泽国。由于路面泥泞湿滑，汽车的行驶速度不得不限制在每小时7公里，而车轮的反复碾压也使原本路基就不稳的路面更是坑坑洼洼，汽车经常淤陷0.3米到0.5米，非得调动大量人力才能拖出。

就算过了 128B 号公路，道路状况也不乐观。各条通往仓库的道路不是塌方损坏，就是一片泥泞。各兵站仓库兵的装卸效率也下降不少，而且经常损坏物资。汽车兵、仓库兵、工兵和高射炮兵的战地生活苦不堪言：经常被大雨浇个透湿，还要吃着渗雨水的冷饭，工作量大、吃得少，健康率日益下降。

在暴雨的天气、炸弹的轰炸和燃料的缺乏这些困难下，至 6 月底，长山部队交付物资给治天部队 587 吨、第五军区 306 吨、溪山阵线 330 吨。行军上，增添了 15133 人入线；将 17393 人送至各战场；将 1924 名伤兵转移到了后方。[5]

福无双至，祸不单行，在大雨给运输带来巨大挑战的同时，美国空军也来"捣乱"。1968 年 4 月到 10 月，美军出动 7.9 万架次战术飞机和 B-52 战略轰炸机，在海军舰艇支援下，连续猛烈轰击越南人民军第 4 军区各个仓库区、港口和铁、公路网，重点是封锁第 4 军区地盘内各条重要交通干线。美军企图用强大的海空力量，切断长山公路的支援线，其猛烈的轰炸和炮击严重影响了第 559 兵团的雨季运输。

为了加强领导，打破美军的封锁，1968 年 7 月越南劳动党中央政治局和越南民主共和国政府决定成立第 400 兵团，统一调度总后勤局前线指挥所并发动第 4 军区各省军民一起保障第 4 军区交通线，特别是保障总后勤局调度的物资、汽油能及时、安全送达第 559 兵团的手里。

潘仲惠少将（Thiếu tướng Phan Trọng Tuệ）——越南劳动党中央委员、运输交通部部长，奉命担任司令；黎光和少将（Thiếu tướng Lê Quang Hòa）——第四军区政委，担任第 559 部队政委。黄文泰大校——后勤总局副主任和黎文治大校——防空军种副司令，担任司令部副司令，负责交通运输。[6]

潘仲惠和黎光道一上任，就下令第 4 军区境内的义安省、河静省、广平省和永灵北区分别成立交通运输领导班，由他们负责所在省份或地区的行政领导，全权指挥辖区的过往交通作业。与此同时，越南人民军总参谋部、西北军区、越北军区、第 3 军区和第 4 军区、空军——防空军、炮兵、总后勤局和交通运输部也抽调了许多干部，下到第 4 军区协助打赢反封锁战斗。

一时间，成千上万的越南人民军部队、民军、青年冲锋队、民工、党政干部全力以赴奋战在第 4 军区各省的重要交通干线上，保桥护路。然而，美国空军的狂轰滥炸和暴雨不断的天气，给越南人民军保卫和修复各条遭到破坏的交通干线带来了很大的困难。

从荣市起，沿争河的1A号公路沿线，以及从同禄枢纽到春山的路段受到严重破坏，难以通车。在美军封锁下，一连三个月（1968年7月到10月），从河静省南部到广平省之间的机械化运输几乎完全停止。第400兵团只能动员第4军区各省人民，组织几万辆自行车、三轮车和独轮车给第559兵团送粮、送物资。

鉴于第400兵团活动不力，越南中央军委解散了这个部队，另成立第500兵团，任命黎敦少将为司令员、总政治局副主任黎光道少将为政委、原第559兵团政委武春展任副政委兼政治部主任、红旗大校任副司令员。为了让500兵团不再重蹈第400兵团的覆辙，越南中央军委特地让第500兵团只负责第4军区南面义安省和广平省的运输，北部省份由总后勤局直接负责。武元甲大将给第500兵团的任务是要保障12号和20号公路畅通。

当时，负责沿20号公路往前线运输的是第14号兵站，兵站长是黄茶中校，兵站政委是阮越方少校；负责沿12号公路往前线运输的是12号兵站，兵站长是阮勤中校，兵站政委是黎思度少校。美军也深知12号和20号公路的重要性，每天都不分昼夜地进行绵密轰炸，堵截越南人民军的汽油运输线，重点是封锁茶英溪周围。

为了保障20号和12号公路运输顺畅，14号和12号兵站组织人力，背着汽油，一桶桶穿过茶英溪周围的封锁区。这些汽油都是用越南人民军指战员的生命换取的，平均每运1吨汽油就要付出十多人牺牲的代价。

在全力动员第4军区南部的广平省与义安省人民协助运输，以及12号和14号兵站的努力下，第559兵团获得了约300吨汽油和3000吨其他各类物资，缓解了油荒，可粮荒依旧。为了克服困难，做好旱季准备，保障兵团内部的指战员能吃饱肚子，第559兵团党委和司令部做出"自力更生、进行劳动生产"的指示，要求各单位开垦荒地，大量种植玉米、木薯、红薯，养殖鸡鸭猪牛，组织打猎、采集野菜、研磨木薯和竹笋等生产活动，改善部队伙食。

随着1968年10月的到来，雨季高峰期过去了。第559兵团建制内的工兵部队首先上一线，增修了526公里的路段，为1968—1969年旱季运输战役打下坚实基础。这其中就有不少对运输具有重要战略意义的干线，比如12A号和12B号公路各延长了92公里；在接近西原、南部东区和第6军区的后勤基地，修建了可通达崑嵩省德都、新景和萨柴的S9公路，其全长155公里；通往治天军区的B70号、

B71 号和 B72 号公路，总长 129 公里。长山公路沿线各条河上的桥梁和浮桥也得到了加固和恢复。

1969 年 10 月底，当所有路桥刚刚恢复的时候，8 号热带风暴突然席卷整个长山公路，造成了严重的破坏。不过第 559 兵团的气象部门预测，这是 1968—1969年旱季到来前最后一场热带风暴。听取了气象专家的意见后，童士元大校要求部队集中力量克服一切困难，为打好入线战役（指汽车部队进入长山公路系统的各个兵站的行动）做好准备。然而，童士元大校没有想到的是当 1968—1969 年旱季运输战役到来时，情况却变得十分复杂。

1968 年 11 月 1 日，新任美国总统尼克松宣布停止对越南北方的战略轰炸，正式启动巴黎谈判。虽然此举标志着美国"局部战争"政策的终结，但"战争越南化"政策随之出台。这个政策实现的基石就是要封锁住长山公路，切断越南北方对南方部队的支援。因此，美国空军在停止对越南北方战略轰炸后，突然集中兵力轰炸长山公路。血火斗争的大幕拉开了。

1968 年 11 月 4 日凌晨 4 点，美国空军突然对第 559 兵团入线战役的两个重要口岸——128 号公路的川幡（Xiêng Phan）口岸和 20 号公路的 A 字形口岸（cửa khẩu chữ A）—斜黎桥（Ta Lê）—富罗迪隘口（简写为 ATP）实施绵密而猛烈的轰炸。按照第 559 兵团的计划，这里是入线战役进入 12 号、14 号、31 号、32 号兵站的咽喉要地，也是第 559 兵团入线战役的命门。

其中，川幡口岸紧靠波纳江（sông Pha Nốp），位于老挝境内的坎蒙省（Khăm Muôn）东面两座山脉中间，距越老边界不到 15 公里，地势险峻，一旦遭到猛烈轰炸，公路是单行线，很容易造成交通瘫痪。在 1967—1968 年旱季运输作业中，川幡口岸并非美国空军轰炸的重点。但第 559 兵团为了防止美军在 1968—1969 年旱季重点轰炸川幡口岸而造成瘫痪，预先命令 31 号兵站沿着波纳江从纳通（Na Tòng）到北波能（Pác Pha Nǎng）抢修两条汽车道。计划是好的，可 31 号兵站还没有完成任务，川幡口岸就受到了美国空军的轰炸。

1968 年 11 月 4 日，美军出动 B-52 战略轰炸机和攻击机突然对该地区长 2 公里、宽 200 米的区域，进行了连续七个昼夜的地毯式轰炸。一万多枚各类炸弹落下，路面消失了，只剩一堆堆碎石"沙屯"（意思是荒凉的地表）和一个个大坑。大约50 名指战员伤亡，12 名住隐在山洞的战士被塌下来的石头活埋，2 门炮被击毁。[7]

为了抢通川幡口岸，第559兵团司令部工兵处的副参谋长阮文其，带着第83工兵团第25和第27工兵营下到31号兵站，协助恢复纳通—川幡路段，并抢修从壤村（Làng Nhàng）到本村（Xóm Péng）的迂回道路，避免川幡口岸再遭轰炸导致瘫痪。为了掩护工兵作业，第559兵团还把第84防空团（团长阮文城、团政委范庄）调到川幡口岸，加强防空火力。童士元大校对31号兵站的要求是15天内打通川幡口岸，绝不能影响1968—1969年旱季运输战役。

在20号公路方向，美军选择了含A字形口岸、斜黎桥和富罗迪隘口的连环重点系统（简称ATP重点）作为彻底破坏的目标。这里是从后方到战场越过长山最近的机械化运输线，A字口岸—斜黎桥—富罗迪隘口重点系统紧挨着广平省西南（越南）和老挝坎蒙省东南边界，长约7公里。[8]

从地形上看，A字形口岸周围的公路沿着群山蜿蜒，一边是悬崖峭壁，一边是万丈深渊，口岸路段长不到3公里。连接A字形口岸的是跨过斜黎江的斜黎桥，斜黎江宽约100米，水深流急。对岸（南岸）是著名的富罗迪隘口，周围路段长约2公里，其中15%的路段艰险复杂，需要车队沿曲折陡峭的盘山公路缓慢爬坡才能到达山顶，然后越过长山山脉西侧路段，抵达128号公路起点——歌速—卢姆。

在过去3年时间（1965年到1968年），美国空军很少对A字形口岸和斜黎桥进行重点轰炸，32号兵站也比较大意，在这里只布置了1个37毫米高射炮连、1个连的青年冲锋队和1个工兵连。

从11月4日开始，美国空军突然出动B-52战略轰炸机群，在F-105"雷公"战斗攻击机群和F4"鬼怪"战斗机群支援下，连续对诸亚口岸和斜黎桥进行了15昼夜的轰炸。他们平均每天出动30架次B-52战略轰炸机和50架次战斗攻击机，对着坐标进行地毯式轰炸，投弹几万枚。负责保障诸亚口岸—斜黎桥—富罗迪隘口的工兵1连伤亡31名指战员；37毫米高射炮连损失3门高射炮，伤亡15名干部战士。

美军的轰炸可以说是百分之一百二十的成功。按照越南人民军的描述，美军把A字形口岸的路段炸成了一片"沙漠"（sa mạc），路面弹坑密密麻麻，土堆乱石散布各地。斜黎桥两头也密布大小几百个弹坑，富罗迪隘口周围的树木都被炸倒在地，隘口2公里的路面千疮百孔。

川幡口岸和诸亚口岸—斜黎桥—富罗迪隘口被炸堵塞，使长山公路暂时瘫痪，第 559 兵团还未出师就陷入了被动的不利态势，这是前八年旱季运输战役中从未有过的困境。

迅速恢复 A 字形口岸—斜黎桥—富罗迪隘口的交通，保障第 559 兵团车队从 20 号公路入线，成为兵团面临的最急切的任务。当时形势十分困难和复杂，因为受到破坏的范围很大，而且美国空军的战略和战术航空兵牢牢控制着这一带的制空权。

为了保障 1968—1969 年旱季运输战役的展开，越南中央军委决定让第 500 兵团接过斜黎江北岸许多路段，保障第 559 兵团集中精力抢通 A 字形口岸—斜黎桥—富罗迪隘口，同时在指挥关系上第 500 兵团暂时服从第 559 兵团节制。接着，越南人民军总后勤局主任丁德善少将，奉越南中央军委书记武元甲大将之命，亲自赶到第一线，向第 500 兵团传达中央军委指示，并要求第 559 兵团不惜一切代价迅速抢通口岸。1968 年 11 月 14 日，第 559 兵团党委和司令部召开紧急会议，决定最迟要在 1968 年 11 月 25 日和 12 月 5 日分别抢通川幡口岸和 A 字形口岸—斜黎桥—富罗迪隘口；组织小规模突击运输，克服一切困难在美国空军两个批次往返间隙从两个重点口岸冲过去，沿 20 号公路给各个兵站运送物资；同时要求斜黎江南面的各个兵站利用美国空军集中兵力封锁重点口岸的有利机会，迅速把各个兵站储备的物资拿出来，送往各个战场，防止供应中断。

11 月 15 日，童士元带着第 559 兵团司令部工兵处参谋长范文遥亲临 A 字形口岸—斜黎桥—富罗迪隘口察看情况，决定采取虚实结合的疑兵战术进行抢修。他指示 32 兵站和各配属部队在修通公路的同时，故布疑兵，组织一些车队把美军注意力吸引到周围假路段，减少美军对正在修理路段的投弹量；施工上，不要单边修理，要两头并进；过斜黎江要采取明暗结合，大量修浮桥和水下暗桥，形成正面和预备、疑兵多点过江的态势，避免单次大损失；防空部队要把高射炮架在各个山头，不要吝惜弹药，不怕牺牲全力以赴掩护工兵和青年冲锋队修路。

根据他的命令，越南人民军第 32 步兵团，第 17、第 33、第 335 和第 336 工兵营，2 个青年冲锋队，利用 3 台冲击车及 80 吨炸弹，负责抢通 A 字形口岸—斜黎桥—富罗迪隘口。越南人民军总部直辖第 280 防空团布置在斜黎桥北岸，第 18 防空营和第 42 防空营分别布置在斜黎江南岸和 A 字形口岸—斜黎桥—富罗迪隘口中心点。整个抢通作业由 32 号兵站站长陈定桥和交通担保坊坊长丁豪指挥，第 559 兵团司令部工兵处参谋长范文遥督战。

1968年11月17日，成千上万名指战员同时出击，赶到川幡口岸和A字形口岸—斜黎桥—富罗迪隘口展开抢修作业，封锁与反封锁斗争变得异常激烈。

美军虽然降低了B-52战略轰炸机群的空袭力度，但却增加了各类战斗攻击机的架次，并使用各种手段实施攻击：混合地雷炸弹（也就是伞降地雷和炸弹并用）、常规炸弹、定时炸弹、磁性炸弹、感应炸弹、感应地雷等。美军将新型电子感应地雷和感应炸弹，以及磁性炸弹、定时炸弹混用，企图以此来阻止越南人民军修复路面。

为了克服这些困难，第33工兵营紧急开会，研究美军新投掷的各类感应雷、感应炸弹、磁性炸弹的性能和作用原理，接着安排各分队专门破解和拆卸这些炸弹、地雷。在工兵拆弹能手的协助下，各机械化分队（装备冲击车和推土机）和修路分队较为安全地踏上路面，展开填补弹坑和碾平路面作业。由于采取了行之有效的措施，路面修复进展很快。

1968年12月5日，川幡口岸和A字形口岸—斜黎桥—富罗迪隘口双双恢复通车，其中原本仅长7公里的A字形口岸—斜黎桥—富罗迪隘口扩展成总长48公里的直行道和迂回道，横跨斜黎江的浮桥、暗桥也扩建为3座。伴随着公路的修通，两个重要口岸周围的防空洞体系、交通指挥站、高射炮阵地观察台、工兵阵地和手术急救站、有线无线通信网、兵站前指也建设完毕。

12月5日晚，第559兵团正式开始入线战役，几千台汽车怒吼着川流不息地通过两个口岸。几天后，美国空军终于发现越南人民军重新抢通了两个口岸，但为时已晚，第559兵团入线战役获得了成功。

在这次反封锁战斗中，第559兵团伤亡近200名指战员，但最终依靠诸兵种协同和巧妙欺敌，重新打通了两大重要口岸，为1968—1969年旱季运输战役开了一个好头。尽管如此，困难却还在后头。

为了做好第一次总攻击（大规模突击运输）的准备，第559兵团在入线战役胜利后，一边在31号和32号兵站紧急储备1万吨物资，一边布置第591防空团在重点路段汪穆、第280和284防空团在12号及20号公路各个路口实施对空防御。童士元大校要求防空部队要火器分散，火力集中，采取中空、低空集火射击，打击窜犯的美机，力求保卫运输车队队形。

在地面护路和防范美军SOG突袭方面，童士元布置了5个营又12个连的步兵在长山公路沿线各个重要路口，占领周围制高点，采取机动作战和固守的方式消灭企图侦察公路情况和引导空军轰炸的美军特种兵和老挝别动队。工兵和青年冲锋队随时在各个重要路口周围待命，排除各种感应地雷、炸弹，填补弹坑，保障公路通畅。

经过周密准备，1969 年 1 月 15 日 17 点，第 559 兵团打响 1968—1969 年旱季运输战役的第一次"总攻击"。兵团的 11 个兵站、5 个团又 9 个营、11 个连共 4 万大军（含 15 个汽车营）采取诸兵种合成队形，在长山公路全线出击，重点保障治天军区和第 5 军区的供应。

美军的情报也很灵，第一时间就发现了第 559 兵团的"总攻击"。美国空军马上出动机群，对长山公路进行绵密轰炸封锁。他们使用 OV-10、OV2 和 EC130 滞空侦察，搜寻目标。除了空中电子侦察外，美军还在长山公路各条干线两侧的森林投下各种电子侦察器件，包括地震感应器、声音监控器等。一旦发现越南人民军车队声响，这些电子器件就会发出信号，滞空的电子战飞机一收到信号，就会引导机群过来攻击。

美军不仅在侦察手段上采取了高科技，就连投弹种类也有了进步。1967—1968 年旱季，美国空军对长山公路的轰炸主要还是使用常规炸弹、火箭弹、集束炸弹；到了 1968—1969 年，美军开始大量使用各类定时炸弹、磁性炸弹、感应雷、伞降地雷、感应炸弹。美军的轰炸战术也改为先用常规炸弹和集束炸弹破坏公路路面，然后在路面周围投下密集的定时炸弹、磁性炸弹、感应地雷和感应炸弹，阻止越南人民军修复受到破坏的路面，进而封锁路段。

除了不断轰炸川幡、A 字形口岸、斜黎桥、富罗迪、歌速、谷莫、汪穆、塔梅暗桥、北口岸、隆口岸、昆先东面、茶云与罗合等重点口岸外，美军还积极寻猎攻击第 559 兵团的各个后勤仓库、技术站和兵站指挥所，乃至第 559 兵团基本指挥所。从 1969 年 1 月底到 1969 年 3 月初，第 559 兵团司令部指挥所和各兵站大部分指挥所都遭到了轰炸。

由于轰炸突然升级，加上攻击战法翻新，使用大量高科技电子侦察器件和新型炸弹，美军给第 559 兵团造成了很大的打击。越南人民军统计，从 1968 年 11 月初到 1969 年 2 月初，敌人出动了 45785 架次攻击机和 1618 架次 B-52 战略轰炸机，对各重点（口岸）投下 50 多万枚各类炸弹，击毁了 300 台汽车，伤亡了 500 名指战员。[9]

美军采取的高科技攻击方式，给第559兵团造成了很大的困难。为了保护车队，第559兵团命令各防空团、营要顽强战斗，集中火力重点打下装载各类电子侦察设备的飞机和投掷混合炸弹、地雷的战斗攻击机。为了配合37毫米高射炮和57毫米高射炮战斗，童士元还要求12.7毫米高射机枪分队在公路拐弯点、各步兵分队在山顶架起重机枪，坚决打击临空的美机。

对汽车运输部队，童士元要求灵活应对，每次出击布置疑兵引开美军火力的同时，还要善于利用迂回道、环形道避敌。全线增设监视各类美军战斗攻击机的观察台，了解美军在各个阶段参战的飞机数量，以及投放炸弹和地雷及电子侦察器件的数量、时间、地点，及时向各个兵站和汽车营指挥所报告。

越南人民军总参谋部、总后勤局和总政治部也密切关注当前的形势。1969年2月，越南人民军总参谋部把一个装甲车营拨给第559兵团，让该营使用14.5毫米高射机枪打击低空飞行的美机。与此同时，为了更有效地引爆美军投掷的磁性地雷，总参谋部还给第559兵团送去了5辆改造过的BTR防磁车，总后勤局—军事技术研究局把黄德杜（Hoàng Đức Dụ）、朱玉碧（Chử Ngọc Bích）、泰光沙（Thái Quang Sạ）、春贡（Xuân Cũng）等人派到一线，引导使用这5辆BTR防磁车。

当时，美军的磁性炸弹和感应地雷给越南人民军造成了很大的威胁，光靠工兵排除远远不够（伤亡大、效率低）。在这种情况下，越南人民军决定用5辆改装成防磁车（tử phóng xe）的BTR装甲车来突破磁性炸弹封锁区，打通公路。对于感应地雷，越南人民军工兵采取比较原始而简陋的设备进行扫雷和破坏，或者用各类小炸弹抛射法引爆感应雷。除了艰苦的排雷破磁，越南人民军工兵还新开辟了许多环形道、迂回道，大大减少了损失。

可是，由于装备比较落后，越南人民军虽然采取各种办法减少了损失，却依旧浪费了许多时间，导致第一次"总攻击"结束时，才完成了30%的计划运输量。离1969年雨季只剩3个月，要在短短3个月内完成70%的计划运输量，困难可想而知。

为了完成艰巨的运输任务，第559兵团决定在1969年2月5日发动第二次"总攻击"。为了保障道路网通畅，第559兵团的各个兵站积极改善道路网系统，每个重点口岸和路段都有两三条迂回道和环形道。在各段公路，工兵部队加紧维修，保障路面质量，重点口岸周围路段的宽度扩展至8米到10米，确保车队能以至少每小时20公里的速度在路面行进。

为了分散美国空军的火力，童士元一再强调要组织疑兵活动，把美军部分机群引到假目标，浪费他们的炸弹，让主要路线上行进的车队少受轰炸。对于运输，他要求各个兵站集中车队，采取汽车营连队形，沿单线或双线（中间有山脉隔挡）出击，确保车队队形紧凑；各汽车营部要组织尖刀突击队，改变原先两夜一趟的车次规定，积极实施一夜一趟的突击运输，强行冲破磁性炸弹、感应雷封锁区，为大部队开辟道路，并适当分散美军火力（实际就是敢死队）；把维修兵和部分失去车辆的汽车兵组织成多个拆卸组，分别驻扎在长山公路沿线各个重要路口，一旦有车辆被美军击毁，就以最快速度拆卸车上有用的零部件，以回收利用，保障维修用零部件储备供应；对各个兵站仓库，要求加大协同力度，实现快速装卸物资，确保进入陆路战场的物资数量和质量，满足要求。

1969 年 2 月 5 日，第 559 兵团开始实施第二次"总攻击"。这次"总攻击"的特点是大量使用 Zil-130 卡车，这种卡车载重量是解放牌和嘎斯卡车的 1.5 倍，性能好，载量大。使用这款卡车，第 559 兵团在美军轰炸下虽受很大的损失，但仍维持着相当的运输量。越南人民军称，这是 1969 年宝贵的经验。

为了保障运输战线不再出现 1968 年受美国空军封锁而导致油荒的窘境，1969 年 3 月初，在越南人民军总后勤局主任丁德善少将指导下，越南石油局（Cục Xăng dầu）从巩时（Cổng Trời）沿着 12 号公路往长山公路铺设了一条输油管道。

为了完成这项任务，越南人民军第 4 军区所辖的第 29 步兵营、第 968 步兵营奉命配属给石油局，加上第 559 兵团的第 83 工兵团，每天都顶着美国空军的轰炸，搬运成百上千吨输油管道材料，过山顶、涉河流、突破炸弹封锁区。从巩时进入，这条输油管西起穆嘉（Mụ Gia），沿着 12 号公路过重点口岸波纳（Pha Nốp）和川幡，再沿着长山战略公路线的纵向 128 号公路到卡吉（Ka Vát）。

这项任务在 1969 年 5 月宣告完成。这是越南战争中越南人民军第一次可以不使用车队运输汽油，通过输油管直接越过长山山脉把汽油从大后方送到第 559 兵团的各个兵站，为大规模机械化运输提供了便利。1969 年 5 月到 6 月，输油管道给长山公路沿线的各个兵站输油汽油 6212 吨，完全满足了第 559 兵团对汽油的需求。输油管道的建成，是长山公路系统发展和越南人民军战略运输发展的又一个新台阶。

受到初建输油管道胜利的鼓舞，丁德善少将更是信心满满，要再建多条输油管道从各个口岸通往各个战场，特别是南部东区长达 1400 公里的输油管道。当然，这不是一两个月就能完成的，需要半年甚至一年的努力，而且铺设如此长距离的输油管道，必然要动用庞大的人力和物力。可一旦输油管道网络形成，运输量和运输效率就会成倍提高，对逐步从游击战转入相持阶段，甚至准备大打运动战、战役决战的越南人民军来说，这项工程就显得尤为重要。越南中央军委很快批复了丁德善的请求，下决心花时间和大力气，在中苏帮助下建立庞大的输油管道网络。

在此期间，长山公路的空中绞杀和反绞杀战斗也达到高潮。美国空军从1969年3月开始，改变单纯轰炸重点口岸的做法，采取所谓"两头打，掐脖子"战术，即对长山公路始发端咽喉要地——斜黎江北岸各个兵站和末端咽喉要地——比如连通治天军区的B45号公路（由第42号兵站负责）进行猛烈攻击。美军采取空地结合战法，一面用战斗攻击机摧毁路段，再炸各个仓库、停车场、兵站指挥所，一面出动兵力突击古歌瓦（Cò Ca Va）高地。

为了完成给治天战场供应1.5万吨物资的艰巨任务，第559兵团决心不惜一切代价，采取地面战斗、加强防空、各个汽车营组织多路尖刀组强行运输等办法，和美军展开了15昼夜的决死运输大作战。

在地面上，越南人民军第2步兵营、兰山连、第643连和第4工兵团迅速赶往古歌瓦高地，和美军展开激烈战斗。第36防空营迅速赶到B45号公路布防；第45工兵营和第39工兵营集中4台推土机，坚守在通往B45号公路的重要路口，填补弹坑、修复被毁公路，结合新开辟的迂回道和环形道，保障通车。不过，美军毕竟握有绝对制空权，第559兵团车队在强行突破时付出了很大的代价，损失几百台汽车和数千吨物资，指战员伤亡人数也很高。尽管如此，运输战线上越南人民军还是没有人后退一步，都在咬牙坚持，维持着对前线的供应。

奋战至1969年5月底，长山地区转入雨季，第559兵团只得停止了1968—1969年旱季运输战役。

对越南人民军第559兵团来说，1969年是他们在整个越南战争中所面临的又一个低潮和巨大考验。美国空军的威力实在是太强大了，这个旱季美军实施了47820次攻击，计出动137345架次轰炸或攻击机（含3853架次B-52战略轰炸机），最大限度地攻击了长山沿线的路桥系统和车队队形，轰炸强度是1967—1968年的3倍有余，其中B-52战略轰炸机出击量是去年的5倍，投下大量炸弹，包括18628吨磁性炸弹和几千吨感应地雷、感应炸弹。

根据越南人民军统计，在 1968—1969 年旱季，为了支援解放南方事业的反封锁战争中的战斗，第 559 团的损失是去年的三倍：其中指战员牺牲 1518 名、负伤 3414 人；有 1154 台运输部队汽车、268 台其他兵种汽车、30 台冲击车、21 台翻斗车、5 台防磁车、16 台压路机、56 门炮，都或是被击毁，或是坠崖而毁；损失物资 7139 吨。交通联络力量交给战场 9313 人，转移到后方 48920 人，含 6354 名伤兵、11028 病兵（713 重伤兵坐担架）。[10]

1968—1969 年旱季运输战役的失败是苦涩的。1969 年 6 月中旬，第 559 兵团主力沿着 12 号公路和 20 号公路，撤回第 4 军区的清化省休整补充，准备再战。

利用宝贵的雨季，第 559 兵团获得了大量的补充。总参谋部、后勤总局所属各部全力活动，敦促各单位尽量满足第 559 兵团的要求。就在两个月后，兵团接纳了 1720 台汽车给运输部队，1181 台各类汽车给其他兵种，154 台各类机械（含 60 台冲击车、54 台防磁车和船），40 台吊车；将 15 个小修厂和 Q300 大修厂的全部设备，补充作为兵团设备；1000 公里的三载被覆通信线，补充了 100 台短波无线电通信机和步谈机，1000 部电话；75 门 37 毫米高射炮，1 个装备 14.5 毫米高射机枪的装甲连。同时，接纳了 2000 多名汽车兵和维修手，1500 名医生和卫生员，几百名技师和护士。兵团总兵力达 55588 人。干部、专门技术人员很多：7000 名汽车兵、1000 名维修手、50 名技师、1000 多名医生，1000 度名中高级军医，3000 多名护士，及几千名各兵种的技术指挥干部。[11]

为了进一步提高运输战役的诸兵种协同能力，第 559 兵团专门成立了三个专业参谋机关——作战参谋部、运输参谋部、工兵和路桥维修参谋部，各兵站也组织了作战、运输和工兵三个参谋机关。通过整合与参谋分工，第 559 兵团的运输更加专业化与合成化。另一方面，由于美国空军完全停止了对越南北方的轰炸，再保留第 500 兵团已无必要，越南中央军委决定解散第 500 兵团司令部，把该兵团下辖的 12 号、14 号、9 号、27 号兵站全部纳入第 559 兵团战斗序列。这个扩编使第 559 兵团的控制地盘一下子延伸到广平省境内，形成 150 公里宽的正面，自 12 号公路段的穆嘉（Mu Gia）隘口起，过 20 号公路段的丰牙（Phong Nha），既可以通达 15 号公路段的英山，也可以穿过 10 号公路通达 16 号公路的石盘，为日后 1971 年的南寮—9 号公路反攻战役胜利创造了有利的态势。

经过力量整合与补充，第 559 兵团重新调整了长山公路系统的兵站布置，他们决定把 4 个兵站布置在 12 号、20 号、8 号、10 号这 4 条重要干线上，7 个兵站布置在那通到色歌曼（Sê Ca Mán）以南 800 公里的路段上，6 个兵站布置在靠近治天军区、第 5 军区和西原军区的各条重要干线上。

各兵站编制内各兵种单位含：19 个运输汽车营，共 2315 台汽车；1 个舟船营；28 个工兵营，共计 70 台工程机械、39 台翻斗车，1 万多个手工用具；22 个高射炮营，计 284 门 37 毫米和 57 毫米高射炮，280 挺 12.7 毫米高射机枪；步兵 3 个营又 2 个连；通信兵 5 个营又 16 个连；交联 14 个营，2 个防磁车连，5 个调治队，50 个手术队，12 个病院、2 个团卫生连、10 个专家队。[12]

1969 年 9 月 18 日，第 559 兵团司令部转移到广平省布泽县（huyện Bố Trạch）巨乐乡（Cù Lạc）。有了 1968—1969 年入线战役受到严重干扰的教训，第 559 兵团决心做好一切战斗准备，把困难往最难处想，准备工作一丝不苟。越南人民军总参谋部也很关心 1969—1970 年的入线战役，总参谋长文进勇上将特地指示童士元："准备工作要细致、全面、紧张，兵团的入线参战部队很多，一定要取得胜利。这对整个旱季运输战役能否完成任务，有至关重要的影响！"

为了保障入线战役顺利进行，童士元于 9 月 20 日命令部分工兵在防空兵掩护下先期前往长山公路，在留守单位配合下，对诸如路桥系统、仓库区、通信网、停车场等基础设施进行紧急加固和维修，做好道路和技术保障准备。在入线公路的选择上，童士元大校决定以 20 号公路作为入线战役的主要方向（因为该路段有三分之二位于非军事区，距离短），12 号公路因大雨冲垮川幡口岸周围公路网且一时间难以恢复而选为次要方向，18 号公路是疑兵方向（因为是新修公路，路窄而陡，没法满足主要突击方向需求）。

入线机械化力量包括 18 个汽车营、2 个炮兵营，各工兵、后勤力量的一些机械化分队，车炮、机械、防磁车、翻斗车、舟桥共 3000 台，加上满载的 1.18 万吨物资。在行军秩序上，司令部决定让装备新车的各营打头阵，从 9 号公路以南往下；各兵站所属的各汽车营第二个入线；9 号公路北面各兵站的各汽车队第三个入线。[13]

入线战役时间定为 1969 年 10 月 30 日 16 点。

尽管做好了各项准备，可人算还是不如天算。1969 年 10 月 30 日清晨，9 号风暴突然袭击整个长山公路，导致 20 号公路区域出现大暴雨，许多路段垮塌、路面泥泞，斜黎江水位急剧上涨 2 米多，桥梁被冲垮，12 号公路也没法大规模行车，入线战役只能推迟。

经过10天准备，在敌情、天气、路桥系统综合考量都适宜后，1969年11月10日，童士元大校一声令下，入线战役正式开始。

1969年11月11日凌晨4点，在20号公路的各大重点口岸，展开队形的汽车都装上了防护集束炸弹和40毫米机关炮弹的装甲防盾，以保护驾驶室和重要的发动机舱，同时汽车兵还用长山山脉西面地区特有的植被进行伪装（确保伪装和周围的植被颜色、形状和种类都一致），防空兵、工兵、青年冲锋队、通信兵、步兵也都紧急展开，做好协同战斗和确保道路畅通。

在18号公路的疑兵方向，越南人民军以一个汽车班散开成多路小股车队连续行车，并在公路多个地区点起烟火，吸引美军注意力。不一会儿，美军侦察机就发现了越南人民军车队有从18号公路"入线"的迹象，遂出动大量战斗攻击机过来突击，集中轰炸900A和900B隘口，周围路面受到严重破坏。尽管18号公路系统受到很大损坏，但疑兵活动还是分散了美国空军的注意力，给大部队入线创造了有利的条件。

由于计划周密、准备妥当，第559兵团迅速突破了A字形口岸——斜黎桥——富罗迪，沿着20号公路往9号公路南北各个兵站行进。第二天，车队在通过谷默（Cốc Mạc）和汪穆（Vàng Mu）两个重点口岸时，由于路面质量差、行车速度慢，加上新汽车兵不太适应地形，交通指挥也没完全摸清楚美机的活动规律，第559兵团蒙受了1969—1970年旱季运输战役中的第一次损失。不过，第559兵团司令员童士元大校亲临汪穆东面指挥，带着车队采取多绕路、避直路的方式，结合防空兵战斗和工兵保障，迅速突破了美军轰炸封锁区，冲上9号公路。

1969年11月15日，第559兵团司令部前指抵达35号兵站指挥所，当天奉命前往9号公路北面各个兵站的车队抵达目标。两天后，前往9号公路南面各个兵站的车队也分别进入阵地。

到1969年11月20日，入线战役胜利结束。11月30日兵团司令部党委召开会议，认为这次入线战役在空间、时间上都获得了伟大的胜利，保存了兵团的有生力量和技术装备，实现初战运输量1万多吨，给1969—1970年旱季运输战役创造了有利的条件；（兵团）车炮损失率不到0.5%；这个低（的损失）比例反映了各部队的战斗力和各级组织指挥能力的成长。[14]

1969 年 12 月 5 日，第 559 兵团党委召开会议，决定先进一步完善长山公路路桥网，同时展开中等规模的运输战役，然后再展开"总攻击"运输。

根据兵团党委的指示，第 559 兵团的工兵部队卖力苦干，很快把连接各大战场的重要干线修出 A、B 两条支线，9 号公路也往南延伸修出 3 条纵向道路。为了保障车队在遇敌时能够迅速绕路，在长山公路全线各条纵向道路上，每隔 20 到 30 公里就有一个相互连环的网状公路带，能够确保一个汽车营能集中沿一个方向或多个方向突击运输，也能在美国空军轰炸封锁的不利条件下主动转移突击运输方向。

当时，整个长山公路共有 50 个大小重点口岸，为了防止 1968 年 11 月的川幡和 ATP 事件重演，每个口岸都修成了 2 到 4 条迂回道、环形道，保障车队能够绕路通行。在北能坡、斜黎江、色朋怀江、车邦河、色黎芒河、色空江、色歌曼江等各个重点渡口，越南人民军采取浮桥（或暗桥）、江面桥（指公路桥）和摆渡方式渡河。而且每个渡河点又分成正面渡口、预备渡口和疑兵渡口，最大限度利用地形，分散美国空军的兵力和单点投弹量，保障突击运输不受阻碍。

除了传统的 12 号和 20 号公路外，越南人民军还新修通了 16 号和 18 号公路，从广平直下 9 号公路。特别是 16 号公路，日后将成为越南人民军在南寮—9 号公路战役的制胜之路。

1969 年 12 月底，随着长山公路网进一步完善和第 559 兵团各兵种相继展开，第 559 兵团党委决心发动本年旱季运输战役的第一次"总攻击"，时间定为 1970 年 1 月 15 日。童士元大校强调，"总攻击"必须拿出"决战决胜"的气势，全线一齐冲击，分散美国空军的兵力，同时多采取汽车营规模的突击运输，驾驶员轮番换班，增大出击车次和运输量，务必把 2 万吨物资送达各个仓库区，防止再现 1968—1969 年的被动局面。

1970 年 1 月 15 日凌晨 4 点，第一次"总攻击"正式打响。各汽车营大胆出击，在工兵、防空兵密切配合下，采取密集队形强行冲破了各个重点口岸。在大部队冲击的同时，童士元继续分兵多路实施疑兵活动，有效分散了美国空军的兵力，让美军无形中浪费了许多炸弹。

最值得赞扬的是工兵部队。为了处理美军造成的破坏，他们努力填补弹坑，拆除定时炸弹，毁坏磁性炸弹和感应地雷。无论昼夜，越南人民军工兵们都和防空兵协同一致，防止美军的轰炸对路面造成破坏，排除险情，开辟新路，改造路面质量，提高车队的速度。

在长山山脉东部，27号兵站利用美军的疏忽，出其不意地组织了从茶利到班古之间用汽油桶装载物资沿色朋英江进行浮渡漂流运输（距离50公里）。一个月内共有1000吨物资（主要是大米）以这种独特的方式送达目的地，为9号公路沿线加大运输量做出了自己应有的贡献。

第559兵团的第一次"总攻击"可以说是取得了完全胜利。许多兵站达到一个月运输1万吨物资，例如12号、14号、31号兵站，32号兵站甚至达到一个月1.5万吨物资运量，交付西原军区和南部平原战场的物资量也超额完成。

第一次"总攻击"结束后，童士元大校又在1970年2月14日召开会议，总结第一次"总攻击"的经验教训，并准备第二次"总攻击"。在会议上，童士元虽然表扬部队比起1968—1969年有了长足的进步，运输量也令人满意，但还是坦承第559兵团在美国空军的轰炸下，损失了差不多300台汽车（占到总兵力的十分之一），长山公路运输依然是困难重重和危机四伏，马虎大意不得。他要求部队在紧急获得汽车和人员补充的情况下，继续实施第二次"总攻击"，要集中力量把物资送到9号公路南面各个兵站，完成上级交付的本年旱季9号公路沿线运输指标。各大兵种要更加密切配合，尽最大努力减少车辆损失，保障本年旱季运输不再出岔子。

1970年2月16日，第559兵团沿整个长山公路在宽150公里、纵深1000公里的区域展开第二次"总攻击"。这一次，美国空军可不客气了，他们再度对川幡—ATP—汪穆三角区，也就是9号公路北面的"咽喉要地"实施猛烈轰击，同时增加对东面18号公路过900隘口的重要口岸路线实施重点轰炸（等于是又增加了一个轰炸重点）。美国空军每天都要出动近700架次各类飞机投下上万枚炸弹，猛烈轰击各个重点口岸。凭借着诸兵种协同战斗力，第559兵团还是保住了大规模运输势头，迅速突破各个重点口岸，冲上9号公路，突破罗合、越过北口岸、冲破茶云，把物资送进9号公路南面的各个战场。

相比1968—1969年，美国空军的攻击方式又有了新的变化，制导武器开始投入战场。激光制导炸弹出现，他们用激光制导炸弹轰击和封锁重要口岸的直行道。为了有效摧毁车队，美国空军还把C-130"大力神"运输机改造成空中炮艇，并安装红外夜视仪，采取红外热寻搜索（捕捉汽车发动机的红外特征）方式来提高摧毁效率和发现越南人民军车队的概率。此外，美军还大量出动电子战飞机，进行电子干扰，给第559兵团带来了很大的困难。

对越南人民军来说，最大的威胁莫过于轰炸输油管道，美国空军轰炸的重点是北能坡和班古地区穿过的输油管道。在第二次"总攻击"期间，美国空军的B-52战略轰炸机几乎是每天出动几十架次进行地毯式轰炸，破坏了长达3公里的管道线。其他地区的输油管道也有不同程度破坏。五个月的时间里，己方就被迫更换了1318根输油管，有些反复更换了4次！

为了保卫输油管道的安全，做到随坏随换，越南人民军上万名石油兵、通信兵、工兵、青年冲锋队员夜以继日地守候在管道旁，要么保障通信，要么布置疑兵，要么排弹除险，要么更换油管。在1969—1970年旱季，越南人民军共有几百名石油兵、通信兵、工兵和青年冲锋队员牺牲在保卫输油管道的战斗中，英勇战例不胜枚举。比如，青年冲锋队班长裴文彦（Bùi Văn Ngan）勇敢灭火舍命救油；工兵战士梁文庭（Lương Văn Định）为了保护汽油，英勇排除磁性炸弹、感应炸弹，被炸伤不治；通信兵邓世青牺牲时双手仍然紧紧保护着电台。

公路干线的封锁和反封锁斗争依然激烈而紧张，美军在长山公路和连接各大战场的各条干线同样组织了猛烈轰炸。他们重点对通往治天军区的B45号公路（穿过阿绍河谷）的重点口岸昆先东面进行密集轰炸，一度导致昆先东面堵塞，车队无法通行。

为了保障B45号公路畅通，第559兵团紧急命令第83工兵团开通亚宿过古歌瓦至阿里长达70公里的环形道，同时调第4步兵团配合工兵扩建一条长81公里的紧急道，两面绕开昆先东面，重新打通了B45号公路。

水路斗争也在进行。发现越南人民军使用色朋英江进行浮渡漂流运输后，美国空军战斗机贴着江面低空低速飞行，用航炮把成百上千装着大米的汽油桶击沉入江，使越南人民军损失了相当多的粮食，水路运输受到挫折。

尽管如此，第559兵团还是认为第二次"总攻击"是基本取得了胜利，但浮渡漂流运输损失了上千吨物资。经综合考虑，第559兵团司令员童士元大校决定暂时取消浮渡漂流运输，集中兵力实施第三次"总攻击"，重点是组织9号公路南面各个兵站对治天军区、第5军区、西原军区和南部平原进行突击运输。

为了确保第三次"总攻击"胜利，第559兵团一边在越南、老挝、柬埔寨三国交界区建立通信站，修建通达班东的输油管道，一边把9号公路北面6个防空营（第

8、第 18、第 12、第 14、第 26、第 20 防空营）调到南面，加强防空保障态势。

1970 年 3 月 18 日，第三次"总攻击"拉开序幕。依靠完善的路桥系统，在防空部队掩护和仓库兵密切配合（迅速装卸）下，各个汽车营以每小时 17 至 20 公里的速度，川流不息往南实施突击运输。据统计，95% 到 100% 的汽车达到每两夜一趟的速度，20% 的汽车可达一夜一趟，把大量物资源源不断地送到 9 号公路南面区域的各个仓库。

发现越南人民军的活动后，美军马上转移，猛打 9 号公路南面各线，平均每天出动 200 次攻击机任务和 10 次 B-52 任务攻击各重点，德姆、罗合、北口岸、曾吉、茶（沙）云是受到美军轰炸最猛烈的重点（口岸），各高射炮单位激烈还击，在第三阶段"总攻击"中美军被击落的飞机数量达 73 架。虽然如此，由于汽车密度过大，道路只有双行道，一些路段还是单行道，越南人民军被美军激烈封锁因而转向迂回机动困难导致（运输）战役发展迟且损失较多。在第三阶段"总攻击"中的第一周，就有几十台汽车中弹起火，几百名指战员伤亡。[15]

更加不幸的是，就在第三次"总攻击"开始当天，柬埔寨王国发生了朗诺政变，西哈努克政权被推翻，朗诺元帅上台，并宣布关闭西哈努克港，加入越南战争。这让越南人民军的战略运输线受到了很大的冲击：海上"胡志明小道"被切断，在柬埔寨边界的越南人民军后勤仓库区被迫转入隐蔽活动，长山公路通往柬埔寨境内的各条干线也受到了严重威胁。

1970 年 4 月 30 日，美军和南越国军以十万大军，在空炮火力掩护下，连续发起各个系列的"全胜"战役，企图斩首越南南方中央局首脑机关，寻歼躲入柬埔寨境内喘息的越南人民军第 5、第 7、第 9 步兵师，并破坏柬埔寨境内的越南人民军后勤根据地。越南人民军承认，美军入侵柬埔寨确实获得了巨大的成功，长期在南部东区活动的越南人民军第 50、第 70、第 82、第 86 和第 100 后勤团都受到重创，这两个战场的越南人民军活动遇到了严重的困难。

不幸之中的万幸，1970 年 6 月 30 日，美国总统尼克松宣布美军从柬埔寨撤离，不久越南共和国也宣布撤军。联军的撤退让柬埔寨的越南人民军重获新生。与此同时，第 559 兵团奉命往下寮的阿速坡省、波罗芬省组织战役进攻，很快打通了柬埔寨东北地区 13 号公路沿线各省的联系。接着，第 559 兵团根据越南中央军委、国防部指示，集中精力保障南部东区和西原战场的物资，特别是大米的供应。他们采取各种措施，以机械化、人力运、畜力、水路运输的方式，突破美军的轰炸封锁，把粮食交给南部东区和西原；同时还保障来自北方的 120 个补充单位共计 30800 名干部战士行军进入柬埔寨，补充给各个受到重创的部队，并从南部平原接回 4000 名伤兵。在这一阶段的运输中，第 559 兵团有效发挥了 Zil-130 卡车载重 6 吨的卓越性能，提高了突击运输效率，保障了最重点方向——南部东区的物资需求。

4 月 18 日，第 559 兵团司令员童士元大校下令结束第三次"总攻击"，同时基本结束 1969—1970 年旱季运输战役。这次战役运输量达到 4 万吨，对于这个成绩第 559 兵团感到十分满意，无疑也是一场胜利。

不过，随着越南南方的越南人民军（特别是 B5 阵线）和长山公路的第 559 兵团挺过最艰苦的 1969—1970 年岁月时，一场阴云正逐步笼罩在他们头顶，命运的转折点就要到来。

▲ 1968年，越南人民军发起的新春总攻击和总奋起，不仅没有获得预想中的胜利，反而让自己陷入了被动，并对越南南方造成了大面积的破坏。图为新春总攻击和总奋起结束后的西贡市堤岸区一角。

▲ 虽然在1968年蒙受了很大的损失，但越南人民军在1969年到来时依然没有放弃斗争。

▲ 尽管损失很大，但越南人民军依然给美军造成不小打击。

▲ 美军的鲁塞尔火力基地。

▲ 美军科宁汉姆火力基地。1969年，这些火力基地在美军各次围剿越南人民军的战斗行动中发挥了巨大的作用。

◀1969年，美军的围剿作战和一度深入老挝境内的打越南人民军后勤战斗获得巨大战果，图为美军缴获的一门D74 122毫米加农炮。

▲ 美军正在检查缴获的越南人民军仓库的大量弹药和补给品。

▲ 进入1970年，联军持续不断围剿，依然给越南人民军带来了巨大的压力。艰苦岁月，真的很难熬。

▲ 越南人民军打游动炮击的利器——中国造的63式多管火箭炮。

▲ 长山部队的车队有时候也需要用来运兵。

▲ 用自行车运输物资，也是长山部队的一大特色。

◄ 长山部队不时还需要以人力背负的方式来运输物资。

▲ 长山部队的大象运输队。

▲ 越南人民军工兵在长山
修公路。

▲ 长山部队的大规模卡车队。

▲ 行进在重点口岸的越南人民军卡车队。

▲ 长山部队在历时 15 年的越南战争中，为保障南方各
个战场的越南人民军后勤做出了巨大奉献，当然也付出
了很大的牺牲。15 年战争下来，计 3 万多名干部战士永
远倒在长山公路沿线，10 万多名指战员负伤；1.45 万
台各类车辆、400 门各种火炮被击毁打坏，物资损失达
9 万吨。

注释

1. 原文为 "Những trận tác chiến trong các tháng 5 và 6 năm 1969 tại A Bia đã có 346 thương vong trong đó có 64,45% là thương binh."

2. 原文为 "Trong tác chiến tại A Bia đã có 8% là thương binh nặng, 33% vừa, 59% nhẹ. Vết thương đạn thẳng là 8,8%, pháo cối 68,4%, bom 16,1%, bộc phá và mìn 6,5%."

3. 原文为 "Trong 3 đêm 19, 20 và 21 tháng 4, tiểu đoàn 55 ô tô vận tải rút được 70 xe hàng từ kho Hà Tía vào Xưởng Giấy. Nhưng sau đó bị hết xăng. Vùng kho Hà Tía tuy tổ chức chiến đấu bảo vệ rất kiên cường nhưng địch xuống quá đông, tràn vào phá mất hơn 200 tấn hàng. Ở Tà Lương, 35 xe của tiểu đoàn 55 đang vận chuyển cho mặt trận Trị - Thiên bị nghẽn lại, cùng pháo của tiểu đoàn 85 và tiểu đoàn pháo 23 của chiến trường đang tập kết ở đó cũng bị địch phá." 引自《长山渴望之路》第 220 页

4. 原文为 "Ngày 6 tháng 6 năm 1968, Đảng ủy, Bộ Tư lệnh họp kiểm điểm đánh giá: 7 tháng mùa khô 1967 - 1968, các lực lượng 559 đã nỗ lực phi thường giành được thắng lợi to lớn, toàn diện, toàn tuyến, liên tục và giòn giã. Khối lượng vận chuyển đạt 63.024 tấn, bằng 140% kế hoạch Quân ủy Trung ương giao ban đầu. Tổ chức hành quân vào chiến trường với khối lượng lên tới 155.758 người, trong đó có 43 đoàn binh khí kỹ thuật, 11 đoàn khách quốc tế, lớn gấp rưỡi kế hoạch được giao. Quân giao cho chiến trường được 124.016 người trong có 20 tiểu đoàn tăng, pháo. Các đơn vị binh khí kỹ thuật tập kết xong ở khu vực: đường 9, đường "B45, B46, B49, khu vực S8, đang chờ lệnh. Thương bệnh binh và con em cán bộ miền Nam đã chuyển về hậu phương được 17.159 người, trong đó có 7.425 thương bệnh binh, tăng 8 lần so với mùa khô trước." 引自《长山渴望之路》

5. 原文为 "Vượt lên mọi thử thách hà khắc về mưa lũ, bom đạn và thiếu nhiên liệu, cuối tháng ta đã giao cho bộ đội Trị - Thiên 587 tấn, giao cho Khu 5 được 306 tấn, giao cho mặt trận Khe Sanh được 330 tấn. Về hành quân, thêm 15.133 người nhập tuyến; giao cho chiến trường 17.393 người; chuyển về hậu phương được 1924 thương binh."

6. 原文为 "Thiếu tướng Phan Trọng Tuệ - ủy viên Trung ương Đảng, Bộ trưởng Bộ Giao thông Vận tải được cử làm Tư lệnh, Thiếu tướng Lê Quang Hòa - Chính ủy Quân khu 4 làm Chính ủy. Đại tá Hoàng Văn Thái - Phó Chủ nhiệm Tổng cục Hậu cần và đại tá Lê Văn Tri - Phó Tư lệnh Quân chủng Phòng không - Không quân được cử làm Phó Tư lệnh Bộ Tư lệnh bảo đảm giao thông vận tải."

7. 原文为 "Ngày 4 tháng 11 năm 1968, địch huy động máy bay chiến lược B52 và máy bay cường kích dồn dập ném bom rải thảm xuống khu vực này trên chiều dài 2 km, rộng 200m, liên tục 7 ngày đêm. Trên 1 vạn quả bom các loại trút xuống đã làm biến mất con đường, chỉ còn lại những cồn đá, những hố lớn. 50 cán bộ, chiến sĩ bị thương vong, 12 chiến sĩ trú ẩn trong hang bị đánh sập không lấy được xác, 2 khẩu pháo bị phá hủy."

8. 原文为 Ở hướng đường 20, địch chọn hệ thống trọng điểm liên hoàn gồm cua chữ A, ngầm Ta Lê và đèo Phu La Nhích (gọi tắt là trọng điểm ATP) làm mục tiêu triệt phá. Đây là tuyến vận tải cơ giới vượt Trường Sơn từ hậu phương vào chiến trường gần nhất. Hệ thống trọng điểm cua chữ A - ngầm Ta Lê - đèo Phu La Nhích nằm sát biên giới giữa tây nam tỉnh Quảng Bình (Việt Nam) với đông nam tỉnh Khăm Muộn (Lào), dài khoảng 7 km.

9. 原文为 "Từ đầu tháng 11 năm 1968 đến đầu tháng 2 năm 1969, địch huy động 45.785 lần chiếc máy bay cường kích và 1.618 lần chiếc máy bay chiến lược B52 ném trên nửa triệu quả bom các loại xuống các trọng điểm, đánh hỏng 300 xe, làm thương vong 500 cán bộ, chiến sĩ."

10. 原文为 "Trong cuộc chiến đấu chống chiến tranh ngăn chặn vì sự nghiệp chi viện giải phóng miền Nam mùa khô 1968 - 1969, Đoàn 559 tổn thất gấp 3 lần năm trước: 1.518 cán bộ, chiến sĩ hy sinh, 3.414 người bị thương, 1.154 ô tô của bộ đội vận tải, 268 ô tô của binh chủng khác, 30 xe húc, 21 xe ben, 5 xe phóng từ, 16 máy đẩy, 56 khẩu pháo bị đánh cháy, đánh hỏng, đầm đổ, tổn thất 7.139 tấn hàng. Lực lượng giao liên đưa quân vào giao cho chiến trường 9.313 người, chuyển quân ra hậu phương được 48.920 người, trong đó có 6.354 thương binh, 11.028 1 bệnh binh (713 thương binh nặng phải cáng)."

11. 原文为 "Các cục thuộc Bộ Tổng tham mưu, Tổng cục Hậu cần ra sức hoạt động, đôn đốc việc đáp ứng nhu cầu của Đoàn 559. Chỉ sau hai tháng, Đoàn đã nhận được 1.720 xe ô tô cho lực lượng vận tải, 1.181 xe ô tô các loại cho các binh chủng khác, 154 máy các loại, trong đó có 60 máy húc, 54 xe và thuyền phóng từ, 40 máy đẩy, toàn bộ thiết bị cho 15 xưởng tiểu tu và những thiết bị bổ sung cho xưởng đại tu Q300, trên 1.000.000 m dây trần thông tin tải ba và dây bọc, 100 máy thông tin vô tuyến sóng ngắn và bộ đàm. 1.000 máy điện thoại; 75 khẩu pháo 37 ly, 1 đại đội AM gắn súng máy 14,5 ly. Đồng thời, nhận trên 2.000 lái xe và thợ sửa chữa, 1.500 y tá và dược tá, hàng trăm kỹ sư, bác sĩ. Quân số toàn Đoàn lên đến 55.588 người. Số cán bộ, nhân viên chuyên môn kỹ thuật khá lớn: 7.000 lái xe, 1.000 thợ sửa chữa, 50 kỹ sư, trên 1.000 y - bác sĩ, trên 1.000 dược sĩ trung cao cấp, trên 3.000 dược tá, y tá và hàng nghìn cán bộ chỉ huy kỹ thuật của các binh chủng."

12. 原文为 "Các đơn vị binh chủng trong biên chế các binh trạm gồm có: 19 tiểu đoàn ô tô vận tải với 2.315 xe; 1 tiểu đoàn thuyền; 28 tiểu đoàn công binh với 70 máy húc, 39 xe ben, trên 1 vạn dụng cụ cầm tay; 22 tiểu đoàn pháo cao xạ với 284 khẩu 37 ly và 57 ly, 280 khẩu pháo 12,7 ly; 3 tiểu đoàn; 2 đại đội bộ binh; 5 tiểu đoàn; 16 đại đội thông tin; 14 tiểu đoàn giao liên; 2 đại đội xe phóng từ, 5 đội điều trị; 50 đội phẫu thuật; 12 bệnh xá; 2 đại đội quân y trung đoàn, 10 đội chuyên gia. "

13. 原文为 "Lực lượng cơ giới nhập tuyến có 18 tiểu đoàn xe, 2 tiểu đoàn pháo. một số phân đội cơ giới của các lực lượng công binh, hậu cần cùng với 3.000 xe pháo, máy húc, xe phóng từ, xe ben, cầu phao, cõng trên lưng 11.800 tấn hàng. Về thứ tự hành quân, Bộ Tư lệnh quyết định các tiểu đoàn được trang bị xe mới là khối đi đầu. Các tiểu đoàn xe thuộc các binh trạm từ nam đường 9 trở vào là khối đi thứ hai. Các đội hình xe của các binh trạm bắc đường 9 là khối đi thứ ba. "

14. 原文为 "Ngày 30 tháng 11, Đảng ủy Bộ Tư lệnh họp, đánh giá: chiến dịch hành quân nhập tuyến đại quy mô diễn ra trong không gian, thời gian ngắn đã giành được thắng lợi lớn, giữ được sinh lực và phương tiện, thực hiện được một khối lượng vận chuyển trên 1 vạn tấn, tạo điều kiện thuận lợi cho việc tổ chức chiến dịch mùa khô 1969- 1970. Tổn thất về xe pháo không quá 0,5%, là tỷ lệ chấp nhận được phản ánh sự trưởng thành về trình độ tổ chức chỉ huy của các cấp và trình độ chiến đấu của các lực lượng."

15 原文为 Phát hiện hoạt động của ta, địch cũng chuyển làn, đánh mạnh các tuyến phía nam đường 9. Trung bình mỗi ngày chúng huy động 200 phi vụ máy bay cường kích và 10 phi vụ máy bay B52 đánh vào các trọng điểm. Dốc Thơm, La Hạp, Bạc, Tăng Cát và Chà Vằn là những trọng điểm bị địch dội bom mạnh nhất. Các đơn vị pháo đánh trả rất quyết liệt nâng tổng số máy bay bị bắn rơi lên 73 chiếc trong đợt 3 "tổng công kích". Tuy nhiên, do mật độ xe quá đông, đường chỉ có hai trục, một số đoạn là đường độc đạo, lại bị địch ngăn chặn quyết liệt nên khó cơ động vu hồi chuyển hướng làm cho chiến dịch phát triển chậm và chịu nhiều tổn thất. Hàng chục xe bị đánh cháy, hàng trăm cán bộ, chiến sĩ bị thương vong ngay trong tuần lễ đầu đợt 3 "Tổng công kích".

【第二章】
"兰山719"

掐断咽喉的设想

对于越南共和国和美国来说，1969 年到 1970 年是胜利的时期。

自"粉碎"了越南人民军在 1968 年的新春总攻击和总奋起后，越南共和国联合参谋本部向总统阮文绍提出，扩充野战部队规模和建立速成兵力补充制度，以适应越南人民军战斗规模不断扩大化的新形势的需要。在兵力扩充的同时，联合参谋本部还提出了逐步把现役部队装备的二战旧货（比如 M1 加兰德半自动步枪、M1 卡宾枪和勃朗宁自动步枪）退役，换装美军的 AR14 自动步枪、AR15（就是 M16 的民用称谓）自动步枪、M60 重机枪，以及 M79 枪榴弹发射器和 M72 单兵反坦克火箭筒。

1969 年 6 月 8 日，距巴黎会议开始仅仅四个月，美国总统理查德·M.尼克松就在中途岛和越南共和国总统阮文绍会晤。在会上，尼克松第一次抛出了"战争越南化"战略。尼克松指出，在美军逐步撤离，这项战略能稳步巩固和发展南越武装力量和军事院校；他强调，其最终目标是加强南越国军实力和阮文绍政权，使越南共和国可以自行抵御"共军"的入侵。

阮文绍对美国即将撤军却深感忧虑，为了安抚盟友，尼克松在会议结束前，宣布美军除了第一批 2.5 万人马上就要撤离越南南方外，剩下的美军将按照一定时间间隔撤离。根据他的说法，美军的撤退（时间表）将由三个因素决定：1. 南越国军训练和装备进展情况；2.巴黎谈判的进展；3.越南人民军的活动水平。对南越国军训练和装备更新的进展及越南人民军活动水平的评估，由艾布拉姆斯在线判断决定。不幸的是，一旦撤军开始，来自美国国内的政治压力就会压倒艾布拉姆斯的判断，并影响撤退的进程。

从中途岛回国，尼克松总统马上召见了美国国防部长莱尔德和参联会主席惠勒上将，商讨给艾布拉姆斯新的任务。原先约翰逊总统给美国远征军的任务是要击败越南人民军，并迫使其撤回越南北方。然而，现在的形势发生了变化。经过会商，尼克松总统在1969年8月15日给艾布拉姆斯上将下达了新的指令，要求他日益增加越南共和国武装部队的作战行动份额，协助其逐步接手，并集中精力为南越人加强武装力量提供"最大限度的援助"，支持和解努力，遏制越南人民军的战略运输。

艾布拉姆斯接到的是一项不可能完成的任务。他既要直接加强南越武装部队的实力，把战争交给他们；同时还要遏制越南人民军活动，为南越国军发展壮大赢得时间。然而，他需要用来遏制越南人民军活动的美国远征军，却因未来会不断撤军而减少。

战争越南化将分为三个阶段完成。第一阶段是将对越南人民军的地面作战任务逐步移交给南越国军，美军继续提供海空火力和后勤支援；第二阶段，美国将继续加强南越国军的实力，通过增加炮兵、空军和舰艇装备以及其他作战支援物资，使南越国军拥有充分自卫能力；第三阶段，美国在越南南方的存在严格限定为军事顾问角色，并以一小支精悍的安全部队提供警戒。

根据尼克松的指示，美军迅速给越南共和国国军提供了各类现代化新式武器，除了M16自动步枪、M60重机枪、M79枪榴弹发射器和M72反坦克火箭筒外，还给了105毫米榴弹炮、155毫米榴弹炮、175毫米自行火炮、M42和M55高射炮、M-48主战坦克，以及大量武器系统和装备。在美军的协助下，南越国军新组建了一个师团（第3师团）以及大量营级单位，包括25个边防别动营、大量炮兵营、4个装甲骑兵支团、3个坦克营、2个装甲骑兵旅团司令部，以及3个防空营。短短两年时间，南越国军的兵力就从1968年的30万人增加到1970年的45万人，包括171个步兵营、22个装甲骑兵支团、64个炮兵营。

除了加强野战军（正规步兵、别动军、伞兵、海军陆战队、炮兵、防空兵、装甲兵、工兵、后勤和支援兵种）外，美军还大力发展南越的保安军和民卫队，以便让他们填补美军撤离后的防御空当。为了加强保安军和民卫队的战斗力，美军计划给他们装备 M16 自动步枪、M60 重机枪和 M79 枪榴弹发射器，以及增配 60 毫米和 81 毫米迫击炮。新拨给越南共和国联合参谋本部的 105 毫米榴弹炮群，也分出一部分组建了 174 个保安军炮兵连，用于支援保安军、民卫队和边防别动军。由于火力升级，保安军和民卫队的战斗力也大幅提升，这也是导致越南人民军在 1969—1970 年作战异常困难的主要原因之一。

随着美式武器的列装，美军也开始陆续撤离越南南方。从 1969 年 8 月 27 日到 1970 年底，美国远征军驻越南的兵力从 55 万人下降到 34.4 万人，美军第 9 步兵师、大红一师、第 82 空降师 3 旅、陆战 3 师、第 25 步兵师 2 个旅和第 4 步兵师全部撤离。在美军撤离期间，越南人民军的活动确实比较消极，根据地被大大压缩，南方中央局和越南人民军在南部平原的主力部队均被迫转移到柬埔寨境内。尼克松的"战争越南化"战略似乎旗开得胜。

受到"战争越南化"政策初战告捷的鼓舞，印度支那的政局也悄然发生变化。原本亲越的柬埔寨王国西哈努克政权被推翻，朗诺元帅出任国家元首，于 1970 年 3 月 12 日宣布组建新的高棉共和国。朗诺一上台，就向越南民主共和国与越南南方临时革命政府驻金边大使馆照会，发出最后通牒，要求对方务必在 72 小时内撤离柬埔寨，并让越南人民军停止在柬埔寨境内的一切"非法活动"，否则高棉共和国将视对方为战争行动。为了彻底把越南人民军赶出国内，朗诺元帅还照会美国政府和越南共和国，请求联军出兵协助剿灭"越共"在柬埔寨的后勤基地，并摧毁北越沿胡志明小道和通过西哈努克港往柬埔寨囤积军需物资和武器装备的仓库区。

为了回应朗诺总统的请求，美军和南越国军于 1970 年 4 月 30 日到 6 月 30 日，在空军支援下，对柬埔寨境内各个重要的越军后勤基地展开大规模进攻。经过两个月战斗，联军宣称击毙和俘虏越南人民军 8686 人，缴获 9954 件步兵武器和 1733 支轻重机枪、火箭筒，以及 1534 吨弹药和 5619 吨大米。

柬埔寨系列作战的结果，几乎使全体南越人对南越国军逐步有了信心。对尼克松来说，战争越南化政策似乎初见成效了。也许，这就是华盛顿当局建议派南越国军最精锐的作战部队深入南寮的原因。

美方希望越南共和国能够承担起这次攻势的重任，以检验南越国军经过两年扩军后独立组织实施战役的能力；同时彻底切断胡志明小道，阻止越南人民军使用长山公路将兵力和物资源源不断地送进南方战场，从而彻底断绝越南人民军几年内重新在越南共和国境内发动大规模进攻的可能。

实际上，正如作者在前面论述的情况，长山公路是一个系统公路，横贯印度支那的9号公路虽然重要，但只是长山公路系统的一个公路环节，即便联军打穿了车邦，控制了9号公路西段，也不可能阻止长山公路系统的继续运作。可以说，美方并不了解长山公路的整体运转情况，企图通过封锁9号公路扼杀胡志明小道的设想只能是一厢情愿。

对于美方的战略设想，美国历史学家刘易斯·索尔雷认为："总的来说，美国政府对越南战场还是寄予厚望，即便存在着一定的风险，他们也希望战争扩大化。华盛顿决策者们认为，入侵南寮可以极大地干扰敌人的物资储备工作，或许还能阻止敌人新的攻势。"对于南越国军实施如此大规模的作战行动，索尔雷无不担忧地评价道："实施这次军级规模的越境作战，在没有美军地面部队和任何美军顾问的伴随下，南越国军仅仅沿着一侧是延绵起伏的群山，一侧是波涛汹涌的车邦，且年久失修的9号公路深入敌人苦心经营多年的后勤基地展开攻势作战，是不可能达成战术突然性的。这次作战，从一开始就是高风险行动，越南共和国国军将士不仅没有此类作战经验，也没有灵活机动的战术，更没有艾布拉姆斯将军对地形的那种嗅觉。对联军来说，最大的问题就是如此拟定入侵南寮的计划。因此，一群年轻的军官在亚历山大·黑格将军领导下，以及作为美国国务卿基辛格博士的军事智囊团，参与了拟定政策和作战计划。"

美国国家安全委员会军事顾问亚历山大·黑格将军，也在回忆录中描述了入侵南寮行动的决策过程："1970年底，情报部门估计河内每个月往南越渗透6000名训练有素的武装人员，主要是通过老挝境内的胡志明小道南下。如果这种渗透持续下去，那么敌人强很可能在1970年旱季拥有在南越境内发动大规模攻势作战的能力。在尼克松和基辛格的支持下，美国远征军最终拟定了一个封锁北越人民军南下渗透的作战方案。1971年1月18日，在白宫举行的秘密会议，基辛格博士、黑格、赫尔姆斯和穆尔将军，以及尼克松都参加了会议。在会上，尼克松总统宣布要发动代号'兰山719'的作战行动，旨在铲除胡志明小道。"

关于美军的决策，菲利普·戴维逊中将也有自己的看法："基辛格认为1970年入侵柬埔寨以后，进攻南寮比进攻河内不失为更好的选择，然而，最终拍板决定打'兰山719'的人却是尼克松总统。1970年12月23日，总统批准了老挝作战行动纲要，因此在1971年1月，艾布拉姆斯将军让韦安德将军负责这项作战时，他亲口和韦安德说这是总统批准的作战行动。"

对美方乐观的看法，负责指挥这次入侵南寮行动的南越国军第1军区司令（即第1军团司令）黄春林中将却有不同的意见。越南战争结束后，他在接受采访时说：

艾布拉姆斯上将，美国远征军总司令，是一位典型的名将，他从来不会坐等敌人进攻，总是坚持先发制人。不幸的是，他并不了解越南共和国的官方态度。如果他站在越南共和国官方的角度来考虑整体战略的话，他就应该会选择入侵北越。入侵北越并不意味着长驱直入打河内，而是坚持对559兵团司令部和后勤补给基地，也就是在广平省的崇山峻岭，离北纬17度约48公里处的地区展开攻击。那里有数以万计的北越部队在掩护着胡志明小道，并囤积着几十万吨军需物资，等待南运。

对柬埔寨和南寮北越据点的进攻，是美国的一项准备撤军的战略性的举措。否则，北越就会在美军撤军将要完成时攻击其最后撤退的单位。为了这个目的，美国协调和支援南越国军攻入柬埔寨境内的鱼钩和磅堪省，及突入南寮的车邦。但是南越国军的撤退在战役层面都失败了，因为他们根本没想到实施进攻是为了撤退，就像进攻然后再撤退或是撤进前面预伏阵地等待敌人到来，这类模式在第二次世界大战中频繁使用。

对于美军普遍认为的南越国军在两年的"战争越南化"政策中仅仅是装备质量和数量以及兵力规模上来了，而战斗力却没有跟进的看法，黄春林不以为然：

我们有能力进攻北纬17度以北，打掉第559兵团司令部，摧毁胡志明小道的后勤补给体系（敌人赖以对南方战场提供补给的基点）。一旦胡志明小道始端的囤积点被拔除，北越对进攻南越的积极性便会自动受挫，敌军部队沿胡志明小道进攻，4个军区的侧翼都暴露在他们面前。如果胡志明小道被铲除，南越国军怎么会丧失第1、2、3、4军区呢？

我们早就该这么打了。如果是在1965年到1968年就这样，情况会好很多。

我们一直等到几乎所有美军都撤离了，直到美国国会限制美军在越南的作战行动，才进攻车邦和胡志明小道，因此我们失去了一个解决敌人最有效的机会，因为我们等得太久了。

黄春林的说法确实有几分道理，越南人民军第 559 兵团司令部确实设在广平省南部，可黄春林不知道的是，越军新组建的 B70 兵团三个主力师正在河静省、清化省、义安省和广平省集结待命，要么防范联军进攻 9 号公路，要么防范联军打第 4 军区南部。无论是美方的打击目标，还是黄春林的设想都没有逃过越军的判断，对方早有准备。（后一节详述）

1971 年 1 月初，美国远征军总司令艾布拉姆斯上将根据美国参谋长联席会议的指示，协助越南共和国联合参谋本部拟定了入侵南寮的作战计划。越南共和国总参谋长高文园上将同意了这个作战计划，越南共和国总统阮文绍也签字批准。按照美军将领达维逊的描述："当艾布拉姆斯将军在 1971 年 1 月初向高文园将军兜售这份计划时，他就信誓旦旦地说这是得到美国总统批准和保证的作战计划。"实际上，艾布拉姆斯上将并不是特别赞同这么打，他执行的仅仅是美国总统尼克松的命令，但内心丝毫不喜欢"兰山 719"计划。

由于越南共和国覆灭了，越南文的作战计划都被北越收缴，因此计划内容只能参照美国陆军历史研究中心保存的副本。根据解密的文件，"兰山 719"行动分成三个区域展开，首先是从越—老边界沿 9 号公路往车邦，形成一个正面宽 10 公里、纵深约 35 公里的中央地带，涵盖 9 号公路、班东、车邦、30 号火力基地和 31 号火力基地，负责这个区域进攻的是南越国军伞兵师团和第 1 装甲骑兵旅团。按计划，伞兵师团将在南越国军第 1 装甲骑兵旅团的加强下，沿着 9 号公路展开攻击，切断南北横断 9 号公路的 16 号公路，并摧毁车邦周围的越南人民军仓库区和输油管道。这个区域以车邦河为界，以南是第 1 师团防区，以北是伞兵师团防区，第 1 师团的任务是拿下古谷山脉并建立东火力基地、三角洲 1 号火力基地和草原火力基地等。在 9 号公路北面大约 10 公里处，有一条和公路走向平行的山脊线，这里是伞兵师团和别动军第 1 联团的作战分界线，防止越南人民军主力从越南北部沿 16 号公路直下 9 号公路。

整个作战分为四个阶段：

第一阶段代号"德威·卡延（Dewey Canyon）"，由美国陆军第5步兵师和美国陆军第101空降师负责，斯迪内·贝里（Sidney Berry）准将任指挥。

第二阶段，由南越国军第1军团实施，他们的任务是动用第1军团主力和配属部队，在美军空炮火力支援下，采取直升机机降，蛙跳跃进打击的方式。其中，伞兵师团要在第1装甲骑兵旅团和第1师团配合下，夺取9号公路南北的重要地带，摧毁越南人民军的后勤仓库和输油管道。别动军负责掩护伞兵师团右翼，海军陆战师团作为总预备队，第1军团前指设在溪山基地。

第三阶段，夺取既定目标后，上述部队继续扩大战果。

第四阶段，达成所有任务后，南越国军从南寮撤离，绝不侵占老挝王国一寸土地。

整个计划从1971年1月30日起开始实施，最大战斗日是90天。参战部队除了南越国军各部队外，还有美国陆军第24军炮兵群和第101空降师的直升机群。美国陆军第24军军长萨瑟兰中将和他的参谋负责指导与协助越南共和国国军第1军团司令黄春林中将，打好"兰山719"行动。

计划是好的，可实际却困难重重，特别是兵要地志，根本不利于从未打过军级战役行动的南越国军。美军情报称，第559兵团的后勤中心设在老挝境内车邦省的车邦市，距越老边界重镇寮宝约40公里。在寮宝以南和9号公路之间是一系列延伸进入老挝境内的山脉，而这些延绵不绝的山脉都覆盖着浓密的丛林、竹林以及其他植被。山脉的各个山峰海拔都在500～850米，是嵌入老挝境内的9号公路周围的制高点，从这些山头可以将溪山基地一览无余。

要从寮宝打到车邦，就必须沿着东西横贯印度支那半岛的9号公路突击。9号公路是法国殖民时期，在印度支那修建的公路网中横贯老挝中部沙湾那吉省的重要交通干线，东起越南境内的东河，西到沙湾那吉。联军拟定的"兰山719"行动，就是打算从东河出发，沿着9号公路越过溪山和寮宝，往车邦进攻，意在打掉越南人民军苦心经营多年的604号仓库区。

说起来容易，做起来很难。604号仓库区不仅是越南人民军第559兵团苦心经营多年的地区，也是多年来进攻及控制溪山地区的跳板，周围几乎完全是密覆森林和灌木丛的山地，易守难攻。老挝境内的9号公路则是一条狭窄的单行公路，两侧长满大象草和灌木丛，特别是公路左侧（南面）密覆原始森林和竹林，是天然的伏击点。由于路面狭窄、空间有限，南越国军沿着9号公路实施突击，一旦被越南人民军截断退路，要掉头撤退就是十分困难的事情，简单地说，沿9号公路进攻不具备横向快速机动能力（只有顺向机动）。另外，道路的整体状况也是很糟糕的，无论是公路、桥梁，还是涵洞都年久失修，部分路段受到大雨不断冲刷，导致路面留下许多深达6米的大坑，给南越国军的机械化行军带来了不少的麻烦。

除了9号公路本身外，南北两侧的山系也是"兰山719"行动潜在的"大敌"。在南面是一系列600到700米高并可俯瞰车邦河的丘陵，它们从车邦以南起，沿着与9号公路平行的方向一路延伸至寮宝。在北面，同样也是沿着与9号公路平行的方向往车邦延伸的山脉，许多山头高度都在600米以上，可以清楚俯瞰9号公路并监视公路上的一举一动。谁能控制这些山头，谁就能封锁9号公路。

综上所述，从联军角度来看9号公路沿线的兵要地志对南越国军极为不利，特别是对根本没有主战坦克（M-48坦克），而只有M24"霞飞"和M-41坦克，以及M-113装甲运兵车的南越国军装甲兵来说，在9号公路地区作战简直就是一场噩梦。在这里他们既无法适应地形和天气，也没法施展自己的机动性和火力特长，倒是自己薄弱的装甲成为越南人民军反坦克猎杀小组攻击的对象。

尽管有种种不利因素，但联军还是未经周密考虑，为了所谓"政治解决"和"战略优势"，美越双方高层强行通过了作战方案。为了打好这次攻势，也为了展现一下"战争越南化"政策持续两年以来越南共和国武装力量的真正实力，南越国军可谓精锐尽出——第1师团（含第1和第3步兵团）、第1装甲骑兵旅团（含第11和第17装甲骑兵团）、别动军第1联团（含别动军第21、第37和第39营）、第10工兵联团（含第101和第102工兵营）、第1军团炮兵群和师属炮兵群，以及第1联勤司令部、伞兵师团（含第1、第2、第3伞兵旅团）和海军陆战师团（第147和第258海军陆战旅团）全数上阵。

美军也打算出动相当规模的兵力，进行作战支援。美国陆军第5机械化步兵师1旅首先拿下溪山基地，保障参战的美国陆军各个炮兵营在广治省西部展开，并建立一条往南到老挝边界的警戒带，掩护南越国军第1军团的集结区；美国陆军第45工兵群要重新修复溪山机场，保障C-130"大力神"运输机起降，并整修从东河到范德格里夫特火力基地之间的9号公路段；美国陆军第101空降师及海军陆战队的运输直升机和武装直升机群，负责给南越国军第1军团提供火力支援和运输保障；美国空军第7航空军和B-52战略轰炸机群将根据南越国军的请求提供战术航空火力支援或"弧光打击"（就是用B-52针对特定的坐标方格进行地毯式轰炸）。

最给力的支援莫过于参战的美国陆军炮兵群，该炮兵群由第4炮兵团8营（装备4门203毫米榴弹炮和8门175毫米自行火炮）、第94炮兵团2营（装备4门203毫米榴弹炮和8门175毫米自行火炮）、第396炮兵团1营B连（装备4门175毫米自行火炮）组成的第108炮兵群和第4炮兵团5营（装备18门155毫米自行火炮）构成。其中，第4炮兵团5营负责支援美国陆军第5机械化步兵师1旅，第108炮兵群负责支援南越国军第1军团。

面对整装待发、信心满满要展现"战争越南化"政策威力的联军，越南人民军又是如何应对的呢？

越南人民军磨刀

兵来将挡，水来土掩。用这句话来形容"兰山719"行动前双方的战役准备是再合适不过。

"战争越南化"政策进行到1970年夏，随着美军入侵柬埔寨，越南劳动党中央政治局总算从1968年总攻击和总奋起受挫中醒悟过来，正确认识到越南南方正处于抗美斗争最困难最关键的时刻，必须不惜一切代价咬牙挺过去。

当时，展现在北越面前的是一副态势极为不利的印度支那全景图：越南南方，特别是南部平原受到联军强大的军事和政治攻势，已经被迫把主力部队转移到柬埔寨东北地区开辟的新根据地，南方中央局也撤离了南部平原，许多根据地丢失。在美军的协助下，越南共和国国军的兵力和技术装备数量直线上升，实力急速壮大到70万人，比1968年增长了1.3倍，但美军人数下降到30多万人；在柬埔寨战场上，高棉共和国国军兵力也上升到12万人，对越南人民军第5、第7、第9步兵师构成了相当大的威胁；在寮国战场，老挝皇家陆军拥有8万人，加上王宝特种部队约2万人，以及泰国皇家陆军10个营的兵力，使越南人民军陷入苦战。

一句话，越南人民军现在的处境是敌强我弱。

按照这个战场态势和兵力对比，联军掀起战略进攻也是意料之中的事情。根据情报显示，联军从1970年夏季开始就不断把各种现代化武器装备运进第1军区，加快广治和承天两省的南越国军换装速度，并不断举行各种大规模实弹射击演习。根据这些迹象，越南人民军总参谋部判断，联军很可能要对第4军区南部地区下手。

根据越南人民军总参的报告，越南劳动党中央政治局召开紧急会议。在全面分析了1969年到1970年4月美国在印度支那实施的"战争越南化"政策后，越南中央政治局判断联军可能会在1970—1971年旱季，以南越国军为主，在美军支援下发动战略进攻，出击中下寮地区及柬埔寨东北地区，破坏两国革命基础，破坏越南人民军后勤仓库区，切断长山战略运输走廊，孤立越南南方战场。根据这个判断，越南中央政治局要求越南人民军全体指战员，在1970—1971年旱季最重要的任务就是保卫战略运输线和印度支那三国战场的战略大后方根据地，同时指示越南中央军委全权指导作战。

越南中央军委书记、国防部长武元甲大将，马上召集各总部主要负责人，商讨分析联军可能出击的方向。综合各方意见，武元甲大将认为，南寮—9号公路很可能是联军在1970—1971年旱季进攻的主要目标。针对联军的打法，武元甲大将认为联军很可能以南越国军15到20个营的兵力，在美军支援下沿9号公路实施机械化突击和直升机机降夺点战法，实施正面进攻；辅以老挝皇家陆军和泰国皇家陆军13到15个营从西面进行夹击，意在夺取9号公路沿线重点——班东、车邦、芒诺、芒菲、芒法兰。

在这个判断的基础上，武元甲大将指示文进勇上将领导的总参谋部，要仔细研究联军目前的战斗力和他们的优缺点，这样才能拟定切实可行的作战计划。他提出，1970—1971年越南人民军的总体战役决心是抓住时机、集中兵力，坚决消灭联军有生力量，保卫胡志明小道，并做好一切战斗准备，随时打击进犯9号公路、印度支那三国边界区和第4军区南部广平省的联军入侵部队。

就在武元甲紧张准备的同时，黎笋也没有闲着。1970年6月，越南中央政治局决定成立支前委员会，负责动员北方军民出工、出力，保障战略大后方安全并为各个战场服务。时任北越政府副总理的杜梅（越南劳动党中央政治局候补委员），担任支前委员会主席。

兵马未动、粮草先行，既然提前判明联军要打南寮—9号公路，那么战役后勤准备自然优先提上日程。

1970年6月26日，越南中央军委常委和国防部把第559兵团司令员童士元、政委武春展、副司令员阮朗和副政委裴德叁召回河内交代 1970 年至 1971 年旱季运输任务。国防部长武元甲大将、总参谋长文进勇上将、总政治部主任双豪中将、总后勤局主任丁德善少将接见了他们。

武元甲没有过多客套，直奔主题指出朗诺政变后，西哈努克港被关闭，长山公路成为目前唯一一条南北战略大动脉。在这种情况下，美国的战略目标就是要使用海陆空综合力量，切断长山公路，消除他们的"战争越南化"政策执行道路上的隐患。

对未来形势发展，武元甲大将认为，联军可能重点进攻中下寮地区和柬埔寨东北地区，他们采取的手段不仅仅是空军轰炸和别动队袭扰，还可能出动南越国军、老挝皇家陆军和高棉共和国国军进行地面进攻。目前，最危险的方向是南寮—9 号公路地盘，武元甲和文进勇以很肯定的语气告诉童士元一行："敌人会组织机动战略预备队（指海军陆战师团和伞兵师团）展开一次大规模进攻行动，目标是实现'直升机运输'战术，将兵力通过空中机动，快速投送到 9 号公路南北两侧的各个高地要点，结合机械化步兵越过寮保向车邦实施公路突击，在老挝、泰国陆军从芒法兰进攻的配合下，夺取整个 9 号公路地区，切断我军的战略支援线。"

为了粉碎联军的攻势，武元甲和文进勇要求第 559 兵团司令部要密切监视联军的一举一动，并针对联军出击南寮—9 号公路做好充分的战斗准备。他们强调，第 559 兵团是合成兵种的运输部队，熟悉南寮—9 号公路，是就地抗击对方进攻和保卫战役后勤根据地的重要力量。

由于长山公路的运转关乎越南人民军在南方战场成败，武元甲和文进勇都要求，无论遇到什么情况，第 559 兵团都必须坚持进行大规模战略支援，既要满足前线的物资需求，也要给各个战场预置一部分物资。另一方面，两人都要求第 559 兵团要做好对付联军封锁或地面进攻的战斗准备。

离开河内，童士元一行感到形势严峻，任务压得人喘不过气来。1970 年 6 月 30 日，第 559 兵团召开紧急作战会议，决定为了粉碎联军可能在 1970—1971 年发起的旱季战略进攻，兵团主力继续留在长山公路，绝不后退一步。当前的任务是，全兵团一边进行战略支援、巩固力量和训练部队，一边做好战斗准备，协助主力兵团打败进犯的联军。

鉴于 1970—1971 年旱季的重要性，长山司令部得到总参谋部、各总局的关心，以及指导与协助。在兵力上，总部给长山部队补充了 24114 人，含 3335 名汽车兵、

382名维修手、124名输油技术员；在设备方面，补充了3657台各类汽车、96台机械、64台防磁BTR装甲车、188台翻斗车；在公路保障方便，增强了修路力量，配属了3个工兵团（219、83、7）；作战力量上，配属了6个防空团，含4个高射炮团（282、224、284、230），2个高射炮营（105、11）和2个防空导弹团（238、275）。[1]

不过，依照当时的兵力和装备来看，第559兵团要打地面战斗，确实有些吃力。为了保卫战略运输线，1970年7月29日，越南中央军委又把第968步兵师和第565军事专家团，配属给第559兵团。接着，越南人民军总参谋部又以第559兵团为核心，成立长山部队司令部，直属国防部。其中，第968步兵师布置在两个方向——X方向（9号公路区域的芒菲、芒法兰）和Z方向（阿速坡和波罗芬）。实力增强的长山部队的兵力很快达到了62992人，包括第470运输师、第968步兵师、第565专家团、第571运输师、30个兵站，以及144个隶属于各个兵站的营和训练场所。由于即将到来的南寮—9号公路战役很大程度由防空决定，因此越南人民军总部特地让奠边府战役中担任第367防空团团长、现任防空军副司令员的阮光璧出任长山部队副司令员。

对1970年到1971年的战场准备，长山部队司令部党委一致认为：首先要建立不败的战略运输态势，结合可以对付联军步兵破坏后勤基础设施、旨在切断战略运输走廊的各种行动的作战态势；其次要增添过16号公路的一个入线口岸，保证载重汽车通行和技术兵器可以快速进入治天战场，造成一个正面过口岸、东西长达200公里可以进入长山的路径（也就是回师救援方便）；巩固、升级（nâng cấp）、修缮（sửa chữa）20号、12号和19号公路，恢复23号、21B号公路，增添10条迂回道、急造路，增开从沙迪到北口岸的与128号公路平行的22号公路；增修过车邦（车邦河）的桥梁，确保形成水面桥、暗桥和摆渡结合的多种过河方式；过塔梅的渡口要有6座水面桥、3个摆渡口和3座暗桥；在22号公路沿线第二次过北岸要确保有2个摆渡口和1座暗桥；要在江面各个狭窄之处建立浮桥。

1970年7月到11月，长山部队不顾雨季的困难，完善了长山公路的路桥系统。11月初，童士元大校亲临河内，向越南人民军总参谋长文进勇上将汇报长山公路网、步兵、防空兵、通信兵、工兵的准备情况，以及长山部队即将开始的1970—1971年旱季战略运输和9号公路战事准备情况。在报告中，童士元大校指出长山部队当前的四项急迫任务：

第一、守住和促进战略运输，争取迅速把物资送到9号公路南面，主动对付敌人，切断其在9号公路的行动。

第二、进行战场准备，组织战役运输直接支援9号公路、长山东西和治天军区。

第三、统一指挥长山西面各个作战力量，成为9号公路战役司令部指挥下的一路兵力。长山部队党委司令部认为，如果敌人要进攻占领战略运输线，就一定会大规模实施直升机机降战术，为此我军需要布置防空作战态势，把各个防空团的12.7毫米和14.5毫米高射机枪布置在9号公路南北两侧各个高地，以及判明敌人可能机降的山头，破坏敌人的直升机运输战术，让敌人从一开始就陷入被动、慌乱态势。

第四，配合老挝人民军消灭长山西面的泰国皇家陆军和老挝伪军，把他们赶出去，担保战略运输线安全并阻止敌人从四个方向突到汇合点（hợp điểm）。

汇报结束后，文进勇上将特别强调，要长山部队马上开始战略运输任务，同时要加紧修建从各个方向过16号公路口岸的路线（实际也就是16A和16B号公路），为9号公路方向战事激增的情况下保障B70兵团从南北垂直方向打击创造有利的条件，16号公路将成为战役中集结兵力和机动技术兵器的主要方向。

1970年12月15日，长山部队发起了1970—1971年旱季运输战役。美国空军照例一开始就对长山公路网进行密集的轰炸，B-52战略轰炸机、战斗攻击机连续出击战略运输线上的各个重点口岸、路段。尽管如此，越南人民军经过两年的磨砺，已经找到了有效对付美国空军封锁的办法，在头10天的突击运输中，长山部队大获全胜。

到1970年12月底，长山部队过9号公路的运输量达到12708吨、过北口岸运输量6384吨、过茶云运输量1156吨，交给治天军区和第5军区1358吨。

就在长山部队拉开1970—1971年旱季战略运输的同时，泰国皇家陆军和老挝皇家陆军共3个营的兵力，突然向芒菲发动进攻，被长山部队所辖的第29步兵团（得到第198坦克营的PT-76水陆两用坦克支援）打回东蚬（Đông Hén）。

针对南越国军迫在眉睫要打南寮—9号公路的情况，为了防止越南人民军往9号公路南面各个兵站的运输线被联军封锁，长山部队司令部紧急调动第10工兵团和第98工兵团修通从那菲朗到那卡农之间的129号公路，内连23号公路，形成从车邦西面绕过9号公路，直接通往下寮的新运输干线，也就是说这样一来9号公路方向战事如何激烈，也丝毫干扰不到长山公路的运转。

1971年1月28日，也就是"兰山719"行动开始前两天，长山部队司令部和常务党委召开会议，做最后的战前部署：

把X和Z阵线合并成Y阵线，负责整个下寮地区，以及在萨拉文、波罗芬、阿速坡方向的作战，坚决阻止敌人进攻解放区威胁战略运输线。派副司令员黄健担任Y阵线指挥长兼政委。黄扁山（Hoàng Biên Sơn）和范清山（Phạm Thanh Sơn）担任副指挥，阮玉山（Nguyễn Ngọc Sơn）担任副政委，陈稷（Trần Soạn）担任参谋长，胡士禄（Hồ Sỹ Lộc）担任Y阵线政治部主任。

健全R阵线以及在中寮的芒法兰、东蚬、芒菲等方向的作战，坚决守住23号公路和芒菲区域。指派原第968师副师长苏定坎（Tô Đình Khản）担任指挥长，黎文协（Lê Văn Hiếu）担任副指挥，黄勤元（Hoàng Căn Nguyên）担任政委。

成立长山司令部前线指挥部，根据总部的指示负责中下寮西面的战役配合方向，指派副司令员阮和（Nguyễn Hòa）大校和副政委黄世善（Hoàng Thế Thiện）大校直接指挥直属和配属第559兵团的各个力量，配合越南志愿军各单位消灭、阻止老挝伪军和泰国皇家陆军打下芒菲地区，粉碎他们打算配合西贡伪军占领塔梅—车邦，切断我战略交通运输线中心的企图。

分派副司令员阮光璧（Nguyễn Quang Bích）指导完善防空之势，打败敌人的"直升机运输"战术。副司令员阮朗特别负责指挥战略运输和战役运输。副政委阮令负责指挥第565专家团协助老挝人民军，发动各地方进行参加战役服务并粉碎敌人的别击探报。副政委黎枢特别负责指导党的工作、政治工作。副司令员阮安直接指导9号公路南面各个兵站。

9号公路沿线各兵站主要任务如下：

维持猛烈的战略运输态势，保障在该地作战期间的武器弹药运输，保证各种战斗形式所需供应，击落敌运输步兵的直升机，组织适当规模的袭击，伏击打击敌人步兵、坦克装甲车，逐步扩大战斗规模。要随时根据阵线司令部的调动准备给战役提供服务。

32号和33号兵站的任务是既要负责战略运输，又要保障战役运输和现地作战。9号公路东翼的各个兵站（包括9号、27号和41号兵站）专门负责战役服务，并现地打击空路、地面来犯的敌人。除了编制内的各个防空营外，在各个兵站区域还组织增添5个12.7毫米高射机枪连。步兵和全部仓库的工兵、交通联络部队一起，要配备步兵武器、一些81毫米迫击炮和防坦克地雷。全线的其他各个兵站每个都要组织一个12.7毫米高射机枪号或14.5毫米高射机枪连，增强给9号公路的防空部队。

鉴于班东可能被敌人占领，暂停使用班东到罗合的战略运输路段。

长山部队司令部下定决心在9号公路南北组织成7个区域作战，在第559兵团正面从班东到芒菲西面长达100公里的区域划分责任区，中心点是班东—塔梅—罗合三角区，依托周围高地展开火力，形成连环防空态势，俯瞰敌人入侵的9号公路轴线，结合伏击、袭击战斗态势粉碎敌人步兵进入我战略运输线的企图。

除了长山部队所辖各个兵种完成战斗准备外，长山部队还在9号公路方向各个仓库储备了3000吨物资（相当于7到8个步兵团、1个坦克营、1个炮兵团三个月的物资消耗量），在各条战略运输线上也预置了3万吨物资，保障了南寮—9号公路的战役消耗。可以说越南人民军的先期后勤准备，为战场胜利奠定了坚实的基础。

后勤准备很重要，主力兵团的准备也同样不可忽视。

1970年夏，越南人民军总参谋部把第5军区主力——第2步兵师（下辖第1步兵团、第38步兵团和第141步兵团）从广南省桂山县隐蔽调回9号公路。在那里，越南人民军第2步兵师补充了兵力装备，并针对山地条件下师团级别攻防战斗打法进行积极训练。B5阵线（9号公路—北广治阵线）军民修建了上千个地下隐蔽壕并搭建了许多帐篷，给第2步兵师的生活和战斗训练带来极大便利。

不过，光靠长山部队和第2步兵师是无论如何也无法击败南越国军主力军团的，对付联军的大兵团进攻，需以大兵团应对。1970年10月，越南中央军委和越南人民军总参谋部签署命令，成立B70兵团，下辖第304A步兵师、第308A步兵师和第320A步兵师，以及各个兵种单位。原B5阵线司令员高文庆大校，出任

B70 兵团司令员，黄芳大校任兵团政委兼兵团党委书记。

B70 兵团是越南人民军历史上第一个军级别的大兵团，是为了适应新的战场形势而把三个总部直辖机动主力师捏合组成的战略兵团。虽然 B70 兵团是新部队，但所辖的第 304A 步兵师、第 308A 步兵师和第 320A 步兵师，都曾在 9 号公路—北广治阵线内奋战过，对 9 号公路战场的地理条件和天气状况可谓了如指掌。兵团成立后，各师在第 4 军区各省集结，做好随时出击 9 号公路的准备。

为了掩护主力兵团的兵力集结和技术装备展开，B5 阵线军民从 1970 年 6 月到 12 月，连续在 9 号公路东段的广治北部地区组织多次袭击、伏击战斗和游动炮击 1000 次，钳制住了南越国军第 3 师团，宣称歼敌 6500 多人，击毁 300 多台军车。在一定程度上，越南人民军的这些动作确实干扰了联军在东河与爱子基地之间的战场准备。

1971 年 1 月开始，大战的气氛逐渐笼罩整个 9 号公路地区。根据越南人民军记载，从 1971 年 1 月 20 日到 1 月 27 日，联军对第 4 军区南部、9 号公路—北广治地区出动了许多别击探报团，侦察越南人民军部署动态和路桥状况，以及地形情况。显然，"兰山 719"行动即将打响。为了继续配合主力兵团进行牵制活动，1971 年 1 月 28 日，时任 B5 阵线司令员的阮英德（Nguyễn Anh Đệ）大校，命令在都灵和甘露两县各组织增加 1 个地方步兵连（每个连 89 名指战员）、1 个破交和反坦克排（每个排 27 人），第 84 炮兵团 1 营也改编为火力营（装备 82 毫米和 120 毫米迫击炮，以及 12.7 毫米机枪，编制 4 个连），任务是对东河到溪山地区的 9 号公路路段组织袭击战斗，干扰联军的战场准备。

不过，越南人民军这点准备对联军来说可谓隔靴搔痒，因为在大规模进攻面前，这点兵力根本就不算什么。

联军初战告捷

1971 年 1 月 29 日，"兰山 719"行动正式开始。当天，美国陆军第 24 军和南越国军第 1 军团分别在广治市与东河建立前指。凌晨 4 点，美国陆军第 5 机械化步兵师 1 旅的 1-77 特遣队从卡罗尔火力基地出发，沿着 9 号公路向西，在范德格里夫特火力基地附近的歌路（1968 年 4 月 1 日的"飞马"行动出发点）建立火力基地。1-77 特遣队由美国陆军第 77 装甲团 1 营 2 个连（营长理查德·迈尔中校）、第 5 装甲骑兵团 3 中队 2 个骑兵小队和第 61 机械化步兵团 1 营 2 个步兵连组成，任务是在歌路建火力基地，保障卡罗尔火力基地到9号公路西拐往溪山之间的公路路段的安全。

第二天，也就是1971年1月30日清晨，美军第5装甲骑兵团3中队一个小队沿着9号公路继续往溪山挺进。随同他们一道的是美国陆军第14工兵营和第7工兵团A连的3辆D7推土机。美军工兵的任务可不轻，他们除了要改善道路外，还要修复范德格里夫特火力基地到溪山之间的18座桥梁和20个涵洞。一路上，美军基本没有受到抵抗。1月30日8点30分，美军第11步兵团1营在雷蒙德·E.法尔拉中校的率领下，采取直升机机降突击的方式，冲进了溪山。15点，美军重新占领了溪山。与此同时，美军第45工兵团先修了一个临时突击机场，再将主跑道修复，保障了C-130"大力神"运输机的起降。修建期间，多余的工程设备和补给由直升机吊装运来。

为了支援突入溪山的部队，美军第187步兵团3营和第3步兵团4营乘直升机插进9号公路沿线各着陆区，保护沿公路向西行进的车队的安全。与此同时，美军第101空降师从巴斯托尼火力基地，往顺化西南27公里的维格尔火力基地实

"兰山719"行动态势图

施佯动转移，接着再往西南8公里的尊火力基地转移。从这里，美军对阿绍河谷进行了猛烈的炮火突击，武装直升机和战斗攻击机也对目标实施打击，企图把越南人民军的注意力从溪山和9号公路引开。遗憾的是，越南人民军早就判明了联军的企图，美军的战役佯动没有收到任何效果。

尽管如此，美军工兵在战役开始之初还是显示出了自己强大的作业能力。仅仅一天时间，美军工兵就修复了失修两年之久的9号公路东河到溪山之间的路段。1月31日12点，这个路段已经可以通行履带式和轻载轮式车辆。随着公路开放，美军第108炮兵群开往溪山。2月1日，美军第4炮兵团8营（12门175毫米和203毫米自行火炮）从范德格里夫特火力基地出发，进驻溪山。第4炮兵团5营（155毫米自行火炮）和第94炮兵团2营（175毫米和203毫米自行火炮）进驻围村附近阵地。接着，美军第1骑兵团1中队沿着9号公路溪山到老挝边界的路段，实施武装侦察。为了掩护这次行动，美国陆军第5机械化步兵师1旅派步坦联合特遣队，扫荡9号公路北面和溪山南面到老挝突出部之间地区。在此期间，美军工兵在9号公路和溪山基地继续作业。

在美军重返溪山基地的同时，南越国军战略总预备队——伞兵师团和第258海军陆战旅团也在西贡的新山一机场集结，乘坐运输机群开赴第1军区的广治和东河机场。从1月30日到2月6日，联军运输机群执行了247次任务，把伞兵师团和第258海军陆战旅团共9254人和1700吨武器装备及物资送达目的地。除了伞兵师团和第258海军陆战旅团外，联军还空运了不少兵力。总计，联军差不多出动了C-130"大力神"运输机600架次和C-123运输机12架次，把1.2万名官兵和4600吨物资送达到越南共和国北部各个省份。

2月2日，南越国军第1军团长黄春林中将在东河的军团前指召开作战会议，向与会的联军将领下达作战命令。第二天，南越国军别动军第1联团（别动军第21、第37和第39营）乘坐运输直升机，转移到溪山西北的富禄地区，建立一个火力基地。

联军展开兵力和技术装备的行动并没有瞒过越南人民军的"法眼"。根据越南人民军总参谋部的指示，B5阵线（9号公路—北广治阵线）也迅速展开兵力，尽力消灭联军部分有生力量，拖延联军的推进速度和战役准备工作，为B70兵团各主力师做好战斗准备赢得宝贵的时间。

遵照阵线的命令，1971年2月1日，越南人民军第27步兵团2营、第84步兵团2营和第75步兵营（欠1个连）对新兰、萨某展开袭击。1971年2月2日，独3营部分兵力袭击了头某基地，第15工兵营袭击了冯库到遥观之间的交通运输线。2月3日，B5阵线又命令独2营沿16号公路运动，对斜昆北面之敌展开攻击。按照越南人民军的说法，虽然美军动用空炮火力猛烈拦击，但独2营指战员还是勇敢冲破火力封锁区，前出击敌。与此同时，越南人民军第84炮兵团3营也对东河与241高地（卡罗尔火力基地）进行游动炮击，消耗炮弹200发，宣称给予了对方重创。

按照美军的记载，联军在"兰山719"行动中第一次和越南人民军发生战斗是在溪山西北24公里处，美军一支工兵单位受到攻击，立即召唤第17空中骑兵团2中队支援，宣称击毙5名越南人民军。在溪山基地，美军工兵主要忙着重新开放机场。遗憾的是，想要彻底修复机场困难重重，旧机场周围又有许多地雷，在扫雷过程中美军工兵损失了4台D7推土机，而机场修复的进展也缓慢，直到1971年3月1日才告完工。

虽然溪山机场修复进展缓慢，可到了2月5日美军还是完成了计划赋予他们的大部分任务，掩护南越国军第1军团主力——第1师团和伞兵师团完成集结。同一天，南越国军第1装甲骑兵旅团和第1伞兵旅团在越老边界占领攻击前出发阵地，做好越界进攻的准备。当天，美军损失了他们在"兰山719"行动中第一架直升机，一架AH-1G"眼镜蛇"武装直升机（来自第5骑兵团3中队D小队）在溪山西北撞山坠毁，机组成员全部死亡。

1971年2月6日下午，联军发生了一件匪夷所思的误击事件，美国海军"突击者"号航空母舰的一架舰载飞机的飞行员误把第1伞兵旅团和第1装甲骑兵旅团当成是敌人而展开攻击，炸死6人、炸伤51人，摧毁1辆M-113装甲运兵车。这是"兰山719"行动中，南越国军的首批伤亡，这一事件凸显了南越国军部队在没有美军顾问（美军顾问奉命不准随同南越国军入寮作战）的情况下和美军空中支援体系配合的困难，给南越国军的部分部队在作战发起后对美军战术航空兵近距离支援的信任造成了很大的影响。

对南越国军来说，误击只是小事，最大的麻烦来源于后勤保障。由于范德格里夫特火力基地到溪山之间的公路是单行线，难以双向通车，因此在"兰山719"

行动开始头几天时间里，南越国军的后勤保障只得靠美军后勤部队支援。对联军来说，最大的问题是汽油供应。由于溪山机场延迟开放，致使不得不从9号公路运汽油过来，可广治前线的美军缺的恰恰就是油罐车。更为糟糕的是，2月8日清晨，美军一支油罐车队沿9号公路往溪山行进时，受到越南人民军伏击（越南人民军记载，负责打歌路、新兰到萨某段的部队是第27步兵团2营、第84步兵团2营和欠1个连的第75步兵营），击毁、击伤6辆满载4542升汽油的油罐车。

汽油并非唯一的问题，空中支援也是个头疼的事儿。2月的头几日天气很好，空中支援相当有效。但到了2月4日左右天气突变，由风和日丽转为低云和阵雨。这么一来，既延迟了一些部队的机降计划，也干扰了工兵在溪山机场的修复作业。虽然2月16日天气再度转好，但依然没有达到能有效遂行近距离空中支援的条件，而且预定实施空中打击以削弱9号公路沿线越南人民军的防空炮位的行动也不得不取消。美国陆军第24军军长萨瑟兰中将把这个消息传告黄春林，尽管缺乏先期计划的空中打击，但黄春林还是不为所动，坚决按时展开"兰山719"行动。

1971年2月8日，"兰山719"行动的第二阶段正式打响。拂晓，美国空军实施了11次B-52轰炸任务，对老挝境内指定目标投下719吨炸弹，引发了40次大爆炸。B-52轰炸刚结束，美军又出动了468架次武装直升机和52架次战术飞机，攻击南寮境内各指定目标。美军宣称炸毁了越南人民军11个炮兵阵地和40台汽车，打坏了18台军车，引发了13次诱爆和23处火灾。

除了航空火力准备外，美国陆军第108炮兵群也进行了2个小时的炮火准备。在强大的综合火力支援下，南越国军第1装甲骑兵旅团所辖的第11和第17装甲骑兵支团，以及第1伞兵旅团的第1和第8伞兵营（由黎光亮上校指挥）、第101战斗工兵营、1个工程工兵连（装备推土机）穿过越南和老挝边界，沿着9号公路往班东挺进。与此同时，美军直升机群搭载南越国军第1师团和第3伞兵旅团各部在9号公路南北两侧各个重要高地实施机降，保障进攻轴线上的第1装甲骑兵旅团和第1伞兵旅团安全；第3步兵团4营在旅馆着陆点机降，第3步兵团1营、2营在蓝色着陆点机降，第2伞兵营在30高地机降，第3伞兵旅团司令部和第3伞兵营在31号区域机降，并在500高地（越南人民军称为543高地）设立31号火力基地。

越界作战的第一天，联军并没有遇到激烈抵抗。美军空中骑兵部队宣称击毁了越南人民军许多汽车，并在各机降着陆点周围引发了多起小爆炸，缴获不少越南人民军武器装备。南寮境内的9号公路路段两侧被森林植覆盖，他们仿佛置身于一片原始森林中。9号公路的许多路段被炸弹和炮弹摧毁，地表弹坑密布。弹坑周围长满草和灌木，南越国军先头部队不得不寻找蓝色石碑路标以发现旧路痕迹，然后引导推土机推倒周围灌木填平弹坑。装甲兵纵队不得不在第8伞兵营的密切伴随下，跟着工兵一边开路一边前进，进展极为缓慢。黄昏时刻，南越国军第1伞兵旅团和第1装甲骑兵旅团沿9号公路往南寮境内只挺进了9公里，南越国军第1军团在"兰山719"行动的第一天战死3人、失踪3人、负伤38人。

当天，美军第1骑兵团7中队B小队（由1架UH-1H休伊指挥控制直升机、2架OH-6观察直升机和2架AH-1G"眼镜蛇"武装直升机组成），在南越国军第1师团西面执行任务时被越南人民军防空火力击落，坠入一片大象草丛；长机机长和飞行员生还，但僚机两名机组成员双双殒命；这是"兰山719"行动中美军损失的第一批直升机。不过，当天的美军直升机损失可不止这么点。由于越南人民军初步展开了防空火力体系，美军直升机出击了15个梯队，每个梯队都受到猛烈防空火力攻击，总计7架直升机被打了下来，还有几架直升机受伤。

同一天，越南共和国总统阮文绍在西贡广播电台向全国发表讲话，宣布南越共和国武装部队进入老挝。作为越南共和国武装力量最高统帅，他表示："这是一次时间和空间都有限的作战行动，目标仅仅是摧毁北越共军在老挝多年来占据用来进攻越南共和国的后勤系统和渗透网络。此外，越南共和国对老挝绝无领土要求，因为越南共和国尊重老挝王国的领土完整。"

从表面上看，"兰山719"行动之初，联军进展顺利，损失基本可以忽略不计，看样子是胜券在握。实际上，他们没有想到的是，磨刀已久的越南人民军正恭候多时，准备张开罗网"欢迎"联军。

1971年2月1日，越南中央政治局召开会议，决定在南寮—9号公路区域布下战场，集中主力兵团实施反攻战役，求得大量消灭联军，特别是南越国军主力兵团的有生力量和技术装备。中央政治局在给越南中央军委的指示中，明确要求：一定要打赢这场关键性的战役，应动员一切人力、物力，不惜牺牲打赢南寮—9号公路反攻战役！

1971年2月6日，9号公路战场（命名为702阵线）司令部成立，越南人民军副总参谋长黎仲迅少将和总政治局副主任黎光道少将分别出任702阵线的司令员和政委。高文庆大校担任副司令员，范鸿山大校任参谋长，黄芳大校任副政委；各总局、各机关、各兵种许多重要干部也奉命下来加强702阵线。有总参谋部和总政治局两个二把手坐镇，加上各总局、各机关和各兵种要员的加强，702阵线堪称是当时越南人民军中职能最完善、权限最大的战场，拥有调动和协调B70兵团、第4军区、治天军区、9号公路—北广治阵线，以及长山部队和南寮的越南志愿军（援助老挝）作战的权力。越南中央政治局常务委员、中央军委副书记、越南人民军总参谋长文进勇上将，奉越南中央政治局和中央军委指示，亲自坐镇702阵线，代表中央政治局和中央军委直接指导南寮—9号公路反攻战役（代号X战役）。

参加这次会战的越南人民军兵力也是"空前庞大"，有B70兵团下辖的第308A步兵师、第304A步兵师和第320A步兵师，B5阵线（9号公路—北广治阵线）武装力量、治天军区部队、第5军区主力部队——第2步兵师、第324步兵师，4个坦克装甲车营、4个地面炮兵团、3个防空团和3个工兵团，部分总部直属和第559兵团的特工部队，合计58791名指战员。

为了区分战场，702阵线还特地把南寮—9号公路分成东、西、北三翼。北翼由B70兵团负责，任务是以第308A、第304A和第320A步兵师从北翼实施突击，撕开别动军第1联团和第3伞兵旅团的防线，由北往南纵贯突击，拦腰截断东西横向的9号公路。东翼是B5阵线，任务是袭扰溪山基地和联军的公路交通，将对方搞疲惫。西翼是指班东到车邦地区，这里由长山部队的步兵力量——第968步兵师、第2步兵师、第48步兵团、第29步兵团，以及长山部队的部分防空团营防守，任务是死死守住车邦，绝不让联军跨过车邦一步。原本在治天军区活跃出击的越南人民军第324步兵师迅速回师南寮—9号公路地区，在南翼投入战斗。

然而，计划是好的，可联军发起"兰山719"行动时，越南人民军的主力部队都没能展开，特别是B70兵团的三个总部直辖主力师，还分散在广平、河静和义安省，展开需要时间！为了给主力兵团展开赢得宝贵时间，702阵线命令B5阵线和长山部队要运用两种力量（军事和政治）、三种武装（主力部队、地方部队和乡村游击队）尽最大可能破坏联军的各个后勤根据地、仓库、港口、首脑机关、交通线，阻截联军的陆路和水路补给线，遏制空中接济。能否遏制住南越国军第1军团的突击势头，保障主力兵团的展开，就全看B5阵线、长山部队和老天（天气）的了！

越南劳动党总书记黎笋，也对南寮—9号公路战场甚为关切。1971年2月7日，黎笋就以越南劳动党中央的名义，号召南寮—9号公路战场全体指战员努力奋战。2月9日，武元甲大将以越南中央军委名义指示全军：

这次战役具有决定性的战略意义。要坚决打败美帝国主义和西贡伪军的军事冒险，要力争X战役取得完全胜利。战役胜利离不开后方对前线的支援，这样才能保障我军消灭战场南面的伪军重要战略预备队一部分有生力量和美军主力部队部分兵力，打掉美伪军的侵略意志……

中央军委对各级指挥部和各级党委要求如下：

要对每一名干部、战士、党员、团员进行深入政治动员，让他们认识到任务的重要性，和领悟战役要求……要以高昂的决胜意志投入到这次生死攸关的战役中。

要吃透作战指导思想，积极智谋、灵活勇猛，连续进攻敌人控制战场，捕捉俘虏，缴获武器弹药，从战役第一天起就要坚决树立必胜、敢胜的作风，发挥各种打法，把小打、遭遇战和大打有机结合起来，结合作战和敌运工作。

建立贯彻执行命令指示精神……建立团结密切合同精神，军民紧密团结，国际大团结，严明的纪律（kỷ luật nghiêm minh）。

细致组织后勤工作，领导组织战斗指挥。

武元甲大将还要求："全体干部、战士、党员、团员都要出力实现胡伯伯的遗嘱和党中央的战略决心……集中两种精神，连续进攻消灭敌人有生力量，坚决保卫胡志明公路，坚决打赢这次最重要的战役。"

为了挡住联军的进攻，长山部队首先在2月8日开始顽强阻击。按照越南人民军的记载：

从1971年2月8日8点到10日，在各种战斗攻击机和OV-10观察机猛烈的火力掩护下，直升机群搭载伪军在班东南北的各个高地实施机降。我军埋伏在周围的高射炮、高射机枪、步兵武器张开一个密集的防空火力网，击落了几十架各型飞机、直升机，阻止了敌人进军。在班东北面，第591高射炮兵团2个营在团长黎文林少校和政委阮文南少校指挥下击落了14架各种飞机。虽然遭到喷气式战斗攻击机对我军阵地的猛烈还击，许多防空兵战士英勇牺牲，但各营还是顽强战斗，又击落了 5 架敌机。

敌人继续进攻，41 号兵站的第 27 工兵营各组 12.7 毫米高射机枪在班东区域和卡其桥（cầu Ka Ky）击落了 13 架飞机（包括 7 架 H34）。27 号兵站的第 18 高射炮营和第 35 高射炮营使用 14.5 毫米高射机枪在 500 高地、300 高地共击落了 15 架直升机。

当天，第 75 工兵营和 41 号兵站所辖的步兵 5 连在古谷（Cu Bốc）高地据点击落了 5 架敌机，并击退了伪军别动军单位的 10 次进攻，击毁了一些装甲车，击毙敌 100 人，包括 10 名上尉连长和 4 名美军，有力迟滞了伪军第 1 步兵师团所辖的 3 团沿 B70 公路的推进。

除了防空部队外，越南人民军还动用 D74 122 毫米加农炮轰击了歌通的南越国军装甲车群，但没给对方造成实质性打击。

2 月 9 日，天气转坏。大雨和浓云阻碍了直升机空运和工兵作业，给南越国军的后勤补给带来了很大的困难。受其影响，第 1 装甲骑兵旅团当天仅仅前进 8 公里。当天主要战斗就发生了 2 次：越南人民军第 88 步兵团赶到战场，6 营运动进攻了 316 高地（南越方面称为别动军南山）的别动军第 21 营 2 个连，宣称毙伤敌 80 人，保卫了赛村的炮兵阵地安全。联军的记载却大相径庭，别动军第 21 营在别动军南山附近发现越南人民军 3 辆坦克和车辆正牵引着火炮，从他们阵地北面的公路急速运动，别动军战士随即召唤战术航空兵支援。可当天云幕低垂，能见度不良阻碍了战斗轰炸机支援，武装直升机虽然飞过来支援，却没能打掉越南人民军坦克。同一天，越南人民军第 304A 步兵师所辖的 24 步兵团对卡其桥附近的 351 高地展开攻击，宣称连续击退伞兵 8 营 5 次击退、歼敌 2 个连。

实际上，南越国军第 1 军团在当天的地面战斗中损失微乎其微，各部队士气高涨，都想一鼓作气冲到车邦。可他们没有想到的是，自己的指挥中枢发生了一起令人震惊的事件。13 点，第 1 军团司令黄春林中将带着前线指挥部乘坐飞机，前去视察别动军第 21 营时，前往的两架飞机遭到越南人民军双联装 37 毫米高射炮的射击，乘机人员包括第 1 军团 G3 和 G4 参谋（即情报参谋和后勤参谋）及一群准备采访黄春林中将的外国记者，全部遇难。事发后，南越国军立即派出一支搜救队去寻找失事直升机的乘员，却都没有下落。其实，黄春林中将可不关心乘员的死活，他更在意第1军区G3主任公文包里携带的"兰山719"作战计划和作战地图。如果这些机密文件没有被烧毁而是落到越南人民军的手上，后果不堪设想。思前想后，黄春林决定将此事"冷处理"，对这个秘密守口如瓶。此外，"兰山719"行动刚刚开始，作战仅仅一天多，根本不可能马上改变整个计划。

2月10日天气放晴，南越国军步坦纵队在道路泥泞的条件下，继续沿9号公路缓慢西进。南越伞兵原本上午要对班东实施机降突击，然后和沿9号公路打进来的第1装甲骑兵旅团会合，结果却因为天气状况暂未达标，不得不延迟到下午。期间，南越国军第3伞兵营在31号火力基地（越南人民军称为543高地）和对方发生了激烈战斗，宣称缴获了14门82毫米迫击炮、4门DKB 122毫米单管火箭炮，并在31号火力基地北面的一个碉堡里发现了9支藏匿的AK47自动步枪，还摧毁了6台满载弹药的莫洛托夫卡车。虽然天气比昨天好，但南越国军第1步兵团4营还是等到16点30分才乘坐直升机在三角洲着陆区机降。越南人民军在着陆区布置了防空阵地，用12.7毫米高射机枪和步兵轻武器打下了1架OH-6观察直升机和1架AH-1G"眼镜蛇"武装直升机，2架直升机的机组成员生还。

17点，南越国军第9伞兵营搭载美军直升机，在班东附近的阿里着陆区机降。这次进攻受到越南人民军车载12.7毫米高射机枪猛烈的火力的拦阻，但美军空中骑兵部队的武装直升机和战术航空兵提供了最大限度地支援，由此压住了越南人民军火力，保障第9伞兵营顺利完成了任务。两个小时后，南越国军第1装甲骑兵旅团和第9伞兵营在班东会师，这是"兰山719"行动第三天最重要的胜利。

随着班东的到手，南越国军沿9号公路已经冲到了车邦。第1装甲骑兵旅团侦察班东西面9号公路路段后报告说前方公路状况良好，可以保障每小时56公里的车速。此时，在南寮的南越国军兵力总数达到7500人。黄春林中将命令步坦纵队，只有在继续增兵掩护南北两翼情况下才可继续西进。南越国军第1师团3团奉命占领黄色着陆区（LZ Yellow），但出击前最后一刻新的情报传来，说越南人民军在着陆区附近集结重兵，直升机群只好载着南越将士们转移到三角洲着陆区西南4公里的敦着陆区。17点30分，南越国军第1师团3团顺利完成任务。

往北，南越别动军第39营（绰号黑虎营）在班纳西面2公里、316高地（南越国军称为别动军南山）东北3公里的500高地实施机降，这里是扼住16A号公路的咽喉要地，一旦占据，会给越南人民军从北面调动兵力和技术装备进入战场带来很大的麻烦。

沿着9号公路搜索期间，第17装甲支团2小队发现被炮兵火力或空袭打死的50具越南人民军尸体。第1步兵团1营、第1伞兵旅团也发现不少越南人民军的弹药和物资储备洞穴。综合火力支援方面，南越国军第1军团前三天经常得到3架前进空中指挥机（FAC）的支援（召唤战术航空兵），夜间得到3架投照明弹的C-123和3架空中炮艇（AC119或AC130）的支援。此外，B-52战略轰炸机群也对越南人民军炮兵阵地、仓库点，以及可疑的兵力集结区实施"弧光打击"。炮火支援也是很给力的。美军175毫米自行火炮群从围村转移到寮保，紧靠着越老边界，这么做虽然可以打到老挝境内的越南人民军纵深目标，但也把自己暴露给了越南人民军战役炮兵群（越南人民军第675炮兵团2营阵地就在塞村，距边界约20公里）。

虽然2月10日当天并没有发生太多的激烈战斗，但南越国军在巩固阵地的巡逻过程中，还是收获不小。别动军第39营就宣称在500高地附近击毙43名越南人民军，缴获2挺37毫米高射炮。在31号火力基地，南越国军第3伞兵营也缴获6辆满载弹药的越南人民军卡车，并发现了几个藏匿弹药的洞穴。

在9号公路南面，南越国军第1步兵团3营于三角洲火力基地周围搜查时，发现了一个藏匿武器和汽油的大型洞穴，缴获60支CKC西蒙诺夫半自动步枪、202支AK47自动步枪、4挺高射机枪和大量弹药，以及16400升汽油、50箱军服和大量食品。

2月11日到2月16日，南越国军伞兵、装甲兵、别动军、步兵突然停止前进，只扩大作战区域，继续搜索越南人民军藏匿武器的洞穴，搜剿周围地区的越南人民军。对于这段时期的战斗，南、北越双方的记载可以说截然不同。

《越南人民军战史》称："2月11日、12日，在卡其桥区域，我军击落敌人30架直升机。同一天，第304A步兵师24团4营、5营运动进攻卡其桥，消灭伪第1伞兵营4个连、第101战斗工兵营1连，击毁13辆装甲车，抓获不少俘虏。当天晚上，第88步兵团4营在6营9连配合下袭击了塞诺北面的伪第2伞兵营。2月12日，第24步兵团4营2个连和6营1个连袭击了500高地山脚的别动军第39营各连，歼敌一批（含1名连长），剩下的逃回高地。当夜，第88步兵团4营

（欠 2 连）在 6 营 9 连支援下，又一次袭击了 500 高地的别动军第 39 营。两次战斗，我军虽消灭了敌人一批有生力量，但自身损失也不小，战斗效率低。敌人损失很大，他们已经不敢贸然挺进。为了配合第 308A 步兵师（第 304A 步兵师 24 团是配属给第 308A 步兵师）战斗，第 320A 步兵第 64 步兵团从 2 月 10 日至 2 月 13 日，连续在 543 高地和 456 高地（分别是 31 号火力基地和 30 号火力基地）组织两次战斗，消灭伪军第 3 伞兵旅团 6 营和 3 营 3 个连。"①

在北翼的 B70 兵团逐步展开兵力的同时，为了防止沿 9 号公路前进的南越国军第 1 装甲骑兵旅团和第 1 伞兵旅团直接冲到车邦，越南人民军 702 阵线司令员黎仲迅少将和黎光道少将紧急呼叫给东翼的 B5 阵线增兵。越南人民军总参谋部本着一切为了打赢这次决定性会战的精神，立即把特工 19 营、特工 31 营、特工 35 营、第 13 和第 14 防空营，以及第 45 炮兵团 1 连和 8 连（各装备 6 门 DKB 122 毫米火箭炮）全部配属给 B5 阵线。9 号公路—北广治阵线也不敢怠慢，马上把获得的援军整合起来，以特工 33 营、第 15 工兵营和第 45 炮兵团 1 连、8 连两个连，以及 1 个防空连直接插到新兰、萨某、冯库、遥观河、同治高地等溪山地区各个重要地点，最大限度对溪山基地实施游动炮击和打击沿公路的交通运输，遏制南越国军第 1 军团的后勤保障，配合第 308A 步兵师的北翼战斗。

对这一时期的战斗，南越国军方面记载道：

第一特种联团对阿里火力基地南北地区实施了两次伞—坦协同侦察战斗。2 月 11 日下午，我军北翼部队和北越南人民军第 54 团 2 个营遭遇（应该是越南人民军第 64 步兵团）。一辆 M-113 装甲运兵车负重轮被敌火力击中后失去动力；一辆 M-113 装甲运兵车的 12.7 毫米机枪防盾被贯穿，机枪手战死。2 月 15 日下午，在班东北面 3 公里，第 17 装甲支团摧毁了 2 台共载 6 吨大米的汽车。第 2、3 伞兵营分别在 30 和 31 号火力基地出巡。值得一提的是，2 月 12 日清晨，第 2 伞兵营毙敌 32 人，缴获 20 件单兵武器，并在 30 号火力基地东南 5 公里处摧毁了 3 件多人操作武器，伞兵战死 3 人。

---

① 这些宣称的战绩实则是夸大了很多。

在 9 号公路以南，从 2 月 11 日到 2 月 16 日，我军第 1 师团共有 3 个步兵营分别在敦着陆点、三角洲着陆点和草地着陆点实施机降，寻歼敌部队。结果，2 月 11 日 16 点 15 分，在美军轰炸了敦着陆点东南 1 公里的目标后，第 1 步兵团 3 营发现了 23 具敌尸体，并缴获了 2 挺 12.7 毫米机枪、4 支 AK47 步枪和 1 部电台。第二天下午，也就是 2 月 12 日下午，第 1 步兵团 3 营在敦着陆点东南偏南 3 公里发现一个囤积点，里面储备着 600 件单兵武器、400 枚 82 迫击炮弹及大量的步机枪子弹，大约 50 名敌士兵在空袭中被炸死也躺在了周围。2 月 13 日，第 1 师团最终在敦着陆点周围和敌人遭遇，并发现了许多敌囤积点，里面藏满了武器、弹药、军用装备、车辆和军用物资。这些遭遇战中，我军 1 死 23 伤，敌人丢下 28 具尸体。

对这一期间，南越国军第 1 军团没有一鼓作气冲到车邦，而是驻足不前进行搜剿和巩固的做法，不要说外人，就连美军也无法理解。这是一次大规模越界进攻作战，兵贵神速，兵力和技术装备损失微乎其微，为什么才打两天却要原地踏步一个星期，坐等越南人民军打上门来呢？当时，美军还不知道，黄春林的作战计划和地图很可能已经落入越南人民军之手。而黄春林对这个秘密只字未透，致使美军方面出现了错误的解读，甚至于把错失冲到车邦的战机怪到了阮文绍的头上。

1971 年 2 月 12 日，越南共和国总统阮文绍来到越老边界，沿着 9 号公路视察"兰山 719"行动进展情况。第 1 军团司令黄春林中将亲自陪同阮文绍前往第 1 师团前指和溪山基地的伞兵师团指挥所视察。在视察过程中，黄春林、第 1 师团长范文富准将和伞兵师团长杜国东准将向阮文绍报告了各自防区的战况。对"兰山 719"行动头 4 天的作战，第 1 军团汇总报告如下："我军共毙敌 308 人，俘虏 3 人，1 人投诚。缴获 515 件各式武器，含 15 门 82 毫米迫击炮、4 门多管火箭炮、1 挺 7.5 毫米机枪、1 挺重机枪、7 挺 12.7 毫米机枪、5 具 B40 火箭筒、1 具 B41 火箭筒、65 挺轻机枪、63 支 CKC 半自动步枪和 2 部电台。摧毁了 3 辆 PT-76 水陆两用坦克、36 辆崭新的莫洛托夫卡车、4 门 130 毫米加农炮、4 挺 12.7 毫米高射机枪、7 个高射炮阵地、91 吨大米和 500 件崭新的军事装备，以及大量弹药和汽油。"

接下来阮文绍的讲话，就成了越美双方（指越南共和国和美国）争论的焦点。驻越南共和国的美军情报主任达维逊将军，在自己的著作中把 1971 年 2 月 11 日到 16 日第 1 军团未能继续前进的原因解释为阮文绍总统不希望越南共和国国军精锐部队有更多的伤亡，因而下令停止前进。达维逊在书中写道："2 月 12 日，阮文绍提醒黄春林和各位师团长，警告他们继续往西要小心谨慎，并告诫他们一旦我军伤亡超过 3000 人就必须立即停止作战。"可以说，日后关于"兰山 719"的一切美方著作都引用了达维逊的说法，"谎言重复万遍成真理"，这个说法就成为美方"解释'兰山 719'失败根子的传统看法"。

遗憾的是，这个说法根本站不住脚。第 1 军团司令黄春林中将在战争结束后，对这个问题进行了驳斥（战争结束以后，黄春林十分落魄，他也没必要去给阮文绍留面子）："我从来没有接过总统指示或暗示说损失超过 3000 人就停止作战的命令。不过，阮文绍总统视察战场和在老挝境内的古谷基地逗留时，老挝境内的第 1 师团将士和北越南人民军队之间激烈的战斗依然在持续。总统对范文富将军做了一个弧形前进的手势，并示意离车邦只有 20 公里。这让一些美军将领理解为总统打算放缓前进的步伐。接着，在我军夺取车邦后，艾布拉姆斯将军建议把第 2 师团作为援军投入战斗以扩大战果。这导致总统办公室内引起大家的歧见和爆发了激烈的争论，因为阮文绍总统想在第 1 军团答应把第 2 师团加强作战之前，美国能答应把一个师投入南寮。这个建议不了了之，因为美国政府压根不打算让美军投入南寮作战。"

为了"证明"自己的观点正确，达维逊继续在自己的书里写道："伞兵师团和海军陆战师团不仅是南越国军战略总预备队，还是保卫独立宫和防止叛乱、维护稳定的力量。如果这次作战导致己方损失惨重，自然会影响 1971 年秋季的全国大选，因此阮文绍总统希望改变计划，延迟进攻。"

既已驳斥达维逊的看法，黄春林中将又对自己的作战部署和第 1 军团面临的困难进行解释："当我军抵达 9 号公路和胡志明小道交叉口时，第 1 军团司令部扩展他们在胡志明小道区域的作战范围，以搜剿敌人各后勤基地。此外，30 号和 31 号火力基地是伞兵部队保护我军主攻方向北翼的守卫据点，当时正受到北越南人民军包围，我们需要在军团命令第 1 特种联团继续前进之前，火力支援优先协助伞兵师团应对这个危机。此外，直升机给几乎所有参加战役的部队进行再补给和撤运伤员，因为敌人远超预期的强大防空火力而实际陷入停滞状态，打乱了我们的直升机运输计划。另外，当时天气状况也影响了所有的直升机支援进程，而直升机是我们在这次作战中可以用来运兵、再补给和撤走伤员的唯一装备。"

第 1 装甲骑兵旅团的主力第 17 装甲骑兵团的指挥官阮春勇的话，就代表了第 1 装甲骑兵旅团官兵的共同心声："作战的头两周，第 17 装甲骑兵团没有收到任何一种补给品。"在汽油、弹药、粮秣和饮用水都补充不济的情况下，连生存都成问题，遑论进攻？可惜的是，美方任何一本关于"兰山 719"行动的书籍都没有对本次战役的重要因素——后勤保障进行详细论述，这是研究"兰山 719"行动的最大缺憾。

2 月 16 日，眼看进攻已经停滞 5 天之久的艾布拉姆斯上将坐不住了，他和高文园上将亲赴前线，会晤黄春林和萨瑟兰。经过两个多小时对形势的研究和作战计划的讨论，黄春林中将决定让第 1 师团从车邦河南面的火力基地转移，掩护伞兵师团继续往西朝车邦突击，估计用 3 到 5 天时间完成任务。遗憾的是，正当联军准备要进攻的时候，越南人民军已经磨好了刀，准备由北往南实施突击，拦腰斩断 9 号公路。

▲ 美国总统尼克松。

▲ 联军在 1969—1970 年绥靖和反游击战中取得胜利，让尼克松总统很兴奋，决心乘胜追击，扩大战果，打进南寮—9 号公路，一举断掉胡志明小道的中枢部位。图为 1971 年间，北广治—9 号公路战场的联军 81 毫米迫击炮阵地。

▲ 美国空军 B-52 "同温层堡垒" 战略轰炸机，他们在越南战场活跃出击，给越南人民军 "撒播死亡的种子"。

▲ 1971 年 2 月 8 日，南越国军第 1 军团司令黄春林中将在南寮战场接收美国记者的采访。

▲ 作战之初，南越国军挺进的气势汹汹，他们那里想到越南人民军已经挖好了陷阱，正等着他们往下跳。

▲ 南寮—9号公路战场的越南人民军37毫米高射炮。

▲ 溪山基地的机场俯瞰照片。

▲ 挺进南寮—9号公路之初，正接受采访的南越国军军官。

▲ "眼镜蛇"攻击直升机，他们在"兰山719"行动中给地面部队有力支援。

▲ 1971年2月8日，南越国军第1军团开进南寮—9号公路战场，正式打响"兰山719"行动。

▲ 蜿蜒曲折的9号公路，对兵力处于绝对劣势的南越国军来说是个噩梦。

▲ 南越国军第1装甲骑兵旅团和第1伞兵旅团沿9号公路突向班东。

注释

1. *原文为* Do tầm quan trọng của mùa khô 1970-1971, Bộ Tư lệnh Trường Sơn được Bộ Tổng tham mưu, các tổng cục quan tâm chỉ đạo, giúp đỡ. Về quân số, Bộ bố sung 24.114 người, trong đó có 3.335 lái xe, 382 thợ sửa chữa, 124 kỹ thuật viên đường ống. Về phương tiện, bố sung 3.657 ô tô các loại, 96 máy húc, 64 xe BTR phóng từ, 188 xe ben. Về lực lượng làm đường, tăng cường và phối thuộc 3 trung đoàn công binh (219, 83, 7). Về lực lượng tác chiến, phối thuộc 6 trung đoàn phòng không, trong đó có 4 trung đoàn cao xạ (282, 224, 284, 230) 2 tiểu đoàn cao xạ (105, 11) và 2 trung đoàn tên lửa phòng không (238, 275).

【第三章】

决战南寮—9 号公路

断刀

　　黄春林的停滞不前，给了越南人民军极为有利的战机。越南人民军 702 阵线司令部判断："经过 2 月 8 日到 11 日 3 天的进攻，敌人受到了重创（这个说法相当错误），兵力展开计划要么被我军打乱，要么取消或调整部署，进军速度受到严重迟滞。"根据这个判断，黎仲迅决心在东翼、南翼和西翼钳制住对方的同时，集中 B70 兵团三个主力师在北翼展开主要突击，消灭保卫北翼的南越国军别动军第 1 联团和第 3 伞兵旅团，实现由北往南纵贯突击切断 9 号公路，包围孤立以班东为中心的南越国军第 1 师团、第 1 伞兵旅团及第 1 装甲骑兵旅团，阻止对方前出到车邦。作战方针是，要打歼灭战，确保全歼敌各个主力营，进而争取重创甚至全歼敌旅团。各主力师要以步兵团为单位，采取运动包围战术，连续袭击、伏击、破袭交通线，运动进攻结合据点防御，同时展开宽大正面的防空火力，孤立对方的陆路和空路运输，把小打、遭遇战结合起来，创造大打时机，大量消灭对方有生力量。黎仲迅少将和黎光道少将要求全军要边打边调整部署，在各次战斗中逐步张开兵力，形成反攻之势。

　　既然要以北翼为战役主要突击方向，那么突破口选在哪里呢？经过仔细分析，黎仲迅和黎光道同时把目光投向 500 高地（别动军北山）。

500高地的战略位置十分重要，既是16B号公路附近的前哨阵地，又邻接通往班东的16A号公路。目前，别动军第39营占领了500高地，掐住了16号公路，阻止了越南人民军南下展开技术兵器和大规模物资的运输。如要举行大规模反攻，首战必须拿下500高地。不过，越南人民军的对手——南越别动军第39营却是一块硬骨头。越南共和国联合参谋本部对该营的综合评价是"攻守全面"，该营别号"黑虎营"，兵力430人，装备2门106.7毫米无后坐力炮、2门75毫米无后坐力炮、4门81毫米迫击炮和9挺重机枪。战斗过程中，他们可以得到斜福东、543高地（31号火力基地）、班东、寮宝等各个火力基地的炮兵支援和美国空军支援。由于别动军第39营战斗力强悍，越南人民军形象地把500高地比喻成"钢铁闸门"，要打通16号公路南下展开技术兵器和进行战役保障，就必须拿下500高地。

由于首战关系重大，为了确保胜利，702阵线司令员黎仲迅少将和政委黎光道少将把这个光荣的任务交给了第308A步兵师师长阮友安大校。

熟悉越战的军迷朋友都不会对阮友安这个名字陌生。在盖洛威和穆尔妙笔横生的德浪河谷地战斗中，阮友安正是越南人民军当时的最高指挥官，这次战斗让他一战成名。他的名字不仅在联军阵营中如雷贯耳，而且他还因出色的战役战术指挥能力在越南人民军中赢得了很高的声誉。

和阮友安一样，第308A步兵师同样是在越南人民军中赢得了头等主力师的威名。虽然在1968年的9号公路—溪山战役中打得很不理想，但他们的威名犹在，如同一头猛虎，不怒自威。对阮友安的能力和第308A步兵师的战斗力，上至武元甲大将，下到黎仲迅和黎光道都很放心。"首战用我、用我必胜"同样是越南人民军的光荣传统，因此黎仲迅和黎光道把拿下500高地、力斩黑虎营的重任，交给了阮友安和第308A步兵师。

其实，第308A步兵师很早就展开了兵力。1971年2月1日，也就是"兰山719"行动开始的第二天，阮友安大校指挥着第308A步兵师师指机关、第14营、第16营、第18营和第102步兵团9营首先上路，接着第102步兵团7营、8营跟进，最后是第88步兵团从石盘开赴战场。他们抢在南越国军别动军第1联团和第3伞兵旅团建立北翼屏障前，通过了16号公路。距离战场最远的是第36步兵团，他们直到2月6日才从河静省出发，第一仗是赶不上了。

一到战场，阮友安少将就意识到500高地的重要性，把第308A步兵师基本指挥所设在离500高地不足1000米处，并开始仔细侦察地形和研究敌情。2月8日，南越国军第1军团跨过越老边界，开始实施"兰山719"行动第二阶段，往车邦突击。阮友安没有躁动，而是静静观察战场发展态势，同时等候上级指示。至2月11日，随着班东的丢失和南越国军停止前进，战场发展态势逐渐明朗。当天，黎仲迅少将和黎光道少将把拿下500高地的任务正式交给了阮友安。

俯身看地图，展现在阮友安面前的是清晰的敌我态势图。在北翼，越南人民军第308A步兵师所辖的第102团、第88团已经展开，由于第36步兵团未到，上级把第304A步兵师24团暂时划归阮友安指挥，第320A步兵师的64步兵团也在这个方向活动。在这个方向，东西正面跨过阿海、斜福、阿经到塞村（越南人民军第675炮兵团主阵地）和500高地宽约15公里，南北从塞河、卡其三岔路口到9号公路的班东—寮宝段纵长约20公里。在北翼地盘上，南越国军拥有第3伞兵旅团和别动军第1联团，布防情况如下：别动军第39营据守500高地（别动军北山），别动军第21营在塞村北面的316高地（别动军南山），第2伞兵营在665高地建立30号火力基地，第3伞兵旅团司令部和第3伞兵营分别在543高地和456高地，其中543高地是31号火力基地。

看着大比例尺作战态势图，阮友安心中有数。1971年2月13日，他主持召开第308A步兵师党委会，经过激烈讨论一致通过了打500高地、全歼黑虎营的战斗决心。具体做法是第102步兵团7营在第88步兵团6营支援下，先用堑壕延伸包围并疲惫敌人，然后再采取诸兵种协同攻坚打法，逐个消灭500高地的4个子高地。

会后，第308A步兵师师指马上把作战计划发给了第102步兵团7营和第88步兵团6营。经过一天周密准备，2月14日夜，第88步兵团6营11连和第102步兵团7营1连开始从300米外进行堑壕延伸作业，往500高地逼近。为了掩护步兵作业，第88步兵团和第102步兵团的防空连、82毫米迫击炮群、82毫米无后坐力炮群占领阵地，采取直射和曲射火力结合方式，压制500高地守敌，并封锁周围空域。精明的阮友安打算先困死、饿死、耗死对手，待对方困倦、累趴、饿得不行再一举发动总攻击，将其歼灭。

越南人民军的围困很快就产生了效果。2月15日16点30分，美军一批直升机群试图飞过来，给500高地的别动军第39营接济时，受到第88步兵团防空连的12.7毫米高射机枪射击，1架被击落，剩下的直升机群被迫撤走。17点05分，美军出动 AH-1"眼镜蛇"武装直升机对第 88 步兵团防空连阵地进行火力突击，遭到顽强还击，一架 AH-1"眼镜蛇"武装直升机被打坏。在外围阵地，越南人民军的 14.5 毫米高射机枪也打下了一架美军直升机。

2 月 16 日，为了掩护步兵继续延伸堑壕和压制别动军，第 102 步兵团和第 88 步兵团集中 82 毫米和 120 毫米迫击炮对 500 高地的 2 号、3 号、4 号三个子高地进行猛烈轰击，打得对方根本不敢露头，只能躲在地下掩体，并召唤空炮火力还击。趁着压制对方高地上各个火力点的机会，越南人民军第 88 步兵团 6 营 11 连勇敢地把堑壕往前延伸 150 米，第 102 步兵团 7 营 1 连延伸约 100 米，分别在距敌阵不足 150 米和 200 米处建立新的工事，并用自动步枪和机枪火力封锁守敌的各个暴露火力点。

2 月 17 日，火急火燎的第 88 步兵团 6 营误以为别动军第 39 营被困 2 天已经失去战斗力，结果贸然进攻 500 高地的 2 号子高地，结果被击退。

2 月 18 日，在连续围困了 3 天以后，500 高地的别动军第 39 营有些坐不住了，急电美军请求空投粮食弹药和 300 顶钢盔。9 点 45 分，美军直升机群如约而至，在 500 高地的 2 号、3 号子高地降落，越南人民军第 675 炮兵团 2 营的 D74 122 毫米加农炮立即组织炮火急袭，上百发 122 毫米榴弹砸在 2 号、3 号子高地，打坏 4 架直升机，摧毁 5 个沙包掩体。11 点，美军又以一群直升机在 500 高地北面降落，遭到第 102 步兵团防空连 12.7 毫米高射机枪射击，又有 1 架被击落，剩下的直升机被迫拉高。14 点，第三批直升机扑了过来，在烟幕掩护下投下 300 顶钢盔。别动军第 39 营以 1 个班的兵力，试图利用还没消散的烟幕，下山收容钢盔，结果遭到越南人民军第 88 步兵团狙击组的伏击，3 人阵亡。

连续 4 天围困下来，通过电台监听，以及地面观察监视，阮友安认为，别动军第 39 营已经陷入第 102 步兵团和第 88 步兵团的重围，对方所有活动都在越南人民军步枪射程范围内。面对封锁围困，别动军第 39 营可以说是毫无办法，既没有主动出击打破重围，也没有呼叫外部友军破围，他们只是消极龟缩在工事里，连头都不探出来。就算是这些赖以依托的工事也在越南人民军迫击炮和加农炮逐日轰击下，被摧毁不少。

根据这个情形，阮友安决心首先以第 88 步兵团 6 营的 9 连和 11 连，打下 2 号子高地，夺取进攻跳板，然后第 102 步兵团再组织进攻，拿下整个 500 高地，一举全歼别动军第39营，进攻时间是1971年2月18日23点。

进攻打响前，第88步兵团6营营长阮友诗（Nguyễn Hữu Sự）组织一个爆破组，由杨登海担任组长，任务是带领11连（连长吴文经中尉）潜伏到2号子高地铁丝网地带，挂好定向雷，等待进攻时刻到来就引爆，好让部队一鼓作气冲上500高地。在隐蔽接近潜伏点过程中，11连受到了迫击炮火力拦阻，3排长和一名爆破战士牺牲、4人负伤，吴文经没有犹豫，立即指派8班班长阿梅指挥3排。

越过封锁区，在距铁丝网不到50米时，爆破组碰上了敌阵前布设的雷场，大伙一时间有些举手无措，杨登海也犯难了。这时，受过工兵排雷训练的战士阮文杜（一等兵）悄悄来到杨登海面前，对他说："让我来。"阿杜很娴熟地排除了7枚地雷，在雷场开辟了一条安全通道，引导爆破组趟过雷区。接着，阮文杜扑到铁丝网跟前，把一枚DH-10定向雷（66式定向雷）挂在铁丝网前。一切似乎大功告成，他却发现定向雷的拌发引线过短，好在11连连长吴文经带了备用引线，很快换好并让部队退到安全区，静静等待进攻时刻到来。

23点，第675炮兵团2营突然对500高地进行炮火急袭，宣告进攻时刻的到来。伴随着隆隆的炮声，越南人民军第88步兵团11连连长吴文经亲自引爆了DH-10定向雷。一道橘黄色的闪光瞬间出现，伴随着爆炸声，2号子高地的铁丝网被炸开一个大大的口子。第88步兵团9连和11连抓住战机，冲上了2号子高地。守卫2号子高地的别动军第39营4连十分顽强，尽管饥饿和疲劳让他们连端起枪都很困难，但还是给越南人民军两个连造成了不小伤亡：11连连长吴文经中尉战死，11连伤亡34名指战员，9连也死伤了20多人。战斗打了整整3个小时，守军放弃2号子高地，往1号、3号、4号子高地龟缩和营主力会合。2月19日凌晨2点，阮友安大校向702阵线司令部报告，第88步兵团9连、11连完全夺取了500高地2号子高地。

由于第88步兵团两个连损失不小，阮友安大校在告捷的同时，也命令第88步兵团6营撤下来，把2号子高地防务交给第102步兵团9营。交防期间，2号子高地突然受到美军猛烈轰炸，密集的爆炸声仿佛撼天动地。阮友安大校感到很不安，生怕第102步兵团接防不顺。他赶紧给第102步兵团团指打电话，询问情况。接电话的是第102步兵团副参谋长阮文杰，他报告说团长黄玉思（Hoàng Ngọc Tý）已经上一线检查换防情况，团指和9营战斗队形受到轰炸，但损失轻微。接着，第102步兵团9营营长黎文涛上尉上报报告说，部队已经顺利接过2号子高地防务，打退了别动军第 39 营两次反击。目前，他要求各连连长摸上 1 号、3 号、4 号子高地，抵近侦察守敌情况。

不久，第 102 步兵团团长黄玉思也给阮友安大校打来电话，汇报自己检查 9 营的战斗准备情况，并称第 675 炮兵团 2 营将按协同计划，射击 3 号和 4 号子高地。

听完第 102 步兵团的汇报，阮友安大校感到很满意。挂了电话，他又问第 308A 步兵师师指作战参谋和后勤参谋，关于友邻部队的战斗情况和给第 102 步兵团提供保障的情况。在侧翼，越南人民军第 24 步兵团 4 营和敌人围绕 351 高地进行激烈争夺，联军的炸弹和炮弹几乎把 351 高地的工事都给炸平了。为了守住重要的 351 高地，确保 500 高地战斗顺利，第 102 步兵团 7 营被派上去增援，协助第 24 步兵团 4 营守住了阵地。

如果说战斗情况令人满意的话，后勤保障就让阮友安揪心了。芒章仓库区被南越国军破坏，损失几百吨宝贵物资（武器装备、弹药，还有口粮），运输保障也是困难重重。由于 500 高地掌握在南越国军的手里，越南人民军只能利用夜幕的掩护悄悄让部分卡车满载物资沿 16A 号公路南下，突破 500 高地火力封锁抵达前线，可大规模运输在没有彻底拿下 500 高地，打通 16A 号公路前无法实施。后勤参谋报告一辆满载大米的卡车被美军 AC-130 空中炮艇击毁，全车粮食损失殆尽，但驾驶员无恙。截至 2 月 19 日凌晨，第 102 步兵团只收到卡车送来的不到 4 吨粮食。按照每名指战员每天 800 克大米定量分配，这些粮食只够 102 团吃一天半！形势紧迫啊，必须当机立断，马上组织对 500 高地的进攻，只有拿下 500 高地，南寮—9 号公路反攻战役才能拉开帷幕，这次战斗不仅关系到第 308A 步兵师，也关系到战役后勤的展开！只能赢不能输，时间也拖不起了！

阮友安不想，也不会去拖，他再次拿起电话，以斩钉截铁地语气命令第 102 步兵团团长黄玉思务必要在今晚打下 500 高地！17 点，越南人民军第 675 炮兵团 2 营的 12 门 D74 122 毫米加农炮开始炮火准备，784 号高地观察台的炮兵观察员报告，弹群准确命中 500 高地的 3 号、4 号子高地。

2 月 19 日 19 点 30 分，越南人民军第 102 步兵团团长黄玉思一声令下，总攻开始！刹那间，枪炮声大作。密集的 122 毫米榴弹、82 毫米和 120 毫米迫击炮弹和各类枪声在 500 高地响起。第 102 步兵团 9 营以敏捷的动作很快拿下了 1 号和 3 号子高地。但别动军第 39 营也不是吃素的，全营往 4 号子高地（营部所在地）

收缩，居高临下拼死抵抗。为了支援500高地，南越国军炮兵还从斜福和阿经两地进行猛烈射击，杀伤越南人民军战斗队形。为了迅速克敌，黎文涛上尉把第102步兵团9营4个连(含1个火力连)全部投入战斗，第102步兵团特工连也拉了上去，5个连拼命攻击，却始终没法啃下4号子高地。

客观地说，黑虎营在被围了5天断粮断水，连举枪都困难，并且在夜间美军炮火支援没法找到准头的情况下，拼死击退了第102步兵团9营冲击，表现堪称优秀，确实是一支"攻守全面"的精锐部队。遗憾的是，在没有任何补给支援的情况下，他们的运气也到头了。

进攻受挫的第102步兵团团长黄玉思请示阮友安："暂停冲击，继续组织兵力牢牢围困4号子高地，准备明天下午再打。"阮友安同意他的意见，并要求马上组织人力，把子弹、手榴弹、迫击炮弹、火箭弹和无后坐力炮弹送上一线，一边组织火力封锁4号子高地，一边准备最后的总攻击。2月20日16点45分，被围差不多6天的别动军39营自行放弃4号子高地，向西突围。越南人民军第102步兵团9营趁势冲击，终于全面攻克500高地。18点56分，别动军第39营199名官兵回到316高地，和别动军第21营会合。在这次战斗中，别动军第39营参战官兵430人，战死及失踪178人，只有199人逃回，损失兵力一半以上，他们宣称击毙越南人民军639人，对方损失423支AK47自动步枪、15具B40及B41火箭筒。这个宣称战绩就贻笑大方了。根据《越南人民军卫生勤务史》第三卷第248页记载："越南人民军第308步兵师102团共有1026人参加2月16日到20日围攻500高地战斗，其中185人负伤，61人战死。"[1]第88步兵团6营损失见前面叙述，但没有阶段损失数字。也就是说越南人民军实际损失超过了别动军第39营。在围困了那么多天，别动军第39营断粮断水断弹药的情况下，102团还是没能全歼对手并放跑一半，而自身损失(加88团)还超过对方，应该说号称越南人民军头等主力部队的第308A步兵师102团的战斗力还有待提高。在第102步兵团半歼黑虎营的同时，第304A步兵师第24步兵团，也在9号公路沿线351高地进行顽强的防御阻击战斗，他们付出了远超过对手的巨大代价："第304步兵师24团共2250人参加2月9日到22日的运动进攻结合防御战斗中，有604人负伤，212人战死。"[2]对这次战斗，作者只有一句话总结：越南人民军500高地之战的胜利，虽不至一将功成万骨枯，至少也是一战功成千人失。

拿下 500 高地后，为了逼迫别动军第 21 营撤离 316 高地，越南人民军 702 阵线命令第 168 炮兵团的 24 门 M46 130 毫米加农炮对 316 高地进行密集轰击。2 月 21 日夜，别动军第 21 营通宵被炸，痛苦不堪。为了避免重蹈别动军第 39 营覆辙，同时也要最大限度集中火力支援伞兵师团向车邦冲击，黄春林中将命令别动军第 21 营放弃 316 高地，乘坐直升机经由 30 号火力基地，撤回富禄基地。

500 高地胜利后，文进勇上将和黎仲迅少将在表扬阮友安之余，还判断出南越国军别动军第 1 联团要撤出 316 高地的意图。三人没有犹豫，马上命令第 88 步兵团追上去，坚决咬住敌人，不让对方撤退。遗憾的是，第 88 步兵团对追击战斗毫无准备，设在阿经周围的观察台也疏忽大意，没有发现别动军第 21 营乘坐直升机转移撤退的迹象。结果，当第 88 步兵团追杀过去的时候，别动军第 21 营已经撤空。如果说空手而归就算了，第 88 步兵团在登上 316 高地时遭到了美军猛烈航空火力打击，伤亡约 200 人。什么？放跑敌人不算，竟然自己还损失那么大！火冒三丈的阮友安不客气地狠狠批评了第 88 步兵团。不过，对越南人民军来说，500 高地和 316 高地得手宣告了 16 号公路的打通。现在，越南人民军的技术兵器和物资洪流正滚滚南下。

对南越国军来说，2 月 19 日到 22 日实在是糟糕透了。除了 500 高地丢失和放弃 316 高地外，从治天战场回师 9 号公路的越南人民军第 324 步兵师也冷不防杀了南越国军一个回马枪。范文富准将的第 1 师团前指所在地——古谷基地受到第 324 步兵师 3 团的猛烈进攻。幸亏范文富精明，下令救援的南越国军第 1 师团 3 团 2 营、3 营稍稍后退，并召唤 B–52 战略轰炸机进行"弧光"打击，有力震慑了越南人民军第 324 步兵师 3 团，接着第 1 师团迅速反击，把对方给打了回去。尽管如此，随着第 324 步兵师的全部到位，南越国军在 9 号公路南面的压力也越来越大。为了收缩防御，黄春林中将根据总统阮文绍的指示，把第 3 步兵团从旅馆火力基地撤走，向西转移切断越南人民军第 914 号补给支线（实际上越南人民军已经不用这条运输线了）。

不过，南线的战斗毕竟是钳制性质。随着第 308A 步兵师首战告捷，702 阵线决心发展战役进攻之势，下一步就是要打掉孤立暴露的 31 号和 30 号火力基地。这个任务交给了越南人民军第 320A 步兵师主力团——第 64 步兵团。

543 高地，南越战史称为 31 号火力基地，位于班东以北 8 公里处，16 号公路西侧。其北面 2 公里是 456 高地，西面 3 公里是 579 高地。越南人民军情报显示，从 543 高地往东南延伸，有 5 个相连高地。越南人民军给上述 6 个高地依次进行编号，其中 543 高地是 1 号高地，驻有第 3 伞兵旅团指挥部和第 34 伞兵连，2 到 6 号高地由第 3 伞兵营把守，炮兵阵地和野战直升机降落点位于各个子高地的山谷空地。根据越南人民军的侦察，543 高地虽然修建了工事和交通壕，但在越南人民军 M46 130 毫米加农炮和 D74 122 毫米加农炮的轰击下，防御系统并不完整，只有旅部、通信中心、炮兵指挥所和第 3 伞兵营以工字钢和钢板构成相互连通的地下掩蔽部。前沿阵地构筑有断续堑壕和 80 多个能容纳两三人的半地下掩体，大部分都有盖顶，并以交通壕相连。防御系统前沿虽有铁丝网，敷设定向雷和拌发照明雷，但障碍带之间空隙不小，给越南人民军渗透和袭击提供了足够的空间。在火力配系上，543 高地拥有 6 门 105 毫米榴弹炮、4 门 81 毫米迫击炮、4 门 57 毫米无后坐力炮、1 门 106.7 毫米无后坐力炮和 4 挺 12.7 毫米高射机枪。依托 543 高地，第 3 伞兵旅团可以有效保障班东的北翼安全，防止越南人民军向班东发展进攻，一举切断 9 号公路。对交战双方来说，543 高地都是志在必得。

南越国军方面记载稍有不同。在越南人民军第 64 步兵团进攻前，第 3 伞兵营所辖的第 31 和第 32 伞兵连正在 31 号火力基地东北巡逻，31 号火力基地本身的兵力只有第 3 伞兵旅团指挥部、第 33 伞兵连、第 34 伞兵连和 1 个伞降炮兵连。从防御态势来看，31 号火力基地、别动军南山和 30 号火力基地构成一个铁三角区，拦住了越南人民军往班东的通道。为了加强 31 号火力基地，第 6 伞兵营曾在 31 号火力基地西北着陆，遭到越南人民军猛烈火力打击，28 死 55 伤，被迫撤离，导致 31 号火力基地的守军兵力单薄，没有得到加强。

2 月 18 日，在 500 高地被紧紧围困的同时，综合双方态势，越南人民军 702 阵线决心以第 320A 步兵师第 64 步兵团在 3 个高射机枪连加强下，采取堑壕延伸的围逼战法，吃掉 543 高地守敌。接到任务，第 64 步兵团团长屈维先（Khuất Duy Tiến）和副团长阮文玉（Nguyễn Văn Ngọc）决心以 8 营在 9 营 10 连、1 个 82 毫米无后坐力炮排、1 个防空连（装备 6 挺 12.7 毫米高射机枪）的支援下，啃掉 543 高地这块硬骨头。具体部署是第 64 步兵团 5 连、7 连从西北实施主要突击，6 连、10 连从东北方向实施次要攻击；7 营配置在 543 高地东南，任务是阻击班东的援敌；9 营为第 64 步兵团预备队；第 64 步兵团剩下 2 个高机连配置在 543 高地西南和东北地区，保障步兵进攻战斗顺利。战斗过程中，第 64 步兵营将得到第 675 炮兵团 1 营（12 门 D74 122 毫米加农炮）支援。

2月19日夜，经过周密准备，第64步兵团配属的各个炮兵和防空兵占领指定阵地。2月20日7点，越南人民军第675炮兵团1营对543高地进行第一次炮击，击中对方炮兵阵地，引起储备弹药和地雷爆炸，致使543高地的6门105毫米榴弹炮丧失战斗力。当晚，越南人民军第675炮兵团1营又进行第二次炮击。在炮火掩护下，担任主要和次要方向突击重任的越南人民军第64步兵团5连、6连接近543高地前沿，构筑进攻阵地。

2月21日，越南人民军第308A步兵师攻克500高地。接着，别动军第21营和别动军第39营残部从316高地（别动军南山）撤退，致使30号火力基地和31号火力基地失去犄角，暴露在第64步兵团兵锋下。同一天，南越国军第3伞兵营1个连在31号火力基地西南巡逻时活捉了越南人民军第304A步兵师24团的一名排长，从这个排长口中，第3伞兵营第一次得知，越南人民军竟然从1970年10月以来就锐意进行反击南越国军入侵南寮的战役准备！也就是说，"兰山719"行动根本就没把越南人民军打个措手不及！

仿佛是要加大伞兵恐慌似的，越南人民军第675炮兵团1营又在当天进行第三次炮击，消耗炮弹275发，摧毁了543高地一批工事，靠到前沿的越南人民军第64步兵团6连也以班为单位，渗透摸上543高地，组织B40、B41火箭筒打击，宣称摧毁工事17个，5连用82毫米无后坐力炮和60毫米、82毫米迫击炮进行射击，宣称摧毁工事4个。在越南人民军持续不断被火箭筒、无后坐力炮、迫击炮的炮轰和袭击下，543高地守军感到筋疲力尽，压力与日俱增。

2月22日，越南人民军第675炮兵团1营又开始第四次炮击，摧毁了543高地的通信中心和15个工事，各部队积极进行对空射击，号称击落6架直升机（没有得到联军证明），遏制了543高地的空路接济，使543高地守军逐步陷入缺粮、缺弹和缺水境地。在这种情况下，越南人民军第64步兵团决心发起第一次攻击。对这次战斗，双方记载截然不同。

北越方面记载："经过3天围逼，2月22日19点，第64步兵团对敌发起攻击。5连、6连以两个班的兵力分别从西北和东北往543高地渗透。21点，两个班渗透进543高地前沿工事后，遭敌反击，进攻受挫，团指令其撤回。"

南越方面记载："与此同时，31号火力基地及周围的其他南越国军伞兵正受到北越南人民军炮兵越来越猛烈的炮火的轰击。伴随着这阵惩罚性的炮火，北越南人民军约 2000 步兵在共 20 辆 PT-76 和 T-54 坦克支援下开始三面进攻。下午开始进攻时，滞空的一架空中前进指挥机报告说 3 辆敌坦克已冲进伞兵阵地东面 30 米内，它赶紧引导 4 架 A-7 战斗轰炸机对坦克群实施打击，将其全数摧毁且连带击毙了 30 名敌兵。另外 3 辆敌坦克从 92 号公路扑上山了，但支援的战术航空兵再次摧毁了这些进攻者。不过，北越南人民军还是继续进攻。一场雷阵雨席卷了该地区，使战斗机没法支援守军。在此期间北越南人民军步兵和坦克突破了南越守军，占领了阵地北面和西北面，迫使守军退向南面角落。战斗一直持续到夜间，但兵力和炮火处于绝对劣势的伞兵，还是在美国空军武装直升机和运输机提供的急需支援下守住了阵地。2 月 22 日夜，北越特工试图从西面渗透 31 号火力基地但被击退，15 名特工战死。2 月 23 日，火力基地再次受到包括 130 毫米加农炮在内的猛烈炮击。傍晚，火力基地南面的第 31 伞兵连报告说敌人坦克运动到它的位置附近。这些坦克是朝着 31 号火力基地扑去的。南越国军赶紧组织炮火轰击和召唤空中支援；第一架飞抵战场的飞机炸毁了大量进攻的坦克，迫使敌人从阵地南面退却。"

对比双方记载，可以看到 2 月 22 日的战斗记载基本对得上号，可 21 日的记载却大相径庭，至少这天战斗没有找到北越的对应记载，那么是否真如联军所说，只有老天才明白了。

第一次攻击失败后，越南人民军第 64 步兵团马上调整部署，屈维进把主要突击方向任务交给 8 营 7 连和 9 营 9 连，让他们在第 203 坦克装甲车团所辖的第 198 坦克营 9 连（5 辆 PT-76，他们都参加过 1968 年 9 号公路—溪山战役对班会珊和围村的攻坚战斗，其中 555 号坦克是功臣车）加强下，从东南朝 1 号高地攻击，6 营 6 连从东北方向攻击，5 连从西北方向攻击，9 营 10 连为团预备队，配置在 456 高地西北，进攻发起时间为 1971 年 2 月 25 日 19 点。为了做好战斗准备，越南人民军第 64 步兵团于 2 月 24 日上午以 1 个工兵排、1 个步兵班配合坦克连长选好坦克行进路线，并且紧急加固路面，保障了坦克的冲击。

2 月 25 日 9 点，根据观察台报告，越南人民军 702 阵线判断第 3 伞兵旅团指挥部有逃跑迹象（实际根本没有），为了不重蹈第 88 步兵团覆辙，黎仲迅少将和黎光道少将决定昼间发起攻击。11 点 30 分，越南人民军第 675 炮兵团 1 营开始炮火准备，以猛烈突然的炮火摧毁 543 高地大部分表面工事。12 点，越南人民军第 64 步兵团 5 连、6 连、7 连、9 连从三个方向同时发起冲击。7 连、9 连在第 198

坦克营9连（第198坦克营政委黎孤上尉亲自带队冲锋）支援下，很快攻下5号、6号高地，宣称歼敌50多人，并继续往纵深发展进攻，接着又拿下3号、4号高地。13点30分，7连、9连向2号高地冲击，伴随突击的第198坦克营9连受到猛烈的炮火和航空火力拦阻，先是555号坦克中弹起火，液压系统受损，后又是543号和564号坦克在突破时被敌人飞机炸毁失去动力（Hai xe bạn 546 và 563 vượt lên trước bị máy bay địch bắn hỏng phải dừng lại），但还是顽强地用主炮压制2号高地的火力点，并用车载高射机枪打飞机，支援紧急修复的555号坦克和剩下2辆坦克继续冲击。至14点30分，越南人民军第64步兵团7连、9连又拿下2号高地，剩下3辆坦克见1号高地坡陡，遂沿1号高地东坡向高地西北迂回。

这时，两面夹击1号高地的越南人民军第64步兵团6连和5连受到第3伞兵旅团指挥部和第33、第34伞兵连顽强抵抗，进攻受挫，特别是越南人民军第64步兵团5连负伤人数很多。这时，伴随突击的越南人民军第64步兵团8营副营长马上组织B40火箭筒手射击，消灭部分火力点，稳住态势。此时，沿1号高地东坡迂回的3辆PT-76坦克，主动从侧后展开攻击，前后夹击配合5连突破了1号高地。守军确实是精锐，在被围困5天之久，缺乏粮食弹药饮用水的情况下，硬是组织起极为顽强的抵抗，死死挡住了越南人民军前进的步伐。为了支援守军，美军航空兵也在1号高地东北投下大量集束炸弹，阿里火力基地和30号火力基地也对543高地进行猛烈射击。越南人民军迅速展开防空火力，击落1架美机，迫使美军停止了空中支援。不久，越南人民军第64步兵团利用守军失去空中支援的空当，步兵和配合作战的坦克从三个方向冲上了1号高地。战斗打到15点，守军全面退守掩体，越南人民军第64步兵团基本控制了543高地表面阵地。为了避免受到美军航空火力和南越国军炮兵火力双重打击，第64步兵团下令主力撤出战斗，只留部分兵力组成攻击分队，清剿残敌。15点15分，攻击分队组织B40、B41火箭筒打一个掩体，击中洞口8发，迫使对方伞降炮兵营长出来投降，他供称第3伞兵旅团长阮文寿上校已经转移到第3伞兵营指挥掩体。于是，攻击分队又摸到第3伞兵营指挥掩体前，先用自动步枪击毙洞口卫兵，并朝里面扔手榴弹。趁着手榴弹爆炸的硝烟，战士们冲进掩体，活捉了包括阮文寿上校在内的第3伞兵旅团指挥部全体军官。17点，越南人民军宣布543高地之战胜利结束。

对这次战斗，联军和越南人民军的说法基本一致，除了31号火力基地丢失的时间。南越国军装甲兵上校何梅约就在他的书中写道："2月25日11点，敌人再次对31号火力基地进行猛烈炮击。13点，敌人从东北方向出动坦克群爬上31号火力基地，但第3伞兵营的31连及时发现了它们，呼叫炮火射击敌坦克群。15点20分，敌坦克群伴随步兵再次从东北方向冲击31号火力基地。30号火力基地和阿里火力基地的炮兵群立即对这些敌坦克群猛烈开炮，但却没能挡住他们的冲击。与此同时，美国空军的一架F4喷气式战斗机被敌防空火力击落，飞行员弹射安全跳伞。见状，美军前进航空管制员立即叫停了对31号火力基地的火力支援，并优先引导空军救援飞行员。利用这个航空火力支援空档期，敌人炮兵再次轰击31号火力基地，接着步兵发起冲击。每个人都认为如果美国空军继续给31号火力基地提供强有力的航空火力支援的话，第3伞兵旅团指挥部是能够守住31号火力基地的。遗憾的是在敌人突击的时候，唯一一架飞临31号火力基地上空的却是载着伞兵师团美军顾问的运输直升机。大约1个小时后，即18点，敌人突破了31号火力基地的环形防线，22点火力基地陷落。阮文寿上校和州中校（炮兵营营长）双双成为北越南人民军的阶下囚。第3伞兵旅团的损失是155人战死或失踪，100多人被俘，敌人损失250人战死，11辆PT-76和T-54坦克被打坏。"

543高地之战的双方损失，南越国军数字已如何梅约所说，伤亡、被俘250多人。关于越南人民军第64步兵团的损失，作者只找到第64步兵团整个战役的伤员数字："第64步兵团卫生连收治伤兵597人。"[3] 这个数字是整个战役的第64步兵团伤员收治数字，具体有多少人是在543高地负伤，目前不明。

和500高地胜利一样，543高地大捷意义非凡。这次胜利宣告越南人民军正式打通16号公路，可以顺利把大兵团和技术兵器送往战场，为攻击9号公路和班东创造了极为有利的条件。

越南人民军坦克兵在南寮—9号公路反攻战役战斗概况

参加南寮—9号公路反攻战役的越南人民军装甲兵一共是3个营：第203坦克装甲车团所辖的297营（2连、7连、12连）装备33辆T-54和59式坦克，第202坦克装甲车团所辖的397营（3连、6连、15连）装备33辆T34-85坦克，第203坦克装甲车团所辖的198营（3连、9连）

装备 22 辆 PT-76 水陆两用坦克，合计 88 辆坦克。坦克兵的战役准备时间是从 1970 年 9 月开始，奉越南人民军坦克兵司令部命令，第 203 坦克装甲车团 297 营和第 202 坦克装甲车团 397 营集结到第 4 军区南部，参加大规模合成兵种演习，防止联军入侵义安省和清化省。以演习为契机，第 297 坦克营和第 397 坦克营以及原本就留在第 4 军区的第 198 坦克营完成了战役集结。

战役开始时，越南人民军第 198 坦克营 3 连前出到班东西面，9 连抵达班东北面。其中，9 连配合第 320A 步兵师 64 团参加对 543 高地攻坚战斗，损失 2 辆 PT-76 坦克（543 号和 564 号）。

第 297 坦克营在 16 号公路北面、距芒章仓库 7 公里隐蔽集结，他们从 2 月 25 日到 3 月 4 日参加了打击反扑 543 高地的南越国军第 17 装甲骑兵支团的 4 次战斗。其中，第 297 坦克营 7 连（装备 7 辆 T-54 坦克和 59 式坦克）奉命配合第 198 坦克营 9 连一起，赶到 543 高地参加反击战斗。然而，由于连续降雨加上地形陡峭，第 297 坦克营 7 连只有编号为 328 的 1 辆 59 式坦克赶到战场，和第 198 坦克营 9 连剩下的 3 辆 PT-76 会合，7 连剩下的滞留在后面的坦克都被敌机炸毁殆尽。尽管如此，反击战斗还是获得了成功。战斗结束后，第 198 坦克营 9 连也只剩下 555 号坦克，只能拉回河内用于展览。[4]

第 397 坦克装甲车营在靠近斜高的 18 号公路集结。他们以 2 个连和第 297 坦克营一起参加班东追击战斗。可由于路况糟糕加上工兵排雷动作迟缓，当坦克群抵达目的地时，敌人已经逃走，接着坦克群沿 9 号公路往班会珊追击，但没有获得什么战绩。1971 年 3 月 22 日，第 397 坦克装甲车营 3 连配合第 324 步兵师打 550 高地，虽然没有损失，但也没有取得什么战果。

总的来说，整个战役中，越南人民军坦克兵损失 11 辆坦克（Tổng số xe tăng được cứu kéo trong các trận chiến đấu là 11 lần/chiếc），大部分都是被美军喷气式战机或 B-52 战略轰炸机炸毁。

除了北翼的 B70 兵团勇猛战斗外，战役在西、南、东三翼也取得了不小战绩。越南人民军，在 9 号公路南面与南越国军第 1 师团激战的第 324 步兵师，宣称消灭敌 2 个营，迫使第 1 师团停止前进。在西面，越南人民军第 2 步兵师第 141 步兵团和第 320A 步兵师第 48 步兵团也在老挝人民军一部兵力配合下，重创了老挝皇家陆军 3 个营。

在战场东翼，B5 阵线连续组织多次破交、袭击仓库和袭击野外联军集群的战斗。2 月 15 日，越南人民军第 15 工兵营奉命转移到乌义地区，任务是袭击溪山地区的公路交通。15 营急行军用两昼夜工夫占领指定阵地，接着连续打两次战斗，号称击毁南越国军 12 辆坦克装甲车，并在冯库和 620 高地袭击战斗中宣称消灭对方 1 个连。

1971 年 2 月 18 日，特工 33 营袭击了爱子基地和萨某仓库，炸毁许多储备油料和弹药。[①]第 84 炮兵团也活跃在敌后，连续进行多次游动炮击：轰击萨某基地 6 次、东河基地 3 次、溪山基地 4 次，宣称破坏了 100 台军车、15 架飞机。2 月 27 日和 28 日两天，越南人民军第 27 步兵团和广治省第 7、第 8 步兵营袭击了寮宝。敌后战斗可以说打得轰轰烈烈。

不过，战斗的焦点最主要还是在北翼，围绕 543 高地，越南人民军又展开了激烈的打敌反扑战斗。

2 月 25 日中午，南越国军第 1 装甲骑兵旅团长阮仲栾中校命令第 17 装甲骑兵团和第 11 装甲骑兵团一个支团，在第 8 伞兵营两个连支援下，救援 31 号火力基地（543 高地），可这道命令来得太晚了，还没等坦克群出动，543 高地就基本落入越南人民军之手。得知情况的阮仲栾中校只得紧急变更命令，指示第 17 装甲骑兵团新任务是夺回 31 号火力基地。

543 高地离阿里火力基地不到 10 公里，是一个秃山，坡陡而山顶平坦。不过，通往 543 高地的道路十分崎岖，有许多小而起伏且密覆 2 到 3 米甚至更高植被的小山包。延伸到山脚周围的一条单行公路是到达 543 高地唯一的路，沿着这条路越南人民军布置了许多得到防空炮掩护的阻击阵地，以此来阻止南越国军的反扑。

明知山有虎，偏向虎山行。第 17 装甲骑兵团 3 支团在周光章少校（Major

---

① 1971 年 2 月 18、28 日和 3 月 8 日，B5 阵线特工组织了 3 次破袭战斗，炸毁 140 升汽油、12 万发炮弹。

Chau Quang Chuong）指挥下，从班东朝 543 高地猛扑过来。在山脚，第 17 装甲骑兵团 3 支团展开了一字队形继续北进。部队抵达阿里火力基地北面几公里的一条干涸溪流时，越南人民军 2 辆埋伏在此多时的 PT-76 坦克开火了，敌人 2 辆 M-113 装甲运兵车中弹。其中，一辆 M-113 装甲运兵车失去战斗力，另一辆的车载 12.7 毫米机枪手战死。伴随指挥 2 个伞兵连的第 8 伞兵营副营长陈友富少校（Major Tran Huu Phu）也殒命沙场。挨打的第 17 装甲骑兵团 3 支团不甘示弱，立即还击，驱逐了伏击之敌。越南人民军在战场上丢下一辆满载大米的莫洛托夫卡车，一辆虽然挨了一弹但还保有战斗力的 PT-76 坦克。随后，第 17 装甲骑兵团把这辆 PT-76 坦克作为战利品拉回了阿里火力基地。

在第一次反击后，第 17 装甲骑兵团团长阮春勇马上改变进攻轴线。他用一台重达 20 吨的 DC-4 推土机，开辟了一条穿过丛林通达 543 高地的新路。如此一来部队穿过丛林就避开了越南人民军的伏击，虽然绕行中没有伤亡，但却浪费了大量宝贵的时间。2 月 26 日 17 点，第 17 装甲骑兵团抵达 543 高地，发现阵地已落入敌手，部队的任务不得不由支援改为夺回作战。部队继续前进，抵达 543 高地西南四五百米的一个小山包时，太阳开始落山。第 1 装甲骑兵旅团长阮仲栾上校向伞兵师团长杜国东准将提议，把夺回高地的作战推迟到第二天早上。杜国东照准所请，部队停止前进扎营并布置夜间环形阵地。

大约 2 月 27 日 2 点，20 多名伞兵从 543 高地逃回来向阮仲栾报告，并告诉他："山顶上到处都是敌人，他们还有坦克！别急着冲上去，中校！"

根据越南人民军第 203 坦克装甲车旅历史记载，为了迎战反扑的南越国军第 17 装甲骑兵团和第 8 伞兵营，越南人民军第 297 坦克营 7 连和第 198 坦克营 9 连奉命配属给第 320A 步兵师第 64 步兵团参加战斗。这是越南人民军 T-54 坦克和 59 式坦克的首战，这些主战坦克重 34 吨到 36 吨（59 式坦克 34 吨、原装 T-54 重量是 36 吨），装备 1 门 100 毫米线膛炮。对主战坦克第一战，越南人民军从上到下都充满期待。然而，由于准备仓促，特别是没有做好道路侦察，防空兵力量也没有在预定行进路上展开。结果，第 297 坦克营 7 连在行进间被美国空军压制，只有 1 辆 59 式坦克（编号 328）和第 198 坦克营 3 辆 PT-76 水陆两用坦克抵达指定位置参加战斗。越南人民军宣称，这辆编号 328 的 59 式坦克用 100 毫米线膛炮击毁了一批 M-41 坦克和 M-113 装甲运兵车，保障了第 64 步兵团 7 营的反击"胜利"。可代价却太大了，第297坦克营7连10辆（59式）坦克就有9辆被打坏和被敌炸弹击中起火。[5]

关于当天的战斗，联军方面的记载稍有不同，南越国军装甲兵上校何梅约回忆如下：

2月27日清早，当我军抵达眺望31号火力基地附近的山头时，基地看起来很寂静。在山背面有些人下到溪流取水。不过，如果仔细看的话，可以看到山顶还是有人来回走动，可看不清楚他们到底是友军还是敌人。为了弄清楚此事，M41坦克排把一发76毫米炮弹打进了31号火力基地，基地里的部队马上扔出了一枚黄色烟幕弹。按照信号联络规则，这表示他们是友军，但团长还是向旅团长求证，很快旅团就证实敌人已经占领了31号火力基地。部队还发现北越南人民军一个坦克连从东北穿过31号火力基地山顶，准备攻击第17装甲骑兵团前线。他们展开跟踪队形朝着M41坦克排阵地笔直地冲了过来，阮春勇马上命令坦克炮手瞄准冲在最前面的T54坦克并向其开火。首发76毫米炮弹贯穿对方坦克的薄弱点，引爆了坦克车后的油箱，致使它爆炸起火，其他敌坦克接连被5辆M-41坦克的76毫米炮摧毁。上午11点，敌人第一次的反击结束。我方损失一名中士，坦克车长战死。

中午，当阮仲栾中校慰问战士的时候，发动机的轰鸣声从山脚传来。5辆待在掩体中的M-41坦克就像大型的猎杀游戏那样开火射击，到13点，5辆敌坦克被击毁。

大约一小时后，下午14点到15点又爆发了一场残酷的战斗，这是南寮战场的第三次坦克对决。战斗结束时，31号火力基地的剩余敌坦克已经被第11装甲骑兵团的M-41坦克排歼灭殆尽。下午大约16点，共军炮击特遣队阵地，阮仲栾中校和第17装甲骑兵团副团长张光商少校轻伤，一名12.7毫米机枪手被炸死。

敌人炮击刚结束，观察机报告说他们发现大约15辆北越坦克从东北往西南方向运动，作为援军快速冲向战场。当接到报告时，阮春勇中校马上请求军团指挥所集中火力打击这些坦克，但装甲兵司令潘和协（Colonel Phan Hoa Hiep）上校就在第1军团前方指挥所，马上转请B-52对这个运动目标实施定形轰炸。B-52摧毁了敌人大部分坦克，剩下的宁可掉头往北逃出战场。

在组织反击并摧毁北越南人民军一个坦克连后，第17装甲骑兵团派出一个M-113装甲运兵车群前往31号火力基地，收容留在高地几天之久的伞兵尸体，并接应在31号火力基地西北的另一个伞兵营，带着这支部队撤回后方。

对比双方记载，应该说南越国军装甲兵除了在战绩上吹牛外，确实是2月27日当天战斗的赢家。尽管越南人民军第297坦克营7连坦克基本都是被美国空军收拾掉的，但越南人民军吹嘘的所谓"反击战斗胜利"，也是子虚乌有。

第一次反击失败，特别是宝贵的主战坦克损失达9辆之多，让越南人民军无法忍受。702阵线暂停使用坦克，但为了打退第17装甲骑兵团和第8伞兵营，决定把战役预备队——第308A步兵师36团投入战斗，和第64步兵团一起把对方给打回去。

第36步兵团别号北-北团，当时团长是朱文质（Chử Văn Chắc）、政委光约（Quang Việt）、团参谋长赵舒（Triệu Thơ）。根据702阵线司令部和第308A步兵师师指的命令，第36步兵团奉命沿16号公路紧急南下，往班东扑了过去。出击前，第308A步兵师师长阮友安大校就要求朱文质和光约要根据战场实际情况做决定，不要事事请示上级，积极主动抓住战机攻击敌人，取得最大战果。当第36步兵团2营前出到543高地东南侧的朗合时，发现543高地附近的5号、6号高地大约有20辆M-41坦克和M-113装甲运兵车，以及大约2个连（第8伞兵营2个连）。接到第36步兵团团长朱文质的报告，黎仲迅少将马上命令第36步兵团接替第64步兵团，消灭对手，并责成第64步兵团把7营留下来配合第36步兵团战斗。

第36步兵团领受任务后，一边组织团主力急行军开进，一边进行实地侦察，制定作战计划。第36步兵团决心以强攻结合奇袭，迅速围歼该敌。朱文质命令，以第36步兵团3营加强2门82毫米迫击炮、1门82毫米无后坐力炮、3挺高射机枪和一部分火箭筒担任主攻，以第36步兵团2营、团特工连和第64步兵团7营一部配合第36步兵团3营战斗。具体部署是，第36步兵团3营9连、10连从西南面，2营5连、6连从西北面围攻5号高地，特工连从东北和东南潜入5号高地，配合各连战斗；3营11连兵分两路打高地鞍部之敌，第64步兵团7营1连兵分两路打6号高地之敌。为了有效打击南越国军的坦克、装甲车群，参战的第36步兵团3营和第64步兵团7营各连以班、排为基础，编成打坦克小组。攻击时间定为1971年3月1日17点30分。

3月1日13点,越南人民军第36步兵团2营、3营和第64步兵团7营各连开始接敌运动。17点10分,各分队隐蔽接近到距敌前沿几十米。17点30分,越南人民军3个营同时对敌发起冲击。各打坦克小组突入敌阵,用火箭筒和枪榴弹朝M-41坦克和M-113装甲运兵车射击,宣称击毁坦克、装甲车13辆,余敌往东和6号高地退却。为了截住逃敌,第36步兵团团长朱文质和政委光约当即命令2营7连穿插到朗合以南的有利地形。18点,东逃之敌受到7连迎头痛击,第36步兵团7连宣称击毁坦克、装甲车4辆。24点,第36步兵团2营7连和3营11连组织夜袭,又宣称歼敌一部。

在越南人民军第36步兵团2营猛烈攻击5号高地的同时,第64步兵团7营1连又对6号高地发起攻击。受到打击的守军马上和5号高地退却的部队会合,往南转移。一天激战下来,越南人民军第36步兵团宣称击毁坦克、装甲车20辆。由于弹药消耗较大,第36步兵团团指遂命令部队暂停冲击,补充弹药,支援作战的第675炮兵团1营加强炮击力度,消耗对手。3月2日和3日,第64步兵团属82毫米迫击炮和82毫米无后坐力炮连续对第17装甲骑兵支团进行炮击,击毁坦克装甲车18辆,对空射击也打下3架飞机。

对于3月1日的战斗,联军方面记载言辞含糊。根据美国陆军历史研究中心的文件,从2月25日到3月1日,在夺回31号火力基地的战斗中,第17装甲骑兵团一共和越南人民军展开了三次战斗,战死27人、186人负伤,车辆损失为3辆M-41轻型坦克和25辆M-113装甲运兵车(其中2辆全毁,剩下的被打坏了);宣称击毙越南人民军1130人,抓俘2人,缴获300件枪支,击毁17辆PT-76水陆两用坦克和6辆T-54坦克,以及2辆莫洛托夫卡车。

3月1日战斗结束后,南越国军第17装甲骑兵团、第11装甲骑兵团1个支团及第8伞兵营2个连残部往阿里火力基地北面大约5公里处(越南人民军称为朗沙朗西北一两公里)转移,越南人民军很快又查明了敌情。第36步兵团团长朱文质决定对南越国军赶尽杀绝,他以第36步兵团3营为主攻,2营配合3营战斗,1营为团预备队。具体部署是3营以9连、10连攻击1号龟缩据点之敌,11连攻击2号龟缩据点之敌;2营7连至朗沙朗以南公路两侧建立阻击点,断敌退路;进攻时间定为3月3日15点。

3月3日10点30分,在2号龟缩据点南面担任阻击任务的第36步兵团7连与该龟缩据点之敌打响战斗，越南人民军将敌击退。11点，11连在接敌运动中，16号公路西侧与2号龟缩据点之敌一部遭遇，宣称击毁坦克2辆，余敌逃回龟缩据点。16点，9连、10连开始攻击1号龟缩据点之敌。经过40分钟激战，宣称歼敌一部，余敌南逃至2号龟缩据点。

连续受到冲击的第17装甲骑兵团和第8伞兵营2个连残部干脆收缩防御，构筑坦克、装甲车掩体，并把被打坏的坦克装甲车拖到阵地前沿做成障碍，准备继续战斗。第36步兵团决心围歼敌人，朱文质迅速调整部署。他以1营2连，2营5连、6连，团特工连和第64步兵团7营2连一部围歼2号龟缩据点之敌，3营在朗沙朗以北担任预备队，增派1个82毫米迫击炮排、1个82毫米无后坐力炮班、1个12.7毫米高射机枪连到朗沙朗以南协同第36步兵团2营断敌退路。

3月4日2点，越南人民军第36步兵团1营、2营向第17装甲骑兵团和第8伞兵营2个连残部摸了上去。3点15分，特工分队隐蔽靠了上去，正要发起冲击时，被对手发现，特工分队当即开火，宣称击毁敌坦克、装甲车4辆。接着，越南人民军各连从各个方向冲进敌阵地，击毁坦克、装甲车19辆。遭猛烈打击后，南越国军被迫沿16号公路退却，遭7连阻击。在第36步兵团2营副营长阿明中尉和连长陈定杰中尉的率领，并得到2营1门82毫米迫击炮和2具B40火箭筒、2挺重机枪加强下，7连冒大雨跑步急行军，赶到阻击阵地。他们在第64步兵团7营1个连配合下，顽强堵截了转移退却的第17装甲骑兵团，宣称再歼敌一批。至此，第36步兵团和第64步兵团7营的543高地打敌反扑战斗宣告结束。

在3月1日到3月4日的战斗中，越南人民军第36步兵团和第64步兵团通力合作，宣称全歼南越国军第17装甲骑兵团和第8伞兵营，毙伤敌800多人，击毁坦克、装甲车95辆，击落和击伤飞机11架，缴获坦克装甲车11辆、枪支211条和3部电台。为了这次胜利，第36步兵团付出了超过对方战死的损失。根据《越南人民军卫生勤务史》第三卷第248页记载："第308步兵师36团在2月27日（应该是3月1日）打伪军第17装甲团参战兵力1121人，负伤136人，战死60人。"[6]这还没有算第64步兵团7营和第297坦克营7连的损失，也没有算3月3日的进攻战斗损失，仅仅一天工夫，第36步兵团就战死60人、负伤136人，伤亡比例达到全团参战兵力近20%！而且就这一天战斗，一个团的战死人数也超过了南越国军第17装甲骑兵团和第8伞兵营从2月25日到3月1日的总战死人数，可见越南人民军在战斗中用步兵打坦克、装甲车的代价之大。

回头再看看南越国军，除了2月25日到3月1日战死27人、负伤186人外，3月4日又伤亡了100多人，10辆M-113装甲运兵车被打坏。从2月25日到3月4日，南越国军第17装甲骑兵团、第11装甲骑兵团1个小队和第8伞兵营2个连总计伤亡313人以上，损失M-41坦克3辆和M-113装甲运兵车35辆（大部分是被打坏）。

543高地（31号火力基地）、316高地（别动军南山）相继丢失，使铁三角的最后一环456高地（30号火力基地）面临绝境。对守卫30号火力基地的南越国军第2伞兵营来说，唯一的有利因素就456高地三面陡峭，一面坡缓，易守难攻，越南人民军很难得手，只能用迫击炮、加农炮和坦克火力实施不间断打击。经过差不多一个星期的轰击，第2伞兵营士气低落，他们缺乏补给，几乎所有工事掩体也都被炮弹炸塌。为了困住456高地，越南人民军最大限度调动防空兵进行遏制。全靠美军的空中支援和机降补给，第2伞兵营才一直支撑下来。

为了把第2伞兵营赶尽杀绝，按捺不住的越南人民军于3月2日傍晚发动了一次进攻。在AC-119、AC-130空中炮艇支援，以及C-123投下照明弹协助下，第2伞兵营一直打到21点才击退越南人民军的冲击。3月3日清晨开始，第2伞兵营还是受到越南人民军猛烈攻击，双方厮杀整整10个小时，伞兵们好不容易才守住了阵地，30号火力基地的6门M101 105毫米榴弹炮和6门M114 155毫米榴弹炮都被越南人民军炮火打坏（可见越南人民军的D74 122毫米加农炮和M46 130毫米加农炮的准确度有多高）。除了撤退，第2伞兵营已经别无选择。伞兵毕竟是精锐部队，他们就算撤退也不舍得丢炮，美军派出一群CH-47"支奴干"运输直升机试图把损伤的M101 105毫米榴弹炮和M114 155毫米榴弹炮吊装带走，但却被越南人民军猛烈的防空火力驱离。眼看无法压制越南人民军的防空火力，第2伞兵营只得彻底炸毁所有火炮，放弃30号火力基地自行组织撤退。

战至1971年3月3日，北翼的形势已成定局，那就是越南人民军B70兵团不仅打掉了"兰山719"的北翼屏障，而且实现了在战斗中逐步张开兵力的设想。凭借着绵密的防空火力，越南人民军的D74 122毫米加农炮和M46 130毫米加农炮打得越来越狠，部队公然白天调动，甚至连坦克都敢白天运动。这些动态变化给联军带来了深深的忧虑，美国陆军第24军军长萨瑟兰中将给艾布拉姆斯上将的报告中就写道："大白天使用坦克群表明了敌人要把越南共和国国军击退的决心。"

他说的没错，不过萨瑟兰还漏了一点，那就是越南人民军的决心是围歼冲进南寮——9号公路战区的南越国军，而不仅仅是击退。不过，联军并没有完全被当前的战场态势吓倒，他们正调兵遣将，准备最后的冲击，目标——车邦!

车邦冲刺

对南越国军第1军团来说，目前的状况确实很糟：北翼基本崩溃了，南翼虽然顶住了越南人民军第324步兵师的进攻，可形势并不稳定，伞兵师团的第3伞兵旅团基本丧失了战斗力，第17装甲骑兵团损失较大，别动军第1联团损失了1个多营的兵力。更为糟糕的是，越南人民军B5阵线在全线掀起了规模宏大的破交作战，不仅组织对老挝境内公路路段的车队展开攻击，甚至连歌路到溪山地区的公路运输也不放过。更有甚者，越南人民军海军1A特工团还前出到越门河，攻击水路运输。联军在整个广治省北部到班东前线的公路网各个节点和车队不断遭到攻击，给本来就不堪重负的后勤系统带来了巨大的压力。

在这种情况下，阮文绍总统再次插手指挥作战。鉴于越南人民军针对沿9号公路进击的南越国军部队实施猛烈反击，他决定把"兰山719"行动的目的从摧毁越南人民军后勤基地转为夺取毫无军事价值的车邦。这无非就是政治公关的伎俩，如果夺取了车邦，阮文绍就可以堂而皇之宣布胜利，然后让第1军团沿9号公路"胜利班师"，既可以挽回面子，又能在即将到来的秋季大选中捞取足够的政治资本。另一个可能影响阮文绍总统做出这个决定的因素是，英国海外广播公司发布的新闻声称南越国军已经占领车邦，在这个节骨眼上如果没打下车邦，将会造成一场政治公关灾难。综合这些因素考虑，阮文绍决定夺取车邦。他责成第1军团司令黄春林中将把海军陆战师团投入南寮战斗，换下伞兵师团执行夺取车邦的任务。得知这道命令，美国顾问们都感到不可思议。首先海军陆战师团只实施过旅团或更小级别单位的作战行动，从没打过师级规模作战；其次在越南人民军进攻连续得手，北翼崩塌的情况下敌前换防，把熟悉战场的伞兵师团给撤到北翼，将不熟悉情况的海军陆战师团顶上，这犯了兵家大忌。尽管如此，为了政治作秀和保住精锐伞兵师团，阮文绍艰难地做出了这个决定。

为了缓解指挥问题和指挥参战部队更好适应当前形势，2月28日下午黄春林亲自飞到西贡面见阮文绍总统。他建议各部防区做出如下调整："第1师团要负责主攻，沿着9号公路南面高地群前进，采取直升机突击战法拿下车邦，摧毁604号后勤基地。陆战师团接过第1师团现有防区，在9号公路南面实施搜索作战。伞兵师团继续搜索9号公路北面。"

根据新的计划，参加"兰山719"行动的各个师团防区调整如下：伞兵师团防区缩短，返回到车邦东面10公里；第1师团顶到班东—车邦段的9号公路，古谷基地移交给海军陆战师团，也就是说9号公路南面（含古谷基地、三角洲1号火力基地和布里克基地）由海军陆战师团负责。

在接受黄春林中将提出的调整部署夺取车邦的建议后，3月1日下午在总统办公室召开的一次会议中，阮文绍总统告诉美国驻越南共和国大使邦克和美国远征军总司令艾布拉姆斯上将，第1师团将从伞兵师团手中接过夺取车邦的重任。他说这次换防不必担心，因为第1师团是第1军团的基干部队，了解第1军团的作战程序，并熟悉战场地形。这些因素将使黄春林中将指挥作战更轻松。总统还说，南越联合参谋本部增派M-41坦克群加强第1军团，整个海军陆战师团现已开赴前线。不过，他又说第1军团急需直升机群把2个步兵团送进车邦周围的目标区域，这个得由美军负责支援。与此同时，联军在北广治地区进行频繁兵力调度，保障海军陆战师团前出。

1971年2月25日，美国陆军第101空降师3旅进入非军事区，接替南越国军第1师团第2步兵团防务，使第2步兵团开赴老挝和第1师团主力会合。

第3师团第7装甲骑兵团在梅文绍少校指挥下，和第2师团第4装甲骑兵团（阮友利少校）一起进入南寮战场，加强给第1装甲骑兵旅团，准备往车邦冲刺。广信省的边防别动第77营进入溪山地区。

1971年2月29日，美国陆军第23步兵师所辖的11旅从承天省海云岭撤出，转移到广治省，归美国陆军第101空降师节制。

1971年3月1日，南越国军第369海军陆战旅团在潘文众上校指挥下，采取直升机空运方式，往溪山集结。

3月2日到3月5日，南越国军第147海军陆战旅团（含陆战2营、4营、7营和陆战炮兵2营），在三角洲火力基地机降，展开了兵力。与此同时，第258海军陆战旅团（含陆战1营、3营、6营和陆战炮兵3营）也在阮清治上校指挥下，乘坐直升机在旅馆火力基地着陆。一着陆，第147海军陆战旅团和第258海军陆战旅团就在着陆区周围积极攻击越南人民军第324步兵师,他们宣称击毙敌361人(不含被B-52轰炸致死的153人),缴获51件步兵武器。

海军陆战师团的顺利接防,让第1师团可以腾出手来准备机降突击车邦。3月2日,南越国军第1师团以3团向西移动到三角洲1号火力基地,第3步兵团2营放弃了旅馆2号火力基地后,转移到后方接收补充兵。

3月3日,就在第147海军陆战旅团和第258海军陆战旅团接防的同时,南越国军第1师团开始了往车邦的蛙跳突击:第1步兵团1营在洛洛着陆点(车邦东南13公里处)实施机降。长山部队的27号兵站和越南人民军第2步兵师1团(巴嘉团)反应很快,赶往着陆区组织顽强对空射击,给美军直升机群造成了一场灾难:11架直升机被击落,44架直升机被打坏。一次机降就损失这么多直升机,创下美军直升机单次机降损失的历史记录(至今没有打破),2辆DC-4推土机也被干掉。尽管如此,南越国军第1步兵团不愧是精锐部队,1营迅速投入战斗,将巴嘉团打了出去,保障了南越国军第1步兵团指挥所和第1步兵团2营,以及1个105毫米榴弹炮连的后续展开。洛洛火力基地建后,第1步兵团4营又在洛洛着陆点西北偏西6公里的利茨着陆。

看到第1步兵团顺利机降,第1师团长范文富准将决定马上把第2步兵团投入战斗,打算在3月5日11点机降在索菲亚着陆区,这里距车邦仅仅4.5公里。然而,天气突然转坏,致使第1师团对车邦的进攻不得不推迟到3月5日13点20分。在美国空军轰击了指定的各个目标,并极大削弱了目标区的守敌力量后,第4和第5步兵营在索菲亚着陆区机降。他们搜索了着陆区周围,发现敌124具越南人民军尸体,并缴获了43支AK-47自动步枪、9挺12.7毫米机枪、4挺RPD机枪、9具B40火箭筒、3部电台和大量军用装备、食品。

这次"闪电"式机降行动后,车邦省会及周围地区已进入索菲亚火力基地的105毫米榴弹炮射程内。在索菲亚东南3公里的利茨基地,南越国军第1步兵团4营宣称击毙越南人民军41人,缴获15件武器。同一天,南越国军陆战4营也在古谷地区宣称击毙越南人民军130人,缴获含迫击炮在内的25件武器,自己战死6人、负伤43人。总之,1971年3月初,南越国军各兵种士气都有所恢复,南寮战场上所有部队都投入进攻了。

3月6日,联军开始了最后的冲刺。中午,美国空军首先出动大量战斗轰炸机、

B-52战略轰炸机，并用175毫米自行火炮猛轰车邦周围地区。为了避免重演洛洛火力基地受到越南人民军防空火力打击的悲剧，美军在航空火力准备中用C-130"大力神"运输机首次扔了一枚BLU-82云爆弹（又称"突击天穹"）。如此强大的航空火力准备，确实把车邦周围的越南人民军都给震跑了。

在准备航空火力和炮火的同时，南越国军第2步兵团2营、3营于溪山基地登上美国陆军第17空中骑兵团2营的120架UH-1H"休伊"直升机。为了干扰联军的登机，第45炮兵团1连用DKB 122毫米单管火箭炮轰击了溪山基地，炸死美军2人，炸伤10人，延迟登机作业达90分钟。尽管如此，南越国军第1师团第2步兵团2营、3营还是顺利登机，踏上了出击之路。13点43分，南越国军第2步兵团团部和2营、3营在第2侦察连一个搜索班加强下，机降在希望着陆点（车邦东南4公里处）。这次机降完全把越南人民军打了个措手不及，因此美军直升机遇到的抵抗十分微弱，只有一架直升机中弹。着地后，第2步兵团2营迅速扫荡周围地区，他们惊讶地发现，越南人民军的抵抗已经归零了。显然，美军的航空火力准备效果很好，无可置喙。在搜索作战中，南越国军第1师团2团发现了102具被炸死的越南人民军尸体，并缴获5挺12.7毫米机枪和1门高射机关炮，接着又找到一个藏匿着1000吨大米、2000个防毒面具的大型山洞掩体，里面躺着31具越南人民军尸体，以及大量被B-52战略轰炸机摧毁的武器装备。

车邦，这个"兰山719"行动的主要作战目标，终于在1971年3月6日下午落入了南越国军第1师团第2步兵团手里。似乎是不甘于丢失这个重要的基地，越南人民军第2步兵师突然在第二天，也就是3月7日组织火力袭击了洛洛基地和阿里基地，给南越国军造成25人伤亡，并打坏一批推土机。

尽管如此，南越国军第1师团第2步兵团3营还是在车邦周围进行反复搜索，结果发现了一个大型后勤仓库区，里面堆积着150门DKB 122毫米火箭炮、43具火箭筒、17挺机枪、8门82毫米迫击炮、57支AK47冲锋枪和2辆坦克，这些装备都被B-52战略轰炸机摧毁或打坏。与此同时，南越国军第1步兵团4营也对车邦东南进行了反复搜索，发现112具越南人民军尸体，缴获32门60毫米小迫击炮、5挺12.7毫米机枪、6具枪榴弹发射器和18支AK47冲锋枪。总的来说，南越国军第1师团在车邦周围持续2天的搜索中，斩获颇丰，综合各部报告共缴获714吨弹药，还有足够159个营食用30天的大米，足够装备17个步兵营的武器装备。

车邦战斗的胜利是联军在"兰山719"行动的巅峰期,也是入南寮兵力最高峰时刻。尽管南越国军别动军第1联团撤回境内的富禄火力基地,但第1军团还在南寮境内保有18个步兵营(含伞兵师团在内)、4个炮兵营、3个装甲骑兵团、2个工兵营和海军陆战队6个营,计16844人。此时,联军已经完全沉浸在胜利的喜悦中。的确"兰山719"行动已经完成了目标,打到了最终目标——车邦。可南越国军第1军团不知道的是,南寮战场的兵力对比是越南人民军5.9万人对南越国军1.7万人,越南人民军占着3.5比1的优势(若算上参战民工4000多人,越南人民军优势更大),而且己方第1军团的北翼屏障已经崩溃,进攻战斗胜利是毋庸置疑,可撤退该怎么办呢?谁也没有想到这个问题,结果就在联军高奏凯歌,准备掉头回撤的时候,越南人民军B70兵团挟北翼胜利的机会,突然由北往南朝班东杀了过来,一场灾难骤然降临到联军的头顶。

绞肉机

拿下车邦后,尽管第1师团并没有完成计划目标和肃清越南人民军604后勤基地所有物资储备点的任务,但这次作战还是于1971年3月9日9点结束,第1军团准备撤离南寮。根据第1军团司令部的说法,"兰山719"行动提前结束的原因是军团已经无力继续前进。另外,补给和医疗后送每周都被打断,引起参战部队严重关切,有动摇前线将士士气的危险,特别是看到美军直升机作业在越南人民军防空火力面前严重受阻的时候更是如此。

从对方角度来看,越南人民军不仅在兵力上对南越国军占有压倒优势,而且还装备了能与美军及南越国军抗衡的武器,包括高射炮、远战火炮、地对空导弹、T-54坦克和PT-76坦克等。另外,战场的天气和地形也更有利于越南人民军部队。这是一个很少见的旱季,天气多云和大雾,限制了美军的空中支援。最大的问题是地形和地障,限制了视线,并给参加越界作战部队带来了很多困难。

意识到战场形势已经失势,美国远征军总司令艾布拉姆斯上将向阮文绍总统建议把第2师团投入南寮作战。他说自己会派美国陆军第23步兵师,在第2师团进入战场后负责原第2师团的防区。对艾布拉姆斯的意见,阮文绍总统认为单靠第2师团进南寮并不足以赢得胜利。他转而请求艾布拉姆斯提供一个美军步兵师和第2师团一起进南寮。由于1970年中期美国国会通过了限制美军在越南作战的提案，因而艾布拉姆斯只能对阮文绍说"不"。既然如此，夺取车邦后马上从南寮撤军就是阮文绍总统唯一的选择。

就在阮文绍决心撤退的同时，越南人民军也定下战役决心对9号公路实施总攻击，争取赢得会战全胜。1971年3月2日，越南中央军委签署第012QU/TU/A命令，指示在前方代表越南中央政治局和越南中央军委督战的文进勇上将及702阵线指挥部党委："集中消灭班东区域之敌，增强指导对付敌南翼，组织阵地袭击对付溪山基地（组织各炮兵群和精锐特工部队进行游动袭击）。增加9号公路—北广治方向活动，切断交通线，打敌后勤线……结合军事进攻活动和积极敌运工作、人民运动，发展我地方部队力量和积极建立政权。"

根据双方目前态势分析，702阵线司令部决定："要将9号公路以南各高地的'伪'第1师团孤立集团逐个歼灭，阻止敌人占领车邦，同时要在550高地和532高地展开阻击战，消灭敌人，坚决粉碎敌人进占沙迪—芒农的企图。"

为了实现这个意图，702阵线司令部决定抽调刚刚取得543高地攻坚战和打敌反扑战斗胜利的第64步兵团向西转移到车邦布防，第304A步兵师的第66步兵团也赶到西面，充当第2步兵师的预备队。阮真少将指挥的第2步兵师奉命顽强阻击从班东方向冲过来的南越国军第1师团。在进攻上，702阵线要求第324步兵师（欠2团）消灭南越国军第147海军陆战旅团，第324步兵师2团、第308A步兵师102团要在第304A步兵师24团配合下，切断寮宝到班东及寮宝到溪山的9号公路段，阻止对方沿公路撤退，第308A步兵师要做好打班东的准备。

在东翼，702阵线命令B5阵线给专职进行游动炮击任务的第84炮兵团交代如下任务：除了常规对各个目标实施游动炮击和支援步兵战斗外，还要准备更多的弹药打击沿冯库（Bóng Kho）、新兰（Tân Lâm）往头某（Đầu Mầu）的路段撤退的联军，以及袭击241高地（卡罗尔火力基地）、513高地、300高地。702阵线要求为了打好游动炮击和截杀撤退联军，第84炮兵团每门120毫米迫击炮要备齐400发炮弹，每门DKB 122毫米单管火箭炮要备齐40发火箭弹。同时，702阵线还要求B5阵线的各个步兵、特工、工兵、防空兵部队在地方部队配合下，连续战斗，要消耗、消灭各地盘联军的有生力量，配合炮兵截击沿9号公路撤退的联军。

尽管进行了积极的部署和战斗动员，但越南人民军还是没有挡住联军往车邦冲刺的步伐。客观地说，越南人民军的综合战斗力还不行，正面和联军硬碰硬没法打赢。不过，越南人民军绝对优势的兵力和掌握9号公路北翼各个制高点的地利，很快就在联军撤退路上发挥巨大的作用。

3月8日，也就是联军正在车邦周围进行搜索作战并准备撤退的时候，越南人民军702阵线司令部，向东、南、西、北四个方向奋战的全体指战员发出号召，要求大家竭尽全力，把握时机，赢得战役的全面胜利。702阵线司令员黎仲迅少将把反攻时间定为1971年3月12日。

为了做好反攻准备，越南人民军总后勤局主任丁德善少将亲临第一线，向9号兵站站长和27号兵站站长交代任务，并给27号兵站补充了50辆Zil-157卡车、200件防弹衣及配套钢盔（全部给驾驶兵穿）。反攻前一天，黎仲迅少将又把27号兵站站长召到跟前，要求他完成一项极为艰巨的任务：务必在反攻战役打响前30分钟，往主要进攻方向送去2000发130毫米榴弹，反攻战役打响后保证主要进攻方向部队每天200吨弹药和充足的粮食供应。

为了执行上级命令，1971年3月12日凌晨2点，27号兵站的62和965两个汽车营先头150辆汽车展开成3个梯队顶着美军密集的轰炸，在付出几十台卡车被打坏的代价后，将2000发130毫米榴弹准时送到芒场和塞村的炮兵阵地，做好了反攻准备。

1971年3月12日凌晨4点，越南人民军在南寮—9号公路战场，转入全面反攻。

越南人民军的猛攻立即给正在组织撤退的南越国军带来了巨大的压力。为了保障撤退有序进行，南越国军第1军团长黄春林中将决定让突进最远的第1师团先撤，接着是伞兵师团，海军陆战师团最后撤离南寮。除了第1装甲骑兵旅团和第1伞兵旅团沿着9号公路转移外，其他部队都靠美军直升机撤退。全体撤退行动必须在3月31日完成，4月15日，溪山基地正式关闭。

遗憾的是，越南人民军的兵力优势和地利优势，使突进过远且只靠单一的9号公路维持补给的南越国军，在对方多点全面进攻下根本无法全身而退。

实际上，在越南人民军全面反攻前，3月9日到12日，双方就已经战斗不断了。

3月9日，南越国军第1步兵团就在洛洛火力基地（勒夫山，713高地）发现扑来的越南人民军坦克，立即召唤炮兵火力支援，宣称击毁5辆。在古谷基地东南约10公里处，美国空军的B-52轰炸机群炸毁了5000发越南人民军炮弹和大量武器装备。

3月10日，南越国军陆战1营和越南人民军第324步兵师3团发生战斗，陆战1营宣称以6死19伤的代价，击毙敌72人，缴获20件步兵武器、1门无后坐力炮和4具火箭筒。在索菲亚火力基地东南偏南约10公里，南越国军第1步兵团4营抓获5名越南人民军战俘，并声称发现72具越南人民军尸体、12辆苏式卡车、8辆装甲车和3发122毫米加农炮弹、2门37毫米高射炮、4挺12.7毫米机枪、2门122毫米火箭炮、400支AK47自动步枪、32门82毫米迫击炮、18具B40火箭筒、60部电台和大量食品。在索菲亚火力基地，越南人民军对南越国军第2步兵团进行游动炮击，造成13名士兵负伤，并打坏火力基地的6门105毫米榴弹炮。

3月11日，在索菲亚火力基地周围搜剿作战过程中，南越国军第2步兵团击毙了越南人民军的一支8人侦察队，并缴获了对方全部武器装备。该团也奉命准备从车邦退却。

3月12日，南越国军第2步兵团从索菲亚火力基地安全撤到布朗西和索菲亚东地区。为了防止前不久刚刚从溪山基地送到索菲亚火力基地的8门105毫米榴弹炮和1门155毫米榴弹炮落入敌手，美军战术航空兵不得不将他们全部炸毁。

对联军来说，当时的激战焦点集中在洛洛火力基地周围的斜量（Ta Luong）地区，越南人民军战史称为713高地或勒夫山，这里上演了"兰山719"撤退阶段第一场惨烈的血战。

713高地，又称为夫勒山，位于班东西面9公里、车邦东南约12公里，是9号公路南面一个较为突出的高地。北临塞嫩河、东南连接660高地、南靠580高地，西北是748和639高地。该地区地形复杂，山高坡陡，树林茂密，孤石较多，利于部队隐蔽，但机动困难。

越南人民军的情报是比较准确的，他们说南越国军第1步兵团依托713高地构筑核心据点，掩护师团主力和9号公路南面的海军陆战师团撤收。南越国军第1步兵团的具体部署是团部、3营和炮兵营布置在713高地主峰周围，1营在高地西北约1公里处，2营在高地东南700米处，4营在高地西南700米处。其阵地构筑多为野战工事，主阵地工事为土木结构并设置铁丝网、鹿砦等障碍物，组成环形防御。

为了打掉南越国军第1步兵团，抓住南越国军第1师团主力，越南人民军702阵线司令部命令第2步兵师师长阮真少将，要消灭713高地之敌。接到命令，越南人民军第2步兵师师长阮真少将决心以第1步兵团、第31步兵团、师工兵营和师特工营，对723高地实施围逼战，然后再攻坚消灭之。具体部署是第31步兵团，在1个82毫米迫击炮连（6门82毫米迫击炮）、1个120毫米迫击炮排（2门120毫米迫击炮）、1个75毫米无后坐力炮连（4门56式75毫米无后坐力炮）、1个12.7毫米高射机枪连（6挺12.7毫米高射机枪连）加强下担任主攻，该团以4营从西南、6营从东南对713高地展开攻击，5营为团预备队。第1步兵团（巴嘉团，欠1个营）在第320A步兵师48团3营的配属下，得到1个82毫米迫击炮连（6门82毫米迫击炮）、1个120毫米迫击炮排（1门120毫米重迫击炮）和1个12.7毫米高射机枪连（6挺12.7毫米高射机枪）加强，担任次要方向进攻任务，该团以2营从高地西面、第48步兵团3营从高地西北展开攻击，巴嘉团3营做预备队。师工兵营配置在高地东北，配合第38步兵团和第1步兵团完成对敌包围。师特工营为师预备队。师指设在723高地东南约1.5公里处。

3月12日昼间，越南人民军第2步兵师师长阮真少将就命令参战各单位迅速包围713高地。当晚，第31步兵团从东南和西南向713高地逼近，部队隐蔽靠到敌阵地前沿约100米。同时，越南人民军第2步兵师师长阮真命令炮兵向713高地开炮，双方进行炮战。

3月13日上午，美军出动B-52战略轰炸机群对713高地周围进行轰炸，但越南人民军第2步兵师伤亡不大。下午，越南人民军第2步兵师1团抵达713高地以西。17点，1团从西面和西北向713高地逼近，师工兵营也前出到高地东北。至此，越南人民军第2步兵师完成了对713高地的包围。20点，战役指挥部通报第2步兵师师指，说713高地守军准备撤退，并命令第2步兵师一定要死死把守军困住，加强攻击。根据上级的命令，阮真少将一边命令第1步兵团和第31步兵团不断组织攻击战斗，一边命令炮兵加大轰击力度。

关键性的日子是3月14日、15日。而双方描述截然不同。越南人民军记载：

3月14日14点，伪军第1步兵团2营向高地东南突围，遭第31步兵团6营阻击，被击毙30多人，2营被迫往北退却。随后，越南人民军第31步兵团6营逼近到敌主阵地，团炮兵集中火力对敌主阵地猛烈射击，杀伤敌一部。另敌一个营向西突围，又被第48步兵团3营击退。敌人两次突围都没有成功，便利用有利地形和工事进行顽抗，企图等待直升机救援撤走。

3月15日，第2步兵师师指召开营以上干部会议，讨论下一步作战方案。

由于伪第1步兵团依托有利地形组织极为顽强的抗击，给第2步兵师攻坚带来很大的麻烦。为了迅速歼灭守敌，阮真少将决定放松对713高地东北方向的攻击，加强其他方向进攻，迫使守军向东北方向逃窜，然后令第1步兵团和第31步兵团趁敌脱离工事的机会，歼敌于运动中。为此，师指要求各营严密监视与包围敌人，防止敌从其他方向突围，并加强对空火力，防止对方乘直升机逃脱。当晚，越南人民军第2步兵师所辖的第1步兵团和第31步兵团，在炮火支援下对伪军第1步兵团1营、4营连续发起冲击，该敌被迫龟缩到713高地。随后，第1步兵团2营、第48步兵团3营、第31步兵团4营迅速逼近敌主阵地。同时，师工兵营和特工营也按计划，分别到达713高地以东约1.5公里及东北约2公里处设立阻击点，做好战斗准备。

实际情况和越南人民军描述的出入很大。联军方面记载，3月14日越南人民军对洛洛火力基地打了200发122毫米火箭弹和100发130毫米榴弹，迫使美军直升机中断了对洛洛火力基地的补给和伤员撤退行动，1辆DC4推土机和2门M101 105毫米榴弹炮也被越南人民军炮火打坏。不过，南越国军第1步兵团依托坚固工事，仅在炮轰下3死2伤。

3月15日，三角洲火力基地和阿里火力基地双双受到极为猛烈的炮火轰击，洛洛火力基地仍然没有收到任何补给。到了22点，南越国军第1步兵团决定放弃洛洛火力基地。团部决定把4营留下来继续坚守洛洛火力基地，团部和3个营往东面2公里转移。撤退前，南越国军第1步兵团炸毁了他们带不走的4门155毫米榴弹炮，另1门105毫米榴弹炮和4门155毫米榴弹炮已经被越南人民军炮火打坏。当团部、1营、2营、3营开始撤退时，他们遭到越南人民军的猛烈攻击。团长马上召唤B-52战略轰炸机对前方不到460米进行2次打击，粉碎了越南人民军的进攻，保障南越国军第1步兵团主力安全转移到阿里火力基地西南2000米。3月18日，美军直升机群在阿里火力基地附近，把他们接回溪山基地。

留在洛洛火力基地的南越国军第1步兵团4营承受着越南人民军的猛攻。接下来的越南人民军的记载就有些夸张了：

3月16日凌晨，第2步兵师发现部分敌人开始向高地东北移动。11点，伪军第1步兵团1营撤到高地东面约500米集结，准备突围。第2步兵师当即集中炮火对该敌进行猛烈射击，歼敌一部。此时，原在车邦执行的战斗任务的越南人民军第1步兵团1营也奉命机动到713高地以南约1.5公里处。

12点30分，越南人民军第1步兵团1营和第31步兵团4营、5营在炮火支援下，向敌主阵地和高地以东集结之敌连续发起猛烈攻击。经过30分钟激战，全歼敌1营和炮兵营，并占领敌主阵地和高地以东地区。

14点，伪军第1步兵团团部及2营、3营、4营逃到高地东北约1.5公里处，遭第2步兵师特工营阻击，被迫龟缩起来。第31步兵团、第1步兵团1营及第2步兵师特工营迅速将敌包围。当天黄昏，第31步兵团主力和师特工营，向龟缩之敌2营连续发起猛烈冲击，战斗持续到17日4点，全歼敌第2营，余敌继续顽抗。

17日6点，越南人民军第2步兵师对敌团部及3营、4营发起冲击。第31步兵团6营和师工兵营从东面和南面，第1步兵团1营和师特工营从北面，在炮火直接支援下，同时对敌冲击。战斗至12点，全歼伪军第1步兵团团部和3营，歼4营一部，击毙正副团长，20人投降。敌4营残部逃至713高地东北约2公里处，被师特工营堵住，原地收缩顽抗。当夜，第31步兵团4营迅速隐蔽接近敌人，在炮火掩护下，31团4营连续发起冲击。经过激烈战斗，至3月18日凌晨将敌全歼。

对照联军的记载，越南人民军为了"吃掉"勇敢断后的南越国军第1步兵团4营竟然耗费如此多兵力，没能全歼对手确实是个遗憾。实际情形是，南越国军第1步兵团4营在主力突围成功后，也放弃了洛洛火力基地，往车邦河突围。越南人民军一路追踪，把南越国军第1步兵团4营围在车邦河边，双方苦战一天，4营正副营长双双战死（越南人民军记载为击毙正副团长），几乎所有的连长和营部参谋也都命丧沙场。为了接应南越国军第1步兵团4营转移，美军出动大量直升机支援。战斗中，3架直升机被击落，1架战斗轰炸机中弹在空中爆炸。尽管陷入绝境，但南越国军第1步兵团4营奋战2天，最终有88人（其中61人带伤）冲出重围，逃到阿里火力基地附近和团主力会合。

713高地之战，是撤退前半段双方打得最惨烈的战斗，南越国军损失了一个整营的兵力，越南人民军的损失也很大。根据《越南人民军卫生勤务史》第三卷第99页记载："在1971年的南寮—9号公路战役中，第2步兵师、第368防空团、第268防空团、Y阵线、第968团（实际是师）伤亡2404人，其中战死702人（占比例29.2%）；仅仅第2步兵师就有751人负伤和288人战死。仅在进攻车邦战斗中，我军就有1307名伤兵，战死511人。"[7]

713高地之战落下帷幕，并不意味着南越国军撤退噩梦的终结。从3月16日开始，更大范围的激战继续在全线展开。

3月16日，南越国军第3步兵团团部和4营在支援部队配合下，乘坐直升机从三角洲1号火力基地往下义火力基地转移，3团1营仍然留守三角洲1号火力基地。在9号公路东南翼，第147海军陆战旅团受到400发炮弹轰击，8名南越陆战队员被炸死，外围的陆战7营也受到密集轰击，5人负伤；阿里火力基地更是每天都要承受炮击，累积伤亡十分恐怖。溪山基地也没能在越南人民军的进攻中幸勉。3月17日，越南人民军第84炮兵团对溪山基地进行游动炮击，打坏美军2架直升机和许多停放在此的卡车。

3月17日，越南人民军在整个南寮—9号公路战场掀起多点全面炮击和进攻的狂潮，南越国军的损失与时俱增，南越国军第1伞兵旅团（伞兵2营、7营）在北翼的阿尔法火力基地受到越南人民军第308A步兵师36团、第320A步兵师64团和第102步兵团9营，以及4个坦克连、1个炮兵团又12个炮兵连、1个37毫米高射炮营和2个14.5毫米高射机枪营支援的猛烈攻击。根据越南人民军记载，17点到18点他们就用M46 130毫米加农炮对阿尔法火力基地打了1800发炮弹！在极为猛烈的大口径榴弹打击下，伞兵伤亡惨重，只能咬牙死顶！除了阿尔法火力基地受到攻击外，阿里火力基地和三角洲火力基地也遭到M46 130毫米加农炮的绵密轰击，南越国军陆战7营完全被压制住了。

3月18日，南越国军第1军团综合各方面情报，发现越南人民军已经把主力部队全部调入战场，特别是用差不多3个团的兵力攻击班东地区的阿尔法火力基地，显然就是想切断南越国军过班东的撤退路线！在进行堵截作战的同时，越南人民军还加大对三角洲火力基地的轰击，并继续把阮真少将的第2步兵师调上来，对南越国军第2步兵团展开猛烈攻击。又是一天血战，又是伤亡惨重的一天！南越国军第1军团突入南寮的都是精锐部队，但其兵力稀少，越南人民军凶狠的攻击让军团团长黄春林中将感到十分震惊，甚至很害怕。当晚，他把第1师团长范文富准将召到溪山基地。范文富向他报告说，第1师团目前还拥有相当战斗力，黄春林在满意之余也意识到形势紧迫，他赶紧催促范文富把留在布朗火力基地和三角洲1号火力基地的2团兵力全部统统撤下来，防止他们后路被断和被歼灭。

第1军团长黄春林中将在当晚下达作战命令，指示第1装甲骑兵旅团放弃阿里火力基地，撤离班东，然后转移到9号公路附近的阿尔法火力基地；负责9号公路北面防务的第2伞兵旅团也逐步往阿尔法火力基地北面转移，然后乘坐直升机撤出老挝。第1师团主力，包括第2步兵团团部和布朗火力基地周围的3个营，以及三角洲1号火力基地的3团1营也要乘直升机撤离，他们将和伞兵、第1装甲骑兵旅团一起抵达阿尔法火力基地，然后再顺9号公路撤退。

3月19日7点30分，第11装甲骑兵团（18辆坦克和装甲运兵车）沿着9号公路东撤。由于没有得到任何武装直升机的空中掩护，他们在班东以东4公里处遭到了越南人民军第36步兵团1连伏击。越南人民军打得十分巧妙，将4辆M-41轻型坦克打瘫在小溪中间。接着，越南人民军第36步兵团1连继续出击，猛打第11装甲骑兵团，给南越方面制造了一场大灾难：车队约半数车辆被打坏或被击毁。伴随坦克装甲车的伞兵们见势不妙，抛弃友军、徒步沿9号公路东撤。留在小溪对岸的第11装甲骑兵团只能全靠自己拼死战斗，打了3个小时才冲了过去。整个战斗打下来，第11装甲骑兵团损失4辆M-41轻型坦克和3辆M-113装甲运兵车，并把18辆失去动力的车辆扔在西岸。为了防止这些宝贵的车辆资敌，美军战术航空兵往返出击，将其全部炸毁。

越南人民军可没打算轻易放跑对手，他们竭尽全力地出动坦克、装甲车追击，并动用大口径火炮、火箭炮和组织游动迫击炮轰击。在越南人民军第308A步兵师的拼力堵截下，班东周围的9号公路变成了坦克装甲车的坟场，到处都是被击毁、被打坏或是汽油耗尽被迫放弃的坦克装甲车和其他各种车辆。至傍晚，第11装甲骑兵团残部狼狈逃到阿尔法火力基地。

对越南人民军第308A步兵师来说，3月19日绝对是辉煌的一天，他们确实重创了南越国军装甲兵精锐——第11装甲骑兵团，但自身付出的代价也不小。《越南人民军卫生勤务史》第三卷第250页记载道："第36步兵团卫生连在3月19日打班东战斗中收治处理伤兵165人。"[8] 当然，这个伤亡包括了越南人民军第36

步兵团 1 营打阿尔法火力基地的伞兵 2 营、7 营的损失。

除了第 308A 步兵师获得胜利外，9 号公路南面的越南人民军第 324 步兵师进攻也获得了相当程度的胜利。他们和南越国军第 258 海军陆战旅团各营进行殊死战斗，焦点主要集中在三角洲火力基地。越南人民军采取炮击加袭击的方式，一天之内居然打掉了三角洲火力基地 10 门 M101 105 毫米榴弹炮中的 5 门！在越南人民军的炮击下，第 258 海军陆战旅团大量战死和负伤人员无法空运撤走。最糟糕的是，陆战 2 营和陆战 4 营企图救援三角洲火力基地，却被越南人民军打回。

在第 1 师团防区，越南人民军第 2 步兵师又扑了来，持续用 DKB 122 毫米单管火箭炮和 75 毫米无后坐力炮对三角洲 1 号火力基地进行游动炮击，打坏 5 门 M101 105 毫米榴弹炮，摧毁 1.4 万发 105 毫米榴弹。南越国军第 2 步兵团所辖的 2 营、3 营、4 营也在索菲亚东火力基地以西和越南人民军持续战斗一整天。他们同样也有损失：3 营战死 47 人，2 团 2 营和 4 营损失轻微，宣称击毙越南人民军 367 人，缴获 155 支 AK47 自动步枪和 17 具火箭筒，以及许多轻重机枪。

为了支援第 1 军团的撤退，当天美国空军和美国陆军空中骑兵加大支援力度，一共执行了 686 架次直升机任务和 246 架次战术空中支援任务，以及 14 次 B-52 轰炸任务，投弹 1158 吨。在越南人民军全面展开防空火力的打击下，美军直升机群损失很大。

3 月 20 日 13 点，大群美军直升机穿过越南人民军的高射炮弹幕，在索菲亚东火力基地救出了第 2 步兵团 3 营。在这次勇敢的行动中，美军付出了高昂的代价：出击的 40 架直升机就有 28 架被越南人民军防空火力命中。尽管越南人民军防空火力极为猛烈而浓密，试图阻止美军实施大规模救援撤退，但美军空中骑兵部队还是继续执行他们的任务。在穿过密集的高射炮火力网（从南寮）救出第 2 步兵团 4 营的任务中，先导直升机被一发高射炮弹击中，凌空爆炸。尽管形势十分恶劣，但美军直升机还是按计划着陆，抢在黄昏前把第 2、7 伞兵营和 1 个 105 毫米榴弹炮连从阿尔法火力基地撤走了。第 2 步兵团 2 营和第 2 步兵团 4 营，以及第 3 步兵团 1 营位于三角洲 1 号火力基地的南越国军部队纷纷在第二天撤出了战场（然而这些部队在撤退过程中都遭到了越南人民军的猛攻，损失约三分之一）。

在三角洲火力基地周围地区，南越国军第 147 海军陆战旅团也受到越南人民军第 324 步兵师的围攻。越南人民军用自动步枪、轻重机枪、高射机枪和高射炮张开一道绵密的防空火力网，有效封锁了美军直升机的补给作业。然而，第147海军陆战旅团还是储备了10日份口粮，他们顽强抗击，寸土不让。

当天，为了支援"兰山719"行动，美国空军和陆军航空兵又出动了1388架次直升机和270架次战术航空兵，B-52战略轰炸机也执行了11次"弧光"打击任务，投弹909吨。

3月21日3点，越南人民军第2步兵师又对索菲亚东火力基地以东2公里的南越国军第2步兵团2营、4营展开攻击，试图一口气吞掉对手，但没有成功。根据南越方面报告，这次战斗共击毙对手245人，缴获65支AK47自动步枪、9挺12.7毫米机枪、8具喷火器、5门82毫米迫击炮、7门60毫米迫击炮、52具B4和B41火箭筒，己方战死37人、58人负伤、15人失踪。这次战斗结果是，越南人民军第2步兵师的进攻压力骤然减轻，夜幕降临，第1师团主力乘直升机转移，返回下义火力基地。

随着伞兵主力和第1师团主力撤退，南寮—9号公路激战焦点集中到了海军陆战师团和第1装甲骑兵旅团身上。

3月21日拂晓，越南人民军第324步兵师集中了第3步兵团（29团）和第1步兵团（803团），在强大的炮火支援下，对三角洲火力基地（550高地）的南越国军第147海军陆战旅团指挥部和陆战7营展开强攻。为了支援第147海军陆战旅团，美军动用16门175毫米自行火炮猛烈轰击，全力以赴支援第147海军陆战旅团的防御。接着，美国空军又出动13架战术飞机进行近距离空中支援。此外，一队奉命对指定目标进行轰炸的B-52机群也奉命转移目标，轰击陆战旅团防区周围集结的越南人民军。美军表示，这次轰炸瘫痪了越南人民军1个营，并有力支援了守军的防御。一天战斗打下来，第147海军陆战旅团损失为85人死、238人伤，100件步兵武器被打坏；宣称歼敌600人，抓俘5人，缴获200件步兵武器和60支轻重机枪及火箭筒。

为了撤收伤兵，美国陆军空中骑兵出动8架UH-1H直升机飞临战场，进去的任务是给第147海军陆战旅团送补给品，撤出的时候带走伤员。越南人民军的防空火力实在太猛了，执行任务的8架直升机除了1架被击落外，剩下7架全部带着累累的弹痕返回。正如打架的伤痕是男子汉勇气的证明一样，这些弹痕同样是美国陆军空中骑兵们穿梭于满天飞舞的弹幕，勇救盟军战友的无言证明和身为军人的最高荣誉。

为了减少越南人民军进攻带来的压力，并保障美军直升机群更安全地支援或撤出南越国军的步兵、伞兵和海军陆战队，3月21日美国空军和美国陆军航空兵出动了157架次战术航空兵和788架次直升机，B-52战略轰炸机进行了11次"弧光"打击任务，投弹921吨。尽管航空火力十分给力，可一旦误击，给友军造成的损失也是十分"可观"的：美军在当天错误把一支南越国军识别为越南人民军，并对其投掷凝固汽油弹，结果炸死12人、炸伤75人。

在9号公路，第17、第11装甲骑兵团和第1、第8伞兵营撤到边界附近，又一次遭到越南人民军伏击。这一次，越南人民军打得更狠，南越方面伤亡100多人（其中32人阵亡），4辆M-41轻型坦克和13辆M-113装甲运兵车被击毁，又一次堵塞了9号公路。为了避免遭到更多的伏击，第1装甲骑兵旅团和第1伞兵旅团的第1、第8伞兵营只能离开公路，冒险穿过森林继续往东撤退。所有因技术故障或被越南人民军反坦克火力打坏的坦克装甲车等战斗车辆统统放弃。

3月22日清晨，南越国军第1装甲骑兵旅团剩下大约100多辆各式军用车辆（含坦克、装甲运兵车、推土机、汽车）穿过丛林抵达9号公路南面的车邦河岸边。河床很深，虽然水位低，但河岸高而陡峭。在部分河段，高度达到10米，车辆难以涉过。不过第9伞兵营还是过去了，在对岸建立桥头堡。下午晚些时候，美国陆军的CH-54直升机吊来2台D-2推土机在河岸边放下，支援第1装甲骑兵旅团。在美军协助下，南越国军的装甲车辆顺利过河。

3月23日9点15分，南越国军第1装甲骑兵旅团渡过车邦河后，先头部队终于和美国陆军第5机械化步兵师1旅所辖的77装甲团1营会合。中午，第1装甲骑兵旅团垫后车队也撤回了越南境内。根据美国陆军历史研究中心文件的统计，第1装甲骑兵旅团撤回时只剩89辆车（含坦克装甲车）。从3月17日到23日，他们一共在老挝境内遗弃了100多辆车，有坦克、汽车、装甲运兵车等。遗弃在战场上的装备都被美国陆军的武装直升机和炮兵摧毁，以免资敌。

三角洲火力基地的形势也丝毫没有减缓，越南人民军第324步兵师在第397坦克装甲车营3连11辆T-34-85坦克支援下展开攻击，3月22日到23日的战斗打得十分残酷。美军战术航空兵宣称炸毁4辆"喷火坦克"（实际T-34-85毫无损失），但还是没能挡住越南人民军进攻，最终南越国军第147海军陆战旅团被迫放弃三角洲火力基地，拼死突出重围。战斗中，全旅团失踪37人、负伤230人（战死人数不明），但还是成建制突围出来，与第258海军陆战旅团会合。黄昏前，第147海军陆战旅团指挥部和陆战 2 营、4 营、7 营乘坐美军直升机群突围出来，返回溪山基地。

当天，为了支援第 147 海军陆战旅团和防止越南人民军追杀，美国空军出动 756 架次直升机、283 架次战术航空兵，B-52 战略轰炸机进行了 11 次"弧光打击"，对老挝境内各种目标投弹 941 吨。

3 月 23 日夜，越南人民军又用 DKB 122 毫米单管火箭炮轰击了溪山基地，不过这些火箭弹并没有给基地造成太大损失。

3 月 24 日，随着第 147 海军陆战旅团的撤离，留在南寮—9 号公路战场的就只剩下第 258 海军陆战旅团。虽然第 1 军团很想继续在南寮保留一支部队，让"兰山 719"行动收尾阶段显得不是"那么狼狈"，但海军陆战师团副师团长裴世兰上校可不打算冒险，第 258 海军陆战旅团在之前的战斗中遭受了不小的伤亡。尽管现在越南人民军第 324 步兵师还没打算对第 258 海军陆战旅团动手，但裴世兰仍亲自飞到旅馆火力基地，命令第 258 海军陆战旅团准备撤退，目标——溪山。

下午晚些时候，第 258 海军陆战旅团带着 6 门 M101 105 毫米榴弹炮和 4 门 M114 155 毫米榴弹炮乘坐直升机撤回溪山基地。至此，南越国军第 1 军团在撤退阶段的噩梦终于告一段落了。

透过现象看本质

"兰山 719"行动结束了。围绕这次战役，交战双方各自表功。

越南民主共和国宣布，南寮—9 号公路反攻战役（X 战役）获得了决定性胜利，毙伤敌 1.6 万人，活捉约 1142 人，对方 6 个旅团或团、13 个步兵或炮兵营失去战斗力，伞兵师团、海军陆战师团和第 1 师团受到重创，击毁或打坏 1138 辆坦克装甲车和 112 门大口径火炮，击落 556 架飞机（含 505 架直升机），击沉 43 艘舰艇，炸毁或烧毁 1000 吨弹药和 100 万升汽油，缴获 2 架直升机、57 门大口径火炮和迫击炮、2296 支各类枪支、16 辆坦克装甲车、6 部汽车、276 部电台和 100 吨弹药。

1971 年 3 月 31 日，越南劳动党中央政治局常委致电 702 阵线，对参加南寮—9 号公路反攻战役的全体指战员表示热烈慰问，表扬他们出色打赢了这场决定性的反攻战役。在致电中，越南劳动党中央政治局还认为，南寮—9 号公路战役的巨大胜利宣告越南人民军在现代化战役进攻组织和能力上开始成熟起来，其主力部队已经有能力完全打败南越国军全部主力，也宣告美国的"战争越南化"政策的"破产"。

联军方面也夸大其词。1971 年 4 月 7 日，美国总统尼克松发表电视讲话，宣称"兰山 719"行动表明，美国的"战争越南化"战略获得了成功。越南共和国总统阮文绍更是"夸张"表示："'兰山 719'行动有力切断了北越的后勤补给线，并使敌人计划在 1971 年对我国北部省份的进攻难产。"按照越南共和国宣布的战绩，他们歼灭越南人民军 1.3 万人，缴获 7000 件武器装备和 1250 吨大米。为了庆祝"兰山 719 大捷"，西贡举行了盛大的游行。

抛开宣传，对照一下双方的实际损失数字和作战过程，整个战役的胜负和双方技战术水平是否真如双方宣传得那么神勇和厉害？答案是否定的，南北越的战斗力都离现代化军队的标准相距甚远。

在这次战役中，越南人民军的伤亡是很大的。

按照《越南人民军卫生勤务史·第三卷》第 248 页记载："整个战役伤兵 6174人，占参战兵力 10%，战死 2165 人，占总伤亡数的 25.8%。其中，B5 阵线方向 300 名伤兵（占该方向兵力的 4.5%）、127 人战死。B70 兵团方向伤兵 3431 人（占参战兵力 13.2%）、战死 1345 人。第 559 兵团方向，伤兵 1412 人（占参战兵力 10.4%），354 人战死；某师团方向（实际就是第 324 步兵师）伤兵 1031 人（占参战兵力 8%），战死 324 人。"[9]

从这个统计就可以看得出，越南人民军仅负伤和战死就达到 8339 人。作者在同一本书里还查到了战病的数字："战役卫生部门也收治了 1292 名病兵。"[10]

如果加上战病数字，越南人民军的战役损失是 9631 人（不完全统计）。

谈完越南人民军，再看联军。联军的伤亡和装备损失主要引自《一次遥不可及的进攻》（A Raid Too Far）的附录 3《1971 年 2 月 8 日到 3 月 24 日，"兰山 719"行动伤亡表》，出处是美国陆军第 24 军分别在 1971 年 5 月 3 日和 5 月 14 日制作的统计表。

从这个统计表可以看出，联军一共战死 1767 人、负伤 6397 人、失踪 689 人，合计战斗总伤亡 8853 人，失踪人数绝大部分都是被俘。双方的战斗损失数字是很明了的，越南人民军的 8339 对联军的 8853，基本是 1：1。从这个对比来看，越南人民军的大捷，实际交换比并不好看。

如果说单纯对比伤亡还看不出问题的话，那么我们把视线放在双方在主要战场——南寮—9 号公路，对比一下双方实际参加战斗的兵力。按照《越南人民军卫生勤务史·第三卷》第244页记载的统计："702阵线参加战役的全部兵力是步兵5个师、6个团、2个营，特工7个营，炮兵4个团又2个营1个连，坦克兵1个营又5个连（这个统计有错，按越南人民军坦克兵史记载为3个坦克营88辆坦克参战），高射炮2个团又8个营，化学兵1个连又2个排，侦察兵1个营又2个连，通信兵2个营，工兵2个团又2个营，总兵力58791人和3494位民工（各战

美军"兰山719"行动损失统计表

单位	战死（人）	负伤（人）	失踪（人）
第101空降师	68	26	17
第5机械化步兵师1旅	55	431	3
第23步兵师11旅	47	256	7
第223战斗航空营	19	59	11
第24军炮兵群	9	76	0
美国陆军支援司令部	8	40	0
第45工兵群	6	11	0
第504宪兵营	3	15	0
美国空军第7航空军	3	0	0
总计	218	914	38

南越国军"兰山719"行动损失统计表

单位	战死（人）	负伤（人）	失踪（人）
第1师团	537	1607	537
伞兵师团	455	1993	0
海军陆战师团	355	770	63
别动军第1联团	93	435	27
第1装甲骑兵旅团	54	364	0
第1军团司令部和直属单位	55	314	24
总计	1549	5483	651

场兵力分布：B70 方向 29045 人、B5 阵线兵力 15373 人、第 324 步兵师方向 7867
人、第 2 步兵师方向 1 万人）。"[11] 这些数字还不包括长山部队的第 968 步兵师、
车邦周围各个高射炮兵和 27 号兵站部队！也就是说即便扣除不在南寮—9 号公路
地盘的 B5 阵线部队，加上长山部队，越南人民军依然在南寮—9 号公路拥有差不
多 6 万人兵力。而南越国军突入南寮地区最高峰值兵力 1.8 万人，越南人民军相比
南越国军是时刻保持三倍以上的兵力优势，地面兵力南越国军居于绝对劣势。如
果考虑到越南人民军为这次战役提前准备了半年以上，动员全国，军民上下齐心，
全都在为了打赢这次战役而付出的努力的话，以多打少，以充足准备对付仓促进攻，
交换比仅仅为 1：1，虽说取得了战役胜利，但说这个胜利表明自己的战斗力超过
对方，实在是站不住脚。

当然，作者在指出实际胜利并不像北越宣传的那么美丽的同时，依然要给越南
人民军点个赞，毕竟在"兰山 719"行动中，美军没来的支援火力之猛依然不可忽视。

作者引用《一次遥不可及的进攻》一书附录 4、附录 5、附录 6，分别列出了
美国陆军航空兵、美国空军和美军炮兵在"兰山 719"行动中的作战统计概况：除
了这些装备，南越国军还损失了 211 辆卡车、87 辆装甲运兵车和 54 辆坦克，以及
几乎所有带进南寮—9 号公路的工程车辆（包括推土机、压路机和其他工程设备）。

从上面的各项统计就可以看出，联军虽然入南寮—9 号公路战场的地面部队
处于绝对劣势，但航空火力和炮兵火力投射，以及直升机支援力度是不可小视的。

美国陆军航空兵在"兰山 719"行动中可用直升机数字

机种	数量（架）
OH-6A	5
OH-58	59
UH-1C	60
UH-1H	312
AH-1G	117
CH-47	80
CH-53	16
CH-54	10
总计	659

出航架次		
机种	往越南共和国境内（架次）	往老挝境内（架次）
武装直升机	17159	17014
运输直升机	37681	13098
救护直升机	1829	909
空中骑兵	10603	7284
后勤支援	51342	7523
总计	118614	45828

飞机损失情况				
	非敌对		敌对	
飞机种类	损伤（架）	损失（架）	损伤（架）	损失（架）
OH-6A		1	25	9
OH-58			15	6
UH-1C	1		62	8
UH-1H	2	1	314	52
AH-1G	1	2	157	24
CH-47			26	3
总计	4	4	599	102

战术航空兵支援总结					
	总飞行量（架次）	平均每天出航量（架次）	最高峰值（架次）	投弹量（吨）	飞机损失（架）
老挝境内	7104	103		10931	
越南共和国境内	2010	29		3100	
总计	9114	132	277（1971年3月8日）	14031	7

	火炮口径（毫米）	火炮数量（门）	射击任务次数（次）	消耗弹药数量（发）	战斗损失的火炮数（门）[1]
美军	105	6	111	3197	0
	155	28	5738	132278	0
	175	20	6946	36695	4
	203	8	2373	16392	0
	总计	62	15168	188562	4
南越国军	105	152	不明	240709	70
	155	48	不明	79228	26
	总计	200	不明	319937	96
联军总计		262	仅美军就 15168	519899	100

能顶着如此猛烈的火力打击，取得 1：1 交换比和胜利，越南人民军确实很不容易。

对比完这些数字统计，我们再检讨一下整个战役过程，双方计划、指挥和部队的实际表现，以求客观全面分析双方的实际战斗力。

首先来看双方的战役计划，"兰山 719"行动的本质目标是摧毁 604 号仓库区和暂时截断胡志明小道的 9 号公路段运输，本意并不是为了歼灭越南人民军的主力部队。在美国军事思想中，这种作战属于断敌后勤。但是，联军在拟定计划的时候，有些想当然了，忽视了越南人民军会集中主力兵团来保卫重要的后勤补给线和战略仓库区这一可能，简单地说，就是情报工作上有些轻敌，导致进入南寮—9 号公路战场的地面部队和越南人民军投入主要战场的兵力对比是 1：3，处在了绝对劣势。从战役计划的突击方向来看，联军无疑是采取了以 9 号公路作为中央攻击轴线，从寮宝到车邦实施东西贯穿突击；为了保护中央攻击轴线，在 9 号公路南北两翼建立屏障线的战略。这个战略从本质上来说，是无可非议的。但是，他们的情报

---

[1] 相对联军强大的炮兵，越南人民军参加南寮—9 号公路战役的炮兵力量是第 84、38、45、368、16、204、675、97 炮兵团，各类火炮共计 381 门（其中 74 门牵引式火炮、227 门肩扛式或火箭炮），炮弹准备是 5.29 万发各类炮弹（其中牵引式火炮炮弹 2.13 万发，肩扛式火炮炮弹 3.16 万发）。数据引自《越南人民军队炮兵技术历史事件编年史》（Biên niên sự kiện lịch sử ngành kỹ thuật pháo binh QĐNDVN 1945-1975）。

准备不够充分，导致建立南北屏障线的兵力严重不足。相反，越南人民军早早就判明联军要打南寮—9号公路地区，因而迅速把总部直辖的三个机动主力师捏成拳头，组建了B70兵团。越南人民军的战役计划核心要点是，长山部队和第2步兵师在车邦—班东段实施阻击战，边打边撤，逐步把联军沿9号公路横向引诱进来，越远越好。然后，B70兵团的三个主力师——越南人民军第308A步兵师、第304A步兵师和第320A步兵师由北往南，突破联军的北翼屏障，直逼班东周围的9号公路段，同时以东翼的B5阵线和南翼的越南人民军第324步兵师展开各种袭击和游动炮击，牵制住联军的战役后勤基点——溪山基地和南翼屏障。

综合双方作战计划和战役决心，可以看出，双方的主要攻击方向是东西横向和南北纵贯，形成了垂直交错态势。联军的目的是破坏越南人民军仓库区，而越南人民军的战役目的是诱敌深入，通过垂直方向打击，拦腰斩断9号公路，大量歼灭对方有生力量。双方战役计划和战役决心对比的结果，显然是越南人民军提前判明了联军的企图，针锋相对拟定了自己的计划和下定了决心，因此联军在战役发展过程中处处被越南人民军反制。通过对比，只能说明越南人民军总参谋部和情报局确实有自己的水平，制住了对手，但不能说明越南人民军的战斗力超过了对手，因为联军在计划上除了情报外，实际拟定的条款中并没有违反军事原则。

再看双方的指挥环节，越南共和国国军无疑是犯下了重大错误。第1军团长黄春林中将因为要保守作战计划可能已经落入越南人民军之手的秘密，而在越界作战发起攻击仅仅2天后就下令停止前进，转入一周的巩固和清剿作战，这无疑是犯了兵家大忌。众所周知，兵贵神速，何况是深入敌控区的进攻作战？黄春林的这个指挥失误，给越南人民军调整部署和迅速包围500高地，在北翼打开战役突破口送上了绝佳的机会。对于黄春林，美国远征军总司令艾布拉姆斯上将认为他没有表现出足够的指挥能力和应有的素养。另外，南越国军参战的海军陆战师团、伞兵师团和第1师团的3名师团长指挥能力也不行，部队的大兵团作战能力也不达标。

具体反映在"兰山719"行动前各师团只进行过团级或是旅团级别的作战，从来没有进行过师团级别合成兵种作战，尽管海军陆战师团和伞兵师团受过类似训练。另外，三个师团没有一个真正做好了战斗准备，因为战役开打太匆忙，他们几乎都是仓促上阵。通信联络是"兰山719"行动的大问题，在先前诸多战役战斗中，南越国军召唤空炮火力支援都是由美军顾问一手包办。可这一次，美军顾问并没有随军进南寮，导致三个师团通信联络不畅，特别是很多通信兵不懂英语，呼叫空中支援和炮火支援缺乏经验，语言沟通成为很大的障碍。在这种情况下，各师团的美军顾问不得不守候在溪山基地，担任呼叫转接和翻译任务，多出一个环节效率就慢一分，导致空中支援和炮火支援时常不能满足部队需要，甚至慢几拍。

另外，这次作战大规模使用直升机机降战术，采取蛙跳跃进方式展开攻击，无论是作战进攻、后勤保障还是伤员撤退都严重依赖于直升机的运输能力。9 号公路作为单行线，根本无法提供陆路保障。利用联军这个致命的弱点，越南人民军在全线展开战役防空，击落、击伤大量直升机，导致联军的后勤受到严重限制，物资供应不上、伤员撤不下来，既削弱了联军的战斗力又打击了士气。

对南越国军，美军的索默尔上校评价道："实际上，越南共和国国军打得还是很出色的，但损失太大严重挫伤了士气。不过，同样的部队在一年后的 1972 年挡住了北越的攻势。"美国远征军总司令艾布拉姆斯上将就表示，这次作战虽然失败了，但参战的 34 个营只有 4 个是无能的，而且其中 18 个营具备了在陌生敌占区遂行作战任务的能力。

客观地说，艾布拉姆斯上将对南越国军三个精锐师团的评价还是很中肯的，这些评价可以用战役发展过程中的各次战斗来予以证明。首战 500 高地，精锐的黑虎营在被围困四五天、断水断粮断弹药供应的情况下，愣是在越南人民军发起总攻击后顶了一天，并有约一半兵力突围出来，还给越南人民军造成了不亚于自己的损失。再看伞兵师团的第 3 伞兵旅团和第 3 伞兵营 2 个连的 543 高地之战，这次战斗同样打得不差，给越南人民军第 64 步兵团也造成了不小的损失。最后再拿 543 高地反击战斗和 713 高地突围战例来看，南越国军在面临困境和对方兵力占优势的攻击下，下级官兵们还是打得很出色的；不仅多次击退越南人民军进攻，特别是南越国军第 1 步兵团 4 营为了掩护主力突围转移，留下来断后不算；就是退到河边被越南人民军著名的巴嘉团和第 31 步兵团包围攻击，在营部和所有连长都战死的情况下，残存的官兵依然拼死突围，这些都无言地表明了南越国军将士的勇敢和无畏。另外，从伤亡数字和失踪数字对比就可以看出，面对优势越南人民军的攻击，南越国军三个精锐师团官兵打得还是很顽强的，被俘和失踪比起战死和负伤的数量人要少得多。艾布拉姆斯给他们的评价，作者认为并不过分。

再看看越南人民军。诚然，整个战役过程中，越南人民军的战役指挥并没有大的漏洞，从战役突破口首选 500 高地，打通 16 号公路，然后大军南下攻击，再拔 543 高地，继而逼走 30 号火力基地守敌，让 B70 兵团三个主力师全部展开，这些都是战役指挥的经典之作。另外，战役反攻时机选在 3 月 12 日，也就是南越国军从车邦开始撤退的第二天，更是点睛之笔。有位美国人评价说黎仲迅将军是越南人民军中战术指挥的行家，这点作者深表赞同。反攻开始，713 高地围逼战、班东攻击战、压迫各个火力基地的多点开花，都不失为越南人民军战役指挥的闪光点。正是因为战役指挥得当，基本没有失误，保障了越南人民军的战役胜利。

但提到部队素质的时候，作者不能不说，越南人民军的实际战斗能力还是不如南越国军精锐部队。首战 500 高地，越南人民军上的是头等主力师——第 308A 步兵师 102 团 9 营和 88 团 6 营，围困了这么久，可以说是等到对方疲惫不堪、战斗力最虚弱的时候才发起攻击，居然还让对方突围跑掉了一半，自身战斗伤亡还超过了对手！无独有偶，第 36 步兵团在 3 月 1 日去阻击南越国军第 17 装甲骑兵团反击 543 高地的战斗，也付出了占参战兵力约 20% 的伤亡。除这两个交换比不理想的战斗外，更有第 88 步兵团没有抓住战机追杀逃敌，结果占领了空空无人的 316 高地，反而受到联军航空火力被杀伤 200 人的"花絮"。

总的来说，除了最后的班东堵截撤退之敌战斗打得比较出色以外（而且截杀退却之敌这种战斗模式本身技战术含量就不高），第 308A 步兵师的表现实在乏善可陈。战斗伤亡大、效率低，而且交换比较差，始终是"先锋军"难以克服的实际问题，与越南人民军头等主力师的称号有些名不副实。谈完 308A 步兵师再说第 304A 步兵师，荣光师团在溪山打出了威名，但在南寮—9 号公路战役中反映出来的实际战斗力也不行。从 2 月 9 日到 2 月 22 日，配属给第 308A 步兵师的越南人民军第 304A 步兵师 24 团在 351 高地阻击战中，伤亡大、歼敌少，受到了战役指挥部的批评，付出巨大的代价，才保障了第 308A 步兵师首战"擒虎"。扣除第 24 步兵团，第 304A 步兵师所辖的第 66 步兵团参加了车邦方向的反攻，但按照越南人民军的统计数字，车邦反攻战斗自身伤亡也很大，除了第 2 步兵师外，主力第 66 步兵团损失也占了不小比例。另外，第 320A 步兵师和第 2 步兵师的表现也只能说是完成了上级交付的任务，但要说高效率的战斗，很遗憾没有一个单位做到。第 320A 步兵师所辖的第 64 步兵团在 543 高地袭击、进攻和打敌反扑以及参加追击战斗中也付出了 597 名伤兵的代价，这个伤亡数量和他们所获得的战绩相比没有超出 1∶1 范畴，第 2 步兵师更是在 713 高地战斗中放跑了南越国军第 1 步兵团主力。

步兵战斗力一般，坦克兵的表现也不行，除了 543 高地的第 198 坦克营 9 连配合第 64 步兵团和 550 高地的第 397 坦克营 3 连配合第 324 步兵师夺取了目标，打了两场效率较高的战斗外，整体表现不及格。战后，越南人民军坦克兵种司令部批评部队，道路侦察不及时，与防空兵配合不够密切，战斗准备仓促，中型坦克（主战坦克）T–54 和 59 式坦克有劲儿使不上，导致步兵打敌坦克付出了很大的牺牲。最应该批评的是第 297 坦克营 7 连，这是越南人民军 T–54 坦克和 59 式坦克首战，竟然就"出师不利"，9 辆 T–54 和 59 式坦克在行进中被美国空军炸毁。如此表现让越南人民军坦克兵脸上无光，南寮—9 号公路战役总结会上，做检讨的兵种唯他们是也。

那么越南人民军表现最好的兵种是哪个呢？答案是炮兵和防空兵。正是由于有强大的防空火力做保障，越南人民军部队才能顺利机动到各个目标，组织起团、营规模的步、工、坦、炮、特协同进攻战斗，也正是因为防空兵的出色表现，导致联军的补给水平逐日下降，大幅削弱了战斗力，给越南人民军反攻提供了有利的战机。另一方面越南人民军炮兵也表现得确实很出色，他们把战役炮兵和游动炮兵相互结合，交替对南越国军各个火力基地进行袭扰和压制，不仅消灭且消耗了联军部分有生力量，而且还摧毁了不少 105 毫米和 155 毫米榴弹炮，为削弱联军地面炮火支援做出了卓越的贡献。如果没有这两个兵种的奉献，越南人民军单靠实际战役能力还很一般的各个步兵师，即便在兵力拥有绝对数量优势的情况下，也很难打出 1：1 的战役交换比。

综上所述，1：1 的交换比符合双方主力部队真实的战斗力，越南人民军战役谋划能力胜南越国军一筹，但在正面对决中越南人民军的素质稍低于对手。不过，南寮—9 号公路反攻战役的最大意义并不是北越宣传的"越南人民军主力部队战斗力超过伪军"，而是越南人民军从游击战转入正规大兵团作战的开端。从这个意义来看，南寮—9 号公路反攻战役胜利是一场奠基礼。

对于越南人民军来说，1971 年是恢复之年。从南寮—9 号公路战役开始，越南人民军又一次在各个战场进行全面而积极的反攻。

▲ 透过这张照片，大家对9号公路狭窄的路况有更为直观的感受吧。

▲ 打通了16号公路后，越南人民军第70兵团主力源源不断南下，张开兵力，逐步形成反攻之势。

▲ 尽管遭受不小的损失，且北翼不稳定，但南越国军第1军团还是锐意要往车邦突破。

▲ 543高地之战中被俘的南越国军第3伞兵旅团长阮文寿（前第一位）。

▲ 在南寮—9号公路反攻战役中，德什卡高射机枪不仅在防空战斗中立功，而且平射支援也起了很大的作用。

▲ 1971年2月14日，南越伞兵3营在543高地附近收容一名战死的战友。

▲ 靠直升机的快速机动，南越国军第1师团继续往车邦实施蛙跳跃进。

▲ 在南寮战场的南越国军 M-113 装甲运兵车。

▲ 为了击退南越国军第 17 装甲骑兵团和伞兵 8 营反扑，越南人民军第 308A 步兵师所辖的第 36 步兵团急赴 543 高地。

▲ 苏制 M46 130 毫米加农炮。

▲ 南越国军第 17 装甲团在反击 543 高地战中缴获的 1 辆 PT-76 水陆两用坦克。

▲ 尽管伤亡很大，但正是越南人民军第 36 步兵团的拼死奋战，才保住了 543 高地的胜利果实。

▲ 南寮—9 号公路战场的南越国军火力基地。

◀ 543 高地战斗中，一辆 PT-76 被打坏，越南人民军第 64 步兵团的步兵战士们没有犹豫，继续扛起 B40 火箭筒冲击。

▲ 南越国军通信兵在 9 号公路周围的丛林跋涉，注意其背负的是 AN PRC25 电台。

▲ "兰山 719" 行动中缴获的越南人民军 37 毫米高射炮。

▲ 南越国军抓获的一名越南人民军俘虏。

▲ 战士们勇敢冲上去，将敌人的火力基地一个个打掉，夺取战役全胜。

▲ 夫勒山战斗。

▲ 从洛洛火力基地撤下来的南越国军士兵，他们的伤亡着实不小。

▲ 南寮—9 号公路战场的三角洲 1 号火力基地。

▲ 越南人民军长山部队的防空兵。

▲ 在越南人民军猛烈的防空火力打击下，美军直升机群损失惨重。

▲ 对 550 高地发起攻击的越南人民军第 324 步兵师。

▲ 被俘的南越国军。

▲ 3 月 24 日撤回国境的南越国军第 1 装甲骑兵旅团残部和同行的老挝难民。

▲ 1971 年 3 月 31 日，阮文绍发表讲话，祝贺"兰山 719"行动取得"胜利"。

◀ 精锐的南越海军陆战队也遭受了不小的损失，大家都为失去战友感到很伤心。

▲ 越南人民军缴获了一辆美制
M41坦克。

▲ "兰山719"行动，美军
直升机群起到了重要作用。

▲ "兰山719"行动的失败，
让南越国军第1军团的士气十
分低落。

▲ 美军直升机飞行员都是勇士，正是他们冒着
越南人民军猛烈的防空火力不断进出战场，好
不容易才把伤员接回溪山机场。

注释

1. 原文为 " trung đoàn 102 sư đoàn 308 với quân số 1.026 trong vây lấn cao điểm 500 từ ngày 16 đến 20 tháng 2 có 185 thương binh(18,2% quân số) và 61 tử vong."

2. 原文为 "trung đoàn 24 sư đoàn 304 với quân số 2.250 trong vận động tiến công kết hợp chốt từ ngày 9 đến 22 tháng 2 có 604 thương binh (26% quân số) và 212 tử vong." 引自 Lịch sử quân y Quân Đội Nhân Dân Việt Nam Tập III (1969 – 1975) 第 248 页

3. 原文为 " đại đội quân y trung đoàn 64 đã thu dung 597 thương binh." 引自 Lịch sử quân y Quân Đội Nhân Dân Việt Nam Tập III (1969 – 1975) 第 250 页

4. 原文为 "Tuy nhiên, do trời mưa, dốc cao nên hầu hết xe của cT7 (T54 và T59) không lên được, chỉ có 3 xe PT-76 của cT9 và 1 xe T59 của cT7 (số 328) lên được. Số còn lại của Ct7 ùn lại dưới chân dốc bị máy bay địch đánh cháy hỏng hết. Mặc dù vậy, trận phản đột kích đã thành công. Sau trận này cT9 coi như hết xe, chỉ còn 555 phải rất vất và mới đưa ra HN dự triển lãm được."

5. 原文为 "Trong trận đáng này, Đại đội 7 có 10 xe tăng thì 9 bị hỏng và bị bom địch làm cháy." 引自《第 203 坦克装甲车旅历史》

6. 原文为 "trung đoàn 36 sư đoàn 308 với quân số 1.121 trong trận đánh thiết đoàn 17 nguy ngày 27 tháng 2 có 136 thương binh và 60 tử vong."

7. 原文为 "rong chiến dịch Đường 9 – Nao Lào 1971, với các sư đoàn bộ binh 2, các trung đoàn 368, 268 cao xạ, Mặt trận Y, Đoàn 968 đã có 2.404 thương vong, trong đó có 702 tử vong (29,20%); riêng sư đoàn 2 bộ binh đã có 751 thương và 288 vong. Riêng trận tiến công Sê Pôn ta đã có 1.307 thương binh và 511 tử vong."

8. 原文为 "Đại đội quân y trung đoàn 36 trong trận đánh Bản Đông ngày 19 tháng 3 trong số 165 thương binh thu dung đã xử trí."

9. 原文为 " Toàn chiến dịch đã có 6.174 thương binh, chiếm 10% quân số tham chiến, tử vong 2.165 chiếm 25,8% tổng số thương vong.Hướng B5 có 300 thương binh (4,5% quân số), 127 tử vong. Hướng B70 có 3.431 thương binh (13,2% quân số), 1.345 tử vong. Hướng 559 có 1.412 thương binh(10,4% quân số), 354 tử vong, hướng sư đoàn có 1.031 thương binh (8% quân số) tử vong 324."

10. 引自 Quân y chiến dịch đã thu dung 1.292 bệnh binh. 第 253 页

11. 原文为 "Toàn bộ lực lượng Mặt trận 702 tham gia chiến dịch là 5 sư đoàn, 6 trung đoàn, 2 tiểu đoàn bộ binh, 7 tiểu đoàn đặc công; 4 trung đoàn, 2 tiểu đoàn, 1 đại đội pháo binh, 1 tiểu đoàn và 5 đại đội xe tăng, 2 trung đoàn và 8 tiểu đoàn pháo cao xạ, 1 đại đội và 2 trung đội hoá học, 1 tiểu đoàn và 2 đại đội trinh sát, 2 tiểu đoàn thông tin, 2 trung đoàn và 2 tiểu đoàn công binh với tổng quân số 58.791 người và 3.494 dân công (phần chia cho các hướng: hướng B70 có quân số 29.045, hướng B5 có quân số 15.373, hướng sư đoàn 324 có quân số 7.867 và hướng sư đoàn 2 có quân số 10.000)."

【第四章】
胜利之年 1971

局部反击

南寮—9号公路大捷让北越士气大振，逐步摆脱了1969年到1970年这段艰苦岁月的阴影。整个印度支那战场仿佛注入了一针强心剂，越南人民军在全线奋勇战斗，相继取得了许多胜利。在南部平原—柬埔寨战场，越南人民军先是打败了南越国军的"全胜 –71–1"行动，取得斯努会战大捷，后又发起夏季攻势把越柬联军彻底打回越南共和国境内。为了这次胜利，越南人民军也付出了高昂的代价。《越南人民军卫生勤务史》第三卷记载："1971年2月4日到1972年6月20日的春夏季作战中，第5、第7、第9步兵师及一部分炮兵、特工部队在22号公路、潭贝打击西贡军队第二次进攻柬埔寨边界的战斗中，共有伤兵4372人，其中15.9%重伤，27.5%中等伤势，56.6%轻伤。"[1]

1971年春夏季柬埔寨东北战役胜利后，越南人民军又在1971年10月到12月，于柬埔寨战场发起6号公路进攻战役（对应的高棉国军的行动代号是"真腊2号"行动），越南人民军以战死290人、负伤1143人的代价再次取得胜利。[2] 随着1971年在柬埔寨战场取得两战全胜，越南人民军不仅完全站稳了脚跟，而且还协助了柬埔寨解放军（红色高棉）发展壮大，为1972年从柬埔寨打回越南南部平原创造了有利的时机和奠定了坚实的基础。

在老挝战场，越南人民军和泰国皇家陆军、王宝特种部队也打得十分艰苦。从 1969 年开始，王宝特种部队在泰国皇家陆军支援下，攻下川圹省的查尔平原，导致老挝人民军陷入被动。为了扭转被动的不利态势，越南人民军驻老挝的志愿军于 1969 年 10 月 25 日发起 139 号战役，参战部队为老挝解放军 10 个步兵营、越南人民军第 316A 步兵师（我们最熟悉的越南人民军部队）、第 312A 步兵师、第 866 步兵团和部分技术兵种单位，兵力共计 1.6 万人，由越南西北军区司令员武立少将组织指挥。王宝特种部队的战斗力确实了得，虽然他们出击兵力仅 7800 人，但在泰国皇家陆军炮兵和美国空军支援下，给越老联军构成了巨大的威胁。发动 139 号战役时正值雨季，越老联军打得十分艰苦，特别是第 312A 步兵师攻坚屡屡受挫。后勤供应是越南人民军的大敌，据统计，1969 年 10 月，139 号战役的一线指战员平均每人每天只能得到 500 克粮食供应（含大米、蔬菜和盐巴），11 月随着降雨量减少，每人每天粮食供应提升到 600 克，12 月达 700 克。1970 年 1 月到 2 月，进入旱季，后勤保障通畅后，每人每天 800 克粮食（含 700 克大米和 100 克蔬菜、盐巴）。

随着后勤保障压力的缓解，越南人民军也打得越来越顺，最终在 1970 年 4 月 25 日经过 180 天奋战，完全收复查尔平原—川圹市。为了这个胜利，越南人民军付出了超高的代价。据《越南人民军卫生勤务史》第三卷 258 页记载："从 1969 年 11 月到 1970 年 5 月，整个战役伤兵数是 3745 人，占（参战兵力）比例 23.41%，阵亡 1022 人，死于卫生部门（伤死）78 人、死于转运线 10 人。"[3] 同一页还记载战病减员是 2859 人。[4] 139 号战役总损失（不含失踪等 5 类）合计是 7714 人，这个人数相当于参战兵力的一半了。

挟 139 号战役胜利余威，越南人民军又在 1971 年发起 74B 战役和 Z 战役，取得了桑通—龙镇大捷，但这两次战役损失比 139 号战役小得多（74B 战役收治伤兵 1208 人，Z 战役收治伤兵 2952 人）。

老挝战场的胜利，直接对 9 号公路—北广治战场起到促进作用。为了给 1972 年的总攻击探路，越南中央军委决定在南寮—9 号公路反攻战役胜利后，在 B5 阵线地盘掀起局部反攻，命名为 A2 战役。

为了实施 A2 战役，越南中央军委决定让第 304A 步兵师（欠 24 团，该团在南寮—9 号公路反攻战役中损失太大，撤回北方整补）、第 320A 步兵师 52 团、第 45 炮兵团、6 个防空营，配合 B5 阵线展开攻击。

经过仔细计划，B5 阵线请求把进攻发起日（N 日）定为 1971 年 5 月 5 日。计划赶不上变化。从 1971 年 4 月开始，广治省西面连降大雨，许多道路被冲垮，卡车没法活动，到 4 月底运输量根本没法达到计划的要求，战役准备工作受到严重影响。为了保障战役进行，B5 阵线司令部于 1971 年 4 月 30 日致电总部，请求让第 304A 步兵师 1 个团和 B70 兵团的全部民工执行物资运输作业，同时把 N 日推迟到 5 月底。

为了保持战场主动权，B5 阵线的各武装力量在积极进行运输工作准备的同时，还以特工 15 营、特工 81 营、海军特工 1A 团及犹灵县地方部队在 1971 年 4 月、5 月连续袭击了爱子基地、东河基地，组织对过往 76 号公路的车队进行伏击，游动炮击庙沛山、昆先基地，摧毁了一批武器装备并歼灭了南越国军部分保安军和民卫队。

与此同时，准备参加战役的 B5 阵线部队分成了两翼：第 66 步兵团、特工 19 营和 29 营、3 个炮兵营组成南翼，布置在伯胡山、东全、东吴地区，上级给他们的任务是围困东全据点；第 304A 步兵师所辖的第 9 步兵团、第 320A 步兵师所辖的第 52 步兵团、总部直辖的 2 个独立营以及 3 个炮兵营组成北翼，布置在伯胡、490 高地、东罗梁（Đông La Rường），准备打击解围之敌，并发展进攻拿下头某基地。

虽然决心是很宏大的，可 5 月依然连降大雨，民工根本没法把粮食安全送到指定地点，战役准备工作还是没有完成。①

显然，A2 战役计划必须调整。权衡再三，越南人民军总部同意了 B5 阵线提出的关于调整作战计划的要求，使 A2 战役计划适应当前保障需求。根据 B5 阵线新的计划，参加 A2 战役的兵力缩减为 B5 阵线的所属部队——第 304A 步兵师 9 团和 66 团，以及一些独立作战的炮兵单位，作战方针是"求得每战消灭敌人一个连，创造条件争取消灭整营"。

1971 年 5 月 31 日，就在越南人民军仓促完成战役准备的同时，南越国军第 369 海军陆战旅团发起"神江 4/369"行动，对同治区域展开攻击。按照先前拟定的作战计划，B5 阵线司令部派遣第 304A 步兵师 66 团前出到同治区域附近的蒙村，

---

① 计划要求 1971 年 4 月 21 日到 5 月 15 日运输 700 吨粮食，到 5 月底要送到 1000 吨粮食。可实际从 1971 年 4 月 21 日到 6 月 6 日，送到前线的只有 441 吨粮食，含 154 吨供应给民工的粮食。

打响 A2 战役。

从 5 月 31 日到 6 月 6 日，越南人民军第 66 步兵团连续在同治区域、405 高地组织战斗，宣称重创南越国军第 369 海军陆战旅团 6 营、9 营，活捉 20 人，缴获大量武器装备。

6 月 4 日，第 320A 步兵师 52 团在 B5 阵线部分兵力配合下，干掉了同治据点，宣称歼敌 65 人，抓 9 名俘虏，缴获一批武器弹药。连续两次战斗的胜利，让 B5 阵线感到很兴奋，立即让第 304A 步兵师 9 团调 1 个营到伯胡山，配合第 66 步兵团威胁东全据点。

在北部，越南人民军第 84 炮兵团于 6 月 3 日轰击了 544 高地和庙沛山据点，宣称歼灭联军炮兵 2 个连（这个战绩夸张了些）。第二天，越南人民军第 270 步兵团 4 营又袭击了 544 高地。

随着供应粮食和弹药的道路开始畅通，9 号公路西面和西北的囤积储备量有所提升，B5 阵线决定增调第 27 步兵团、独立 3 营、19 营（欠 1 个连）紧密包围 544 高地，做好围点打援准备。

在西面，越南人民军第 66 步兵团（欠 7 营，他们要负责运输任务）奉命从南面围困东全据点。正当越南人民军第 66 步兵团展开逐步往东全据点围困时，南越国军第 147 海军陆战旅于 6 月 13 日发起"神江 2/147"行动，对同治展开攻击，南越国军第 1 步兵团也对斜寮山（núi Ta Lao）发起"兰山 720/3"行动。结果，双方的行动撞到了一块。从 6 月 14 日到 22 日，越南人民军第 66 步兵团在同治、405 高地和 510 高地和南越国军第 147 海军陆战旅团进行了激烈的战斗。海军陆战队不愧是越南共和国武装力量中的精锐部队，越南人民军第 66 步兵团在战斗中损失十分惨重。仅仅 1 个月的工夫，越南人民军第 66 步兵团就因损失太大，奉总部命令提前结束活动，撤回越南北方整补。

第 66 步兵团打得不顺，9 团也好不到哪去，他们以 1 个营进攻了伯胡山，却打成僵持战，不仅没能攻下阵地，而且还在南越国军的反击下被逐了出去。

鉴于第 304A 步兵师 9 团打得不顺，而第 66 步兵团又损失太大撤回国，B5 阵线遂命令第 27 步兵团 2 营和 27 团各火力连迅速占领 544 高地周围指定阵地，围困 544 高地，给第 9 步兵团的战斗活动减压。接着，越南人民军第 270 步兵团（第 341 步兵师 2 团）5 营、6 营在 182 高地、322 高地占领阵地，第 27 步兵团 1 营和 3 营、特工 19 营也占领指定地盘，做好打击 544 高地援敌的准备。

从 6 月 20 日清晨到 6 月 23 日，越南人民军第 27 步兵团各营和第 84 炮兵团连续用火力猛打 544 高地的各个工事和火力点。接着，越南人民军第 27 步兵团 2 营从东、西、北三个方向采取堑壕延伸战法逼近 544 高地，仅在南面虚留一条生路，但由独立 3 营负责把守。

6 月 23 日夜，经过 3 天堑壕延伸围困后，越南人民军第 27 步兵团 2 营和特工突然对 544 高地发起攻击，大部分南越守军被迫往南面的伦山转移。对 544 高地的丢失，南越国军自然不会罢休，遂集中炮火猛轰 544 高地及周围地区，接着连续出兵反击，但都没有得手。

为了配合战役主要方向的活动，在东部的特工 31 营和地方部队一起解放了 8 个村庄，包围了 31 高地、洞某据点。海军 1A 特工团和犹海游击队连续袭击了越门河航运，给联军造成了一定的压力。特工 33 营、特工 35 营也组织袭击爱子基地的仓库区和东河基地，炸毁一批弹药和汽油。

至 6 月 30 日，B5 阵线决定结束 A2 战役。在这次规模中等的战役中，B5 阵线各武装力量打了 284 次战斗（含 3 次团级规模、7 次营级规模），宣称歼敌 3417人，打坏 107 辆各式车辆。但越南人民军在这次战役中进一步暴露了自己的缺点，攻坚战和正面对决依然是他们的短板。第 66 步兵团因伤亡大退出战斗，就是个明证。此外，越南人民军除了在 544 高地获得较大胜利外，许多战斗要么打成僵持，要么战斗的效率低，自己损失大。不过，总的来说，A2 战役是对南寮—9 号公路反攻战役的延续，意在扩大后者的战果，能够保持一定规模的活动对 B5 阵线来说已经实属不易。

由于 9 号公路—北广治阵线的战略位置十分重要，越南中央军委重新任命B70 兵团司令员高文庆大校为 B5 阵线司令员，黎思同大校为阵线政委。为了稳定各个作战单位和机关，1971 年 8 月，根据新的任务要求，B5 阵线掀起 1971 年秋季战斗活动，目的是要威胁北广治防线，趁着美军撤出主要地面作战部队且已经不再负担攻防任务的机会，把南越国军的注意力吸引到北广治地区，掩护治天平原进行反绥靖斗争，争取恢复平原部分小块根据地。

为了加强 B5 阵线实力，越南人民军总部把第 320A 步兵师 52 团、第 341 步兵师 270 团（欠 4 营）完全派给他们。8 月 11 日，参加 B5 阵线 1971 年秋季战斗活动的越南人民军第 27 步兵团（欠 1 营）、第 270 步兵团（欠 4 营）和一些炮兵营、高射炮营在阵线的西北地盘完成集结。第 52 步兵团在西面集结准备不足，申请把战斗发起时间推迟到 8 月 14 日，获得批准。

8 月 11 日夜到 8 月 12 日清晨，越南人民军特工 33 营首先打响 B5 阵线 1971 年秋季战斗活动，他们袭击了甘露军事支区。第 320A 步兵师所辖的特工 19 营（师属特工营）袭击了 544 高地南面的伦山据点。8 月 12 日、13 日，越南人民军第 27 步兵团 3 营和第 270 步兵团 6 营连续在胡溪和善春桥，打击了救援伦山据点的南越国军部队。8 月 14 日夜，越南人民军第 320A 步兵师 52 团正式打响进攻，他们袭击了伯胡山。接到伯胡山守军报告，南越国军海军陆战 2 营赶紧从梅禄基地赴援，结果遭到越南人民军伏击，损失部分兵力。

不过，伯胡山是麦克纳马拉电子防卫墙重要的前沿据点，绝对不能有失。围绕伯胡山和 544 高地，越南人民军第 52 步兵团、第 27 步兵团、第 270 步兵团和南越国军陆战 2 营展开了 4 天的激烈战斗。战斗中，虽然消灭了南越海军陆战队部分兵力，但越南人民军自身损失也不小，特别是越南人民军第 52 步兵团。1971 年 8 月底，B5 阵线主动结束了秋季活动，把各主力单位撤下来，巩固训练，补充兵力和进行 1971 年—1972 年旱季战场准备。

对于 B5 阵线来说，1971 年胜利地结束了。展望未来，迎接他们的是空前惨烈的 1972 年的决战！不过，在这场惊天动地的大会战开始前，运输战线的长山部队又一次面临着巨大的挑战和考验。

AC-130 之惧

南寮—9 号公路大战并没有影响长山公路系统的正常运转。1971 年 2 月 2 日，长山部队发起 1970—1971 年旱季运输战役的第二阶段"总攻击"。童士元大校决心利用联军的精力正放在车邦—塔梅—罗合的有利时机，集中力量迅速突破各个口岸，继续给各个军区进行大运输，保障战场供应。

尽管美军航空兵注意力都放在了"兰山 719"行动上，但他们还是分出了部分兵力继续猛烈轰击长山公路系统的各个口岸和重点区域。但 1971 年的越南人民军防空兵和 1969 年、1970 年相比已经成长了许多，他们英勇还击，宣称在第一阶段总攻击头 5 天就击落了美军 5 架喷气式战斗机和 1 架 OV-10 观察机，有效保障了车队队形的安全行进。

为了防止联军拿下塔梅到罗合之间的 35 号公路线，以及保障 9 号公路往南也能运输，长山部队抽调了第 10 工兵团和第 98 工兵团紧急开辟绕过塔梅的 36 号公路。同时，几千名越南人民军工兵指战员不分昼夜执勤，维持路面平整、巩固水下桥和水面桥，保障车队以每小时 18 到 20 公里的速度通行。各个兵站想尽一切办法，尽量保障 80% 的出车率，并组织营级汽车运输队，采取多路突击的方式，冲过被美军封锁的各个口岸。

由于美军航空兵对长山公路系统的火力封锁的强度大为减弱，一些善战的汽车营比如 52、101、102、781 运输汽车营，有 50% 的汽车实现了一夜一趟的运输（按规定是一夜两趟），其他各个汽车营也有 10% 到 30% 的车辆实现了一夜一趟的运输。

虽然联军冲到车邦，破坏了 604 号仓库区并摧毁了大部分储备物资，但长山部队的第一阶段"总攻击"还是持续到 1971 年 2 月 29 日，取得了运输 8500 吨物资的战绩。随着南寮—9 号公路战场的越南人民军主力掀起反攻浪潮，长山部队司令部也决定从 1971 年 3 月 6 日开始发动第二阶段总攻击，目的是要彻底完成越南中央军委交付的 1970—1971 年旱季运输战役任务。

这一时期，一个巨大的新威胁出现了——美国空军的 AC-130 空中炮艇。虽然美国空军当时分出了不少兵力支援"兰山 719"行动，但始终没有忘记对长山公路的剿杀。在美军航空兵活动密度降低的同时，武器系统却在不断升级——使用激光制导炸弹攻击越南人民军高射炮兵阵地，AC-130 空中炮艇用 40 毫米航炮攻击越南人民军汽车队形，杀伤力很大。

到 1971 年 3 月 30 日，1970—1971 年旱季运输战役第二阶段总攻击胜利结束。长山部队虽然蒙受了史无前例的巨大损失，但还是完成了总攻击计划 98% 的物资运输量。这一时期，防空兵的压力很大，他们一共打了 4160 次战斗，仅仅宣称击落、击伤 70 架（而且实际击落的不过 20 架而已），战斗效率低不说，自身还蒙受了巨大的损失，最糟糕的是根本没法打下 AC-130 空中炮艇。

不过，长山部队司令员童士元大校最初并不是很担心，他认为 1971 年 2 月、3 月损失这么大和防空兵战斗不力，是因为长山部队将大量高射炮部队调到南寮—9 号公路战场参加反攻战役去了。待南寮—9 号公路那边的战斗结束，这些高射炮部队和高射机枪单位陆续归建后，童士元大校决定调整防空阵势，在茶利、班东、塔梅、汪穆、沙云等重点口岸和路段布置 1 个防空团或 2 个防空营，组成一个个防空火力群，实施集团防空。同时，他还命令第 275 和第 238 防空导弹团（装备 C75，也就是著名的萨姆 –2 防空导弹）沿 9 号公路机动支援。

童士元有着长远的目光，除了调整防空阵势外，他还重视巩固老挝境内的新解放区。为此，长山部队指导第 565 军事专家团扩大活动，协助老挝人民军（巴特寮）组建了一些主力营（含火力营），发展民军游击队，建立政权。同时，为了加强保卫战略运输线西翼，童士元大校决定在中下寮发起进攻战斗。1970 年 5 月 3 日到 6 日，长山部队司令员童士元大校和副政委黄世善大校，指挥第 141 步兵团和第 48 步兵团首先发起芒法兰战斗，激战 3 天获得胜利；接着又发起了同岘战斗，经过 14 天的战斗，越南人民军击溃了老挝皇家陆军和泰军 3 个营，解放了同岘，并把对方赶进塞诺。两战告捷的长山部队又以第 968 步兵师为基干，在副司令员黄建指挥下发起波罗芬战役，一举解放波罗芬、沙拉湾等地，把中寮、下寮到柬埔寨东北解放区彻底打通。在这些战斗的背后，越南人民军也付出了不小的牺牲。根据《越南人民军卫生勤务史第三卷（1969—1975）》（Lịch sử quân y Quân Đội Nhân Dân Việt Nam Tập III：1969-1975）记载："1971 年 5 月 3 日到 6 日，由第 141 步兵团、第 48 步兵团及一些兵种单位实现的法兰战役中，共有伤兵 436 人。第 141 步兵团、第 48 步兵团及一些技术兵种单位参加的 1971 年 5 月 8 日到 22 日的同献战役，共有伤兵 104 人。在 1971 年的波罗芬、塔增、沙拉湾战役中，第 968 步兵师参战兵力 5585 人，伤亡 958 人（占参战兵力的 17.10%），其中伤兵 674 人（占参战兵力的 5.84%）。"[5]

对这个胜利，北越国防部长武元甲大将给予了高度评价："在克服了诸多困难，和老挝军民团结协作下，各位同志取得了一个伟大的胜利！消灭了敌人一部分重要的有生力量，捕捉了许多俘虏，缴获和摧毁了许多武器装备，重创了老挝伪军和泰国皇家陆军许多步兵营，完全收复了波罗芬高原。"

1971 年 4 月 2 日，长山部队决定再组织一次总攻击，主要是给正在柬埔寨东北战场组织战役反攻的越南人民军各个主力师（第 1、第 5、第 7、第 9 步兵师）运送储备物资，保障下一阶段作战的顺利。不过，这一时期的运输压力陡然增加："兰山 719"行动结束了，美国空军又把注意力放到切断长山公路上来。原本参加"兰山 719"行动的 AC–130、AC–119 也全部投入针对长山公路的空中封锁。

除了大量使用空中炮艇攻击车队外，美国空军的战术也发生了变化，他们从1969年和1970年的破坏路桥系统作战方式，转入到消灭长山部队的有生力量，主要以摧毁汽车设备和炸毁仓库为主。在这个旱季，美国空军继续使用B-52战略轰炸机，各种战斗轰炸机、战斗攻击机投下各类定时炸弹、磁性炸弹和感应地雷的同时，还把攻击时间调整为拂晓或黄昏，使用AC-130和AC-119打击越南人民军汽车营战斗队形，攻击各个仓库区和重要交通路段的首尾。

针对长山部队绵密的防空火力网，美军采取了高科技武器进行反制。越南人民军统计："3个月内敌人对各阵地攻击共1104次（含使用激光制导炸弹55次），破毁81门炮，负伤262人，牺牲炮手311人。这是高射炮力量前所未有并且最大的一次损失。"[6]

不过，更危险的是AC-130不分昼夜地攻击。没有一个车队不被敌人发现和遭到进攻，中弹起火的汽车数量急剧上升，负伤的汽车兵也日益增多。

这种情况引起了长山部队指战员的忧虑，要求各单位努力动员部队提高遇敌即打的战斗意识，同时采取许多临时措施应对，比如：增强各类防弹物保护汽车和汽车兵，组织中小汽车队在清晨、黄昏分批出击；增强伪装和佯动，组织更严密的侦察预警系统，创造让汽车部队主动绕避对方进攻的条件；让维修员提高修复被对方击毁的汽车的速度，保障出车率。

遗憾的是，上述各种办法都是被动应付，只有极其有限的一丁点儿作用而已，治标不治本。这是长山部队自成立以来最艰苦、最困难的时期。[7]

对于美军AC-130的威胁，越南人民军内部出现了分歧："在由AC-130造成的严重损失面前，领导内部出现了不同的认识和不同的敌我之间的评价。一些人认为AC-130在夜间可以清楚地发现汽车，而且射击目标的精准率极高。其他一些人认为AC-130还在摸索如何攻击，而我方汽车兵是因惧怕40毫米航炮弹的连续射击所以弃车逃跑，导致新车被打燃。"[8]为了查明真相，长山部队司令部主张组织一次前往前线的对敌实际调查研究。两天后司令部接到各种报告，一致认为AC-130拥有在夜间发现移动的汽车的能力。敌机飞行高度为3000米，主要用40毫米航炮持续射击，造成大范围杀伤。各汽车队如遇AC-130，即便关闭车灯也还是会被敌发现和击中。被击毁汽车中，有60%到70%是AC-130所为。[9]

被AC-130击中的汽车主要是车头、轮胎被打爆，油箱被打穿。而汽车兵的伤亡率达到了 10% 到 20%。汽车只有在停止前进，马达冷却时，AC-130 在上空才无法发现目标。AC-130 夜间会活动 2 ~ 3 次，每次 2 ~ 3 小时。对方绕开了高射炮火力网，因而据守在各重点口岸的各 37 毫米高射炮群，在对付敌人上没有发挥作用。[10]

看到加强防空火力也没法对付 AC-130 空中炮艇，童士元十分着急，他清楚认识到 AC-130 空中炮艇是越南人民军车队夜间行车最大的威胁，长山公路全线必须努力找到有效对付它们的办法，要创造性地、大胆地、灵活地、勇敢顽强地、主动地，隐蔽突然地对付它们。

要采取措施有效反制 AC-130 空中炮艇，长山部队首先要掌握对方在长山公路各区域、地盘的活动规律，改变已方多在清晨、傍晚行车的活动规律；将汽车队的出发地设置在更靠近前方的位置；分成小队多方向出击；在沿途组织修建许多隧道网（也就是汽车掩体），当汽车被敌人进攻时潜入；增强汽车和汽车兵的防弹装置；增强各地面、车上警戒侦察组的武器装备，使用 12.7 毫米高射机枪或 37 毫米高射炮猛烈射击；积极机动火炮保卫汽车队；根据各运输汽车的马达声或旧马达布置疑兵。[11]

为了寻找对付 AC-130 空中炮艇的办法，长山部队司令部决定于许多径路路段在白天进行试点出击，并得出经验。根据司令部指导的办法，防空参谋局组织全线侦察通报系统，保障各汽车队主动行进或避开 AC-130 空中炮艇。

进入 5 月，长山部队部分兵站开始进行试点出车，摸索出在美国空军 AC-130 空中炮艇攻击下减少损失的途径。

1971 年 5 月 1 日，41 号兵站组织了 12 台汽车，由连长阮庭战和汽车兵勇士陈玉世引导于一个新开辟的路段（叁量到罗合）在白昼出击。到斜蓬暗桥和 28 号坡时被美军的侦察机发现，2 架攻击机用 20 毫米航炮射击并扔下了磁场炸弹。陈玉世英勇地驾驶汽车冲破了炸弹爆炸区域，解放车队安全抵达目的地。[12]

5 月 4 日，27 号兵站组织了 25 台汽车，在第 62 汽车营副政委阮国事和战士赵维桥引导下沿着 16 号公路行进。各重点口岸和路段都布置了高射炮，以保卫车队。下午 2 点车队出发，到 15 点 30 分车队越过沙利重点，被 OV-10 侦察机发现，3 架攻击机向车队扑来，直接扔下炸弹和照明弹，6 台汽车被击毁，越南人民军高射炮猛烈的还击迫使对方拉高。各台毁坏汽车得到修复后车队继续行进，到 300

小道被 AC–130 发现，打毁了 7 台汽车；到 24 点，车队过斜村时又被 AC–130 攻击，最后只剩 10 台汽车到达目的地。[13]

5 月 10 日，38 号兵站试点派出 30 辆卡车，在大雾掩护下沿"径路"（đường kín，又称为"绿色小道"，就是越南人民军工兵把部分森林隐蔽遮挡的干涸小溪与河道改为车道）行进，结果 21 辆卡车遇到了 AC–130，其中 9 辆被打坏。

根据这些试点，长山部队司令部得出的结论是采取"径路"和短途运输，以及中小规模车队行进，是能够大大减少损失的。

5 月底，长山地区转入雨季，长山部队司令部下达命令结束 1970—1971 年旱季运输活动。在总结会上，童士元首先表扬了部队艰苦奋战的作风，这一年的运输量达到了 63145 吨，基本恢复到 1968 年总攻击和总奋起的运输量，保证了 8.8 万名指战员行军进入南方战场，也保障了 1.9 万名补充给南部平原和柬埔寨战场的新兵安全到位。此外，长山部队还指挥和保障了 2000 辆卡车和炮兵牵引车进入各个战场，增强了越南南方各大军区的战场运输和携带能力。这一年，长山部队还修复了 4000 公里的旧路，修复了千百座受损桥梁和暗桥，增添修建了 1153 公里的新路。但是，在这些成绩的背后，却是史无前例的巨大损失：这个旱季被美国空军打坏的卡车多达 4000 台，其中有 2432 辆是被 AC–130 空中炮艇打坏的。这个损失确实太大了，导致长山部队在 1970—1971 年旱季运输战役结束时，已经损失三分之二的车辆，实际也就是失去了战斗力。

为了下一个旱季运输，长山部队的当务之急是休养生息，补充车辆、兵力，训练部队，多开通"径路"，找到有效对付 AC–130 空中炮艇的办法。

雨季休整期间，长山部队继续完善部队编制："（越南）中央军委给长山司令部和司令部机关调任了一些干部。1971 年 10 月，空军—防空军种司令兼政委邓兴同志调去接替武春詹同志任长山部队政委；原空军司令部政委潘可其（Phan Khắc Hy）调去长山司令部任副司令；第 565（军事）专家团政委陈决胜同志担任（长山）司令部副政委。司令部机关有：参谋部 9 个坊（坊相当于我军的科）；防空参谋局 4 个坊；运输参谋局 5 个坊；工兵参谋局 5 个坊；政治局 9 个坊和场路（意思是野战工地建设单位）；后勤局 6 个坊。为了保障各单位的兵力，总部决定补充 3.5 万人，其中有 2 万名军人，青年冲锋队员、火线民工、交通工人共 1.5 万名，（长山部队）总兵力达到 9.2 万人。"[14]

除了组织机构的调整和兵力的增强外，长山部队的装备也得到了补充与加强："装备及设备得到极大的补充。运输部队得到补充 3768 台运输汽车，编制内汽车总数达到 5756 台。各工兵、高射炮、步兵和机械化交联力量补充了 1007 台汽车，编制内汽车总数达到 2578 台。工兵装备器材补充了 641 台各类汽车（推土机、翻斗车、防磁车、压路机、冲击车），各类车械总数达到 961 台。防空力量装备了 728 门高射炮。有线通信装备器材：7301 部电话机，173 台三载机，745 个总台（十线交换机）、14795 千米被覆线；无线通信：811 台 2 瓦步谈机（bộ đàm），336 台 5 瓦、15 瓦电台，40 部接转机。各类步兵武器达 1 万件。"[15]

1971 年 10 月，长山山脉西侧的雨季基本结束了。连续 5 个月时间里，长山部队的工兵一直和雨水泥泞、各类蚊虫及缺乏的物资做斗争，填土几百万立方米，恢复了路桥系统，把长山公路扩建为 7927 公里。最重要的是，他们（指长山部队的工兵）开通了总长 720 公里的"径路"和长山山脉东侧从其桥（Câu Khi）到溪山之间长达 50 公里的横向道。同时，长山部队工兵们还在长山公路沿线各条重要河流修了 13 个摆渡场，在色册（Sê San）的渡口可以承载 36 吨重的坦克（也就是 59 式坦克或 T-54 坦克）过河。与此同时，各仓库兵、汽车兵和各兵站机关也积极修建仓库、停车场和指挥所。

与此同时，防空部队也完成了各阵地的建设。步兵力量准备组织战斗，巩固芒菲、波罗芬高原、阿速坡等各区域。虽然如此，但越南人民军低估了敌情，而且战术不够灵活，沙拉湾被老挝军队各机动兵团夺回。

尽管损失了部分地盘，但长山公路主要干线仍牢牢掌握在越南人民军之手。1971 年 11 月 15 日，长山部队开始实施 1971—1972 年旱季运输的入线战役。美国空军照例从 1971 年 9 月开始就对长山公路各个口岸进行绵密轰炸，火力主要集中打击 16 号公路和 20 号公路的各个关口。美国空军平均每天出动 40 架次 B-52 战略轰炸机和 150 架次战斗攻击机（活动规律是白天用战斗攻击机实施攻击，晚上换 B-52 战略轰炸机和 AC-130 空中炮艇），以求破坏长山公路的各个重要节点，并最大限度重创长山部队的车队。

虽然美军的封锁力度很大，但长山部队经过 1969—1971 年的弹雨洗礼，已经能够对付其封锁行动，然后顺利入线。越南人民军战史无不自豪地记载道："虽然敌人以新手段切断了公路，但封锁口岸的阴谋没有实现，因为过口阵势已经改变了。我军不仅使用 6 条过口线，而且每条过口线都有许多迂回道、环形道，可以说是极为牢固的。布置在各线的工兵力量都是善战单位，可以迅速爆破排除混合雷弹，迅速克服破坏，因此各口岸依然通畅，任何时候都均无堵塞。"[16]

至 1971 年 12 月初，入线战役胜利结束。

1971—1972 年旱季运输开个好头，下一步就是要实施第一次总攻击，为了鼓舞士气，童士元大校特地把第一次总攻击命名为"同帅战役"。参加这次总攻击的是 9 号公路北面的 4 个兵站——12 号、14 号、15 号和 31 号兵站，共有 7 个汽车营、4 个防空团、3 个工兵团又 2 个工兵营，全体参战部队由长山部队司令部统一指挥。童士元给这次战役定下的四大目标：

组织诸兵种协同运输战役，坚决打赢首战。

在 9 号公路北面区域创造大量储备物资的条件，准备在全线发展大规模运输。

逐步完善路桥系统以符合新的指导思想；组织防空作战之势，坚决消灭敌人各类飞机，特别是 AC-130。

锻炼汽车部队，集中实行大规模运输。

为了确保运输战役胜利，特别是这次总攻击的关键在于防空，童士元特地让邓兴统一指挥参战的各个兵种部队。

1971 年 12 月 12 日，同帅战役拉开序幕。当天，15 号风暴突然席卷整个长山山脉，各个重点口岸迎来了大到暴雨，各江河水位急剧上涨。为了排除积水，各工兵单位紧急行动了起来，与热带风暴搏斗了 3 天后，保障了各个路段的畅通。

从 12 月 16 日起，天气阳光明媚，但长山公路的"径路"因积水没法使用，迫使汽车部队夜间"暴露"行车。美军出动大批 AC-130 空中炮艇紧紧追逐车队，猛烈攻击，再次给越南人民军汽车部队造成了严重威胁。为了掩护车队行进，长山部队在班东、塔梅、芒菲、叁量、500 小道和北口岸等各个重点路段，展开 75% 的高射炮和高射机枪群，进行最大限度地集团防空。

遗憾的是，尽管越南人民空军—防空军司令兼政委的邓兴亲自下来统一指挥运输战役，竭尽全力组织防空战斗，可还是没法有效对付美国空军的 AC-130 空中炮艇。更加危险的是，随着美国空军投入电子战飞机，越南人民军防空兵的战斗效率始终没有提高。整个同帅战役期间，长山部队防空兵一共打了1000次战斗，宣称仅击落27架飞机，其中目睹13架直接坠落（目睹坠落等于确认战绩，也就是说剩下14架不确定），如此低效的战斗简直令人不敢相信。最痛苦的是，越南人民军始终没有办法有效对付AC-130空中炮艇。每到夜间，越南人民军车队就反复遭到AC-130空中炮艇的攻击并蒙受了惨重的损失。双方的封锁和反封锁打得越来越激烈。在美国空军猛烈轰击下，长山部队的汽车兵改为下午和清晨初阳大胆出击，既采取小规模松散的车队队形多路冲击，也创造条件间断进行大规模车队冲击。工兵主要是集中力量做工事和开辟新的"径路"。从这一时期起，越南人民军第4、第10、第98工兵团继续修通新的"径路"，并对主要干线铺沥青，加强道路的承载力，用各种植被加强道路的伪装和车队伪装，逐步削弱AC-130的攻击效能。

然而，防空兵没法打下AC-130空中炮艇，加之暴风雨不断袭击整个长山公路系统，致使同帅战役没能完成任务。按照越南人民军统计，战役中共向9号公路突击运输1460吨，往罗合运输828吨，往北口岸运输228吨，往南部平原运输1000吨，总计才运输3500多吨。效率相比1971年还有所下降。

1971年12月27日，同帅战役结束，童士元心里就像被浇了一盆冷水似的。除了第968步兵师在老挝人民军配合下，夺回沙拉湾，彻底解放了整个波罗芬高原外，长山部队的表现实在是令人失望，运输量同比下降太大了。

这样下去不行啊！离1972年战略进攻时刻越来越近，如果再不加大运输，恐怕没法完成各个战场的战役准备。童士元大校决定，在1972年1月1日开始实施第二次总攻击，这次运输命名为"平也战役"。

在仔细分析了当前的路桥系统状况、地形天气情形和美国空军的活动规律后，长山部队决定把平也战役主要方向选定为长山山脉西侧各个口岸到北口岸之间的地带。主要参战力量包括第472运输师，12号、14号、15号和31号兵站，以及33号、34号和39号兵站，同时增配第13机动汽车团和3个独立汽车营，弥补上述4个兵站在同帅战役的损失，并加强运力，争取在规定时间内完成任务。

在东部方向上，童士元大校要求第473运输师要完成给治天军区的运输任务，同时集中第470运输师和第471运输师力量，确保给南部平原和西原军区的运输作业顺利完成。

为了确保平也战役的胜利，长山部队决定把第591防空团部署到塔梅地区，第250防空团转移到班东，第210防空团下到22A号公路，第12、第88和第98防空营部署到各条重要"径路"，第67防空导弹营在128号公路布防。维修兵加班加点，保障出车率达80%，各交通联络站、工兵单位和兵站协同，沿途搭建简易宿舍，为驾驶兵提供良好的休息环境。

利用4天宝贵时间，长山部队紧张地完成了最后的准备。1972年1月1日，平也战役拉开帷幕。由于大量使用"径路"，12号、14号、15号和31号兵站的车队出击很顺畅，损失大大减小。可是由于33号、34号和39号三个兵站没有完成"径路"，导致车队在夜间行车时被美国空军的AC-130空中炮艇发现并被猛烈攻击，损失了许多车辆。

在第471运输师所属的35、37、38号兵站区域，美国空军每天都要出动150架次飞机进行高强度混合（地）雷（炸）弹攻击。相比以前，磁场炸弹增加了375%，定时炸弹增加了173%。在美军轰炸下，第471运输师副政委阮叁英（Nguyễn Tam Anh）和37号兵站兵站长张平兼（Trương Bình Khiêm）战死。

1972年1月2日开始，美国空军的AC-130空中炮艇又一次全线出击。他们发射的40毫米机关炮弹相比1971年12月增加了32%，20毫米炮弹则增加了60%。

虽然越南人民军总部给长山部队增调了57毫米和100毫米高射炮单位，但还是没有找到在复杂的山岳丛林地形中，有效对付AC-130空中炮艇的办法，自然也就没有发挥作用。越南人民军车队继续在AC-130空中炮艇的攻击下蒙受巨大的损失，60%的损失依然是AC-130空中炮艇所致。另外，"径路"不够稳定和许多公路是单向车道限制了车队的进攻速度，使得汽车兵无法发挥突击运输的优势。

在东部的第473运输师方向上，美国空军用B-52战略轰炸机猛烈轰击27号兵站各个口岸，AC-130空中炮艇也往返飞行，封锁沙利、500隘口和班东。在这个方向上，山脉崎岖而陡峭、森林密覆，而且大部分路面都是敞开暴露的，给越南人民军车队的突击运输带来了很大的困难。夜间行进的车队受到AC-130空中炮艇打击，损失很大。为了减少损失，第473运输师动员工兵和青年冲锋队在道路两边架起一排排4米高的竹竿，然后在公路上空（高于路面4米到5米）铺伪装网，上面盖着各种植被，形成人工"径路"，阻碍美国空军的观测。除了"人工径路"，越南人民军还打乱行车规律，采取时而昼行时而夜行、短途小规模车队出击、加大疑兵等多种措施，有力减少了车队的损失。

平也战役开始前15天里，"径路"比较湿滑、路段陡峭，加上AC-130空中炮艇仍比较活跃，给长山部队的出击造成一定的麻烦。童士元及时发动全军进行打AC-130空中炮艇风潮，加紧开辟新的"径路"，彻底改变夜间行车的规律，加强伪装组织白天行车。

白天行车，是长山部队克服AC-130威胁的一个创举，由于AC-130空中炮艇主要用于夜间活动，用红外夜视装置捕捉汽车发动机的红外特征，因此在夜间作战中得心应手。可是，AC-130空中炮艇在白天却一下子没了用武之地，长山部队行车的安全性得到了大大提高。采取白天行车的方式，长山部队损失率大为减少，运输量急剧恢复，部队士气大振。

1972年2月底，平也战役结束。全线为给各方向战场的物资运输提供了保障，担保物资和组织了5.5万名指战员行军，包括步兵1个师又3个团，坦克3个营；地方部20个营又44个连，及几千名参谋、政治、后勤技术中高级干部从北方越过长山，增强给各个战场。特别是保障和指挥2个步兵团，2个85毫米炮兵营，1个122毫米炮兵营，2个37毫米高射炮营，1个171坦克营（36辆坦克），1个B72反坦克导弹连，1个A72肩扛式防空导弹连，抵达最远的战场（南部平原），造成战场上相关军（事）力（量）的猛烈转变，给对方造成最大限度的出突然性。[17]

平也战役胜利后，童士元也恢复了信心，决定趁热打铁，抢在1972年战略进攻开始前，实施第三次"总攻击"，夺取1971—1972年旱季运输战役的全胜。这次"总攻击"的指导方针是车队直接采取在白天出击，以集中队形的方式大胆正面突破各个重要口岸。为了保障车队安全通行，童士元还特别要求汽车兵要组织一批敢死队，专门在暴露的公路干线运行进行佯攻，吸引美国空军的攻击。他还要求工兵部队集中力量加速开辟"径路"，防空兵的高射炮群和防空导弹集中布置在各个重要口岸的"径路"附近，采取高射炮和防空导弹射击结合的方式，争取击落一架AC-130空中炮艇。鉴于平也战役虽然胜利，但汽车损失不小的情况，童士元又抽调了第11机动汽车团，参加第三次"总攻击"，他决心不惜一切代价，完成运输任务。

第三次"总攻击"开始了，越南人民军终于取得期待已久的胜利。美军发现担任疑兵任务的各个敢死车队，遂集中攻击，投下几千枚基数炸弹（子母弹）、磁性炸弹、感应雷和定时炸弹。AC-130空中炮艇也赶来凑热闹。这一次，越南人民军逮住了机会。在班东地区，越南人民军第35防空营以100发37毫米高射炮弹集火射击，打下了1架AC-130。击落AC-130的消息立即传遍全军，上至越南劳动党总书记黎笋和越南中央军委书记、国防部长武元甲大将，下到长山部队每一名指战员都沸腾了！"我们终于把它打下来了！"这种欢呼的喜悦和呼喊传遍了长山公路每个角落。

由于美军的AC-130本来就很有限，损失一架后只得暂停活动15天。利用这半个月的时间，长山部队不分昼夜，沿着"径路"和暴露的各条运输干线进行集团运输。车队损失率从20%陡然下降到1.2%，运输量提到到每月1.5万吨！可想而知，没有AC-130威胁的时光，长山部队是多么"幸福"。

至3月30日，长山部队按时完成了运输计划。从1971年12月到1972年3月30日，长山部队协助9.7万名训练有素的指战员，行军进入南方各个战场，既补充了各个战场在1971年的损失，又做好了1972年战略进攻的准备。整个越南南方又即将面临一场风暴！

注释

1. 原文为 "Trong tác chiến xuân hè 1971 từ ngày 4 tháng 2 đến ngày 20 tháng 6 năm 1971 với 3 sư đoàn bộ binh 5, 7, 9 và một bộ phận lực lượng pháo binh, đặc công đánh địch tiến công ra biên giới Việt Nam – Cam-pu-chia lần thứ 2 của quân đội Sài Gòn ở Đầm Be, lộ 22 đã có 4.372 thương binh, với 15,9% nặng, 27,5% vừa và 56,6% nhẹ."

2. 原文为 "Trong chiến dịch tiến công đường số 6 Cam-pu-chia đã có 290 tử vong và 1.143 thương binh."

3. 原文为 "Trong chiến dịch từ tháng 11 năm 1969 đến tháng 5 năm 1970 đã có 3.745 thương binh, chiếm tỷ lệ 23,41%, Tử vong hỏa tuyến là 1.022, tử vong trên tuyến quân y là 78 và tử vong trên đường vận chuyển là 10."

4. 原文为 "Các cơ sở điều trị của chiến dịch đã thu dung cứu chữa 2.859 bệnh binh."

5. 原文为 "Trong chiến dịch Pha Lan ngày 3 đến 6 tháng 5 năm 1971 do trung đoàn 141, 48 và một đơn vị binh chủng thực hiện đã có 436 thương binh. Trong chiến dịch Đồng Hến từ ngày 8 đến 22 tháng 5 năm 1971 do các trung đoàn 141, 48 và một số đơn vị binh chủng tham gia đã có 104 thương binh. Trong chiến dịch Bô Lô Ven, Tha Teng, Sa Ra Van năm 1971 do sư đoàn 968 bộ binh trạm tham gia với quân số 5.585 đã có 958 thương vong(17,10% quân số), trong đó có 674 thương binh (5,84%)."

6. 原文为 "（Trong 3 tháng địch đánh 1.104 trận vào các trận địa, trong đó có 55 lần sử dụng tia lade, phá hủy 81 khẩu pháo, làm 311 pháo thủ hy sinh, 262 bị thương. Đó là tổn thất cao nhất của lực lượng cao xạ từ trước tới nay.）"

7. 原文为 "（Đây là một trong những tháng ngày lao đao, gian khổ nhất của Bộ đội Trường Sơn kể từ ngày thành lập.）"

8. 原文为 "Trước sự tổn thất nặng nề do máy bay AC 130 gây ra, trong nội bộ lãnh đạo đã nảy sinh sự nhìn nhận và đánh giá khác nhau về địch và ta. Một số cho rằng máy bay AC 130 nhìn được xe ban đêm và đánh rất trúng mục tiêu. Số khác thì cho rằng AC 130 đánh mò, lái xe sợ vạn 40 ly kéo dài nên bỏ chạy, xe mới bị đánh cháy."

9. 原文为 "Để có kết luận chính xác, Bộ Tư lệnh chủ trương tổ chức một đợt đi thực tế trên đường để nghiên cứu địch. Sau 2 ngày, Bộ Tư lệnh đã nhận được các báo cáo với ý kiến thống nhất: máy bay AC 130 có khả năng nhìn rõ ô tô đang di động trong đêm. Chúng bay cao trên 3 km, chủ yếu bắn đạn 40 ly kéo dài, gây sát thương trên phạm vi rộng. Các đội hình xe khi gặp máy bay AC 130, dù đã tắt đèn để chạy vẫn bị chúng phát hiện và đánh trúng. Trong số xe bị đánh hỏng có 60 đến 70% do AC 130 gây ra."

10. 原文为 "Xe bị tiến công thường hỏng két nước, vỡ đầu máy, thủng xăm lốp, thủng thùng xăng. Số lái xe bị thương vong từ 10 đến 20%. Trừ trường hợp AC 130 bay trên đội hình xe đã dừng lâu, máy nguội thì chúng không phát hiện được. Thời gian hoạt động của AC 130 trong đêm khoảng 2 đến 3 lần, mỗi lần kéo dài từ 2 đến 3 giờ. Chúng cố tránh hỏa lực của cao xạ, vì vậy các cụm pháo 37 ly chốt ở trọng điểm không có tác dụng đối với chúng."

11. 原文为 "Trước hết phải nắm bắt được quy luật hoạt động của chúng trên địa bàn từng khu vực, từng binh trạm, kiên quyết thay đổi cách hoạt động của ta: chạy lấn sáng, lấn chiều sớm hơn; thiết kế địa bàn xuất phát của đội hình xe tiến lên phía trước sâu hơn; chia đội hình nhỏ xuất kích nhiều hướng; tổ chức cung ngắn: làm nhiều hầm mang cả cho xe ẩn nấp khi bị địch tấn công; tăng cường vật che chắn cho xe và lái; tăng cường các tổ trinh sát cảnh giới dưới đất, trên xe; sử dụng súng 12,7 ly, hoặc pháo 37 ly bắn báo động; tích cực cơ động pháo để bảo vệ đội hình xe; tích cực nghi binh bằng nổ máy các xe vận tải hoặc máy nổ cũ."

12. 原文为 "Ngày 1 tháng 5, Binh trạm 41 tổ chức 12 xe do Đại đội trưởng Nguyễn Đình Chiến và dũng sĩ lái xe Trần Ngọc Thể dẫn đầu chạy ban ngày trên đoạn đường mới mở từ Tam Luông vào La Hạp. Lúc đến ngầm Tà Beng vào dốc 28 bị máy bay trinh sát phát hiện, hai máy bay cường kích kéo đến thả bom từ trường và bắn đạn 20 ly. Trần Ngọc Thể đã anh dũng lái xe vượt qua, làm bom kích nổ bên vực, giải phóng cả đoàn xe về tới đích an toàn."

13. 原文为 "Ngày 4 tháng 5, Binh trạm 27 tổ chức 25 xe do Chính trị viên phó tiểu đoàn 62 Nguyễn Quốc Sử và chiến sĩ quyết thắng Triệu Duy Kéo dẫn đầu chạy trên đường 16 là đường trống trải. Các trọng điểm được bố trí pháo cao xạ bảo vệ khá mạnh. Đoàn xe xuất kích lúc 2 giờ chiều, đến 15 giờ 30 phút đội hình vượt trọng điểm Cha Li, bị máy bay trinh sát OV 10 phát hiện, ba máy bay cường kích kéo đến đánh thẳng vào đội hình bằng bom phá và bom phát quang làm 6 xe bị hỏng, pháo ta đánh trả quyết liệt buộc chúng phải bay cao. Các xe hỏng được khắc phục; đội hình tiếp tục hành tiến đến đèo 300 thì trời tối, ủii máy

bay AC 130 phát hiện đánh hỏng 7 xe, đến 24 giờ qua Ta Lăng lại bị AC 130 đánh cháy hỏng chỉ còn 10 xe tới đích."

14. 原文为 "Quân ủy Trung ương tăng cường và bố nhiệm một số cán bộ vào Bộ Tư lệnh Trường Sơn và cơ quan Bộ Tư lệnh. Tháng 10 năm 1971, đồng chí Đặng Tính- Tư lệnh kiêm Chính uỷ Quân chủng Phòng không - Không quân được điều vào làm Chính ủy Bộ Tư lệnh Trường Sơn thay đồng chí Vũ Xuân Chiêm; đồng chí Phan Khắc Hy nguyên Chính ủy Bộ Tư lệnh Không quân vào làm Phó Tư lệnh Bộ Tư lệnh Trường Sơn; đồng chí Trần Quyết Thắng - Chính ủy Đoàn chuyên gia 565 được đế bạt làm Phó Chính ủy Bộ Tư lệnh. Trong cơ quan Bộ Tư lệnh có: Bộ Tham mưu gồm 9 phòng; Cục Tham mưu phòng không gồm 4 phòng; Cục Tham mưu vận tải gồm 5 phòng; Cục Tham mưu công binh gồm 5 phòng; Cục Chính trị gồm 9 phòng và tương đương; Cục Hậu cán gồm 6 phòng. Đế bảo đảm quân số cho các đơn vị, Bộ quyết định bố sung 35.000 quân, trong đó có 20.000 bộ đội và 15.000 thanh niên xung phong, dân công hỏa tuyến, công nhân giao thông, nâng tổng quân số lên 92.000 người."

15. 原文为 "Về trang bị phương tiện cũng được bố sung rất lớn. Bộ đội vận tải được bố sung 3.768 ô tô vận tải, nâng tổng số xe trong biên chế lên 5.756 chiếc. Các lực lượng công binh, cao xạ, bộ binh và giao liên cơ giới được bố sung 1.007 ô tô, nâng tổng số xe biên chế lên 2.578 chiếc. Trang bị khí tài công binh được bố sung 641 xe các loại (húc, ben, phóng từ, máy đẩy, ép hơi nâng tổng số lên 961 xe các loại. Trang bị cho lực lượng phòng không 728 khẩu pháo cao xạ. Trang bị khí tài cho thông tin hữu tuyến: 7.301 máy điện thoại, 173 máy tải ba, 745 tổng đài, 14.795km dây trần và dây bọc; cho thông tin vô tuyến: 811 bộ đàm 2W, 336 chiếc 5W, 15W, 40 bộ máy tiếp sức Vũ khí bộ binh có trên 10 nghìn khẩu các loại."

16. 原文为 "Tuy nhiên âm mưu cắt đường, bịt cửa khẩu bằng thủ đoạn mới của địch không thực hiện được vì thế trận vượt khẩu đã thay đổi căn bản. Không những ta có sáu tuyến vượt khẩu mà mỗi tuyến vượt khẩu lại có nhiều đường vòng, đường tránh được rải đá khá vững chắc. Lực lượng công binh bố trí trên các tuyến này đều là những đơn vị thiện chiến, giỏi rà phá bom mìn hỗn hợp, khắc phục phá hoại nhanh. Vì vậy các cửa khẩu vẫn thông suốt, chỉ có tắc giờ không có tắc đêm và tắc ngày."

17. 原文为 "Cuối tháng 2 năm 1972, "Chiến dịch Bình Giã" kết thúc. Toàn tuyến đảm bảo đủ khối lượng hàng cho các hướng chiến trường, đảm bảo vật chất và tổ chức hành quân cho 55.000 cán bộ chiến sĩ gồm một sư đoàn và ba trung đoàn bộ binh, 3 tiểu đoàn xe tăng. 20 tiểu đoàn và 44 đại đội bộ đội địa phương cùng hàng ngàn cán bộ cao cấp, trung cấp thuộc các ngành tham mưu, chính trị, hậu cần kỹ thuật từ miền Bắc vượt Trường Sơn vào tăng cường cho các chiến trường. Đặc biệt, đã bảo đảm và chỉ huy hai trung đoàn bộ binh, hai tiểu đoàn pháo 85 ly, một tiểu đoàn pháo 122 ly hai tiểu đoàn cao xạ 37 ly, một tiểu đoàn tăng 171 (36 chiếc), một đại đội tên lửa chống tăng B72, một đại đội tên lửa bắn máy bay mang vác A72 vào tới chiến trường xa nhất (Nam Bộ) tạo sự chuyển biến mạnh về tương quan lực lượng trên chiến trường, gây bất ngờ lớn đối với địch."

【第五章】
总攻击!

运筹帷幄

　　1971—1972 年,越南人民军在整个印度支那掀起的局部反击获得了很大的胜利。在柬埔寨战场,6 号公路战役轻松告捷,越南人民军不仅夺取了打回南部平原的进攻跳板,而且还使柬埔寨解放军发展壮大到 4 万人。在老挝战场,越南人民军完全拿下了波罗芬高原,西北军区也集中了第 312A 步兵师和第 316A 步兵师两大主力,对王宝特种部队实施战役决战。在越南南方的五个战场——第 5 军区、治天军区、南部平原、西原军区和 B5 战场,相继从 1969 年到 1970 年这段艰苦的岁月中恢复了过来,养精蓄锐做好了反攻准备。

　　鉴于 1971 年各次重大的战役均取得胜利,以及美国远征军已经把 80% 以上的兵力,特别是几乎所有步兵师、旅作战部队全部撤出了越南南方,只留了后勤部队和作战支援部队的背景下,越南中央政治局于 1971 年 8 月召开会议,做出决议和 1972 年军事活动方向,要求在印度支那三国各个战场发起多次进攻战役,重点是越南南方战场,目的是彻底打垮自 1969 年以来不断压制住越南人民军根据地的"绥靖"活动,让城市政治斗争风潮迈向一个新的阶段,发挥整个越南南方战场的战略进攻态势,促使战争发生决定性的转变。根据这个指导方针,中央政治局决定 1972 年在南部东区、治天战场和西原战场发起战略进攻。其中,南部东区是主要进攻方向，目标直指越南共和国的军政经中枢——西贡市。

遗憾的是，南部平原的越南人民军主力连续在柬埔寨境内进行了多轮大规模战斗。先是1971年春夏季苦战南越国军，粉碎了其"全胜-71-1"行动；后又是和柬埔寨解放军一起大战高棉国军的"真腊-2号"行动，取得6号公路大捷。然而，这一系列的战斗消耗了大量宝贵物资，致使1972年2月到来时，南部平原报告依然没有完成战役准备。1972年3月初，越南中央军委征得中央政治局同意，决定调整战略进攻的各个重点战场的顺序，改为治天战场为主要进攻方向，南部东区和西原次之。除了南部平原准备不足外，变更主要进攻方向还有一个原因，那就是治天战场靠近战略大后方（越南北方），使越南人民军可以集中兵力和物资，确保发起一场大规模且时间较长的进攻战役。另一方面，美国远征军通过新闻媒体宣布越南人民军在1972年主要活动方向是西原战场，越南共和国联合参谋本部也依据这个判断，把战略总预备队的伞兵师团调到西原战场，加强了当地防务。

越南中央军委的战役决心上报后，越南中央政治局于1972年3月11日一致通过。接着，越南中央军委书记、国防部长武元甲大将签署命令，成立治天战役司令部和党委，B5战场、治天军区统归治天战役司令部领导。南寮—9号公路反攻战役的首要功臣——越南人民军副总参谋长黎仲迅少将出任治天战役司令员，他在南寮—9号公路战役的搭档、同时也是1968年的9号公路—溪山战役指挥部政委黎光道少将（总政治局副主任）出任治天战役司令部政委兼党委书记。B5战场司令员高文庆大校、原第3"金星"步兵师师长后任越南人民海军司令员的甲文纲大校、南方战场游击战名将段奎大校（20世纪90年代曾任越南国防部长）、范鸿山大校、梁仁大校、阮英德大校，出任治天战役司令部副司令员。越南中央政治局常务委员、越南人民军总参谋长文进勇上将，作为越南中央政治局和中央军委代表，直接负责指导治天方向的战略进攻。

在仔细分析双方情形和态势后，越南中央政治局和越南中央军委确定了治天进攻战役的四项任务：

1. 消灭联军在治天战场的大部分军事力量，做到基本消灭伪军2个师团和重创战略总预备队的1个师团；

2. 要把军事进攻和平原农村地区的群众奋起相结合，重视掀起城市斗争风潮和加强兵运工作，消灭和击溃大部分保安、民卫、民事防卫力量，粉碎敌人的"绥靖"；

3. 首先解放广治省，然后创造条件解放承天省；

4. 消灭、分散、钳制和吸引敌人的战略机动兵团，配合越南南方战场各个方向（主要指西原和南部东区），为1972年南方战略进攻取得全面胜利做出自己的贡献。

为了打赢这场决定性的战略进攻，越南中央军委书记、国防部长武元甲大将给出的指导方针是迅猛敏捷的多路进攻，坚决打歼灭战，防止对方龟缩抱团形成集团防御，各个方向密切配合，要把军事进攻、群众奋起和敌运工作三者紧密协同，力争全胜。

1972年3月15日，治天战役司令部和党委在永灵县的沛河召开作战会议，研究讨论双方形势并定下战役决心。根据越南中央军委交付的任务，司令员黎仲迅少将向战役司令部报告了治天战场的敌情状况和自己的战役部署及决心，基本内容如下：

治天战场（特别是广治省）是敌人战略防御系统中特别重要的战略位置。以往，敌我双方在这个战场虽然进行了多次战役、战斗，敌兵力消耗很大，但还是十分顽固，拒绝放弃这一重要据点。1971年底，美伪军判断1972年我战略进攻方向不可能是治天战场，但敌人还是加强了防御，调整了兵力部署，在外围布置大量别击探报，安排了线人频繁出没我根据地边缘和浅近纵深，打探我军战役准备和兵力集结情况。

到1972年2月中旬，在治天战场的敌人兵力包括2个步兵师团（第1师团和第3师团）、2个海军陆战旅团（第147海军陆战旅团和第258海军陆战旅团）、保安军4个营又94个连、民卫队302个排、5100名野战警察、14个炮兵营（258门105毫米和155毫米榴弹炮，以及175毫米自行火炮）、3个装甲骑兵团含184辆坦克装甲车，以广治省为重点，集中了5到8个主力团实施战略防御。

在防御部署上，敌人布置成三道防线。

外围防线（也就是敌我争夺区，又称豹斑区），敌人防御部署相对密集、连环。防线从南中国海边一直延伸到越老边界，基本任务是发现、阻止和破坏我军的战役准备。在外围防线的保卫力量主要是空军、炮兵、别击队[①]；同时，使用一部分主力部队展开密集的扫荡行动。

中间防线，是敌人防御系统最为决定性的基本防线。这道防线由一系列高地、基地组成，美伪军大言不惭地宣称这是一条"不可侵犯"的防线，由52、365、548、597、241、544等高地为防线核心要点，并延伸至9号公路的昆先（Côn Tiên）、洞庙（Dóc Miéu）、广能、越门（Cửa Việt）。这条防线的任务是阻止我军的进攻，保卫广治省和承天省的各市、县、重要基地，以及重要的交通线和敌人的各个"平定区"。在这道防线上，敌人组成几个团、营或类似规模的防守区，既可相互支援防御，又可以独立作战。

巩固防线，也就是预备防线，从1号公路一直延伸到南中国海边，包括各个人口稠密的市和县，以及广治省最为重要的3个基地——东河基地、爱子（Ái Tử）基地、广治市。在这个方向的伪军官兵任务是密切配合保安民卫进行扫荡，打破各斗争风潮或压制群众奋起。

在具体部署上，伪第3师团以第57步兵团负责广能到洞庙之间的防御，第2步兵团在沛山到昆先之间组织防御，第56步兵团负责卡罗尔火力基地到新林的防御，第147海军陆战旅团负责梅禄基地到东全的防御，第258海军陆战旅团负责从新奠到36.7高地之间的防御，第3师团司令部设在爱子基地。

敌人防线经过两年的修筑和完善，逐步形成了以点控面，电子监视北方，防止渗透，局部战斗中得到美伪军炮兵、空军和舰炮火力支援的相对坚固的防线。从火力覆盖角度看，敌人的外围防线和中间防线之间地带可以被美军航空兵和舰炮火力封锁，但中间防线内部间隙较大，火力支援计划也没做全。归纳总结敌人的防线和火力支援特点，就是外猛、内松。另外，自美军撤走作战部队后，伪军战斗意志下降，精神慌乱，缺乏足够的预备队支援。

对我军（指越南人民军）来说，治天战场的人民大部分都是爱国同胞，感情是倾向革命的，虽然80%到90%的群众的家庭和伪军、伪政权有关系，但在

[①] 所谓别击队，主要是蒙塔纳格人组成的特种部队，由美军做顾问，区别于越南共和国国家军队的别动军（美军称为 Ranger）兵种。

1971 年南寮—9 号公路大捷后，政治基础和群众风潮又得到了恢复。平原农村拒绝联防保甲和民卫驻屯，各乡要求解放的呼声很高。不过，地方党组织在平原农村的基础还很薄弱，没有做好奋起准备，需要我军进攻的助推。

我军在广治方向投入的战役主力部队为 3 个战略机动步兵师——第 308A 步兵师、第 304A 步兵师、第 324 步兵师（欠 3 团），第 48 步兵团（原属第 320A 步兵师）和第 27 步兵团，独立 2 营、3 营、15 营、47 营，总兵力为 34 个步兵营、6 个特工营、6 个炮兵团（装备 390 门 85 毫米口径以上火炮，即 120 毫米和 160 毫米迫击炮、85 毫米和 100 毫米加农炮，以及 122 毫米、130 毫米和 152 毫米加农炮）、1 个通信兵团、2 个 B72 反坦克导弹连（AT-3 萨格尔反坦克导弹）、第 367 防空师所辖的第 275 和第 236 防空导弹团、第 203 坦克装甲车团（78 辆坦克）、第 202 机械化步兵团（66 辆坦克）、2 个工程工兵团（第 219 和第 229 团）、4 个化学兵连、海军第 126 特工团。

承天方向，我军共有 3 个步兵团又 6 个独立团，3 个特工营（3 营、7 营、12 营）、1 个 M46 130 毫米加农炮营（12 门 M46 130 毫米加农炮）、1 个 120 毫米迫击炮营、1 个 B72 反坦克导弹连，1 个 37 毫米高射炮营、4 个 14.5 毫米高射机枪营、工兵第 414 团又 2 个独立营、坦克装甲车 1 个营、通信兵 1 个营，兼 1 个运输营（装备 38 辆卡车）。

战役司令部的决心是用 20 到 25 天的时间，进攻消灭伪军 4 到 5 个团，实现奋起解放广治省，然后继续向承天省发起战役进攻。对战役打法，要求集中解决 3 个问题，首先要突破敌人中间防线，含各个拥有坚固工事的据点和基地，比如昆先、沛山（Bái Sơn）、544 高地和东全（Động Toàn）；其次集中兵力进攻东河、梅禄（Mai Lộc）、爱子、秋海（Thứ hai），破坏敌人的炮兵系统；第三要机动捕捉战机，成建制消灭伪军的营和团。

根据敌人的兵力部署情况，战役司令部决定把兵力分成 4 翼，采取 4 路进攻。

北翼负责主要方向的突击，派遣第 308A 步兵师（欠第 88 步兵团）、第 48 步兵团和第 27 步兵团，独立 15 营、2 个地面炮兵团（第 164 和第 84 炮兵团）、第 284 防空团、2 个坦克装甲车营、2 个工兵营、特工 33 营、3 个化学排；由战役副司令员兼第 308 步兵师师长范鸿山大校和战役副政委兼第 308 步兵师政委黄明世大校直接指挥，配合地方武装力量消灭 544 高地、伦山（Đồi Tròn）、东马（Động

Mǎ）、昆先的伪军第3师团所辖第2步兵团和第57步兵团，直接包围并消灭沛山、广能（Quán Ngang）的敌人，准备消灭胡溪（Hồ Khê）、善春（Thiện Xuân）、古村（Lăng Cô）、嘉平（Gia Bình）之敌，然后将内线各个目标的敌人全部消灭，接着迅速转移包围进攻东河据点群，坚决不让敌人依托据点群展开顽抗阻击。①

在西翼，使用第304A步兵师、第38炮兵团，以及第230、第232、第241、第280等4个防空团、2个防空导弹营、1个坦克营、1个工兵营，在第304A步兵师师长黄丹大校指挥下负责进攻敌人防守线西部的任务，要打下东全、巴嵩（Ba Tum），围压伯胡山（Ba Hồ）；如果敌人有逃跑的征兆，就在规定时间前组织进攻坚决消灭之，要牢牢吸引和钳制敌人，掩护各个方向的准备。接着，全师配合主攻北翼的第308A步兵师占领剑山(Núi Kiếm)，包围并消灭241高地(卡罗尔火力基地)、梅禄基地、头某基地的敌人，准备进攻消灭爱子基地。

在南翼，第324步兵师（欠3团）和各配属单位，在广治省地方部队3个营密切配合下，由战役副司令员甲文纲大校和战役副政委黎思同大校指挥，任务是消灭后汉河南北两岸的敌人，主要是凤凰（Phượng Hoàng）地区和美政河北岸的1号公路路段，实现战役的突破分割，掩护潮丰（Triệu Phong）、海朗（Hải Lăng）两地人民奋起消灭官僚恶霸，捣毁伪政权、建立革命政权。

东翼，是本次战役的次要方向。这是一个面积广大的战场，从黄河(Hoàng Hà）、梅库（Mai Xá）一直延伸到嘉犹（Gia Độ）三岔路口。在这里，我方虽有革命基础，地方部队和乡村游击队拥有丰富的战斗经验，人民群众也心向革命，但沼泽地与河泛区面积很大，没法有效展开机械化兵团和技术兵器。另一方面，该地区防线修筑已久，敌人熟悉地形，反应迅速，舰炮与内河炮艇多，给我军从外围正面强攻带来了很大的困难。在这个方向，战役司令部决定使用永灵县47营、特工31营和25营、1个运输营、地方部队4个连及海军特工第

---

① 实际参加广治战役的炮兵力量是第38、368、45、84炮兵团，以及第304步兵师和第308步兵师所属的2个炮兵团，第166炮兵团所属的一个BM-14火箭炮营和第4军区164炮兵团所属的一个BM-14火箭炮营，参战火炮总计78门130毫米加农炮、75门D74-122毫米加农炮、235门K38-122毫米榴弹炮、85毫米和100毫米口径加农炮，645门迫击炮和无后坐力炮，6个B72防空导弹连。［với tổng số pháo gồm 78 khẩu 130mm, 75 khẩu 122-Đ74, 235 khẩu 122-K38, 100mm, 85mm, 645 khẩu cối, ĐKZ, 6 đại đội B72, 引自《越南人民军队炮兵技术历史事件编年史》（Biên niên sự kiện lịch sử ngành kỹ thuật pháo binh QĐNDVN 1945-1975）。］

126团，在战役司令部副参谋长裴实阳（Bùi Thúc Dương）指挥下，从东面发起攻击，包围洞庙、广能，消灭越门基地，配合各地方部队消灭和击溃敌人的扫荡力量，掩护犹灵、潮丰的群众奋起，夺取政权。

黎仲迅少将的汇报和战役决心，得到战役司令部和党委的一致通过。战役司令部政委兼党委书记黎光道少将也补充发言，并做战役思想动员指导，他根据1968年的9号公路—溪山战役和1971年南寮—9号公路反攻战役经验，要求部队要积极争取在运动战中消灭南越国军的有生力量和技术装备，创造机会进行决定性的战斗，力争成建制消灭南越国军的团或团级以上单位，攻破联军的防线，要以大胆果敢的行动迅速突入纵深，让联军猝不及防。他指出，参战的主力部队都是参加过1968年9号公路—溪山战役和1971年南寮—9号公路反攻战役的精锐之师，要拿出当年奋战的勇气和气概，高度发挥每种技术兵器的威力；集中实施大规模诸兵种协同攻坚；要逐步杜绝游击习气，主动采取正规战打法结合部分袭击和游动炮击的方式；要勇敢插入敌后和组织精锐部队穿插险要地段，包抄敌后配合主要进攻方向部队堵截对方退路；军事战斗获得胜利后要积极支援广治和承天省人民奋起建立革命政权。

为了激励全体指战员奋战到底的决心，黎光道少将要求全体将士必须抱定解救生灵的情感和决战决胜的意志，杜绝贪生怕死，杜绝游击主义，杜绝叫苦叫累，"一切为了亲爱的广治""一切为了南方重生"。他命令，这些口号必须贯彻到每名指战员心里，所有政工人员都要亲自下到基层，向全体指战员讲述这次战役的意义和重要性，要让大家认识到，这是比1968年9号公路—溪山战役和1971年南寮—9号公路战役更重要、更具决定性的战役。他强调，尽管在未来战斗中越南人民军很可能面临许多困难、艰苦激烈的战斗，甚至遭受巨大的损失（他说的没错，这次战役果然成为越南人民军历史上最惨烈的战役），但"我们"也要坚决砸烂联军的防御体系，让联军彻底意识到他们高呼的"艰苦的印度支那战场"是"不可侵犯"（bất khả xâm phạm）的！

与此同时，战役后勤准备工作也在如火如荼地进行。由于战役方向突然调整，准备时间急迫，要运输的物资量很大。代表越南中央政治局和中央军委进行战役指导的总参谋长文进勇上将，和总后勤局主任丁德善少将亲临长山部队司令部，

1972年1月到3月，南越国军在第一军区北部战场的布防态势图

东京湾

埃文斯兵营

丰黄

南希火力基地

美欧河

芭芭拉火力基地

广治古城

爱子基地

安妮火力基地

塞尔康布火力基地

5号国家高速公路

A2基地

A1基地 C4基地

东河基地

珍妮火力基地

佩德罗火力基地

A3基地 C1基地

9号公路

卡罗尔火
力基地

梅禄基地

治员

A4基地 C2基地-2 C3基地

甘露支区

溪灵

伯胡山

萨尔洛山

富都火力基地

洛克派尔火
力基地

跟童士元大校一起协调对治天战场的物资运输工作。

在三个人的努力下，长山部队和第 4 军区的运输兵团通力合作，越南北部的广平省委、河静省委也调动 5 万民工，以及成千上万青年冲锋队员，采取汽车运输、自行车运输、人力背负、畜力运输、水路运输等多种方式，终于在 1972 年 3 月 26 日把 16020 吨物资送达治天战场（足以保障治天战场 20 到 25 天的战役消耗），基本满足了战役指挥部对战役第一阶段的物资保障需求。

在战役准备过程中，越南人民军组织兵力对联军防线进行了广泛的火力侦察和地形侦察。虽然通过侦察战斗，查明了联军的部署情况，但越南人民军也付出了相当的损失，计牺牲 34 人、负伤 75 人，4 门地面炮、17 门高射炮、8 辆坦克、39 辆汽车被击毁。[1] 不仅侦察战斗有损失，往战场集结过程中越南人民军还遭受了一定的损失。根据《越南人民军卫生勤务史第三卷》第 297 页记载，战役准备过程中共收治伤员 378 人。

到 1972 年 3 月底，越南人民军治天战役各参战部队已经完成了战役集结。与此同时，负责广治省与承天省地区的南越国军第 1 军团却还忙着"绥靖"作战，完全没有意识到这里是越南人民军 1972 年的战略进攻主要方向。越南共和国总统阮文绍在总参谋长高文园上将陪同下，连续视察各个战场，听取了各个军区司令的汇报。按照各个军区的看法：北越南人民军可能要发动进攻，但规模不可能超过 1968 年。特别是第 1 军团，前三个月伤亡极小，让黄春林中将没有意识到危机将至。美国远征军总司令艾布拉姆斯上将也有些轻敌了。

由于情报不够全面，加上前三个月交战规模小，越南共和国对形势的判断过于乐观，他们都声称自己已经做好了反击侵略的准备。时任广治省省长的范伯华（Phan Bá Hòa）上校，就乐观地对前来视察的阮文绍总统说："广治省百分之百安全。"并大言不惭地宣布："越南共和国国军决心彻底铲除共党，目前广治省的绥靖工作已经基本完成。"南越国军第 3 师团师团长武文阶准将，虽不如范伯华上校那么乐观，但也轻松地表示："广治省和平在望。"显然，武文阶准将也轻敌了，他认为越南人民军不会在不久的将来发动进攻，因而在 1972 年 3 月底，他竟然下令部队调整部署：第 2 步兵团 2 营从东河转移到昆先，第 56 步兵团 3 营从昆先转移到新林、头某基地，第 2 步兵团 3 营换下 544 高地的 1 营等。

1972 年 3 月 29 日，正当范伯华上校和武文阶准将陪同第 1 军团司令黄春林中将，视察东河基地刚刚组建的第 20 装甲团时，突然接到前线部队的报告："北越共军几个精锐师和前所未见的强大炮兵群已经出现，准备要打'麦克纳马拉电子防卫墙'。"接着，爱子基地、东河基地、广治市同时向顺化（第1军团前指所在地）和岘港，乃至西贡发出了几十份急电。他们这才发现越南人民军已经在麦克纳马拉电子防卫墙对面完成兵力集结，并展开了炮兵群……一切都晚了。

震撼性的炮火准备

1972年3月29日，刚刚出任美军驻越南高级顾问职务的美国海军陆战队中校杰尔拉德·H.特里乘坐直升机抵达广治省的爱子基地。作为美国海军陆战队的中级军官，他对陆战队拥有一种特殊的、难以言状的情感。本来，他是应该留在西贡履新，但出于对南越国军海军陆战师团两大主力——第147海军陆战旅团和第258海军陆战旅团的好奇，特里中校亲临广治，开始了拜访之旅。让他没有想到的是，这么一个不经意的举动，竟然赶上了联军在越南战争期间面临的最大危机。

3月29日夜，特里中校在梅禄基地的第147海军陆战旅团营地住了一宿。当时，第147海军陆战旅团和第258海军陆战旅团虽说是海军陆战师团直辖部队，但却受第3师团（师团长武文阶准将）节制。美军的吉姆·约伊少校奉命担任第147海军陆战旅团的高级顾问，旅团长是阮能保中校。在交谈中，他们告诉特里说梅禄基地有差不多2年的时间没有受到过越南人民军的任何炮击了。仿佛要印证他俩的说法似的，当晚过得安静而祥和，基地没有受到一发炮弹的轰击。

第二天，也就是1972年3月30日，由于天气恶劣、不适合飞行，特里中校没法坐直升机去拜访第147海军陆战旅团的各个一线阵地，只得在约伊中校的陪伴下返回爱子基地的第3师团司令部。在那里，特里中校听了美国远征军第155顾问小组关于北广治地区的南越国军兵力的部署和第3师团各部战备情况，以及美军作战支援情况的介绍。[①]

根据美军第155顾问小组的介绍，南越国军第3师团是一支新部队，没有在第1军团建制内参加过任何大型作战。该师团于1971年11月1日正式进入现役，但下辖的3个步兵团直到上个月（1972年2月）才组建完毕。其中一个团在北部

---

① 尽管几乎所有的美军作战部队都已经从越南南方撤离，但美军还是要负起支援南越国军的重任。

战场作为一个作战单位投入战斗仅仅3周左右。由于装备短缺和编制不足、训练不充分，第3师团实际并没有完成战斗准备。[①]即便如此，师团长武文阶准将积极进取的精神、高度职业化和丰富的作战经验，让他赢得了美军顾问的尊重；而且还在手下的将士那里建立了充分的信任和自信心。

特里了解到，第3师团下辖第2、第56和第57步兵团，爱子基地正是第3师团司令部指挥中心。就在第155顾问小组给特里介绍情况时，第3师团所辖的第56步兵团和第2步兵团正在进行换防作业。按照武文阶的计划，第56步兵团要换下第2步兵团，镇守卡罗尔火力基地（越南人民军称为241高地）、溪犹和富勒火力基地；第2步兵团负责A4、C2和C3基地。对特里来说，卡罗尔火力基地的名字是如雷贯耳。在"局部战争"时期，这里曾是美军在越南共和国北部战场最大的火力基地，现在基地的主人变成了南越国军。但卡罗尔基地的重要性却丝毫不减，依然驻有强大的炮兵群——共计22门M114 155毫米榴弹炮和175毫米自行火炮，以及南越海军陆战队1个105毫米榴弹炮连。第57步兵团要负责从东河起，北到非军事区的广大战区守备任务，主要围绕A1、A2和A3三个基地组织防御，团部设在C1基地。从1号国家高速公路到南中国海之间的地盘，由广治省省长范伯华上校统帅的广治省保安军和民卫队负责。

对特里中校来说，他最关心的是南越国军海军陆战师团两大主力——第147海军陆战旅团和第258海军陆战旅团的布防情况。美军事无巨细的第155顾问组也没有漏掉这两个王牌：

第147海军陆战旅团以伯胡山和萨尔格山，以及霍尔康布火力基地作为战术支撑点，采取以点控面的方式，保障第3师团防线西侧的安全。其中，陆战4营镇守伯胡山和萨尔格山，陆战8营2个连在霍尔康布火力基地布防。从地图上看，第147海军陆战旅团的防线布点十分完美，他们充分利用了伯胡山、萨尔格山和霍尔康布火力基地的制高优势，俯瞰并封锁了所有从老挝边界（寮

---

① 按照南越国军装甲兵上校何梅约的说法，第3师团大部分将士都是新兵蛋子，骨干都是从现役部队那些因纪律懒散而被开除出战斗岗位的老兵组成，甚至还有不少逃兵因为特赦而北幸运地补充进这支新的部队。

宝—溪山）延伸过来的接近路线。萨尔格山和伯胡山封锁了东西走向的9号公路，霍尔康布火力基地封锁了美丽的博隆河谷（沿着后汉河延伸）。

第258海军陆战旅团驻南希火力基地及其以南的芭芭拉火力基地，形成纵深侧翼保护。

南越国军第1军团司令黄春林中将把第3师团在广治省北部的部署称为"钢铁连环阵"。美军第155顾问小组对这个阵势很放心，有麦克纳马拉电子防卫墙的大量电子传感器预警，别击探报队的情报网络，以及美国海空军的火力支援，如果是对付1968年那种规模的渗透攻击，联军可以拍胸脯保证绝对没问题。

听完第155顾问小组的介绍，特里中校也觉得很放心，他该回西贡了。可是，恶劣的天气却让他无法成行，不得不在爱子基地的美军顾问食堂吃个饭再走。他这一留，就注定了他和1972年治天进攻战役有缘。因为就在他留下来吃饭的时候，越南人民军打响了1972年战略进攻。

1972年3月30日清晨，越南人民军治天战役司令部气氛紧张，黎仲迅不断给各部队打电话，询问G时（进攻发起时刻）前的各项准备工作是否完成，得到的都是令人满意的答复。8点30分，正当黎仲迅少将坐下来歇口气的时候，在前线监视敌情的金雄常突然打电话给战役司令部，报告了一个令人意想不到的好消息："伪军第56步兵团目前正在544高地和伦山换防！"听到这个消息，黎仲迅倦意全无，他很清楚这个消息的价值，尽管进行了规模庞大的战役准备和兵力调动，但联军此举表明他们根本就没有发现越南人民军的战役企图！既然如此，就应该抓住对方换防的机会，提前发起进攻，打对方一个措手不及！兴奋的黎仲迅少将马上抓起电话，向文进勇上将请示："这是战役发起的一个绝好时机，敌人完全没有意识到我军的进攻准备和攻击发起时刻，确保战役突然性有十足的把握！虽然计划16点打响战役，但我建议把G时提前到11点30分！"面对越南人民军中第一流的战场指挥专家和战术家的请求，文进勇没有犹豫，他了解黎仲迅的能力和敏锐的战场嗅觉，立即批准了黎仲迅的请求。

于是，1972年治天进攻战役的第一战目标，就选在了南越国军正在换防的前沿阵地——544高地。奉战役指挥部的命令，越南人民军第27步兵团3营（营长阮友协大尉，政委陈春江上尉）在544高地附近的322高地和288高地埋伏。10点，南越国军第56步兵团2营前往544高地换防，大摇大摆地闯了进来。阮友协和陈春江紧张注视着行进过来的敌人。虽然还没到战役司令部规定的G时，但阮友协和陈春江还是决定提前打响战斗，决不能让对方完成换防和组织防御，一定要干脆利落地消灭对手，为越南人民军第27步兵团1营、2营和第48步兵团出战攻克伦山和544高地创造有利战机。

在阮友协和陈春江的命令下，越南人民军第27步兵团3营得到2门团属75毫米无后坐力炮和6门82毫米迫击炮支援，只用了1个小时就击溃了南越国军第56步兵团2营，活捉了营长何舒珉少校，破坏了对方的换防计划。第27步兵团3营伏击战斗的胜利，拉开了1972年治天进攻战役的序幕。1972年3月30日11点30分，G时到！战役司令员黎仲迅拿起电话，直接向炮兵部队下达了开炮的命令，1972年治天方向的战役决战开始了！

顷刻间，参战的390门大口径加农炮和重迫击炮从30多个阵地，根据早已标好的射击诸元齐声怒吼，密集的弹群在空中划出一道道的弧线，飞向洞庙、昆先、沛山、544高地、伦山、新林、东全、东河、爱子等各个目标。从战役打响的第一分钟起，南越国军第3师团防御前沿和纵深各个重要目标就同时被密集弹群覆盖。

对越南人民军的炮击，不同阵地位置的联军感受各有不同，感受最深的是随同南越陆战4营守卫在最前沿阵地的雷·史密斯上尉。当时，南越陆战4营负责的萨尔格山和伯胡山位置十分重要，正好掐住越南历史上侵入广治省和顺化市的传统路线。负责萨尔格山防御的是南越陆战4营A特遣队，由营长陈春光（Tran Xuan Quang）少校指挥，美军顾问是沃尔特·博梅尔少校；负责伯胡山防御的是陆战4营B特遣队，美军顾问是雷·史密斯上尉。

伯胡山实际由两个山头——伯胡山和伯胡东组成，伯胡山是沿河谷平原陡然拔高而形成的，各坡都很陡峭，史密斯上尉回忆道："从来没人仅单纯了为了娱乐就爬上山顶。"山顶空间很狭小，只容得一架UH–1E直升机着陆，再大一点的直升机（比如CH–47"支奴干"直升机）就无法着陆。3月30日大约11点30分，南越陆战4营1连一个排巡逻队，在伯胡山西北大约1000米和越南人民军一个排遭遇。不久，在霍尔康布火力基地驻防的陆战8营也报告说和越南人民军发生接触。当双方开始前哨接触战时，越南人民军的D74 122毫米加农炮和M46 130毫米加农炮突然对梅禄基地和卡罗尔火力基地进行了猛烈炮击。炮火是如此猛烈，以至于南越国军炮兵根本无法操炮，更谈不上给部队炮火支援和对越南人民军进行炮火反击了。

12点左右（美军记载是11点），史密斯上尉看到越南人民军3个连规模的兵力朝伯胡山阵地冲了过来。史密斯描述："他们排成密集队形，拷着武器冲过9号公路。"这可是绝好的炮击目标，可第3师团炮兵群却有劲使不上！更糟糕的是，整个非军事区上空浓云密布，能见度很差，联军航空兵（美国空军、美国海军、美国海军陆战队和越南共和国空军）没法实施有效的近距离空中支援。作为美军顾问中少数几个精通越南语的人，史密斯在越南人民军进攻当头，下意识反映就是监听对方的炮兵指挥网。他把电台波频调到越南人民军的电台频段，然后仔细听对方的炮兵指挥和火力校正情况。通过电台监听和观察弹着点，史密斯惊讶地发现越南人民军炮兵的破坏射击任务打得"贼准"，射击精度很高。显然，越南人民军战前对南越国军各个据点、基地都进行了测地和射击诸元的计算，因而在进攻伊始，越南人民军的炮火就准确砸到了南越国军各个阵地，特别是各个火力基地，结果首先就压住了南越国军第3师团的炮兵群。

越南人民军的炮击不仅震撼了史密斯上尉，就连待在爱子基地吃个便餐的特里中校也感到很震惊。

中午，特里在爱子基地的美军顾问食堂，和担任南越国军第20装甲骑兵团（隶属于第1装甲骑兵旅团）美军顾问的詹姆斯·斯默克少校畅聊。当时，南越国军第20装甲骑兵团是南越国军装甲兵战斗序列里唯一一个装备M-48"巴顿"主战坦克的部队，算是第一流的铁甲精锐。然而，这个装甲骑兵团3月28日才完成训练，目前驻爱子基地，并没有参加过任何战斗，到底是骡子还是马，谁也没底。

两人吃完饭走出餐厅，特里中校突然听到十分熟悉的炮弹尖啸声，还没等他反应过来，一排炮弹就在爱子基地爆炸了。这里离前线可远了，越南人民军居然一开始就把炮火打到了爱子基地，着实让特里中校感到震惊。

不过，当天受炮击最猛烈的并非爱子基地或前沿各个阵地，而是昆先基地（A4基地）和卡罗尔火力基地。越南人民军第164炮兵团一开始就集中M46 130毫米加农炮群往卡罗尔火力基地发射了374发130毫米榴弹。密集而准确的弹群，很快炸掉了卡罗尔火力基地的各个炮兵指挥掩体顶部的电台发射天线，导致接防卡罗尔火力基地、还没熟悉情况的南越国军第56步兵团团部和周围部署失去联系，部队士气受到沉重打击。

作者虽然没有查到越南人民军这次战役炮火准备的主要炮兵弹药消耗统计表，但是按照联军的说法，这是截至目前整个越南战争（实际也超过1975年的任何一次战役炮火准备）中，越南人民军进行的规模最大的炮火准备，共计1.2万多发火箭弹、迫击炮弹和大口径榴弹密密麻麻地往南越国军第3师团各个据点和基地砸了下去。

伴随着猛烈的炮火准备，越南人民军第304A步兵师、第324步兵师、第27和第48步兵团，在第203坦克装甲车团和第202机械化步兵团（装备T-34-85坦克、T-54坦克和59式坦克）支援下，从西面、北面和南面对南越国军第3师团发动了协同一致的猛烈进攻。对南越国军第3师团长武文阶准将来说，越南人民军的进攻来得太突然了，沿着非军事区的15个重要据点和火力基地就有10个受到准确、猛烈且持续的炮击。

尽管炮击规模超过以往，但联军方面最初却集体误判为治天方向的进攻是1968年溪山战役翻版，目的是搞战略"钳制和吸引"，掩护西原方向的主要进攻。不仅是南越国军联合参谋本部这么判断，就连美国远征军总司令艾布拉姆斯上将最初也这么认为。在这里，可能不少读者都会认为，联军的情报机构是干什么吃的，怎么每次都搞不准？其实，这是个误解。联军情报机构，特别是美军情报部门表现并不差，他们准确地查明了越南人民军在这个方向集结了4到5个师，和越南人民军实际参战兵力完全一致。但是，《日内瓦协定》的条款束缚了联军的思维，边海河南北两侧纵深10公里是非军事区，联军认为越南人民军尽管进行了多年的渗透，但总不至于派大军直接跨过边海河，从北面展开主攻。可越南人民军偏偏就这么做了，以第308A步兵师为主要进攻方向，直接跨过边海河打中了联军的软肋。

战前，联军方面不是没有考虑过越南人民军从边海河直接打过来的可能。但是，南越国军第1军团军团长黄春林中将针对这个问题，直接给出了否定的答案："他们（指越南人民军）不可能直接跨过边海河。"他这么回答并非出于傲慢，而是根据以往的经验做出的判断。实际上，根据截至目前的越战经验，越南人民军在广治省的活动多是游击性质，顶多团级规模的战斗行动，就算是1968年突然以第320A步兵师打9号公路东段的战斗行动，也是在经过几个月周密的准备后才实施的。此外，联军的定式思维认为，从逻辑上越南人民军不会对开阔的沿海平原地区做大规模进攻，因为这么一来就会把大兵团暴露在美军具有优势的远程火炮、航空火力和全天候的舰炮火力打击下，这是"送死"的行为，聪明的越南人民军"肯定不会这么做"。另外，南越国军第3师团也牢牢扼守住了传统入侵广治省北部地区的各个重要山头和隘口，越南人民军要从溪山方向沿着9号公路往东打的话，战斗的困难性可想而知。因而，在联军的判断里，越南人民军是根本不可能沿着整个非军事区，特别是非军事区东面发动大规模进攻的。

不过，联军倒是对西面来自溪山方向的进攻警惕有加。战役开始很久以前，联军就已经发现越南人民军在广治省西部频繁调动，南越国军往洛克派尔基地西面的巡逻队也经常可以听到越南人民军机械化纵队行进的轰鸣声。此外，越南人民军部队的调动和集结，得到了数量日益增长的越南人民军野战高射炮群的掩护。在这个基础上，联军情报部门预计越南人民军很可能在1972年2月从西面发动有限进攻和渗透。不过，联军却没有做好防范越南人民军大规模诸兵种进攻的计划准备，也没有加强自己的静态阵地的防御以抵挡这类进攻。根据对越南人民军以往的表现和战斗力的评估，联军很"自信"地认为对手不可能打出水银泻地般大规模诸兵种合成的进攻。因此，联军对9号公路——北广治地区的各据点和火力基地的看法是，虽在过去5年有过不少危机，但总体来说还是表现不错的，经验证明这些基地能够有效防范越南人民军从北面和西面的渗透与袭击。然而，所有这些分析现在都变成了空谈。越南人民军的炮火准备打击的目标并不仅仅是9号公路——北广治地区的各个阵地和火力基地，连同南越国军第3师团司令部也遭到了轰击。绵密而猛烈的炮火，阻断了南越国军第3师团司令部和美军顾问与所属部队的联系，他们没法在第一时间了解整个战场的全貌，自然也就没法准确判断越南人民军的进攻规模并采取应付危机的举措。

在这种情况下，爱子基地一片混乱。特里中校意识到在越南人民军的猛烈炮击下，自己一时半会是没法回西贡了，于是干脆和约翰·D.墨里上尉（南越第147海军陆战旅团的美军顾问）留下来，了解战况并帮美军第155顾问小组出谋划策。只有约伊少校匆忙返回梅禄基地，去协助第147海军陆战旅团旅团长阮能保指挥作战。

不过，只靠几个美国人出谋划策是远远不够的，联军一开始误判越南人民军的攻势企图，很快就酿成了严重的后果。

初战告捷

在北翼，担任战役第一梯队的越南人民军第27步兵团和第48步兵团（原属第 320A 步兵师，后统一划归第 320B 步兵师建制），经过一夜行军，穿过越南人民军自己布设的雷场，冒着联军的炮兵火力和迫击炮火力封锁，赶到攻击前出发阵地，及时展开兵力，按照规定时间打响了进攻。G 时开始，越南人民军的战役炮兵就以猛烈射击，压制住了南越国军各个据点和基地。第 27 步兵团团长潘明心（1975 年春季大捷时，担任第 325 步兵师师长）一声令下，第 27 步兵团 2 营就在 2 门 75 毫米无后坐力炮和 8 门 82 毫米迫击炮（特地从 1 营、3 营各借调 2 门）支援下，直接对 544 高地发起攻击。战斗仅用 20 分钟，第 27 步兵团 2 营的 2 名战士就把解放阵线旗帜插上了 544 高地山顶。首战告捷的越南人民军第 27 步兵团 2 营没有罢手，又在 1 营 1 连和 3 连支援下，以 5 个步兵连团团围了伦山据点。在 60 毫米和 82 毫米迫击炮，及 75 毫米无后坐力炮和 12.7 毫米高射机枪猛烈的火力打击下，伦山据点的所有火力点都被摧毁了。接着，团长潘明心命令 2 营在 2 辆 PT-85 水陆两用坦克支援下组织冲击。不过，这里的守军十分顽强，在阵地表面的火力点全部被毁的情况下，依托坑道进行绝望的抵抗。战斗打到 3 月 31 日 10 点，越南人民军第 27 步兵团 2 营又把解放阵线旗帜插到了伦山据点。

当晚，美联社报道了越南人民军治天战役在第一天的进展情况："阶将军（指第 3 师团长武文阶准将）不得不把 9 号公路北面 2 个至关重要的基地让给了越共，丢失速度是如此之快，令人咋舌。"连续丢失 544 高地和伦山据点，标志着麦克纳马拉电子防卫墙被撕开一个大大的口子。

第 27 步兵团获得胜利，第 48 步兵团也不甘落后。他们曾在 1968 年的甘露攻坚战中蒙受了战死交换比 1：18 的耻辱（美军战死 6 人，第 48 步兵团 1 营战死 108 人），营长裴勇就倒在此次战斗中。在这次战役中，黎仲迅赋予第 48 步兵团的任务就是攻下甘露支区，正巧也给了他们一个报仇的机会，交战对象换成了南越广治省保安军。在没有美军和南越国军野战部队干扰的情况下，越南人民军第 48 步兵团一开始打得很顺手，一个回合就冲到了甘露支区周围，并将其团团包围。看到非军事区告急，南越国军第 56 步兵团急忙抽调 1 营，其在几辆 M-41 轻型坦克和 M-113 装甲运兵车掩护下沿 9 号公路出援。为了保障第 27 步兵团和第 48 步兵团的攻坚和围困战斗，越南人民军独立 15 营在 1 个 75 毫米无后坐力炮连和 1 个 82 毫米迫击炮连加强下，于善春桥展开顽强阻击战。南越国军第 56 步兵团 1 营新兵多，老兵少，而且指挥官毫无战斗经验，结果遇到越南人民军阻击就停滞不前，在一辆 M-113 装甲运兵车被打坏的情况下，竟然放弃出援，退回卡罗尔火力基地。南越国军第 3 师团素质低、新兵多、老兵少，没有传统与核心骨干的缺点在战役初期暴露无遗，使本来就不利于己的战场态势加速向越南人民军方向倾斜。

在昆先、沛山方向，联军依然屈居下风，越南人民军第 31 步兵团采取先分割后包围，先易后难的方式，用堑壕延伸战法围住了昆先基地。仅一天工夫，守军就支撑不住了，于 3 月 31 日开始放弃阵地逃到沛山基地。越南人民军的"堑壕延伸包围铁桶阵"又一次没有围死对手，再次被对方破围而出，尽管对方已经是溃兵了。昆先溃逃（这根本就不是战斗了）给南越国军第 3 师团防御作战起了一个坏头，从这时开始一直到东河阻击战为止，第 3 师团许多部队开始疯狂逃命，扔掉武器逃亡的兵员远远超过战斗伤亡，更加剧了战场的混乱和防线的崩溃。

在西翼，越南人民军第 304A 步兵师从溪山方向发起了攻击。1972 年 3 月 30 日清晨，东全据点（美军叫"萨尔格山"）、伯胡山、252 高地还笼罩在大雾中，越南人民军第 304A 步兵师的侦察兵就展开了行动。借助大雾的掩护，他们和南越陆战 4 营 1 个排巡逻队遭遇，发生了西翼方向的第一次战斗。这里不像北翼，大雾直到 11 点 30 分才开始消散。征得战役司令部同意，第 304A 步兵师师长黄丹大校下令炮火准备推迟 15 分钟。11 点 45 分，骄阳高挂，东全、伯胡、252 高地等据点所有的工事都沐浴在阳光下、无一阴影死角的时候，参加过 9 号公路—溪山战役和南寮—9 号公路战役，见过诸多大"世面"的越南人民军第 304A 步兵师指战员见证了"奇迹"的时刻。前所未见的大口径火炮和火箭炮群齐声怒吼，密集的弹群呼啸着飞向 9 号公路两侧的东全、伯胡和 252 高地，狠狠砸在麦克纳马拉电子防卫墙各个障碍带上。顷刻间，南越陆战 4 营和陆战 8 营各个阵地爆炸声此起彼伏，硝烟四起、浓烟滚滚，大量障碍物和工事群瞬间化为乌有，各个据点在烟火中颤抖。

炮火准备打了 10 分钟后，越南人民军第 304 步兵师副师长阮威山上校（1975 年担任第 324 步兵师师长）于 11 点 55 分命令师属第 68 炮兵团和第 38 炮兵团继续压制南越第 147 海军陆战旅团的东全、伯胡据点和梅禄基地，并协助第 164 炮兵团一起对 241 高地（卡罗尔火力基地）进行破坏射击，压住联军的地炮支援体系。利用炮击的效果，他命令第 9 步兵团团长黎产（Lê San）迅速包围攻击 252 高地。和北翼不同的是，西翼的战斗打得十分激烈。越南人民军第 9 步兵团 2 营（就是在 1968 年 9 号公路—溪山战役围困封锁阶段于 3 号据点苦战，然后连败美军反击的钢铁英雄营）经过 8 个小时苦战，才在夜幕降临前，迎着最后一丝阳光拿下了 252 高地，接着一路追杀到 245 高地。

3 月 31 日中午，黎产命令越南人民军第 9 步兵团 2 营又对准头某（Đầu Máu）基地。熟悉 9 号公路—溪山战役的读者，不会对这个地名感到陌生。1966 年秋，越南人民军第 324 步兵师发起 9 号公路—北广治阵线的头次战役活动，首战袭击的目标就是头某基地。这个基地位于新兰（Tân Lâm）据点西北，既是联军麦克纳马拉电子防卫墙的重要前沿据点，也是 9 号公路中段的一个重要屏障，如果不拿下头某基地，就没法向重要的卡罗尔火力基地发展进攻。因此，是否速战拿下头某基地，决定了第 304A 步兵师的命运。遗憾的是，南越国军对这个基地重要性的认识并不深刻。把守头某基地的是第 56 步兵团 3 营，他们和卡罗尔火力基地的团长潘文定中校失去联系，在孤立无援又面临越南人民军 M46 130 毫米加农炮群猛烈轰击的情况下，第 56 步兵团 3 营仅仅 2 个小时就失去了斗志，放弃基地向卡罗尔火力基地溃逃。越南人民军第 9 步兵团 2 营趁机拿下了头某基地，宣称活捉 31 人，缴获全部武器弹药、军用器材和各类军需品。头某基地得手，意味着卡罗尔火力基地已经完全暴露在越南人民军的兵锋下，第 304A 步兵师师长黄丹大校果断把预备队——黎乐隆少校的第 24 步兵团（黎乐隆曾在 1968 年 9 号公路—溪山战役中担任第 24 步兵团 5 营营长）投入战斗，配合黎产的第 9 步兵团发动进攻，任务是包围谦山（Núi Kiếm）和卡罗尔火力基地。一向争强好胜的黄丹，心里一直有个愿望，打出越南人民军在整个抗美救国战争中的第一个全歼联军步兵团战例，让第 304A 步兵师压倒第 308A 步兵师，成为越南人民军的头等主力师，为此他盯上了卡罗尔火力基地。

不过，第 304A 步兵师的进攻可不是一帆风顺的，越南人民军第 66 步兵团在特工 19 营配属下，奉命打东全据点和伯胡山。对这次战斗，越南人民军第 304 步兵师史记载道："在第 9 步兵团顺利发起进攻的同时，第 66 步兵团对东全的攻坚战却打得异常艰苦。3 月 30 日 12 点，在我军炮兵暂停破坏射击后，第 66 步兵团兵分三路从三个方向朝 548 高地，发起潮水般的冲击。7 营组织用 B40、B41 和重机枪猛烈射击，压制封锁 548 高地各个前沿碉堡群和火力点，掩护各位爆破手用爆破筒和 DH10 定向雷破障碍物和铁丝网。8 营也组织各个分队进攻，将敌人一步步击退，抢先在 548 高地打下了一个桥头堡……然而，伪海军陆战第 147 旅团 4

营利用东全据点坚固的地下掩体（地道）、石壁（vách đá）等地利优势，组织各种火力交叉射击，激烈抗击。许多地段都发生了血腥的战斗，双方为了每一个石壁、每一段战壕展开激烈而反复的争夺。残酷的战斗一直持续到第三天，即 4 月 2 日，在各类火力的掩护下，第 66 步兵团终于完全控制了东全。与此同时，第 304 步兵师所辖的特工 19 营，采取了大胆的打法，分割进攻的战术迅速消灭了伪第 147 海军陆战旅团 1 营，解放了伯胡山。4 月 2 日清晨，第 304 步兵师在战前赶制的绣着'战胜头某''战胜东全''战胜伯胡'的胜利红旗插遍了广治西北诸高地群。"

对比联军的记载，东全和伯胡山战斗确实是治天进攻战役初期，越南人民军面临的最顽强抵抗，也是一场血斗。不过，作者估计越南人民军是把特工 19 营和第 66 步兵团的进攻目标搞错了，应该是第 66 步兵团打伯胡山，特工 19 营穿插打东全，而且两地守军都是陆战 4 营这个从平也战役开始就一直霉运当头的南越国军陆战营。不过，结合美军和越南人民军的记载，南越陆战 4 营在东全和伯胡的战斗，可以说是打得十分出色，部分保住了联军的声誉。

陆战 4 营的勇战

前面提到，南越陆战 4 营 B 特遣队据守的伯胡山遭到猛烈炮击和越南人民军第 66 步兵团冲击的同时，往南 2000 米的萨尔格山（东全据点，由南越陆战 4 营 A 特遣队据守）也受到了猛烈炮击。按照美军的说法，500 多发炮弹准确砸在萨尔格山阵地上，第一天就炸死了 15 名南越海军陆战队员。随同 A 特遣队的美军顾问博梅尔少校（美国海军陆战队）不顾暴露危险，在萨尔格山顶走动，试图标定 9 号公路对面西北方向的越南人民军炮兵阵地位置。通过电台，博梅尔少校呼叫卡罗尔火力基地和梅禄基地进行炮火反击，虽然受到越南人民军 M46 130 毫米加农炮群的压制，但卡罗尔火力基地和梅禄基地的炮兵还是回应了博梅尔少校的请求。接着，博梅尔还试图协调航空支援。不过，恶劣的天气阻止了岘港基地的美国空军战斗轰炸机和南中国海的美国海军第 7 舰队航空兵的起飞。

这时一发炮弹飞来，直接命中了监听越南人民军通信网的特种通信监听设备掩体，两名忠于职守的美国陆军通信兵双双阵亡。

相对萨尔格山不断被准确炮火击中的厄运，伯胡山却侥幸得多。由于山顶空间狭小，越南人民军的 D74 122 毫米加农炮和 M46 130 毫米加农炮根本很难命中目标。可到了 15 点左右，越南人民军第 66 步兵团 7 营靠了过来，架起了 82 毫米迫击炮，很快就给伯胡山守军造成重大损失。面对越南人民军的 82 毫米迫击炮轰击，陆战 4 营能够进行炮火反击的只有 60 毫米迫击炮。不幸的是，在操炮战斗过程中，60 毫米迫击炮手全部倒下，陆战 4 营失去了炮火反击能力。

17 点，伯胡山北面 600 米一个排级哨所突然受到越南人民军猛烈的步兵轻武器和火箭筒射击，接着又是三波步兵冲击。守军一个排用自动步枪、手榴弹和 M79 枪榴弹顽强还击。在正面进攻的同时，越南人民军还分兵一部对伯胡山南侧的一个班级前哨展开攻击。为了支援守军，伯胡山一门 106 毫米无后坐力炮打了一枚带预制破片的杀伤弹，可刚要打第二发的时候就出了故障。在守军的顽强抵抗下，越南人民军第 304A 步兵师 66 团打到夜幕降临也没把对方赶走，只得自己撤了下来，组织炮火袭扰陆战 4 营。当夜，越南人民军调整部署，准备第二天继续进攻。

在爱子基地，特里中校和约翰·D. 默里上尉一直待在第 3 师团战术指挥中心，焦急打听南越第 147 海军陆战旅团各个阵地的情况。该指挥中心，是由南越国军第 3 师团司令部和美国远征军的第 155 顾问小组共同负责，其中负责舰炮火力支援的"1-2"小组由约埃尔·B. 埃森斯坦因上尉领导；美国空军战术联络小组也进驻该指挥中心，他们负责给南越国军部队提供指挥控制通信链。不过，越南人民军炮兵并没有放过爱子基地的通信中心，他们准确的炮击打中了"天线农场"（爱子基地通信中心代号），削弱了第 3 师团通信联络网的效能。

福无双至，祸不单行。特里中校和默里中校在第 3 师团战术指挥中心协助联军处理业务时，惊讶地发现大敌当前，越美双方如何有效协调成了大问题。为了陪家人共度周末，第 3 师团的美军高级顾问唐纳德·J. 梅特卡尔夫上校，竟然在越南人民军开始猛轰爱子基地的时候就返回了西贡。（真是归家心切，堪比 1944 年诺曼底的隆美尔元帅！）默里回忆说，面对越南人民军的全面进攻，联军根本就没有任何应急计划，政府机关的行政业务通信也经常占用军方通信网。美军第 155 顾问小组和南越国军第 3 师团司令部之间毫无协调，第 155 顾问小组的詹姆斯·戴维斯少校也累垮了。特里和默里虽然不是第 155 顾问小组成员，但都很渴望在这场规模罕见的越南人民军攻势中能参与指挥，他们主动帮助戴维斯少校。相对两人的积极，第 155 顾问小组成员却是惊慌失措。按照他俩的回忆，第 155 顾问小组的美国陆军同行们，不是想着怎么替友军出谋划策，而是公然打包行李，准备"临阵脱逃"离开战场。

相对美军顾问的惊慌失措和第 3 师团参谋们的彷徨，第 3 师团长武文阶准将却比较镇静。1972 年 3 月 30 日 14 点，他对越南人民军全面进攻做了第一个反应，是命令第 258 海军陆战旅团（配属给该旅团的美军顾问是埃斯雷少校），以所辖的陆战 3 营、6 营、7 营和炮兵营，沿美政河在北起南希火力基地、南到芭拉拉火力基地之间的地带全面展开，接过东河地区与 1 号国家高速公路、9 号公路交叉路口之间防务。

夜幕降临，南越第 258 海军陆战旅团司令部、陆战 3 营和陆战炮兵 3 营在没有了解任何战场形势的情况下，就往北行进抵达 1 号国家高速公路。夜间行军的他们正好和刚刚完成野战演习、沿着公路挺进的第 20 装甲骑兵团打了个照面。看到己军的装甲兵竟然换装了美制 M-48 主战坦克，第 258 海军陆战旅团也士气大振，都感到很欣慰。

3 月 31 日清早，美军第 155 顾问小组长梅特卡尔夫上校回到爱子基地，他一眼就看到已筋疲力尽的戴维斯少校，同时也注意到特里中校和默里的"用心工作"。于是，他邀请特里接替戴维斯的职务，协助他处理战术指挥中心的业务。鉴于爱子基地已经受到越南人民军的猛烈炮轰，梅特卡尔夫上校打算和武文阶准将、诺曼德·希翁中校（第 3 师团的助理高级顾问）一起，在广治市北面的后汉河南岸建立一个前进战斗指挥所。

对梅特卡尔夫的盛情邀请，特里最初拒绝了。他很清楚自己和第 155 顾问小组不是一个系统的，他拜访爱子基地的第 3 师团战术指挥中心纯粹是出于兴趣爱好，而非美国海军陆战队专门派遣到此的观察员。不过，在仔细考虑到目前战场形势处于急剧变化和混乱的状况，第 155 顾问小组迫切需要熟悉战场的人接替戴维斯，新找的人很可能误事，思考再三，他最终还是答应了梅特卡尔夫上校的请求。作为第 3 师团 G-3 的临时顾问，特里中校当前首要考虑的，就是如何阻止越南人民军的进攻并稳住严重恶化的局面。履新以后，他的第一个建议就是，要求第 155 顾问小组马上联系周围所有的美军作战支援单位，询问他们能否给第 3 师团提供战斗支援，特别向岘港的第 1 军区支援司令部及南中国海停泊的第 7 舰队请求提供航空与舰炮火力支援。从这时开始，特里正式进入角色。

不过，战场形势依然很严峻。

1972 年 3 月 31 日清早，越南人民军第 66 步兵团重新组织攻击。熟悉 1968 年 9 号公路—溪山战役的读者们不会忘记，正是这个第 66 步兵团让战役取得了开门红，但在向化支区攻坚战中却付出了巨大的伤亡，可谓一支"倒霉部队"。现在，越南人民军全线都顺利取得突破的时候，第66步兵团却再一次陷入苦战。

当天，越南人民军第66步兵团集中兵力，先打伯胡山北坡阵地。南越陆战4营直接用1门106毫米无后坐力炮轰击越南人民军的战斗队形，有力遏制了对方的进攻。从清早到10点，越南人民军第66步兵团连冲3次都被打了回来。恼羞成怒的越南人民军遂用M46 130毫米加农炮猛轰伯胡山，陆战4营B特遣队的许多堑壕和碉堡在炮击下开始坍塌。大约15点，越南人民军又从伯胡山和伯胡东之间的山鞍部，对北坡发动第四次进攻。这一次，越南人民军终于摧毁了伯胡山与伯胡东之间的防御体系。突破陆战4营外围防御障碍带后，越南人民军又把82毫米无后坐力炮给调了上来，采取直瞄射击法逐个摧毁伯胡山的防御工事。

面对越南人民军靠近使用无后坐力炮的打法，指挥B特遣队的南越陆战4营副营长有些绝望了，他和第147海军陆战旅团炮营联系时，恳求道："如果我们再得不到些支援，就要死光了。"尽管炮兵阵地也受到越南人民军远战炮兵（M46 130毫米加农炮）的压制，但南越陆战炮兵1营还是分出1个排2门M101 105毫米榴弹炮进行反击，他们声称炸死了不少越南人民军战士并打掉了北坡的越南人民军2门无后坐力炮。17点30分，史密斯上尉看到越南人民军一个连正拖着一门"大轮子火炮"（应该是56式85毫米加农炮或D74 122毫米加农炮）往伯胡山南坡运动。眼看越南人民军就要把火炮拉到阵前直瞄，天公作美，云开雾散，美国空军一个F-4"鬼怪"式战斗机小队呼啸扑了下来，给伯胡山守军提供空中支援，结果打掉了这门炮并驱散了越南人民军。3月31日夜，越南人民军第66步兵团再次恢复进攻，他们顽强地组织对山顶的冲击。此时，陆战4营B特遣队只有不到4个班还在死守阵地。大约21点30分，美国空军一架洛克希德AC-130空中炮艇临空，试图支援守军战斗，却没法看到目标。为了防止伤及友军，AC-130空中炮艇没有贸然开火，而是投下伞降照明弹。

透过照明弹发出的强烈闪光，AC-130空中炮艇震惊地发现，山顶上到处都是越南人民军指战员的身影，伯胡山已经丢失了！

随同B特遣队一起镇守伯胡山的史密斯上尉，是最后一个离开指挥部掩体的人。他背着一部PRC25电台，手里抓着一支M16自动步枪走了出去，周围没有一个熟悉的面孔，倒是看见指挥部掩体前方约3米处有5名越南人民军战士。史密斯回忆说："当时，北越士兵和我一样疑惑。结果我轻松从他们眼皮底下溜走了。"沿着反斜面下山，史密斯听到了有人在喊他的名字，那是他熟悉的声音。他走过去，发现陆战4营B特遣队的幸存者们挤在铁丝网东南角："我意识到他们害怕穿过铁丝网时遇到陷阱。到了这个时候，很明显阵地已经丢了。因此，我的朋友和我开始带着26名幸存者采取一字纵队从一个口子穿过了第一道铁丝网。当我们突围撤退时，一名北越士兵在离我们不到1.8米处朝我们头顶开枪（估计是鸣枪示意的警告射击）。我转身还击，把他打倒在地。"

费了九牛二虎之力，史密斯和陆战4营B特遣队残部逃离了伯胡山，在炮火掩护下返回了梅禄基地。熟悉越战的朋友不会忘记，倒霉的陆战4营已经多次栽在越南人民军的手上了：平也战役的春山橡胶园伏击让他们成为平也战役中损失最惨重的单位，现在伯胡山又成为1972年越南人民军战略进攻中，海军陆战师团丢失的第一个重要阵地，时间是3月31日21点40分。

伯胡山丢了，萨尔格山（东全）也没法守了。

1972年3月31日，萨尔格山在受到越南人民军猛烈炮击的同时，也遭到特工19营的冲击。在萨尔格山的博梅尔少校始终和伯胡山的史密斯上尉保持电台联系。虽然史密斯的声音一直很沉着，可到了夜间，博梅尔少校却从史密斯的话中听出了对形势感到绝望的意味。当时，史密斯对他低声说："如果我们能守住，那也只是运气好罢了。"博梅尔很清楚，萨尔格火力基地要想守下去，伯胡山必须保住，因为伯胡山控制着通往南面的各条路线，一旦有失，萨尔格火力基地很容易被越南人民军包抄。21点50分，当博梅尔听到史密斯呼叫炮兵轰击伯胡山顶时，他彻底失望了，明白伯胡山完了！接着，他和史密斯的电台联系也断了。

3月31日夜，越南人民军特工19营通宵对萨尔格山展开攻击。4月1日2点，越南人民军突破了萨尔格火力基地北、东和南三面的各个班级前哨，突入环形防线内。虽然天气依旧很差，但美国空军还是出动了B-52战略轰炸机对，9号公路西面越南人民军疑似集结阵地进行猛烈轰炸。在萨尔格山，尽管陆战4营A特遣队的官兵们顽强抵抗，越南人民军特工19营还是逐步逼近了山顶。3点45分，在瓢泼大雨和越南人民军猛烈的炮击下，南越陆战4营A特遣队指挥部撤离萨尔格火力山。下山时，A特遣队指挥部夹在了越南人民军两支进攻部队中间，博梅尔在给梅禄基地的约伊少校最后一次电台呼叫是："我们正组织撤退。"不久，博梅尔少校就和第 147 海军陆战旅团失去了联系，似乎整个陆战 4 营都被漆黑的夜色吞没了。

清晨，"决战决胜"红旗插上萨尔格火力基地的指挥掩体顶部。越南人民军记载："敌人的海军陆战队被迫逃离掩体，越南南方解放军趁胜向南追击。"48 小时不间断的战斗让不食不眠的陆战 4 营幸存者们筋疲力尽，为了避开越南人民军的追杀，他们只得冒险穿过密林逃命。

在战场东翼，越南人民海军特工第 126A 团也对越门港驻防的南越保安军第 11 团展开攻击，牢牢封锁住了越门港，使正面坚守作战的南越国军第 3 师团没法往越门港撤退。与此同时，洞庙据点受到越南人民军持续炮击和堑壕延伸包围后，彻底陷入孤立态势。由于正面战场的越南人民军第 304A 步兵师打得很顺手，因此东翼的永灵县 47 营和地方部队、乡村游击队一起，解放了犹灵县、边如乡、梅库乡、春庆乡等，威胁广能基地。

在南翼，越南人民军第 324 步兵师于 1972 年 3 月 29 日夜到 3 月 30 日凌晨占领攻击前出发阵地，拟以第 1 步兵团在炮兵支援下，对梅禄基地南面的 365 高地（美军称为霍尔康布火力基地）展开攻击。按照联军的布防态势，365 高地是第 3 师团防区西翼重要的基石，也是阻挡越南人民军第 324 步兵师进入广治平原的"钢铁闸门"。由于战略位置十分重要，南越第 147 海军陆战旅团在这里布置了陆战 8 营 2 个连据守。3 月 30 日，是战役发起日。11 点，联军按常例，派两架直升机从爱子基地飞到 365 高地送补给。趁着直升机还没停稳、守军开始接收物资之际，越南人民军第 324 步兵师突然打响进攻。由于战前进行了精确的测地和计算诸元，越南人民军炮兵很快就抓住了目标，两架直升机中弹起火。伴随着炮火的延伸，越南人民军第 324 步兵师 1 团跃出战壕，向 365 高地发起潮水般冲击。

南越陆战 8 营顽强打了 5 个小时，直到 365 高地所有火力点都被摧毁，才放弃阵地退却。18 点，越南人民军第 324 步兵师 1 团拿下了 365 高地。看到 365 高地丢失，367 高地的守军也撤往凤凰基地。随着各方面突破成功，越南人民军治天战役司令员黎仲迅少将果断命令第 320B 步兵师所辖的第 48 步兵团对甘露军事支区发起总攻。这一次，第 48 步兵团没有再让胜利从手上溜掉，他们胜利攻克了目标。越南共和国任命的甘露县长甚至还没得及销毁文件和当地保安军、民卫队的花名册就逃之夭夭了。

尽管非军事区的防线正以令人不可思议的速度崩溃，但美国远征军和南越国军联合参谋本部还是不相信治天战场是越南人民军主要进攻方向。联军还是固执地认为，越南人民军真正主要进攻点是西原，因此把战略总预备队之一的伞兵师团调到那里，火力支援也优先指向西原战场。对敌主攻方向判断失误和火力支援优先顺序安排失当，加剧了广治战场的崩溃速度。

更为糟糕的是，越南人民军突然从持续12年的游击战转入诸兵种协同的大规模进攻战役，确实把南越国军第3师团长武文阶准将和第1军团司令黄春林中将，完全打懵了。这次战役前，越南人民军从来没有对无论军事还是民用目标进行过如此规模的密集炮轰。在战役头48小时里，越南人民军的炮弹和火箭弹如同冰雹般砸在沿着非军事区排开的各个基地及其周围的居民区。在如此猛烈的炮击和进攻面前，非军事区内的居民纷纷举家往东河逃难，躲避战火。

相对南越南人民军民的恐慌潮，许多配属给南越国军、站在第一线的美军顾问和海、空火力引导员却英勇战斗，堪为表率。

1972年4月1日中午，在犹灵县的A2基地，南越国军第57步兵团放弃了基地周围的暴露阵地，全部缩回基地南面的掩体里。许多南越国军炮手更是被越南人民军震撼性的炮击吓破了胆，躲在掩体里瑟瑟发抖，拒绝回到炮位上操炮还击。在这种情况下，美国海军的"布坎南"号驱逐舰（DDG-14）和"约瑟夫·P.斯特劳斯"号驱逐舰（DDG-16），在美军驻A2基地的5人小组引导下，用舰炮火力压制越南人民军的支援火力，迟滞越南人民军步兵的冲击，掩护第57步兵团逃离A2基地。

"钻石吉姆"詹姆斯·F.沃尔特下士，当时是戴维·C.布鲁格曼的舰炮火力引导组的通信兵，配属给驻A2基地的南越国军第57步兵团。沃尔特下士，年方20，来自伊利诺伊州芝加哥市，1971年来到越南服役。据维恩·格雷中校说，沃尔特不喜欢待在相对安全的西贡，而是主动要求派他重返"战场"。战场可不是儿戏，前线的战斗危机重重，舰炮火力引导组所在的观察哨不断受到大口径榴弹、火箭弹和迫击炮弹轰击，越南人民军步兵也不断组织对A2基地的冲击。整整两天，沃尔特下士和小组的其他成员不断召唤"布坎南"号驱逐舰和"约瑟夫·P.斯特劳斯"号驱逐舰进行压制、拦阻射击和炮火反击。当时的情况确实很危急，南越国军第3师团损失了大部分105毫米和155毫米榴弹炮，天气又很恶劣，没法进行大规模有效的空中支援，A2基地只能靠舰炮火力。越南人民军不仅试探性冲击A2基地，而且还切断了该基地和友军的联系。当越南人民军在炮火支援下发动最后的进攻

1972 年 3 月 30 日到 4 月 1 日越南人民军在北广治战场初战突破的情况

1972 年 3 月 30 日到 4 月 1 日
越南人民军和南越国军在北广治的
战斗态势

- ■ 作战基地
- ▲ 火力基地
- ● 前哨

时，A2 基地的形势达到了危险的峰值。在南越国军士兵都失去战意的情况下，舰炮火力引导小组组长布鲁格曼中尉与第 3 师团战术指挥中心的埃森斯坦因中尉联系，召唤一架直升机过来把他的小组撤走。

从 A2 基地观察塔的位置，沃尔特下士清楚地看到南越国军第 57 步兵团的官兵们放弃了基地正斜面的掩体。往后望，他看到更可耻的一幕：当越南人民军三面靠近火力基地的时候，南越国军的 105 毫米榴弹炮手也放弃了自己的阵地。一架奉命前来救援的直升机正赶往 A2 基地，舰炮火力引导小组想要撤走，就算不能撤走至少也得撤到火力基地相对安全的东南角。

不一会儿，沃尔特和其他队员就看到一架陆军"休伊"直升机飞了过来。这架直升机的机组是本·尼尔森准尉和罗伯特·谢里登准尉。"休伊"直升机低空进入，顺利着陆。舱门机枪手谢里登和埃森斯坦因中尉迅速跳出来，协助舰炮火力引导小组撤退。带着武器和装备，沃尔特和其他陆战队员正准备登机，一群迫击炮弹却突然砸在了着陆场，布鲁格曼中尉重伤，其他四人也失散了。当陆战队员们重新聚集起来登机时，沃尔特已经不在了。起飞前，谢里登往周围瞥了一眼，他看到基地只有几名受了震弹伤的南越士兵，57 团剩下的人都跑了。回到梅禄基地，布鲁格曼被紧急送往岘港。可惜，他伤势太重了，很快就在岘港咽气了。A2 基地战斗中最遗憾的是詹姆斯·沃尔特，这位勇敢的小伙子永远失踪了，究竟是战死还是被俘后死于战俘营，至今没有定论。

在 A2 基地丢失的同时，越南人民军也攻下了 A4 基地、富勒火力基地和溪灵火力基地以及霍尔康布火力基地，南越国军第 3 师团长武文阶准将被迫把师团司令部转移到后方。与此同时，南越国军第 258 海军陆战旅团指挥部也接到命令，除了把陆战 3 营留在东河基地外，旅团指挥部迅速转移爱子基地，全面接管第 3 师团前进指挥所。4 月 1 日 15 点，吴文定中校带着旅团司令部和匆匆自芭芭拉火力基地赶来的陆战 6 营，抵达了爱子基地。他们还没歇脚就遭到 800 多发炮弹的轰击。这顿炮击也侧面说明了形势的绝望。

钢铁连环阵的崩溃

4 月 1 日 16 点 20 分，南越国军第 3 师团助理高级顾问诺曼德·希翁中校建议爱子基地的全体美军顾问撤退。但美国海军陆战队的顾问并没有执行这道命令，而是继续和南越战友共患难。南越国军第56步兵团的两名美国陆军顾问也主动表示要留在日益危急的卡罗尔火力基地，与友军同甘共苦。当时在爱子基地，美军第155顾问小组共有来自美国海军陆战队、美国陆军和美国空军的30名官兵。目前，爱子基地变成了第3师团前指，由第258海军陆战旅团司令部负责，留守的美军顾问统一由特里中校负责，30人都自愿留下来负责保障师团级联合兵种协调中心的运转。

尽管第155顾问小组十分勇敢坚强，可他们的努力没法抵消双方的差距，战场形势还在不断恶化。战至17点，查理1号和查理2号基地（C1和C2）失守。随着非军事区的各个基地的丢失，南越国军和难民疯狂南撤，给越南人民军渗透提供了绝好的战机。沿着9号公路往东撤退的难民报告说越南人民军第27团已经冲进了甘露（实际是越南人民军第320B步兵师所辖的第48B步兵团打下来的）。当时的形势真是混乱极了，难民和南越国军溃兵川流不息地从东河大桥上走过。许多从前线撤下来的南越国军完全失去组织，不客气地说他们根本就是一群溃兵，而不是一支有效的作战单位。逃下来的溃兵只有大约三分之一还带着武器，媒体报道时称"第3师团已经崩溃……"

作为一支以应付低烈度战争的军队，南越国军实际只有2个战略总预备队——海军陆战师团和伞兵师团，完成了师团级别的合成兵种攻防战斗训练，其他各个师团，特别是刚刚组建的第3师团根本没有时间，也不可能受过这种训练。第3师团的建军目的本身就是区域守备、防渗透，反游击和执行绥靖任务，官兵们的训练针对的都是反游击战，从来没有想过要面对对方诸兵种协同大规模的进攻，因而在越南人民军迅猛的协同兵种打击下，他们不到72小时就崩溃了，败得体无完肤。

第一击得手后，越南人民军第202机械化步兵团和第203坦克装甲车团所辖的T-54主战坦克、PT-76水陆两用坦克和BTR-50轮式装甲运兵车高速跨过北纬17度的边海河，在第308A步兵师36团配合下，突入非军事区，在难民潮中制造了更大的混乱和恐慌。"坦克恐慌症"开始爆发，许多南越国军第3师团的官兵扔掉自己的武器装备，也加入了南下难民潮。第3师团长武文阶准将虽然匆忙拟定了防御作战计划，也努力尝试防止非军事区的各个基地、据点的官兵们溃逃，可部队已经失去了控制，不管他再怎么努力也没法制止。按照美军顾问的说法，武文阶准将绝不是一个懦夫，他很勇敢，但部队整体根子太差了，所以战败了不能把板子打在他的身上。

武文阶准将确实很努力。当南越国军第 57 步兵团的溃兵蜂拥逃过东河大桥时，武文阶准将亲自带卫兵抓了不少，他很想知道士兵们为什么如此胆怯，一见到敌人就撒腿狂奔。士兵们也如实向他反映了自己恐惧的心理："坦克！坦克！"武文阶厉声回答："我和你们一起去，我去看看那辆坦克，我们一起把它干掉。"遗憾的是，武文阶的个人勇敢并不足以鼓舞将士的士气。到 1972 年 4 月 1 日夜，甘露河以北的所有基地和阵地都落入了越南人民军之手。越南人民军第 320B 步兵师只用了 48 个小时就打破了"钢铁连环阵"的北翼。

1972 年 4 月 1 日 19 点，梅特卡尔夫和武文阶准将一起撤离了爱子基地，前往广治古城设立新的第 3 师团司令部。然而，把师团司令部设在这里马上就突显出了通信问题：广治古城没有足够的指挥通信无线电网络，第 3 师团与美军海空支援部队的联系只能依靠留守爱子基地的特里中校一行。在最初混乱不堪的日子里，全靠特里他们请求 B-52 战略轰炸机群进行"弧光打击"（Arc Light strikes），引导战术空军进行近距离空中支援，修正炮兵火力地弹着区并呼叫舰炮火力支援。接下来几天时间里，在广治全省进行各军种、兵种大规模火力协调支援，就全靠他们了。

虽然特里既能和岘港基地，又能和广治古城的第 3 师团司令部保持密切联系，但特里中校已经没空接收这些高层指挥部的任何重要战术指示了，因为光是协调各个军种、兵种的大规模火力支援，就够他们忙活的了。

应该说，在这种危局下，特里表现得十分出色。他根据自己以前的作战经历和在美国海军陆战队受训的经验，进行多军种、多兵种协调火力支援。在岘港担任第 1 军区总顾问的美国陆军准将托马斯·W.博文，就通知特里可以呼叫 B-52 战略轰炸机遂行"弧光"打击，阻止越南人民军进攻。接着，一位匿名的美国空军"将领"从西贡打来电话，让特里马上报给他预定打击的目标中心区坐标，他将按特里的要求出动 B-52 战略轰炸机实施空中打击。特里也不客气，告诉他要对"麦克纳马拉电子防卫墙"的电子传感器"读取的数据"显示的越南人民军集结地和疑似进军路线实施打击。根据特里的请求，美国空军出动了 64 架 B-52 战略轰炸机打击了这些目标。尽管 B-52 开始出击，轰炸扑向甘露、庙江与越门河南面的第 3 师团新防线的越南人民军进攻部队，但更大的危机还在后面。

▲ 部署在广治省非军事区的美军地面观察所，他们引导陆空火力对越南人民军实施打击。

▲ 时任美国驻越南共和国大使的埃尔斯沃斯·邦克，他和美国远征军总司令艾布拉姆斯上将相互配合，打出了美国远征军在越南的高潮。遗憾的是，这对搭档在 1972 年也没能于第一时间准确地判明越南人民军的主要进攻方向。

▲ 南越国军 105 毫米榴弹炮阵地，开战之初他们成为越南人民军战役炮兵重点轰击的对象。

▲ 梅禄基地一角。

▲ 1972 年 3 月 31 日，越南人民军攻克头某基地。

▲ 梅禄基地的南越国军炮兵阵地。

注释

1. 原文为 Tốn thất: hy sinh 34, bị thương 75; hỏng 4 pháo mặt đất, 17 pháo cao xạ, 8 xe tăng, 12 xe xích, 39 ô tô.

【第六章】
相持阶段

丢失卡罗尔火力基地

　　战斗打了 72 小时，南越国军似乎有些醒悟过来。治天战场才是越南人民军的主要进攻方向！4 月 2 日，南越国军第 3 师团长武文阶准将决心采取反击，夺回犹灵和越门。但这个建议却被阮文绍总统拒绝。越南共和国总统阮文绍认为，刚刚经历防线崩溃的南越国军不宜立即反击，当务之急是先稳住阵脚，再图大计。

　　且不说阮文绍总统图的是什么大计，战场危急的形势还是没有缓解。越南人民军第 304A 步兵师师长黄丹大校在拿下东全、伯胡、245 高地和头某基地之后，命令黎乐隆少校率第 24 步兵团迅速投入战斗，包围卡罗尔火力基地！

　　卡罗尔火力基地，是非军事区内最大的火力基地，也是越南战争中期美国海军陆战队最重要的火力支援基地之一。当时，驻守火力基地的是南越国军第 56 步兵团团部、1 营和 3 营。基地内拥有 5 个野战炮兵连，相当于 2 个野战炮兵营的战斗力，共有 22 门 105 毫米到 175 毫米的榴弹炮（4 门 175 毫米自行火炮，射程 32 公里；14 门 M101 105 毫米榴弹炮，射程 11 公里；4 门 M114 155 毫米榴弹炮，射程 16 公里）。

　　从 4 月 1 日开始，越南人民军第 24 步兵团就逐步包围了卡罗尔火力基地。连续 2 天时间里，越南人民军不仅拿下了卡罗尔火力基地周围的各个制高点，而且还实施了一连串的小规模袭击战斗。守军进行了较为顽强的抵抗，南越炮兵们甚至把炮口压到最低，对越南人民军进行直瞄射击。战斗期间，守军拼命请求空中支援，但限于恶劣的天气，联军战术航空兵也无能为力。另一方面，在越南人民军第164炮兵团的M46 130毫米加农炮群和D74 122毫米加农炮群的猛烈轰击下，守军损失惨重。尽管如此，第3师团长武文阶准将既不允许卡罗尔火力基地的守军突围，也不承诺给他们增派援军，他给第56步兵团团长潘文定中校的命令简洁明了："不惜一切代价继续打下去。"

这里需要提及的是，M46 130毫米加农炮的有效射程是27公里，超过了美制M101 105毫米榴弹炮和M114 155毫米榴弹炮射程。凭借射程优势，越南人民军第164炮兵团把阵地部署在105毫米和155毫米榴弹炮射程外，使卡罗尔火力基地被动挨打，却无法实施有效反击。

4月2日中午，黎乐隆命令第24步兵团5营对卡罗尔火力基地进行第3次攻击，在伤亡了17名指战员后，5营被守军打了回来。但这次进攻也彻底打掉了守军的士气，南越国军第56步兵团团长潘文定中校看到形势迅速恶化，自己的团部和1营、3营在越南人民军第24步兵团围困下已经逐步丧失了战斗力，粮食几乎断绝。征得部下的同意后，他在14点30分用一部PRC-25电台与黎乐隆取得联系，进行谈判。经过协商，潘文定中校决定投诚。15点，潘文定中校把他的决定告诉了美军顾问比尔·坎贝尔中校和杰·布朗少校。

这两名美军顾问拒绝投降，要求自由行动，潘文定中校没有为难他们。接着，比尔·坎贝尔中校和杰·布朗少校烧毁机密文件，并带着2名南越国军通信兵寻隙突围。当他们朝着铁丝网地带走去，试图找到往梅禄基地突围道路时，冷不防遭到火力袭击，四个人被迫返回卡罗尔火力基地。

15点20分，第3师团前指接到卡罗尔火力基地的南越国军第56步兵团的美军顾问坎贝尔中校的无线电报告，说卡罗尔火力基地已经遍地是白旗，南越国军第56步兵团投降了，他请求马上派直升机过来把自己接走。当时，美国陆军一架CH-47"支奴干"运输直升机正在梅禄基地上空给基地的炮兵投下多余的弹药，接到第3师团前指的命令后，其马上掉转方向，在两架武装直升机掩护下，飞往卡罗尔火力基地。

在越南人民军第24步兵团冲进卡罗尔火力基地的大门前时，CH-47"支奴干"运输直升机就已经接走了坎贝尔中校、约瑟夫·布朗少校和南越国军的通信兵，陆战炮兵1营B连30名炮手也随机撤退。虽然人撤走了，可由于投降导致的混乱，陆战炮兵1营B连没有一门炮被销毁。不久，联军出动机群对卡罗尔火力基地实施空中打击。在绵密的火力打击掩护下，南越国军第56步兵团还是有部分兵力组织了突围，全团编制2200人最终只有大约1000人回到己方战线。

这样，越南人民军第24步兵团仅仅付出156人伤亡的代价，就拿下了这个极为重要的目标，并基本歼灭了南越国军第56步兵团。

对联军来说，卡罗尔火力基地的陷落对广治省整体防御是个巨大的冲击。2001年2月，原第3师团长武文阶准将在接受采访时就声称，他当时奉命前往顺化和阮文绍总统会谈，回到第3师团司令部，副师团长吴文忠上校却告诉他，第56步兵团和潘文定中校已经把卡罗尔火力基地给"卖"了。武文阶当时简直不敢相信自己的耳朵。

卡罗尔火力基地丢失后，梅禄基地失去了有效的炮火支援，完全暴露在越南人民军的兵锋下。在梅禄基地的美国海军陆战队顾问，已经连续96个小时都没得到休息了。在这一时期，美国海军陆战队埃里尔·克鲁格上尉、戴维·S.兰代尔上尉和克拉克·D.埃姆布雷上尉，不得不一次又一次穿梭于越南人民军的火制地带，往返于第147海军陆战旅团司令部和各营指挥部之间，以便架好AN/RC292电台的天线，保障第147海军陆战旅团和第3师团之间的联系。第147海军陆战旅团的高级顾问约伊少校意识到目前战术形势已经失控，于是赶紧通知手下拟定撤退计划；与此同时，他还指示大家销毁所有带不走的装备。当时，陆战8营2个连的残部已经放弃了霍尔康布火力基地，后与萨尔格山、伯胡山的陆战4营残部，以及从卡罗尔火力基地逃出的南越国军第56步兵团残部，齐聚梅禄基地（基地内还有保安军一个营）。

这个时候，博梅尔少校也带着8名南越国军海军陆战队员跑回了梅禄基地。结果陆战4营营长陈春光少校清点兵力，悲凉地发现原本632人的陆战4营现在只剩下285名弟兄，这还是算上了带伤能走的人！在回顾萨尔格山和伯胡山战斗时，博梅尔少校认为越南人民军第304A步兵师66团和特工19营的进攻组织得完美无缺，他们的炮兵（特别是第68炮兵团）打得准确而猛烈，取胜也无可非议。在谈到南越国军的指挥和组织时，他认为南越国军第3师团根本就不了解当时危险急迫的形势。

由于弹药短缺和未能获得新的补给，第147海军陆战旅团长阮能保中校向第

3师团建议放弃梅禄基地。武文阶准将稍做考虑就批准了他的请求,但要求销毁所有带不走的装备。在撤退组织上,第147海军陆战旅团以陆战4营B特遣队为先导,往东朝东河突围。在这之前,陆战4营副营长曾目睹美国陆军一架CH-47"支奴干"直升机正带着补给品降落下来;他注意到这架直升机在低空进场过程中竟然没有受到越南人民军的任何射击。夜幕降临,陆战4营副营长就召集B特遣队残部,领着第147海军陆战旅团往东河突围。虽然撤离了梅禄基地,但第147海军陆战旅团却非溃退,而是有组织地撤退,既布置了侧翼掩护,又安排了第258海军陆战旅团精锐的陆战7营断后,还带上了全体伤员。

18点15分,陆战7营也奉命撤出战斗。根据随同陆战7营的美军顾问安德列·德波纳少校和雷纳德·赖斯上尉的回忆,陆战7营费尽九牛二虎之力才撤了下来。该营的2个连被越南人民军第304A步兵师66团给缠住了,激烈战斗后才得以脱身,但营的建制被打乱,各部分散撤退,好不容易才抵达东河。

随着梅禄基地的丢失,广治省的形势可以说是更危险了。根据战后统计,南越国军第3师团在1972年3月30日到4月2日,共损失36门M101 105毫米榴弹炮、18门M114 155毫米榴弹炮和4门175毫米自行火炮。

在丢失了大半身管压制火炮的情况下,南越国军第3师团的困境有增无减,他们的下一个退守目标是东河基地。面对如狼似虎的越南人民军第308A步兵师,第3师团能挡住对手吗?

东河保卫战

1972年4月2日,这一天对广治省北部的南越国军来说是关键性的一天。

对于本来是出于兴趣所在、误打误撞卷入到这场空前惨烈的大血战的杰拉尔德·特里中校来说,现在他却是肩负重任。他很清楚,整体形势仍在持续恶化,唯一让他有些欣慰的就是一艘负责对陆进行舰炮支援的军舰告诉他,美国海军陆战队第31两栖单位(31st MAU)已进驻第7舰队的两栖攻击舰群,可以通过和这个单位的沟通,来更好地遂行舰炮火力支援任务。9点15分,梅特卡尔夫上校从广治古城的第3师团新的司令部打电话给特里中校:"根据FRAC(美军负责第一军区的支援顾问司令部)指挥官的命令,由你来接管第3师团前指高级顾问的职务。"

在战场上,已被击溃的南越国军第57步兵团(早在24小时前就撤离了查理1

号火力基地），于 10 点 15 分向爱子基地的第 3 师团前指报告说越南人民军大约 20 辆 PT-76 水陆两用坦克和 T-54 坦克沿着 1 号国家高速公路已经冲到了 A2 基地区域。当第 3 师团前指问他们能否把坦克群挡在庙江河北岸时，第 57 步兵团一位身份不明的军官表示他们办不到。特里马上把这个消息转告了岘港的美军支援顾问司令部，称目前状况表明通往东河的公路已经向一支快速挺进的越南人民军坦克部队敞开。

当时，驻防东河的是南越国军陆战 3 营，负责该营的美军顾问是约翰·W.雷普利上尉，营长是南越海军陆战队中有名的勇将——黎伯平少校。

对于陆战 3 营来说，他们承担着阻击越南人民军进攻，给第 3 师团调整部署、重新沿庙江河组织防线赢得时间的重任。接到越南人民军坦克扑过来的消息，爱子基地的南越第 258 海军陆战旅团长吴文定中校立即命令陆战 3 营营长黎伯平少校（就是 1975 年西贡最后一战中，于胡奈村打赢第 341 步兵师的陆战 6 营营长），要"不惜一切代价"守住东河基地与东河大桥。吴文定中校还把陆战 6 营 4 辆载 106 毫米无后坐力炮的吉普车开到东河基地，加强陆战 3 营的打坦克能力。与此同时，第 3 师团也行动起来，副师团长吴文众上校决定把近来装备 M-48 主战坦克的第 20 装甲骑兵团投入战斗，化解越南人民军坦克群对东河的威胁。

面对进攻之敌，陆战 3 营营长黎伯平少校掌握的情报少得可怜。抬起头，他清楚地望见一面巨大的北越金星红旗在庙江河旧铁路桥上迎风飘扬。当他拿起电台耳机打算了解情况时，结果却听到一个虚假的报告，说东河已经丢失了。他扭头对陆战 3 营的美军顾问雷普利上尉说，如果你允许的话，我想在我的指挥网络里发一个信息。雷普利点点头，于是黎伯平少校用越南语和英语在指挥网络中重复两个声明："越南（共和国）海军陆战队正在东河！""只要还有一个海军陆战队员活着，东河就是我们的。"

第 258 海军陆战旅团的高级顾问埃斯雷少校，听到消息后马上和雷普利取得联系，告诉他要做好最坏的打算，不要指望援军。埃斯雷少校还说，第 3 师团司令部与第 57 步兵团的联系已经中断，越南人民军坦克群正隆隆南下，难民也如同潮水般涌过东河大桥，第 258 海军陆战旅团司令部依然待在爱子基地，保障第 3 师团前指安全。

大约 11 点，陆战 6 营和南越国军第 20 装甲骑兵团（该团团长是孙谢里 Ton Ta Ly，顾问是美国陆军少校詹姆斯·E.斯默克）会合。第 3 师团长武文阶准将任命孙谢里中校（军衔高于黎伯平一级）出任东河地区守备队长。移交指挥权后，陆战6营和第20装甲骑兵团两个指挥部合并，在一辆M-113装甲运兵车里设立东河守备队指挥部。11点15分，陆战3营1个连抵达东河大桥前，等待营主力到来。

接着，陆战3营另外2个连从西面进入东河，并在东河大桥另一头组织防御阵地；还有1个连沿着9号公路展开，掩护铁路桥。依托新的阵地，陆战3营可以对北岸的越南人民军一览无余，特别是冲上铁路桥的越南人民军指战员们。当东河地区守备队指挥部人员坐在坦克上穿过东河郊外时，突然被一顿毁灭性炮火砸中。在越南人民军的炮火打击下，南越国军被迫停止了在河南岸的所有运动。雷普对炮击的形容是一次"绝对的火焰风暴"。密集的炮弹砸下来，掀翻了许多居民楼和防御工事，并给逃难的平民制造了一场灾难。

对陆战6营来说，逃难的不只有人民，他们还见到了战场上极为丑恶的一幕：一群身着南越国军军服的人通过了陆战6营的阵地，"他们中间没有一个逃难的平民，一股巨大的人流往南移动，他们着装整洁，但没有军衔也没有部队标志（都被撕掉了），大约三分之一的人带着武器。"这个情景可把陆战3营营长黎伯平少校给气坏了，他从坦克上跳下来，抓住一名逃兵瞪着他质问道："你们要去哪儿？"这名受到极度惊吓的士兵语无伦次地回答道："没辙，没辙了。"怒火中烧的黎伯平不假思索就拔出了手枪，当场将其枪毙了。但他对逃兵的枪毙没有起到杀鸡儆猴的作用，逃兵人流还是源源不断向南移动，挡都挡不住，甚至都没人注意到黎伯平枪毙逃兵的事，因为这名被枪毙的逃兵很快就被人流踩踏而过。在溃兵眼里，一个被枪毙的小兵算什么，继续逃命才是"正事"。

对黎伯平来说，阻止溃兵还不是最要紧的，因为越南人民军第308A步兵师已经杀了过来——越南人民军第36步兵团试图跨过部分摧毁的铁路桥。当越南人民军步兵指战员在铁路桥南岸打下一个立足点时，陆战3营的美军顾问雷普利上尉马上请求实施持续不断的舰炮火力支援。他的请求直达爱子基地的火力支援协调部门，费森斯坦因马上和美国海军"布坎南"号驱逐舰（DDG-14）舰长威廉·J.特尔利（Thearle）中校取得联系，召唤舰炮火力支援。"布坎南"号驱逐舰是美国海军舰炮火力支援特混第70.8.9支队的旗舰，该特混支队由"布坎南"号驱逐舰、"斯特劳斯"号驱逐舰、"瓦德尔"号驱逐舰、"哈姆内尔"号驱逐舰和"安德森"号驱逐舰组成。雷普利上尉要求对铁路桥头左右各300米地带实施舰炮拦阻射击，这个请求几乎就马上得到了回应。在爱子基地的费森斯坦因中尉和约伊·D.施维夫特中士，已经针对 1 号国家高速公路各个区域拟好了火力支援计划，随时可以引导舰炮、航空和炮兵火力轰击各个目标。不一会儿，四处黑色烟柱的升起，标志着第 70.8.9 特混支队的 127 毫米火炮群抓住了目标。

在 1 个多小时的拦阻射击中，密集的舰炮火力封锁了东河铁路桥与公路桥各条接近路线。接着，雷普利上尉又请求转移火力，集中轰击铁路桥与公路桥之间长 2000 米、宽 1000 米的矩形区域，在没有火力指挥、没有地图核实、没有修正弹着的情况下，仅仅依靠电台召唤就对铁路桥区域进行火力投射的支援。得知越南人民军坦克群在北岸大约 200 米处开上 1 号国家高速公路，雷普利马上召唤另一次覆盖该地区的火力任务，封堵他们的突击路线。

在美国海军舰炮火力掩护下，陆战 3 营继续展开兵力部署。不一会儿，陆战 3 营的 2 个连和第 20 装甲骑兵团 3 支团就进占了东河，并在公路桥南面组织起了防御阵地。1 支团和装甲骑兵团指挥部占领了一个小村西南的高地作为防御阵地，从这里可以清晰地俯瞰庙江河以北的 1 号国家高速公路。看到越越南人民军坦克群军 4 辆 PT–76 水陆两用坦克在东河正东面沿着河岸扑过来时，雷普利上尉马上呼叫舰炮转移射击。根据这个请求，第 70.8.9 特混支队进行了准确的炮击，一举摧毁了这 4 辆坦克。雷普利上尉事后回忆："我们看着它们整齐（躺在那里）燃烧。我的盟友，陆战营长（黎伯平）和装甲骑兵团长（孙谢里）也都看到了舰炮火力的超级表演。当坦克群被击中起火燃烧的时候，两人都很吃惊并对舰炮火力支援的潜力倍感振奋。这次进攻后，我又根据越南人的要求，向舰炮特混支队提出了许多支援请求。"

其他的坦克群也很快出现在水平线上，他们沿着 1 号国家高速公路朝东河大桥冲过来，掀起了蔽天尘埃。当坦克群离东河公路桥不到 1000 米时，天气骤然放晴，南越空军飞行员驾驶的 A–1 "天袭者"攻击机俯冲穿云而下，轰炸和扫射越南人民军坦克群。对地攻击战斗中，南越空军的 A–1 "天袭者"宣称摧毁了 11 辆坦克，但也有 1 架 A–1 被击落，飞行员跳伞逃生。当飞行员挂在降落伞上徐徐落下的时候，双方突然停止了射击，并都抬头望着他。结果这位倒霉的飞行员的落地点位于河北岸，被越南人民军逮个正着。

云开雾散，让越南共和国空军的 A–1 "天袭者"可以通过猛烈的对地攻击，暂时阻遏部分越南人民军坦克的冲击，但还是有不少坦克继续南下。雷普利上尉清楚地看到了越南人民军坦克群行进时掀起的蔽天尘埃。与此同时，一架观察机在目标区上空盘旋，不断把越南人民军坦克群南下的消息通报给爱子基地。

12点，越南人民军一支坦克纵队从查理1号火力基地，沿着1号国家高速公路往南朝东河扑了过来。虽然双方相距2500多米，但第20装甲骑兵团1支团的M-48坦克群还是马上组织了火力还击，宣称打掉了6辆坦克。越南人民军指挥员很是吃惊，他向上级报告说自己被直射火力打掉了6辆坦克，但却没法标定火力从哪里打来的。在这次处子秀里，第20装甲骑兵团表现确实很出色。其中，副团长阿坚就宣称击毁2辆T-54坦克。

不过，东河基地最初的这些小小战斗对大局无关痛痒。在第320B步兵师撕开突破口后，第308A步兵师跟进打击，迅速攻破非军事区的南越国军所有前沿阵地和火力基地。在连续3天大规模炮击和步坦协同突击下，第308A步兵师很快冲上了1号国家高速公路，朝着东河杀过去。甘露河以北与越门河流域的防线已经崩溃。到4月2日中午，越南人民军和广治市之间的阻碍除了东河大桥、后汉河外，还有就是南越国军陆战3营、第20装甲骑兵团了。

大约12点15分，越南人民军第一辆坦克朝东河公路桥北面冲了过去，陆战6营的老兵黄文留中士，扛起2具M72肩扛式反坦克火箭筒就冲到大桥南岸。虽然他是反坦克突击分队队长，但勇气过人的他还是独自冲了上去。到桥南，他把两个空弹药箱装满泥土，然后和一段铁丝网放在面前做简易工事，接着半蹲着扛起火箭筒，准备向开始跨过大桥的坦克射击。

越南人民军的坦克停住了。也许是坦克车长不敢相信自己的眼睛（对方简直就是螳臂当车），可当他看到对面只有孤零零的一名陆战队员用火箭筒瞄着坦克时，还是刹住了车。此时黄文留马上扣动了扳机，射出了火箭弹，第一发火箭筒右偏打高；坦克开始缓缓前进，黄文留中士迅速装填第二发火箭弹，瞄准再打。火箭弹碰到了首上装甲往上跳飞，在炮塔环（也就是炮塔和车身结合部）爆炸，卡住了炮塔。

整个过程持续了不过短短几秒。轻伤的坦克往桥北岸退了下去。黄文留笑了，整个前线松了一口气。陆战3营的美军顾问雷普利上尉对黄文留赞誉有加，说他独自一人就阻止了"整个敌人进攻的势头"。拿雷普利的话来说，黄文留在东河大桥头果断的行动是"我曾听过、见过或经历过的最勇敢的个人英雄主义事件"。其实，越南人民军坦克轻伤后退是一个很糟糕的决定，这增强了东河的陆战3营全体将士对越南人民军单辆坦克的冲击是可以阻止的信心。不过，雷普利上尉在

东河防御战斗示意图

东京湾

越南人民军[B5]战动的第27
步兵团和第48步兵团

南越国军第1军区/军团
所属的保安军和民安卫队

4月2日

1号国家高速公路

南越国军
步兵团3营

南越第258海军
陆战旅团

南越国军第57
步

南越海军陆战队1
营（陆战（信）

广治古城

C4基地

A2基地

A1基地

C1基地

4月2-6日

东河基地

南越国军
第1装甲骑兵旅团

南越国军第2营步兵团

南希火力基地

美欧河

4月2日

珍妮火力基地

越南人民军
第324步兵师

安妮火力基地

芭芭拉火力基地

A3基地

A4基地

越南人民军第308A
步兵团

C2基地

C3基地

南越国军第56步
兵团3营

南越国军炮兵群

南越国军第147
空陆战旅团

佩德火力
基地

霍尔康布火
力基地

4月9-11日

梅绿基地

甘露支区

克罗尔火

南越国军第
兵团3营

富勒火力基地

洛贡希尔火
力基地

溪灵

4月2日

越南人民军
第304A步兵师

萨尔格山

（帕胡山）

丰黄

埃文斯营

1972年4月2—4日
东河防御战斗示意图

■ 作战基地　　▲ 火力基地

● 前哨

190　·

赞扬之余，他的头脑也很清醒。他明白，黄文留的勇战不过是暂时阻止了越南人民军单辆坦克的冲击，越南人民军很快就会卷土重来，下次可就不止这点兵力了；当越南人民军具有优势的兵力冲击过来的时候，仅靠陆战3营这点兵力是断然守不住阵地的。头脑清醒的他和斯默克（第20装甲骑兵团的美军顾问）电告爱子基地，请求允许部队炸毁东河公路桥（东河大桥），以免力战不敌而陷落。

对雷普利和斯默克的请求，特里和第258海军陆战旅团长吴文定中校进行了商议，两人都认为不能随便炸桥。武文阶准将也决心保住这个大桥，他打算派坦克群过河，在北岸占领一个桥头堡，以备反攻。雷普利很清楚上面的意见，可他也很清楚前线的形势。他在电台里反复坚持自己的意见："你不要拒绝我的请求，我只有一个连在桥上，请你允许我炸桥！"特里的回答也很坚定："等一下！"特里这句话的意思是按照无线电通信程序，他们要经过讨论以后再给雷普利答复。

到底该怎么办？特里中校也是两头为难。没错，他是美军在后汉河北岸的高级将领，可他的角色仅仅是个顾问。在爱子基地里，特里中校反复踱步，思考炸桥与不炸桥的各种后果。在东河桥头，雷普利和斯默克焦急地等待上级的答复。如果不炸桥，越南人民军坦克群说不定几个小时就会冲进广治市，甚至顺化市，特里中校仔细考虑了雷普利和斯默克的请求，认为他们一再地坚持肯定是根据现场最急迫的形势深思熟虑做出的决定，绝对不会是头脑发昏的冲动之举，照这么说来，应该果断定下炸桥的决定！

特里中校没有犹豫，马上和岘港的美军顾问支援司令部G-3联系，请求炸桥。岘港方面当即拒绝了这个请求，并告之如若炸桥就要得到西贡的批准。形势危如累卵，指挥程序还是这么烦琐！12点45分，特里决定独断专行，他电告斯默克和雷普利，马上炸掉东河大桥。特里表示，如果需要，他会把更多的炸药送上来。雷普利高兴极了，当前的形势刻不容缓，他早就想炸桥了。

雷普利上尉，美国海军安纳波利斯学院毕业生，1966年曾在越南南方战场指挥过一个陆战步兵连，因作战勇敢而获得一枚银星奖章。在美国陆军游骑兵学校和英国皇家海军陆战队实习期间，他获得了丰富的爆破经验。当雷普利上尉走向大桥时，斯默克少校坐着一辆南越国军的M-48主战坦克开了上来，对他说："嗨，陆战队员，上来吧，我们一起去炸掉这座桥。"

雷普利和斯默克，同两辆M-48坦克一路开到大桥100米内，在9号公路和

1号国家高速公路交叉路口（也就是"三角区"的地点）停了下来。两辆坦克展开队形，停了下来。雷普利和斯默克跳下坦克，走到一个老旧的坚固碉堡背后隐蔽起来。从碉堡到东河桥头是一片开阔地，越南人民军炮火和步兵火力横扫该地区。虽然天气晴朗，太阳当空照，可头顶就是没有一架飞机，也没有任何舰炮火力支援。

两人穿过开阔地，发现一小队南越国军工兵正试图安放炸药，工兵们把大约225吨TNT炸药和C4塑胶炸药安放在桥梁和引桥坡道。东河大桥是一座双车道公路桥，重约60吨，这座桥梁都是由美国生产的钢筋混凝土所造，桥面由木质材料铺设，长约193米。按照南越工兵安放炸药的位置来看，东河大桥并不会扭曲垮塌，而仅仅是受到"拍打震动"而已。

雷普利纠正了这些错误，亲自把25到30个装满C4塑胶炸药和TNT炸药的木制炮兵弹药箱，交错安放在桥梁下，做好了爆破准备。同一时期，斯默克少校和南越工兵也在公路桥上游的铁路桥安好了炸药。

接着，雷普利开始接引线和连通起爆器。为了防止电力起爆失效，他还预先准备一条长长的引信，打算在没法电力起爆的情况下，采取原始的点火起爆法引爆炸药。接着，雷普利上尉退到安全地带，然后压下起爆器，可炸药并没有爆炸。这一瞬间，似乎整个南越北部诸省的命运就落到这条导火线上。于是，雷普利点燃了导火索（导火索燃烧时间长度为35到40分钟），望着不断缩短的导火索，雷普利的心都要跳到嗓子眼了。

就在这个时候，南越国军第1装甲骑兵旅团抵达东河。旅团长阮仲栾中校和旅团顾问刘易斯·C.瓦格纳中校来到"三角区"查看东河大桥的情况。按计划，第1装甲骑兵旅团要跨过大桥，全面接过东河地区防务。两人都认为除非形势进一步明朗，否则不应该炸桥。当时，东河大桥周围仅受到越南人民军轻武器步兵火力和迫击炮火力打击，而联军却动用海空火力予以支援。就在两人正想着不该炸桥的时候，东河大桥突然发生猛烈爆炸，由此彻底断了他们的念头。通过电台，雷普利向特里中校报告说，东河的公路桥和铁路桥已在16点30分被炸毁。

随着大桥的爆破，双方所有射击在这一瞬间都停止了，战场突然一片死寂。接着，北岸传来坦克发动机轰鸣声，越南人民军中型坦克群从阵地转移开来，给PT–76水陆两用坦克前出到河边让出空间，越南人民军似乎要准备过河。看到4辆PT–76准备下水，雷普利中校马上召唤舰炮火力拦阻射击。"布坎南"号驱逐舰应声打了一个齐射，4辆PT-76水陆两用坦克就被击毁在河边。接着，美国空军的B-52战略轰炸机又进行了地毯式轰炸，该地的越南人民军坦克活动暂时消停。

第308A步兵师在东河与越门河口的步坦协同进攻受挫期间，越南人民军第304A步兵师却在西面加大了攻势力度。在刚刚被放弃的查理3号基地正南的甘露大桥，南越国军第1装甲骑兵旅团为了防止越南人民军跨过大桥展开攻击，呼叫航空火力摧毁了大桥。为了支援他们，爱子基地的第3师团前指还呼叫了"布坎南"号、"斯特劳斯"号、"瓦德尔"号实施舰炮火力支援。一整夜时间里，数百发舰炮炮弹砸在了越南人民军的头上。美军的舰炮火力支援精度很高，直接对南越国军战线前方300米内目标进行火力投射，有效遏阻了对方的进攻。

许多读者看到这里，一定会认为联军的航空火力和舰炮火力打击效果是很夸张的。那么，实际情况是否如此呢？让我们来看看另一边的说法，原越南人民军第202机械化步兵团政委（1965—1972年）的武玉海大校（Đại tá Võ Ngọc Hài, Nguyên Chính ủy Trung đoàn 202）对这次战斗的回忆：

1971年11月18日，国防部决定把第202坦克团改编为我军第一个机械化步兵团，命名为A7单位。阮文朗中校担任团长，我任政委。除了我们自己的兵力，团还接纳了广宁省地方部队第244步兵营、河南省的第66步兵营。上千名新战士和各类干部也补入部队。

我到第3军区和各省军事指挥部接收部队，并指导他们行军至永福省平川县明光乡甘林村的团驻地。总的来说，各地方营的质量不如各坦克单位的高，（他们的）干部既没见识过坦克、装甲车，也不了解机械化步兵。

与此同时，我们还接收了许多新装备，改进了一些坦克，例如把PT-85坦克（由中国生产）改装成防火破铁丝网车，也就是FR车（越南语的防火Phong hoa 和破铁丝网 pha rao 首个字母缩写）。全团干部战士昼夜不停地努力组建建设，并根据行进间攻击的方式进行作战训练，创造插入（敌人）后方的可能和在一个方向独立作战之势。

在兵种司令部和国防部各机关的直接指导下，经过79昼夜组织及不停训练，进行实兵演习……我们争分夺秒，到1972年3月初各项准备工作基本完成……

第一次领导、指挥一个坦克车团参加大战，我们内心都深感责任重大。

1972 年 3 月中旬，全团告别三岛山，开赴战场。1972 年 3 月 12—13 日，先导单位的车辆从永安车站出发。经过 23 天连续行军，本团在广平省决胜农场的世维山北面完成集结。

1972 年 3 月 30 日 11 点 30 分，治天战役打响。2 天后，敌人全部外围据点群都被消灭。敌人仓促在东河、爱子、罗汪、广治组织防守，企图组织 3 个装甲团集群保卫东河据点并布置纵深防线，决心阻止我军。

为了进攻，打到东河，我团奉命行军赶到集结位置准备战斗。3 月 31 日夜，我团从决胜农场周围高地连续行军，至 4 月 1 日清晨抵达永灵县永石乡，然后部队隐蔽起来，开始检查车辆，重新加油和进行小修理……

1972 年 4 月 1 日 22 点，我和团长阮文朗在团指接到战役指挥部的命令："4 月 2 日 4 点开始炮火准备，5 点与第 308 步兵师协同行军越过边海河大桥，然后沿 1 号公路过洞庙，直插东河。"

这是我们第一次上战场，由于时间仓促没法在战斗前仔细研究地形，手头上只有一份 1941 年的比例尺为 1：10 万的东河地图，我们既没有碰上要协同的步兵单位，司令部也没派代表下来监督计划执行情况。我曾在苏联的坦克兵学院学习过，他们的作战协同计划都是在进军过程中拟定，但这里是越南，地形十分复杂，我们的军队还没有经历过类似的作战。像这样的命令会给下属完成任务带来不小的困难，但"军令如山"。

领受任务后，我们迅速在团指召开常务党委会议，全体干部表示坚决执行命令。接着，我们派出一个侦察组和参谋干部，侦察贤良桥到洞庙的道路。同时做好在陆路受到堵塞的情况下搭浮桥过边海河的准备。我们指定让第 66 营打头阵，因为他们比第 244 营准备得更充分。各团直属单位，比如通信兵、流动手术站也紧张完成了准备工作。接着，我们派一部分机关干部和副团长同志下到 66 营。同时，我们还把维修员和技术干部集中起来，保养和修理一些车辆，经过一夜行军，部队都比较疲劳，为了继续上路，大家紧张地准备干粮和饮用水。

……

实际上，第 66 营编制 23 辆坦克，只有 13 辆顺利过河。1972 年 4 月 2 日 5 点 50 分，第 66 营 13 辆坦克冲到距东河只有 5 公里的永光场时，突然遭到从广能赶到东河的敌人的阻击，被挡在东河大桥北岸。接着，桥被敌军炸毁（显然就是雷普利上尉所为），第 66 营的 13 辆坦克因为没法过河，退回永光场北面小树林企图隐蔽。但他们立即招致美军舰炮火力打击和飞机轰炸。各坦克兵战士用车载防空机枪打击敌人，连续战斗 5 个小时，击落 1 架 A-37 攻击机。8 辆坦克被击毁，我方一些干部战士牺牲，其中包括（坦克兵种）政治坊的宣传干部阮文连大尉。[1] 4 月 4 日夜到 4 月 5 日，单位返回永灵总结经验，巩固和准备第二阶段战斗。我在这次战斗中得到了很多教训：道路侦察准备不够，敌情不明，战斗协同过于草率，导致损失大且没有完成任务。①

依仗着美军强大的舰空火力，东河算是保住了。

调整部署

1972 年 4 月 3 日，治天进攻战役开始了整整 5 天，南越国军第 1 军团司令黄春林中将才如梦初醒，判明广治省正是越南人民军这次战略进攻的主要突击方向。有鉴于此，他向西贡的联合参谋本部请求增兵广治前线。经过几天持续不断的残酷战斗，南越国军第 1 装甲骑兵旅团和陆战 3 营顶住了越南人民军的进攻。由于炸毁了东河大桥，联军有效迟滞了越南人民军第 308A 步兵师的进攻势头。浓云密布和越南人民军绵密的防空火力都限制了联军近距离空中支援，也干扰了美国空军对 B-52 每天轰炸越南人民军疑似集结区和进攻出发阵地的效果评估，南越国军几乎完全是靠步兵、装甲兵和舰炮火力勉强撑下来。形势依然很紧张，黄春林中将打算等天气情况好转，可以得到联军有效近距离空中支援再组织反攻。

4 月 3 日，特里中校回到西贡，美美地睡了一觉，这是自越南人民军发动战略进攻 5 天以来，他第一次睡个好觉。接着，他和美国海军驻越南司令官、预备役少将罗伯特·萨尔泽会晤。特里向萨尔泽介绍了非军事区沿线危急的形势。会后，萨尔泽少将让特里中校和约舒亚·W.多尔塞（Dorsey），以及南越国军海军陆战师团司令部返回第 1 军区。同一天，原配属南越国军第 56 步兵团的美军顾问坎贝尔中校返回岘港，向克罗埃森将军汇报情况。坎贝尔中校说，越南人民军已经在

---

① 这个损失说法得到了《越南人民军历史第二集》第 282 页最后一段的证实。

北部地区发动大规模进攻，南越国军和平民正恐慌而混乱地往南逃窜。他所配属的南越国军第56步兵团既没有炸毁火炮，也没有销毁弹药和设施，就在卡罗尔火力基地向越南人民军第24步兵团投降。坎贝尔的报告证实了特里中校对第1军区目前战况态势的评估，第1军区和美国远征军终于开始正视现实。

作为对广治战场危急形势的回应，联合参谋本部一纸命令（得到越南共和国总统阮文绍的许可），原本留在西贡做战略总预备队的南越国军海军陆战师团司令部和第369海军陆战旅团，奉命空运前往顺化附近的芙拜空军基地。一到位，海军陆战师团长黎元康少将就把司令部和海军陆战师团直属各支援分队集结在顺化皇城，他暂时出任顺化城防司令。除了第369海军陆战旅团，黎元康少将手下的第147海军陆战旅团和第258海军陆战旅团，目前都归第3师团长武文阶准将节制。经历了前期的恶战苦斗并蒙受较大损失后，第147海军陆战旅团（含陆战4营和陆战8营）撤到顺化市休整，并作为第1军团预备队。第369海军陆战旅团奉命接过美政河北岸一大片重要地区的防务。

联合参谋本部对广治的危机十分重视。除了给黄春林派来海军陆战师团司令部和第369海军陆战旅团外，还增派了别动军司令部和别动军3个联团（每个联团下辖别动军3个营），以及广南省调来的另一个别动军联团都派来了，极大加强了第3师团防区的力量。从目前的增兵态势来看，广治省的形势似乎可以稳住。这些援军的到来，也增强了黄春林反攻收复失地的信心。

第369海军陆战旅团，由范文众上校指挥，负责东起南中国海，北到绒江，西到海朗县丛林之间广大地区的防务。该旅团所辖的陆战5营，别号"黑龙营"，从芙拜基地坐卡车沿着1号国家公路行车到美政河北岸大约5公里才下车。按照范文众上校的命令，陆战5营要往西占领珍妮（Jane）火力基地。途中，陆战5营顾问唐纳德·L.普莱斯少校，看到南越国军一架武装直升机沿着部队行军路线低空盘旋。突然间，他看到一条烟迹朝直升机扑了过来。普莱斯第一个反应的就是越南人民军的RPG火箭筒手（实际是箭-2肩扛式防空导弹，美军称为SA-7）正在朝直升机射击。这架武装直升机压低坡度，好不容易才躲过了在空中改变方向的火箭弹。当陆战5营继续朝珍妮火力基地行进时，他们抓获了一名年轻的越南人民军战士，普莱斯怀疑就是他对武装直升机进行攻击。在审问中，这名战士承认越南人民军已经获得了一种防空导弹，这种导弹可以追踪飞机的尾喷红外特征实施攻击。实际上，这就是著名的箭–2 热寻的防空导弹。普莱斯少校马上把这个消息向第 369 海军陆战旅团的新任顾问罗伯特·F. 谢里登少校报告。据他们回忆，由于越南人民军拥有了箭–2 肩扛式防空导弹，联军具有优势的制空权和近距离空中支援从这时起发生了重要的转变。

至 4 月 5 日，南越第 369 海军陆战旅团在海朗县以西全面展开，他们的任务是确保顺化到广治战场的 1 号国家高速公路，这条补给主干线的畅通。为此，该旅团所属的各陆战营奉命在美军遗弃的各个旧的火力基地占领防御阵地：芭芭拉火力基地、萨利火力基地、南希火力基地和珍妮火力基地，这些都是卡住博隆河谷和海朗国家森林通往广治省南部的各条通道的咽喉要地。

南越国军紧急调兵遣将，越南人民军也没有闲着。5 天战斗打下来，黎仲迅对辉煌的战绩感到很满意：越南人民军在东、西、北三个方向全面攻破了对方的所谓"钢铁闸门"和"不可侵犯"的麦克纳马拉电子防卫墙。截至目前，越南人民军已经宣称全歼敌 1 个团，重创 3 个团，拿下 4 个团级基地、7 个营级基地（均属火力基地）和许多战术支撑点，彻底解放了甘露和犹灵县，扩张人口十多万人。在胜利的同时，黎仲迅少将也敏锐地发现了对方开始调整部署，重视广治防御。根据越南人民军情报显示，阮文绍总统下令第 1 军区要以东河基地—爱子基地—罗汪基地为核心，组织集团防御，决心就地"死守"（tử thủ）。对方的增兵速度也非常迅速，从 4 月 4 到 5 日，联军就往广治战场增兵 9 个营，火力支援的第一优先顺序也由西原改为广治。喜欢细心钻研战术的黎仲迅少将还注意到，对方依托基地和周围制高点，采取坦克装甲车配合步兵，实施坚守防御加机动灵活的反突击战法；在日益增强的航空火力支援下，发挥火力和机动力，着眼于杀伤越南人民军进攻部队，避免己方承受重大伤亡。这一点，从第 202 机械化步兵团 66 营被摧毁 8 辆 PT–85 水陆两用坦克的战例即可得到证明。

鉴于形势演变越来越复杂，1972 年 4 月 6 日，治天战役司令部认为联军虽然不断增兵，但防线始终没有得到巩固（这个判断相当错误），他们依然处于惊慌失措状态，如果继续组织猛烈进攻，对方必定崩溃。基于这个极为错误的判断，治天战役司令部决定进攻联军的防线中心区，求得彻底突破第 3 师团防御地带，一举解放广治省。

决心已下，接着就是兵力部署。黎仲迅决定以第 308A 步兵师（欠第 88 步兵团）在第 28 步兵团和 2 个坦克连加强下，进攻消灭东河——莱福（Lai Phước）基地群；第 304A 步兵师（欠第 66 步兵团）要打爱子基地之敌，拿下广治桥并阻敌撤逃；第 324 步兵师要对罗汪展开攻击，切断绒江大桥到美政河大桥之间的 1 号国家高速公路交通。越南人民军第 27 步兵团和永灵县第 47 步兵营在 2 个坦克连支援下，继续在越门港周围扩张战果，任务是拿下潮丰和海朗两县，进攻时间定在 1972 年 4 月 8 日。

从黎仲迅的部署中，不难看出，东河依然是越南人民军新一轮进攻的战斗焦点。

东河续战

东河大桥的炸毁，虽然阻止了越南人民军第 308A 步兵师在行进间拿下东河的企图，但范鸿山却不轻易罢休。在总攻击到来前，他命令第 36 步兵团继续不断组织对东河的小群突击，消耗联军有生力量的同时求得偷渡成功，拿下几个渡口。

在这个指导思想下，越南人民军第 36 步兵团从 4 月 3 日到 4 月 8 日，每当白天到来时就组织炮火轰击东河基地，每当夜晚来临就组织 1 到 2 个排乘坐突击舟，在东河铁公路桥炸毁点附近偷渡。为了粉碎越南人民军的企图，南越国军第 20 装甲骑兵团在坦克上装载探照灯照亮河面，一发现偷渡的越南人民军就组织火力射击。然而，这些探照灯很快就成了越南人民军炮火和迫击炮火力打击的目标。结果，采取探照灯照亮河面的战术仅用了两三夜就失效了。

白天，除了炮火轰击外，越南人民军狙击火力也打个不停，给守军带来了极大的困扰。另一方面，不断降雨的天气也给越南人民军偷渡创造了便利的条件。尽管越南人民军第 308A 步兵师从 4 月 3 日到 4 月 8 日进行了一连串的偷渡行动，突破了南越国军在南岸薄弱的防线，但南越国军第 20 装甲骑兵团和陆战 3 营英勇奋战，还是粉碎了越南人民军以小偷渡点扩张成大桥头堡的企图。除了陆战队和坦克奋战外，美国海军舰炮火力支援也对稳定东河防御态势起到了重要的作用。虽然第 20 装甲骑兵团定期转移到各个预备阵地，但该团的美军顾问吉姆·斯默克少校还是认为让第 20 装甲骑兵团担任阻击任务，是剥夺了坦克的机动、火力和突然性优势。此外，孙谢里中校缺乏积极进取的领导和不愿经常视察前沿阵地，导致坦克兵的士气下降，坦克兵放弃阵地的事情时有发生。另外，第 20 装甲骑兵团获得的友军消息仅仅是不断看到当地守军穿过他们的防线撤退，这些孤单的坦克兵自然会认为他们被抛弃了，只有他们还在守着东河，可想而知其士气低落。

目前，已经有差不多 2 万人难民南逃，还有估计 2.8 万人要涌来。一旦让这些难民通过东河防御地带的话，越南人民军肯定会利用难民潮实施渗透突破。为了防止越南人民军利用难民潮渗透突破东河，陆战 3 营营长黎伯平少校下令封锁难民进东河镇的通道。美军驻岘港的顾问支援司令部副司令托马斯·W. 布朗准将也通知爱子基地："没有任何限制"。B-52 战略轰炸机群继续对庙江河北岸进行"弧光打击"，不必顾及难民的存在。

当时的东河已经没有平民，南越国军便在各个被毁的房屋内搜刮食物和其他金银细软。在顺化的海军陆战师团长黎元康少将听说抢掠事件后，大为光火，他随即下了一道严令，海军陆战师团严禁抢掠搜刮。他不仅签署了命令，还派直升机在战场上散发。这道命令立即发挥了作用，海军陆战师团各营严格执行，对民众的财产再无侵犯，军纪和士气也得到了恢复。在当地民众的支持下，海军陆战师团精神面貌焕然一新。虽然如此，当前的形势还是很紧张，越南人民军已经突破了山区地带，南越国军不得不在人口、居民楼密布地带遂行大规模防御作战，但所有陆战队员都奉命只能采取一切办法协助人民，保护他们的生命财产，严禁抢掠，对任何胆敢抢掠的陆战队员格杀勿论！在黎元康的严令下，抢掠终于被制止了。

在士气恢复的同时，陆战 3 营和第 20 装甲骑兵团也迎来了新的援军。大约 250名官兵，包括南越国军第 57 步兵团残部，在这危难时刻抵达了东河，缓解了陆战 3营和第 20 装甲骑兵团的部分压力。接着，第 57 步兵团负责 9 号公路到越门河的海军基地之间防务。让陆战 3 营营长黎伯平少校没有想到的是，第 57 步兵团的到来不仅没有起到积极作用，反而让形势更加恶化，越南人民军正是从 57 团防线上撕开口子，在庙江河南岸打下了一个桥头堡。对这些溃兵本来就心生厌恶的黎伯平，看到57 团如此的表现更是不满，他向上级请求再派 1 个陆战营过来加强东河防御。

对黎伯平的请求，武文阶准将最初表示同意。4 月 5 日，他命令爱子基地的南越陆战 6 营（营长杜友松，配属美军顾问威廉·R. 瓦伦少校和威廉·D. 威施迈尔上尉）北上增援东河。可就在陆战 6 营准备出发的时候，西面的佩德罗火力基地却受到越南人民军第 304A 步兵师的一次特工袭击。显然，越南人民军很快就要打佩德罗火力基地了，那里更需要援军。13 点，武文阶准将一纸命令，又变更了陆战 6 营的任务，不去东河，改去佩德罗火力基地。

4 月 6 日清晨，一群美国记者和摄影师突然"莅临"东河，他们想通过战地采访，获得东河战斗的第一手资料。采访组抵达南越国军陆战3营和第20装甲骑兵团所在机动指挥部时，越南人民军一支部队正好穿过北面50米的一片丛林。虽然南越陆战3营的美军顾问雷普利上尉更关心当前紧迫的战场形势，可美国记者们却把他围了个水泄不通。采访的麦克风塞到他的嘴边，相机更是闪个不停。就在这时，一群迫击炮弹飞了过来。雷普利大声呼喊，让大家隐蔽，却来不及了。

爆炸声响起，血肉横飞。被记者们团团围住的雷普利毫发无损，可他的通信兵却被炸死了，前来采访的7位记者也负了伤。尽管迫击炮火力有增无减，但勇敢的雷普利上尉还是穿过火制地带，将他被炸坏的电台天线找个好的更换了，并打算通过无线电召唤一架救护直升机过来撤伤员。不过在直升机到来前，这些负伤的人必须要转移到安全地带。第20装甲骑兵团顾问吉姆·斯默克少校也赶来助他一臂之力，协助雷普利把伤员转移到一辆装甲运兵车里。往来撤运伤员过程中，吉姆·斯默克少校负伤，雷普利却再次有如神助般地毫发无损。

在越南人民军绵密的迫击炮火力打击下，南越国军第20装甲骑兵团长孙谢里中校意志动摇了，他命令坦克装甲车从越南人民军炮火封锁区撤离。为了救下伤员，雷普利拦下一辆退却的M-113装甲运兵车，要车组载着一些伤员撤退。这辆装甲运兵车应允带走了一些伤员，可它撤走时战壕里还留下其他负伤的美国记者。雷普利恼火了，他抄起自己的M16自动步枪，逼迫最后一辆离开战场的坦克，坦克车长停了下来，把斯默克和剩下的记者伤员抬上M-48车身，雷普利这才挥手放行。这辆M-48也不客气，加大马力撤离了炮火封锁区，把雷普利一个人孤零零留了下来。雷普利的勇气和魅力，受到了斯默克的赞扬。

这个时候，越南人民军一个步兵班也穿过9号公路，突入西北面的公墓区。虽然他们和雷普利相距不到50米，却没有举枪对着一名扛着战友尸体（雷普利扛着自己的通信兵尸体，也撤离了战场）的美国海军陆战队员射击。也许这种不遗弃战友尸体的袍泽情，打动了越南人民军士兵。

虽然越南人民军没有对雷普利开枪，但陆战3营丢了自己的顾问可不是开玩笑的，营长黎伯平少校赶紧和两名"牛仔"返回战场，当他们找到雷普利时，越南人民军就不客气了。越南人民军先是用步兵轻武器进行追踪射击，突然间西北方向打出一枚"火箭弹"直扑滞空的一架前进空军管制官乘坐的观察机。从来没有见过箭-7防空导弹的雷普利回忆说："这枚导弹就像一根电线杆似的在空中笨拙地飞舞。"也许是因为 OV-10 观察机是低空飞行，地面红外杂波的干扰致使导弹射偏，可从这个时刻起，联军绝对优势的制空权就又受到了越南人民军新的威胁。与此同时，随着越南人民军防空火力已经前出到战场最前沿，给联军的空中搜救行动造成了严重的威胁，也极大限制了美军的撒手锏——AC-130 空中炮艇对爱子基地北面的压制性火力支援行动。

4 月 7 日，倍受重创的南越国军陆战 3 营从东河撤离，把该镇留给第 1 装甲骑兵旅团、别动军第 4 和第 5 联团，以及严重缺编的第 57 步兵团。第 20 装甲骑兵团所辖的第 1、第 3 支团仍留在战场上，支援别动军 2 个联团，第 2 支团返回爱子基地充当预备队。陆战 3 营撤回爱子基地后，和陆战 1 营、6 营一起重新由第 258 海军陆战旅团指挥，巩固爱子基地的防御，并继续包围第 3 师团防御地带西翼。在历时 4 天的防御战斗中，陆战 3 营和第 20 装甲骑兵团联手作战，保住了东河，但胜利的代价是惨重的，陆战 3 营 3 月 30 日参战兵力是 700 人，8 天后只有 200 人随同黎伯平少校徒步撤回爱子基地。

其实，他们也算是幸运的。因为就在他们撤退的第二天，越南人民军再次组织了全线攻击。

力挫越南人民军

经过 2 天的物资准备和部署调整，1972 年 4 月 8 日 15 点，越南人民军治天战役司令员黎仲迅少将再次下达了进攻命令。一开始，第 38 炮兵团、第 68 炮兵团、第 164 炮兵团、第 675 炮兵团同时对东河、爱子、罗汪基地群进行猛烈的炮火急袭。接着，越南人民军以第 308A 步兵师和第 304A 步兵师为主力，在坦克兵伴随支援下展开战斗队形，占领攻击前出阵地。

4 月 9 日 5 点，第 308A 步兵师以第 102 步兵团和第 36 步兵团于坦克、装甲车掩护下展开猛烈攻击，他们在叁梅（Tăm Mái，位于东河西北）到 32 高地之间撕开了一道宽 8 公里的口子。最初，第 102 步兵团和第 36 步兵团很顺手，打了 2 个小时就拿下了东河北面和西面部分高地，但形势很快就发生了逆转。别动军第 5 联团竟然在第 20 装甲骑兵团支援下展开猛烈反击，冲在最前面的第 36 步兵团伤亡很大，损失了 150 多名指战员。为了挡住别动军第 5 联团的反击，第 36 步兵团被迫把坦克顶上来，企图协同战斗。但越南人民军各坦克兵战士还是缺乏战斗经验，

（对战场认识）过分主观，被敌坦克和隐蔽在工事里的敌反坦克火箭筒打燃 3 辆。[2] 在步兵受挫、坦克受损失的情况下，第 308A 步兵师的东河进攻战斗陷入停滞状态。

无独有偶，在第 308A 步兵师进攻受挫的同时，第 304A 步兵师也和南越第 369 海军陆战旅团发生激烈战斗。第 304 步兵师战史"大言不惭"地声称自己获得了胜利："在爱子西面，4 月 9 日 5 点，第 304 步兵师 24 团在坦克掩护下占领了凤凰基地（联军叫佩德罗火力基地）——这是爱子基地周围的重要据点。当天下午，敌增兵反击夺回了凤凰基地。到 4 月 10 日 17 点，我军集中兵力进行两次坚决突击后终于攻克了凤凰基地。"

对比联军的记载，作者很遗憾地说，越南人民军第 304A 步兵师的说法较为夸张。实际上，这次战斗以佩德罗火力基地之战的胜利载入联军史册。不过，联军的战斗开局并不好看。

1972 年 4 月 8 日，南越第 369 海军陆战旅团所辖的陆战 5 营营长胡光历中校，为了查明当面越南人民军动态，让副营长陈博少校带 2 个连往珍妮火力基地西面 1200 米处侦察。当天，巡逻队钻进海朗国家森林公园时，突然和一支携带迫击炮、机枪，并构筑阵地的越南人民军部队遭遇。越南人民军抢先开火，打死了陈博少校和指挥组。在群龙无首的情况下，美军顾问马绍尔·R.维尔斯上尉协助整理队伍，带着南越陆战队员撤回珍妮火力基地。陆战 5 营的普莱斯少校回忆说，当队伍从森林和敌人脱离接触时，不得不使用炮兵火力和机枪火力才驱散了追击的越南人民军。陈博少校的死给第 369 海军陆战旅团长范文众上校敲了个警钟，要集中精力应付来自西面 1 号国家高速公路的威胁。他心里很清楚，越南人民军第 304A 步兵师很快就要打佩德罗火力基地了。那里可是第 258 海军陆战旅团的防区，也是珍妮火力基地的犄角之地。

同一天清晨，南越陆战 6 营抵达佩德罗火力基地。营长阿松少校并没有直接把营部设在基地内，而是聪明地把 3 个连布置在佩德罗火力基地北面和东北面，围绕爱子基地至佩德罗火力基地的土质公路形成月牙状的环形防线。情报显示，越南人民军的坦克部队很快就会从西面沿着 557 号公路冲过来。

4 月 9 日，不出阿松少校所料，越南人民军第 304A 步兵师 24 团发动了进攻，他们先是在午夜过后不久用 M46 130 毫米加农炮群对爱子基地进行轰击。猛烈的炮击持续了一整夜。清晨，越南人民军坦克群穿过浓雾，沿着 557 号公路和公路周围的原野隆隆开来。6点45分，越南人民军2个步兵营和16辆坦克正式对佩德罗基地发动了进攻。

冲在最前面的坦克群，估计以每小时32公里的速度，超越伴随步兵，于7点15分冲击佩德罗火力基地的防御圈。他们轻易冲破了两层带刺铁丝网，压垮了沙包垒起的掩体。守卫基地大门的陆战6营一个前哨排，全部倒在越南人民军坦克火力或履带碾压下。基地内的南越陆战队员躲在各自的掩体里，组织步兵轻武器射击。坦克隆隆碾过整个地区，击毙了部分守军，并用主炮对逃往爱子基地的部分守军射击。当这2辆T-54坦克在佩德罗基地内大肆蹂躏的时候，其他坦克群却不等步兵跟进开始穿过雷场，结果导致损失了9辆坦克。

虽然304米高度的云层阻碍了近距离空中支援，但水平视野却很开阔。看到头两辆T-54坦克冲进佩德罗基地，陆战6营的美军顾问瓦伦少校马上用电台呼叫第258海军陆战旅团的美军顾问埃斯雷少校，请求把放在爱子基地做预备队的第20装甲骑兵团2支团派来支援，同时请求对T-54坦克背后距离大约800米跟进的越南人民军步兵进行一次猛烈的集中炮击。

接到佩德罗基地受到越南人民军坦克进攻的消息，南越第258海军陆战旅团长吴文定中校赶紧集结一支救援部队。不到30分钟，陆战1营2个连（美军顾问利文斯顿上尉也随队出击）、第20装甲骑兵团2支团所辖的8辆M-48坦克和12辆M-113装甲运兵车，就迅速前往佩德罗火力基地增援。与此同时，第258海军陆战旅团的105毫米榴弹炮群齐鸣，美国海军靠岸的驱逐舰群也打了两个齐射，迫使T-54坦克群背后跟进的越南人民军步兵撤离，逃往博隆河谷隐蔽。

这时，天空原本低垂的云幕突然"开了一个洞"，南越国军空军的4架A-1"天袭者"攻击机穿云而下，对威胁陆战6营营部的越南人民军坦克实施攻击，宣称击毁5辆坦克。虽然越南人民军坦克群轻易冲到陆战6营跟前，但不知道为什么他们没有抢在空袭前开火，他们本来可以轻而易举地干掉陆战6营营部。

云开雾散和随之而来的空中支援，都给救援部队赶来争取了宝贵的时间。在陆战6营营部周围，第20装甲骑兵团2支团的M-48主战坦克和越南人民军的T-54坦克爆发了一场短促的坦克战斗。南越国军装甲兵表现得十分出色，他们在1500米的距离上首发或次弹就命中了T-54；相反T-54的火控系统似乎不怎么灵光，一炮都没打中目标。2支团宣称以无一损失的代价，击毁了越南人民军5辆T-54坦克。接着，阮登和少校组织陆战1营和该营B特遣队，搭载M-48主战坦克和M-113装甲运兵车反击夺回了佩德罗火力基地。接着，利文斯顿上尉和B特遣队一起，往南扫荡了大约1000米，宣称击毙越南人民军100人，缴获1辆坦克。

战后，利文斯顿上尉谈到这次战斗，特别指出越南人民军的炮兵、坦克兵和步兵协同实在太差了。对陆战6营的表现，利文斯顿也直言不讳，他说南越国军陆战队员在第一次遭遇越南人民军坦克时都有些惊慌失措，可在他们亲眼看到自己装备的M72单兵肩扛反坦克火箭筒干掉了一辆T-54后，又恢复了信心。事实上，部分南越陆战队员就是隐蔽在自己的战壕里，等T-54坦克从头顶开过去，再钻出来用M72反坦克火箭筒从背后打坦克。

在2个多小时的反击战斗中，南越国军宣称一共击毁了13辆坦克（因触雷、坦克打击和空袭，或被M72反坦克火箭筒击中），缴获了2辆坦克。这2辆被缴获的T-54和59式坦克随即被开回了爱子基地，然后换上南越国军的军徽涂状，再作为战利品运回西贡。越南人民军进攻的16辆坦克（2个坦克连），只有1辆侥幸逃脱。

4月10日和4月11日，佩德罗火力基地又击退了越南人民军组织的多次新的进攻，迫使对方在战场上扔下211具尸体。4月12日，陆战1营B特遣队和美军顾问利文斯顿上尉一起，被昨晚渗透到佩德罗火力基地通往爱子基地的公路沿线，并组织阵地的越南人民军2个营伏击。依托阵地，越南人民军用无后坐力炮和高射机枪朝陆战1营B特遣队猛烈射击。陆战6营营长阿松少校，组织火力侦察后，下令副营长率部反击，救援陆战1营B特遣队。不幸的是，陆战6营副营长饮弹毙命。临危不惧的利文斯顿上尉主动带南越陆战队员反击，接着又率坦克冲击，直到陆战6营派来新的连长指挥为止。在坦克和步兵的冲击下，越南人民军被迫撤退。由于这次勇敢的表现，利文斯顿上尉获得一枚银星奖章。

一名被俘的越南人民军战士的交代和缴获的一些文件都表明，突击第258海军陆战旅团负责把守防线西部的越南人民军部队由一个步兵团和一个坦克营组成。只要这次进攻成功了，越南人民军就能摧毁后汉河北岸的南越国军第3师团有效战力。遗憾的是，越南人民军的猛攻并没有得手，南越国军海军陆战队员在战斗中虽有惊慌失措的行为，但总的来说打得还是不错，特别是证明了M72反坦克火箭筒在单兵打苏制T-54坦克时的价值。虽然美国海军陆战队在越南驻防期间就对佩德罗火力基地的坦克战斗，时任南越国军第20装甲骑兵团2支团的范玉全中士回忆道："4月9日清晨大约5点，第20装甲骑兵团2支团奉命把守西面防御地带，也就是爱子基地的后门，我们收到的命令是增援凤凰基地的陆战6营，当时该营正遭到敌步坦协同的攻击，敌人已经冲进基地。大约清晨6点，7辆M-48坦克（第20装甲骑兵团2支团）从爱子基地出发，朝着凤凰基地东南诸高地前进。仔细观察后，我们发现北越南人民军的3辆T-54坦克就在火力基地前方。2支团的6辆M-48随即开火，但没有命中。接着，我指挥的7号坦克冲上来开火，打坏了1辆先导T-54，接着又用2发90毫米穿甲弹，干掉了剩余的2辆T-54。"

"在火力基地周围徘徊的大群敌坦克看到情况不对，赶紧散开队形。一辆59式坦克试图隐蔽时，被我及时发现。我马上朝59式坦克炮塔射击。慌乱中，59式坦克的车组成员弃车逃跑，却没能躲过M-48的12.7毫米机枪扫射。结果，4名车组成员全部投降，这辆59式坦克也成为第20装甲骑兵团2支团的战利品。"

装备了M72反坦克火箭筒，但美国远征军大规模征战期间并没有遭遇过越南人民军主战坦克群的大规模冲击，因而M72反坦克火箭筒也就没有实战检验的机会。1972年，越南人民军在广治战场发动的战略进攻，给了M72反坦克火箭筒一个极好的实战检测的机会，它的成功振奋了南越国军的军心士气。虽然南越国军有了可以制衡越南人民军T-54主战坦克的单兵利器，但越南人民军的M46 130毫米加农炮却又成为他们面临的真正威胁。越南人民军持续不断组织M46 130毫米加农炮，对南越国军进行绵密的炮轰表明，尽管受挫，但自己绝不会放弃继续朝广治市以及他们的终极目标——古都顺化进攻。

北翼的第308A步兵师和西翼的第304A步兵师进攻失败了，东翼的特工19营、

25营及永灵县第47营渡过越门河打潮丰县，也没有取得成功，反而是被南越保安军和民卫队击退回后汉河北岸。

这样，在4月8日和9日两天对东河—爱子—广治的进攻后，越南人民军治天战役司令部所辖的各个主力师不仅没能夺取既定目标，反而在有生力量和技术兵器上蒙受较大损失。黎仲迅敏锐意识到联军已经改变了战术。他们采取的新战术思想就是尽可能结合坦克装甲车的机动性和火力，利用平原地形采取连续运动战，结合步兵组成一个个战斗群，每个战斗群由1个步兵营和1个装甲骑兵支团组成，这些战斗群依托各个基地和据点进行游动，目的是保卫钢铁连环阵。最可怕的是，联军开始不断变换阵地位置，让越南人民军的情报部门难以准确查明某个地点的联军兵力部署情况。针对越南人民军坦克装甲车的出现，联军想尽办法，使用单兵反坦克火箭筒、航空火力、舰炮火力和炮兵火力予以对付。目前，联军已经开始稳住阵脚，依托混凝土工事系统和相对复杂的地形（河流纵横）形成较大纵深的战役防御。同时，联军调整了火力支援的优先顺序，战略和战术空军火力，以及舰炮支援火力、炮兵支援火力都以广治战场为最高优先，采取绵密的立体火力打击封锁，构成宽大区域的火制地带，阻止越南人民军的继续进攻。对这种战术，美国远征军总司令艾布拉姆斯上将形象地称为"野牛战术"。

对于进攻失败的各个单位，黎仲迅少将认为这是各部队思想主观轻敌，战斗准备仓促草率所致，战役司令部的当务之急是马上召开作战会议，由黎仲迅牵头和各个师长一起研究与解决消灭对方机动反击与集团防御的新战术。简单地说，越南人民军要研究出击破坦克装甲车结合步兵套成的钢铁连环阵的新战术。经过讨论，大家认为现在的态势是敌强我弱，绝对不能用单纯的"大规模进攻"和"速决战"办法来一击致敌，应该立即停止大规模进攻，转入不间断的小群突击打法，"零敲碎打"逐个蚕食联军的钢铁连环阵，待对方筋疲力尽和越南人民军做好充分的第二阶段进攻准备后，再一举发动总攻击。

为了用实际战例证明这个打法的主张是对的，从4月10日到4月25日，治天战场的越南人民军在各个方向一面为总攻击进行物资储备，一面积极组织小群进攻战斗，企图消耗联军的有生力量。

在东河方向，越南人民军第308A步兵师让第36步兵团固守西治村（Tây Trì），并积极组织伏击战斗，接着又对30高地和28高地展开攻击，和南越国军第57步兵团 2 营形成对峙。第 102 步兵团一边调整部署，一边连续组织对 25 高地、32 高地、30 高地的多次小群突击，求得在东河西南与莱福桥建立进攻跳板。配属给第 308A 步兵师的第 320B 步兵师 48 团，也在新永南面和西面活动。第 308A 步兵师所辖的第 58 炮兵团也把装备 D74 122 毫米加农炮的第 10 营炮兵营拉了上来，猛轰东河守军。

最值得一提的是，越南人民军第 308A 步兵师在这一阶段开始灵活使用 B72 反坦克导弹（AT-3 萨格尔反坦克导弹）。4 月 23 日，陆永祥、黎文仲带领各个 B72 反坦克导弹分队，在各步兵分队大力掩护下，宣称打掉南越国军 14 辆坦克装甲车。这是越南战场首次出现反坦克导弹，标志着又一个新的军事科技应用于现代战场。

当然，越南人民军第 308A 步兵师严重夸大了自己的战绩。根据南越国军装甲兵上校何梅约的记载：

4 月 18 日，北越南人民军对我军整条战线继续展开猛烈攻击。别动军第 5 联团在第 20 装甲骑兵团配合下被装备 B40 火箭筒的北越南人民军 1 个团所阻。接着，第 20 装甲骑兵团和别动军第 5 联团，在联军航空兵支援下，击溃了敌人，并突破了敌防线。

4 月 23 日清早，在第 1 装甲骑兵旅团作战地带，北越南人民军一支步兵单位在 12 辆 T-54 支援下对第 17 装甲骑兵团和别动军第 4 联团展开攻击，但被击退。

9 点 30 分，第 20 装甲骑兵团 2 支团在 9 号公路附近高地遭到一群 T-54 坦克和步兵攻击，3 辆 M-48 "巴顿" 主战坦克不幸被 AT-3（北越编号是 B72）萨格尔反坦克导弹命中。这次越南战争中，反坦克导弹第一次现身战场。随后查明，2 辆 M-48 坦克在战场上确实被 AT-3 导弹击毁，在敌人的打击下，第 20 装甲骑兵团 2 支团坦克群只得向东退却，脱离 AT-3 的射程。但这是一个错误，导致了附近的别动军部队出现混乱。

2 天后，即 4 月 25 日，AT-3 再度现身第 20 装甲骑兵团的作战地区。这一次，坦克炮手集中火力对可疑的敌导弹发射点进行打击，猛烈的火力干扰了北越南人民军 AT-3 反坦克导弹小组的瞄准和射击。不过，在 AT-3 出现在战场后，所有的坦克和履带式车辆都开始背靠山头或是在战斗工兵修筑的坦克掩体里待着，只露出炮塔。这样一来，大大减少了损失。

尽管越南人民军把战果夸大了很多倍，但不可否认的是，B72反坦克导弹（AT-3反坦克导弹）的出现确实压制住了南越国军装甲兵的M-48"巴顿"式主战坦克，使第308A步兵师的第36步兵团和第102步兵团小群突击战术达成了一定的目的，即消耗联军的有生力量。

在西线的爱子基地方向，越南人民军第304A步兵师所辖的第9步兵团连续打了几次激烈战斗，宣称压制住了当面的南越第258海军陆战旅团，而且还打出了一个勇战"范例"。4月10日，第9步兵团11连2排20名指战员在排长梅国歌（Mai Quốc Ca）率领下，一度冲到后汉河边的广治桥头。由于突入过远、无法回撤退，全排直接在广治桥头打到只剩最后一个人，结果全部战死沙场。为了表彰第9步兵团11连2排，越南中央军委签署命令授予该排"梅国歌排"荣誉称号。

越南人民军战史把这一阶段战斗记载得"轰轰烈烈"，只有自己主动攻击，而对方全被"压制"和处于被动态势。事实上，联军却"不失时机"地发起了"反击"。

失败的"光中729"行动

治天进攻战役开始以来，南越国军第3师团长武文阶准将面对越南人民军持续不断进攻的压力，就不断向第1军团司令黄春林中将请求增援。黄春林中将为了保持指挥统一，只得不断抽调兵力配属给第3师团。到目前为止，武文阶准将指挥的兵力已经有2个步兵团（第2和第57步兵团）、2个海军陆战旅团（第147和第258海军陆战旅团）、别动军4个联团、1个装甲骑兵旅团，以及广治省的保安军和民卫队。一个师团指挥部要统帅如此多的部队，这显然超出了第3师团指挥部的负荷。

另一方面，别动军4个联团和海军陆战队2个旅团，在战术指挥上虽然听从武文阶准将，但还是不断向别动军司令部和海军陆战师团报告，请求支援。由于指挥系统、补给系统和通信系统存在多头，致使前线的兵力越来越多，却始终无法统筹指挥和统筹补给，这给未来作战惨败埋下了隐患。

不过，越南人民军4月8日到10日进攻战斗的失败，却鼓舞了南越国军第1军团司令黄春林中将。自战役爆发以来，他憋着一股气，誓要扭转被动挨打的不利态势。

4月11日，美国远征军总司令艾布拉姆斯上将飞往岘港的第1军团司令部，评估第1军团的形势。黄春林觉得过去几天越南人民军没有再前进一步，对方的进攻可能已经失败了，他声称第1军团在广治省的全体部队士气高涨，打算组织反击并把战线往前推进。

当着艾布拉姆斯上将的面，黄春林简要介绍了自己的计划——部队迅速北进，跨过越门河，夺回犹灵县，然后再恢复非军事区的控制权。黄春林中将乐观地认为，只要发动大规模反击，越南人民军就会乖乖地"滚回"老挝和越南北方。

不过，这个计划却遭到了美军顾问团的反对，他们指出如果向北实施大规模反击的话，就会让广治省西面，这个敌人兵力猬集的地区门户洞开。根据美军顾问团的意见，黄春林被迫修改反击计划，兵力打击的重点放在西面。这次反击定于1972年4月14日开始，代号"光中729"行动，由南越国军第3师团团长武文阶准将统一指挥，由北往南依次展开第57步兵团、第1装甲骑兵旅团、别动军第4和第5联团，以及第147海军陆战旅团、第2步兵团，任务是夺回卡罗尔火力基地、梅禄基地和霍尔康布火力基地。

1972年4月14日，"光中729"行动拉开帷幕。可首先发起攻击的不是南越国军，恰恰是越南人民军。越南人民军第324步兵师首先拿下了顺化西南的巴斯托尼火力基地，接着越南人民军第36步兵团又组织营级进攻。这一系列战斗行动仿佛是给黄春林的下马威。别动军第5联团是好样的，他们击退了36团的冲击，自己无一损失。其他部队也和越南人民军发生了小规模交火。

从第二天（也就是4月15日）开始，南越国军第3师团全线反击，却遭到越南人民军拼死抵抗，双方损失都不小。

接下来两天时间里，也就是4月16日和17日，虽然参战各部都在拼死攻击，但没有一个单位前进超过一公里（自攻击出发线算起）。

为了还击联军的"光中729"行动，越南人民军第304A步兵师于4月16日突然对珍妮火力基地展开猛攻，他们一度包围了刚刚离开基地的陆战5营B特遣队。好在普莱斯少校及时召唤航空火力支援，压住了越南人民军，掩护B特遣队撤回基地。由于表现出色，普莱斯少校获得一枚银星奖章。珍妮火力基地是守住了，可陆战5营也蒙受了不小的伤亡。第369海军陆战旅团只得在17日把陆战5营给撤下来，换上陆战7营。

4 月 18 日，越南人民军"反客为主"，全线展开多路小群突击。南越陆战 3 营、别动军第 1 联团和第 2 步兵团都报告说发现许多越南人民军坦克在步兵掩护下朝他们扑了过来，武文阶准将立即请求支援。经过 3 个小时的航空火力打击，越南人民军坦克群蒙受了很大的损失，小群突击被联军击退。

4 月 19 日清晨，双方沿整条战线在多地继续激战。越南人民军炮兵对南越国军沿着后汉河南岸和 1 号国家高速公路的兵力集结地、重要的补给和联络点，以及爱子基地和广治市猛烈轰击。

4 月 20 日，除了南越海军陆战队防区受到越南人民军步兵冲击外，整个战场的各阵地都受到越南人民军持续一天的猛轰。4 月 21 日，越南人民军继续对南越国军防线施加压力。

4 月 22 日清晨，越南人民军不仅继续对联军防线施加压力，而且还集中 M46 130 毫米加农炮和 DKB 122 毫米火箭炮对广治南面的联军阵地和后勤仓库区进行猛烈轰击。19 点 30 分，一座弹药库被炮火击中，引发猛烈的殉爆。根据弹药仓库管理指挥官的描述，储备的弹药和汽油全部都被烧毁，储备的大米约有一半也毁于一旦。此外，还有大量的通信器材和几乎所有的电池都被炸毁了。

4 月 23 日 8 点，广治古城的第 3 师团长团武文阶准将命令参战各部继续向西攻击前进。越南人民军迅速调整部署，集中 12 辆 T-54 坦克搭载步兵冲进了 1 号高速公路西面的第 1 装甲骑兵旅团和别动军第 5 联团阵地，打乱和推迟了南越国军的战役反击计划。

4 月 24 日清晨，陆战 1 营和 8 营在 2 个装甲骑兵支团的配合下，沿战线消灭了对方的据点，稳定了防线，但战区形势依然不乐观。从 4 月 14 日到 24 日，"光中 729"行动进行了整整 10 天，第 3 师团所谓的"反击"往前推进连 500 米都不到。在行动的大部分日子里，南越国军并不是进攻，而是在打敌反扑。原本满怀希望的黄春林中将看战斗打成这个样子，自己也泄气了，4 月 24 日下午，黄春林叫停了"光中 729"行动，结束了"反击"的闹剧。

对这次失败的作战，何梅约提出了几点看法：

1. 作战指挥部没能在正确的时间组织反击，其实越南共和国国军已经丧失了战场主动权，而越南人民军的战斗力却并没有削弱；

2. 情报不准确；

3. 火力支援力度不够，而且时常间断；

4. 后勤保障断断续续，而且严重不足；[①]

5. 通信联络器材不足；

6. 兵种间协同太差；

7. 武文阶水平有限，不适合大兵团指挥作战；

8. 尽管有充足的预备队，但南越国军并没有把他们全部投入战场，以夺取既定目标。

在南越国军还没有彻底站稳脚跟，补充有生力量和技术装备，以及越南人民军实力并没有受到削弱的情况下，仅凭黄春林中将的主观意愿就强行实施"光中729"行动，结果导致第3师团原本就很缺乏的技术装备又进一步蒙受了损失。根据美国远征军战史记载，从1972年3月30日到4月25日，南越国军第3师团共损失47门M101 105毫米榴弹炮、18门M114 155毫米榴弹炮、37辆坦克、89台汽车、240部其他各类军车，以及一批有生力量。由于技术装备损失太大，南越国军第3师团实际已经失去了有效战斗力，他们注定要被越南人民军新一轮的进攻狂涛吞没。

---

① 当时的补给问题确实很严重。时任第1装甲骑兵旅团长的阮仲峦在接受采访时坦承："当时，第1装甲骑兵团平均每辆坦克每天只有75升仓汽油，炮弹也不够……平均每辆坦克主炮仅有5发炮弹而已，战斗口粮的供应也中断了。"

▲ 美军顾问和南越国军一起拟定计划。

▲ 南越国军第 56 步兵团团长潘文定和越南人民军第 24 步兵团团长黎乐隆少校。

▲ 越南人民军和平解放卡罗尔火力基地，第 24 步兵团的一名战士正在检查南越国军遗弃的 40 毫米双联装高射炮。

▲ 在一辆 57 毫米自行双联装高射炮支援下，越南人民军胜利攻克了梅禄火力基地。

▲ 在东河基地的南越国军陆战 3 营营部，左边是美军雷普利上尉，正俯身研究地图的是陆战 3 营营长黎伯平少校。

▲ 1972 年 4 月 4 日，在东河镇街道上准备战斗的南越陆战 3 营将士。

▲ 越南人民军 PT-76 水陆两用坦克

▲ 南越国军第 20 装甲骑兵团的美军顾问斯默克少校

▲ 一架侦察机从空中拍摄的东河大桥爆破后的情况。

▲ 广治古城内紧挨着第 3 师团司令部的第 155 顾问组指挥部。

▲ 为了防止被越南人民军大口径火炮（M46 130 毫米加农炮）贯穿，广治古城的第 3 师团司令部各个掩体用沙包和钢板进行加固。

▲ 陆战 6 营的美军顾问威廉·瓦伦少校（左一）正通过 PRC-25 电台呼叫支援。

◀ 南越海军陆战师团的 M-113 装甲运兵车，在广治战役中他们和美军顾问经常使用 M-113 装甲运兵车做移动指挥部。

▲ 南越国军第 20 装甲骑兵团的 M48 主战坦克，它的 90 毫米主炮威力巨大，足以和越南人民军的 T-54 坦克对抗。

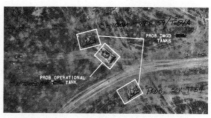

▲ 在佩德罗火力基地西面 500 米处，越南人民军 3 辆 59 式或 T54 坦克被击毁，以及有 1 辆被缴获的 M48 坦克。

▲ 南越国军海军陆战师团缴获的 T54 坦克和 59 式坦克。

▲ 被 B72 线控反坦克导弹击毁的 M48 坦克。

▲ 南越国军海军陆战师团长裴世兰准将接待到访的太平洋战区一行。

注释

1. *原文为* Lập tức pháo biển và máy bay Mỹ đến oanh tạc. Các chiến sĩ xe tăng dùng súng máy phòng không trên xe chiến đấu đánh trả quân địch suốt 5 giờ liền, bắn rơi một A37. 8 xe của ta bị hỏng, một số cán bộ chiến sĩ của ta hy sinh, trong đó có đại úy Nguyễn Văn Liêm, cán bộ Tuyên huấn của Phòng chính trị Binh chủng.

2. *原文为* Các chiến sĩ xe tăng của ta thiếu kinh nghiệm chiến đấu, lại có phần chủ quan nên bị xe tăng và súng chống tăng địch nằm bí mật trong công sự bắn cháy 3 xe.

【第七章】
大崩溃

决战前夜

过 15 天小群突击战斗，越南人民军不仅削弱了第 3 师团的战斗力，而且还利用这段宝贵的时间完成了物资前调，2000 多吨各类粮食、武器弹药和药品送上了前线，黎仲迅少将信心满满地准备总攻击。作为越南人民军内的头号战术指挥家，黎仲迅少将在进攻前照例对敌情和我情进行了仔细分析和研究，以找出对方弱点下手。

越南人民军的情报如下：

截至 4 月 26 日，联军在广治战场的部署和第一阶段并没有太大的变动，防御重点依然放在东河与莱福，南越国军第 57 步兵团已经从昆先、沛山撤下来集中固守东河基地；同时以别动军第 4 和第 5 联团，以及第 17 装甲骑兵团和第 20 装甲骑兵团组织第二道防线，做好在第 57 步兵团阵地被突破的情况下，实施坚决果断的反突击，保障东河基地的安全。

往西是南越国军第 2 步兵团、第 147 海军陆战旅团和第 11 装甲骑兵团负责各个火力基地和爱子基地的防务，意图挡住越南人民军第 304A 步兵师的进攻。

在罗汪—隆雄基地群，联军以别动军第 1 联团、第 369 海军陆战旅团和 1 个装甲骑兵团予以固守。

整个广治战场的南越国军部队仍由第 3 师团长武文阶准将指挥。

综合情报和各单位的报告，黎仲迅认为，联军目前的优势是他们通过调整部署，组织了大规模、连环且具有一定战术纵深和正面宽度的防线，各个基地互为犄角，环环相扣。对基地前方实施逐次海陆空火力覆盖。看样子，联军的防御态势是很稳定的，可细心的黎仲迅还是敏锐地发现了对方的缺点，那就是联军技术兵器损失太多，后勤保障存在巨大缺点，目前还有些惊慌失措，全军（指南越国军在广治战场的全体部队）被孤立压缩在沿着 1 号国家高速公路的狭窄地带，纵深不到 10 公里，且周围多山脉、河流纵横，一旦越南人民军达成突破，则对方易于被分割消灭。

分析完敌情，黎仲迅又回过头来看己方的情况。让他满意的是，通过 15 天的小群突击，越南人民军已经从 4 月 8 日到 10 日的挫折中恢复了过来，不仅士气高涨，部队也是齐装满员，正是对敌发起总攻击的有利时机。黎仲迅正确认识到，对方的炮兵装备损失太大，对越南人民军来说自己的战役炮兵对敌占有绝对优势；雨季已经逐步来临，有力遏制了联军航空兵的出击规模。战役司令部应该抓住战机，果断展开总攻击拿下广治省，然后往承天省发展进攻。

有鉴于此，黎仲迅确立作战决心：

集中兵力，进攻消灭东河、爱子、罗汪基地群，掩护潮丰、海朗两县群众奋起灭霸锄奸，夺取政权，完全解放整个广治省，抓住时机向承天省发展进攻。

主要进攻方向是东河—罗汪，重要配合方向是爱子基地。绒江（Nhùng）大桥至美政河大桥为战役分割方向，潮丰、海朗平原是战役迂回穿插方向。

兵力部署：

第 308A 步兵师在第 202 机械化步兵团主力配合下，进攻东河—罗汪基地群；第 304A 步兵师攻打爱子基地，并前出到广治桥分割守敌防御体系，打敌反扑；第 324 步兵师要对 1 号国家高速公路的广治—美政段守敌集团实施战役分割，坚决打败自顺化而来、从广治而出的敌人解围救援部队。第 27 步兵团和永灵县 47 营在 1 个坦克装甲车连、1 个特工营加强下，迂回穿插敌后，进至潮丰—

海朗、海安平原，进行战役迂回分割包围和支援群众奋起。

战法：

要求密切采取诸兵种协同，高度发挥技术兵器威力，对全线实施绵密火力打击，特别要集中火力逐个摧毁敌人的单个据点到据点群，乃至整体防线，下定决心不惜一切代价完成战役分割包围；各种战法要紧密结合，采取打歼灭战方式，务求完全消灭敌人25个步兵营、3个装甲骑兵团和广治省全体保安军、民卫队。

在越南人民军做好进攻准备的同时，南越国军也紧张地调整着部署。

1972年4月22日，在顺化市休整和补充了一段时间的南越第147海军陆战旅团重回战场，该旅团以陆战8营往北接替爱子基地的陆战3营。第二天，南越第147海军陆战旅团与第258海军陆战旅团换防。目前，在第147海军陆战旅团节制下的部队有陆战1营、4营、8营，以及陆战炮兵2营。具体部署是旅团司令部、陆战炮兵2营和侦察连进驻爱子基地，与陆战4营一起完成基地防御任务；陆战1营布置在爱子基地和佩德罗基地之间西南3000米地带；陆战8营布置在爱子基地西北1公里。

往北面和东面，南越国军的防御部署也有所调整：第1装甲骑兵旅团负责1号国家高速公路往西5公里地带，北以甘露河为界、南以爱子基地为限。该旅团统一指挥南越国军第57步兵团和别动军第4、第5联团。第2步兵团布置在爱子基地南面到后汉河之间地区。别动军第1联团位于后汉河南岸，第369海军陆战旅团仍在往南的海朗县附近，第3师团司令部设在广治古城。

4月23日到26日，根据第3师团的命令，第147海军陆战旅团要往西巡逻，查明越南人民军部队的位置。陆战队一连几次发现了越南人民军，并呼叫炮兵火力予以打击。其中，陆战8营在侦察任务中发现了越南人民军2辆坦克，呼叫炮火打击后把他们逐退了。南越国军装甲兵也在东河西面沿着9号公路巡逻时，首次遇到了第一代反坦克导弹（线控）AT-3"萨格尔"（越南人民军称为B72反坦克导弹）的攻击。在损失了2辆M-48主战坦克后，美军顾问刘易斯·P.瓦格纳中校报告说，如果再像以前那样把M-48前置部署的话，会很容易受到越南人民军

B72 "萨格尔" 反坦克导弹和 B40、B41 火箭筒的攻击。

不过，B72 反坦克导弹威胁毕竟只是一个小插曲。对南越国军来说，真正的大威胁是越南人民军的总攻击。

总攻风暴

1972 年 4 月 26 日下午，在最后一次检查了战前准备工作后，治天战役司令部下令东、西、南、北各翼部队全线进入攻击前出发阵地。

东河方向，第 308A 步兵师 3 个团已经全部到位。按计划，第 102 步兵团要沿永福江突击，围困攻击 26 高地和 23 高地，接着向 20 高地和方山发展进攻；第 88 步兵团兵分两路穿插敌后，两面包围 24 高地；第 36 步兵团从西治方向冲击 19 高地和 28 高地；第 48 步兵团负责攻打新灵。坦克装甲兵的任务也进行了调整。第一阶段进攻受挫的第 202 机械化步兵团奉命以第 66 机械化步兵营和第 244 坦克营实施迂回包围，断敌退路，掩护潮丰和海朗两个县的人民夺取政权。新归入第 202 机械化步兵团的第 198 坦克营，奉命在西面配属给第 304A 步兵师。第 203 坦克装甲车团除了一个营参加西原战役外，配属给第 308A 步兵师和第 304A 步兵师各一个营（装备 T–54、59 式坦克）。鉴于第一阶段打东河损失了 8 辆 PT–85 水陆两用坦克和 3 辆 T–54 坦克，在西面组织的进攻战斗总计损失 5 辆坦克（第 203 坦克装甲车团配属给第 304A 步兵师在 4 月 1 日到 4 月 10 日的损失总计）的惨痛教训，黎仲迅特别命令坦克兵在这一阶段的进攻战斗中不要冒险冲在最前面，要和步兵战斗队形保持 1 公里距离，用直瞄火力支援步兵，避免受到联军坦克火力和空军的打击，减少损失。至 4 点 35 分，越南人民军第 308A 步兵师做好了进攻准备。

在西部，越南人民军第 304A 步兵师以第 9 步兵团、第 24 步兵团压制住 22 高地、23 高地、42 高地，然后对爱子基地发起攻击。在东部，越南人民军第 27 步兵团和永灵县 47 营，以及各配属单位在潮丰县游击队配合下，渡过越门河，直插敌后。在南部，越南人民军第 324 步兵师继打下巴斯托尼火力基地以后，往海朗县包抄，任务是切断海朗县附近的 1 号国家高速公路段，堵住广治省守军的退路。

4 月 27 日 5 点 30 分，越南人民军治天战役司令部检查了各翼进攻部队的准备后，司令员黎仲迅少将下达了进攻命令。

顷刻间，越南人民军战役炮兵以决战的态势开始了猛烈的炮火准备。M46 130

毫米加农炮、D74 122 毫米加农炮、D30 122 毫米榴弹炮，缴获的 M101 105 毫米榴弹炮和 100 毫米加农炮、120 毫米和 160 毫米重迫击炮，以及 A12 火箭炮（苏式 BM14）、H12 火箭炮、DKB 122 毫米单管火箭炮一齐朝联军各个基地、据点射击。密集的弹群在空中交织飞舞，如同一阵狂怒的风暴席卷了广治省联军阵地群。

伴随着猛烈的炮轰，治天方向的越南人民军打响了第二阶段总攻击！

在东河方向，越南人民军第 308A 步兵师 88 团在第 203 坦克装甲车团 1 个连（9 辆 T–54 坦克）支援下，越过 37 高地，兵分两路对东河基地外围各个据点展开攻击：88 团 6 营进攻曼村据点，继而猛扑 24 高地和 28 高地，双方爆发了极为激烈的战斗。在越南人民军猛烈进攻下，南越步兵和坦克装甲车只得往东河机场南翼的 24 高地退却。

第 88 步兵团 5 营（4 营做预备队）直插敌后，拿下了新村这个进攻跳板，准备对别动军第 30 营发动进攻。第 88 步兵团两路进攻部队的猛攻之势，使东河守军受到了极大威胁。负责东河基地守备的第 1 装甲骑兵旅团团长阮仲栾上校赶紧召唤航空兵和炮兵支援，并调动装甲兵准备反击，决心把第 88 步兵团 5 营、6 营从既得阵地赶出去。

得到增援，别动军第 30 营在 12 辆坦克、M–113 装甲运兵车支援下展开反击，大有一鼓作气将 88 团吞掉的势头。第 1 装甲骑兵旅团长阮仲栾上校更是亲临战场指挥反击。越南人民军第 88 步兵团 5 营、6 营严守射击纪律，沉着地等到别动军和坦克装甲车前进到 50 米的位置，才集中 B72 反坦克导弹、B41 火箭筒（69 式 40 毫米火箭筒或 RPG–7 火箭筒）、82 毫米无后坐力炮猛烈射击，宣称打坏 10 辆坦克装甲车（实际联军只有 1 辆 M–48 坦克和 2 辆 M–113 装甲运兵车中弹）。

越南人民军第 308 步兵师战史记载道："遭受打击的别动军第 30 营惊慌失措，他们不听指挥，放弃阵地掉头逃跑。到 9 点，第 88 步兵团攻克 35、24 和 37 等各个高地，接着步兵在坦克装甲车的支援下，包围了大英、中治的伪第 57 步兵团指挥所。"

当然，东河守军并非都是"孬种"。担负第 308A 步兵师主要方向进攻任务的第 102 步兵团，就遇到了别动军第 4 联团 43 营的顽强抵抗。在炮兵进行掩护射击后，第 102 步兵团 7 营首先拿下了方山，然后对 26 高地和 23 高地展开攻击。别动军第 43 营据险死守，在 M–48 坦克和 M–113 装甲运兵车支援下，击退了 102 团 7 营 2 次冲击。接着，第 102 步兵团又把 9 营调上去实施第三次冲击，结果还是被对方打了回来。三次进攻，从清晨打到中午，整整 6 个小时的战斗下来，第 102

步兵团损失了 200 多名指战员，却一无所得。为了避免鲁莽进攻导致更大的伤亡，第 102 步兵团团长黄玉思命令 7 营、9 营停止冲击，一面巩固部队调整部署，一面仔细观察 26 高地和 23 高地的火力配系和战斗协同方式。经过一段时间观察，第 102 步兵团发现 26 高地和 23 高地之所以固守那么久，最主要的原因是拥有 2 个可以封锁越南人民军正面进攻的坦克的火力点。要打下两个高地，就必须先端掉这两个坦克火力点。

为此，第 102 步兵团团长黄玉思命令 7 营 3 连 1 排和 9 营 11 连 3 排，各掩护 1 个 B72 反坦克导弹班（每个班带 2 具反坦克导弹发射器，加 4 枚导弹）及 4 个 B41 火箭筒手，采取交替跃进方式，扑到 2 个坦克火力点前，通过准确的射击摧毁 5 辆半埋在地下的 M–41 坦克，打掉了这两个坦克火力点。15 点，越南人民军第 102 步兵团发起第四次冲击。失去了坦克火力有效掩护的别动军第 43 营放弃阵地，向后溃退。第 102 步兵团 7 营、9 营一鼓作气打下了 26、23、32 这三个高地，又包围 28 高地。经过激战，别动军第 43 营完全崩溃，第 102 步兵团直接冲到莱福桥跟前，东河基地岌岌可危！

对东河方向战斗的失败，南越国军方面的记载也是万般无奈和苦涩："9 点 15 分，敌人突破了别动军第 38 联团的防御阵地，同时还将第 5 别动联团司令部向东击退了。中午，在后汉河北岸的第 2 步兵团 2 营也在北越南人民军强大的兵力攻击下被迫退却。16 点，敌人以大约 2 个营的兵力进攻并突破了第 4 别动联团所辖的第 43 别动营防御地带。这样，广治外围防线已经被敌人多处撕裂。此外，所有别动军单位都决定分散向东撤退。观察员们发现越南共和国国军的 M–48 坦克群也拼命向东退却，导致防线瓦解得更快。"

在西面，越南人民军第 304A 步兵师也对爱子基地发动了一次进攻。6 点 30 分，在 M46 130 毫米加农炮支援下，越南人民军第 304A 步兵师 9 团猛攻南越国军第 20 装甲骑兵团一部和第 147 海军陆战旅团。

在第 147 海军陆战旅团防御地带，陆战 1 营（美军顾问罗伯特·C. 科克尔少校和劳伦斯·利文斯顿上尉）首次遭遇越南人民军大规模进攻。虽然越南人民军在 2 个小时的炮火准备中打了 500 多发 82 毫米迫击炮弹和不少大口径榴弹，可陆战 1 营还是仅仅以微弱的伤亡为"代价"就击退了越南人民军的 2 次冲击。下午，越南人民军步兵和坦克兵再度对陆战 1 营、8 营冲击。陆战 1 营、8 营打得还是那样出色，支援他们的榴弹炮兵和 M-48 坦克宣称击毁越南人民军 15 辆坦克，并将越南人民军步兵逐了回去。不过，越南人民军的进攻压力确实太大了。黄昏，陆战 1 营、8 营撤到离爱子基地更近的地方，重新组织防御。越南人民军虽然夜间停止了步坦冲击，可 M46 130 毫米加农炮却没有停手，彻夜轰击。M46 130 毫米加农炮的威力确实了得，爱子基地的弹药于当晚的炮击中遭殃，第 369 海军陆战旅团储备的大部分弹药都毁于一旦。

从西面对爱子基地的进攻压力间接导致了东河守军的崩溃。针对越南人民军第 304A 步兵师从西面的突破有切断爱子基地后勤补给的危险状况，第 1 装甲骑兵旅团决定把第 20 装甲骑兵团主力从东河的支援阵地和沿着越门河的阵地上撤下来，然后 南下应付越南人民军第 304A 步兵师的进攻。看到坦克群撤离，南越国军第 57 步兵团士气崩溃，士兵擅自撤离自己的阵地，乱哄哄地往广治市方向跑。这一跑，导致了 4 月 28 日清晨爱子基地北门发生了严重的交通堵塞。第 147 海军陆战旅团拒绝放这些惊慌失措的部队穿过基地大门。经过谈话，第 147 海军陆战旅团长阮能宝中校同意让他们过去，面对溃兵，谁也无可奈何。

与此同时，武文阶准将也出了一个昏招儿，把第 369 海军陆战旅团所辖的陆战 7 营北派去加强第 147 海军陆战旅团，结果导致珍妮火力基地空虚无防。往广治市途中，陆战 7 营与越南人民军发生激烈遭遇战，只有 2 个连成功突围并穿过广治市，在夜幕降临前抵达爱子基地。夜间，原本派往越门河南岸重新打通 1 号国家高速公路的 10 辆 M-48 主战坦克，接到紧急命令，在孙谢里中校率领下重新返回爱子基地，支援第 147 海军陆战旅团。

相对联军在调整部署中导致的东河崩溃，越南人民军却是稳操胜券。

4 月 28 日凌晨 2 点，在分析汇总了 4 月 27 日整个方面作战情况后，治天战役司令部一片欢腾，大家都对第 308A 步兵师的顺利突破感到兴奋。黎仲迅少将在高兴之余，也强调当务之急是克服一切困难继续进攻，绝不能让联军有喘息之机，绝不能让他们赢得调整部署的时间。为了确保战役进攻的全胜、速胜，治天战役司令部要求各个方向的进攻部队，特别是第 308A 步兵师继续严密监视敌情，毋使敌逃脱。他命令：第 308A 步兵师要继续组织第 102 步兵团在坦克装甲车掩护下，突破东河方向 1 号国家高速公路沿线的各个据点，炸毁莱福桥，切断东河守军的退路；第 304A 步兵师要打下爱子基地和广治市；第 324 步兵师要攻下绒江大桥、边岘桥，继而冲到海朗县，切断1号国家高速公路的广治—顺化段，坚决实现战役分割任务。

1972年4月28日5点30分，越南人民军从各个方向打响了对广治市的总攻击。当天，越南人民军的战役炮兵进行了开战以来最猛烈的炮击，6个小时发射了105毫米以上榴弹共13746发！东河—爱子—罗汪基地，以及广治市等四个目标整整6个小时笼罩在硝烟烈火中。伴随着猛烈的炮火准备，越南人民军第308A步兵师、第304A步兵师和第324步兵师，以及各路部队开始了总攻击！

在战役主要方向上，越南人民军第308A步兵师所辖的第58炮兵团，和第164炮兵团密切配合，于5点30分开始新一轮炮火准备。炮火一延伸，第308A步兵师各团和配属作战的坦克装甲车就展开了冲击。在南部，第102步兵团继续以7营、9营两路直插1号国家高速公路，对莱福桥实施冲击。为了撤退，别动军第4联团在少量坦克和装甲运兵车掩护下进行激烈反击，企图夺回莱福桥。第102步兵团7营、9营集中B72反坦克导弹、B41火箭筒和82毫米无后坐力炮联合出击，宣称击毁了3辆坦克和2辆M-113装甲运兵车。但守军的坦克和装甲车却巧妙利用铁路路基高度，隐蔽车身只露炮塔于地面，用火力封锁了桥面，阻止了第102步兵团7营、9营冲击。

在第88步兵团方向上，越南人民军多路组织冲击，拿下了中治（Trung Chi），把守军往大英压迫。北面的越南人民军第36步兵团也沿1号国家高速公路直插下来，冲进东河基地。由于第20装甲骑兵团的撤退，第57步兵团提前放弃阵地，逃离东河基地。36团兵不血刃拿下了他们梦寐以求的东河。

4月28日08点30分，攻克东河基地的消息传来，治天战役司令部沸腾了！大家都认为："广治地区的敌人失败在即，全胜只是时间问题。现在最重要的任务不是攻城略地，而是消灭敌人有生力量，缴获技术装备，抓俘虏。同时，各个部队一定要守住既得阵地，打敌反扑，既不能让被围之敌逃走，也不允许外围之敌救援得手。"黎仲迅命令，第308A步兵师要迅速挺进，在莱福桥分割守军的战斗队形，绝不能让敌人突围！

10点，越南人民军战役炮兵集中40门M46 130毫米加农炮和第308A步兵师所辖的第58炮兵团，对莱福桥地区进行了最猛烈的射击。炮击一结束，越南人民军第102步兵团7营、9营就在7辆T-54坦克配合下，不顾守军激烈抵抗，控制

1972 年 4 月 22 日到 29 日，越南人民军对广治城的总攻击

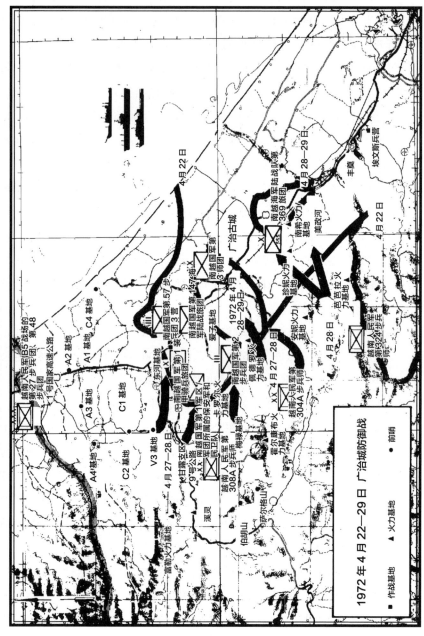

1972 年 4 月 22—29 日 广治城防御战

■ 作战基地　▲ 火力基地　● 前哨

了莱福桥北岸。102团这个举动，严重威胁了东河守军别动军第4和第5联团的退路。为了保障这两个精锐部队撤下来，第1装甲骑兵旅团出动第18装甲骑兵团从大桥南岸冲上来猛烈反击。保卫莱福桥，断敌退路就成为第102步兵团当前最艰巨的任务。由于对方密集的火力射击，配属第102步兵团的1个B72反坦克导弹排损失殆尽。在没法用反坦克导弹战斗的情况下，第102步兵团决定用B41火箭筒和对方的M-41坦克、M-113装甲运兵车与敌决战！

负责守卫大桥桥面的102团9营10连1排排长阮治勇少尉命令全排27名指战员，一步也不准后退，"死也要死在莱福桥"，一定要把"敌人坦克放近30米内打！"，全排不惜牺牲保护火箭筒手战斗！在绵密的坦克火力打击下，1排指战员一个接一个倒下，但谁也没有后退，他们拼死保护火箭筒手裴明决（Bùi Minh Quyết）战斗。裴明决也不负众望，等坦克靠到十多米才射击，一发就把一辆M-41坦克打成火炬。当他瞄准第2辆扑到十米开外的坦克准备扣动扳机时，对方抢先开火，裴明决当场阵亡。

102团9营10连1排的拼死力战，为第102步兵团工兵连安放炸药赢得了时间。仅仅几分钟工夫，越南人民军工兵就在桥面安放了120千克炸药，并用电线接通了起爆器。工兵排长黄春朗（Hoàng Xuân Lang）亲自握着起爆器按钮，等1排剩下的指战员撤到北岸，才压下起爆器。可，大桥却毫无动静！这个情况让观察所里的第102步兵团团长黄玉思紧张得心都快跳到嗓子眼儿了！他赶紧命令黄春朗上去检查，找出起爆失败原因，一定要破坏桥面！

黄春朗很快就发现了问题，起爆器的旋钮坏了，火线也受潮了！怎么办？没有时间多想了，对方的坦克装甲车正逼近桥面！情急之下，冲上桥面的黄春朗不假思索掏出手榴弹，揭开盖子，直接扔向了炸药堆放点，采取爆炸法直接引爆炸药！手榴弹爆炸了，紧接着是一声巨响，莱福桥面被炸开一个宽4米的口子，南岸反击的坦克装甲车过不来了！第102步兵团完成了战役司令部交付的切断莱福桥任务！

莱福桥被炸的消息传开，第308A步兵师全军振奋，各部从各个方向对别动军第4、第5联团实施向心突击：第36步兵团在坦克、装甲车支援下沿1号国家高速公路向南发展进攻，第102步兵团向北对进突击，第88步兵团从西面压缩过来。别动军第4、第5联团陷入一片混乱，许多人换上老百姓衣服，在河边争抢船只渡过后汉河，往广治溃逃。采取这种化整为零的办法，别动军第4、第5联团70%

的兵力竟然只用一天时间就分散逃出了越南人民军第308A步兵师的包围圈，集结到广治市周围。这种逃跑"能力"也真是令人"佩服"。

4月28日15点30分，越南人民军第308A步兵师完全攻克东河—莱福地区。作为"越南人民军头等主力师"和"先锋军"，第308A步兵师终于拿到了战役的头功，打开了治天进攻战役胜利之门！东河—莱福大捷，鼓舞着第304A步兵师的前进，他们的目标正是爱子基地！

第304步兵师战史对当天的进攻记载道：

在第304步兵师方向上，步兵提前几分钟打响进攻。5点，第24步兵团展开战斗队形，向爱子基地发展进攻，在爱子基地外围据守的是敌人的一个混合战斗群（含步兵和坦克），其发现我军的冲击立即阻击，情况并没有出乎第24步兵团干部战士的意料。按照既定作战方案，第24步兵团迅速派出一个分队绕到侧翼，开枪吸引敌人注意力。遭到侧翼打击的敌人马上组织兵力出来反击，脱离工事的敌人不仅暴露了兵力，还给我军带来了将其消灭的好机会。敌人12辆坦克和大群步兵狂妄地排出整齐的队形，朝我进攻队形直接扑了过来。按照协同计划，配属第24步兵团的2个B72反坦克导弹班奉命对敌坦克射击。6辆M-48坦克立即被击毁，剩下的6辆M-48坦克为了避开"长了眼睛"的反坦克导弹被迫逃逸。第24步兵团和伴随坦克群冲锋追歼了海军第258陆战旅一部和剩余的6辆M-48坦克。与此同时，第48步兵团在消灭了新永基地（4月27日）后，也迅速配合第304步兵师的战斗队形进攻爱子基地。第48步兵团兵分两路，一路向新永南面发展进攻，掩护地方部队铲除恶霸官僚，解放朝江和朝爱两乡（朝丰县）；一路直下莱福桥，沿途粉碎伪军的抵抗，直插机场区。

中午12点，第24步兵团和第48步兵团在坦克装甲车的大力掩护下，从各个方向对固守爱子基地机场区的敌人展开全面攻击。敌人坚强抵抗，和我军一决生死（quyét sống chết với ta）。双方为了争夺每一段战壕、每个碉堡都展开极为激烈而血腥的厮杀。到17点30分，我军攻克了大半个机场，但兵力损耗很大，弹药也快打光了，我军被迫暂停巩固，补充后再接着打。

联军方面的资料对爱子基地防御战的记载虽很含糊，但也承认在越南人民军的猛烈进攻下，爱子基地北面的南越国军官兵擅自放弃阵地，乱哄哄地向南逃过后汉河大桥。4月29日下午，越南人民军炮兵再次击中爱子基地弹药库，烈焰冲天的大火和持续不断的爆炸逐步吞没了剩下的弹药库存。在这次炮击中，第147海军陆战旅团又损失了差不多1000发炮弹。显然，爱子基地也守不住了。

与此同时，后汉河的广治桥，这个梅国歌排牺牲的地点，竟然又被越南人民军攻击。

4月28日下午，越南人民军第304A步兵师所辖的第66步兵团经过一夜23公里的急行军，疲惫不堪地赶到后汉河的广治桥头。黄丹给他们的任务是在这里堵住后汉河北岸全体联军的退路。待在广治桥北面的南越国军第17装甲骑兵团和第2步兵团简直不堪一击，在越南人民军第66步兵团进攻面前一触即溃。为了遏制越南人民军第66步兵团的突击势头，第3师团长武文阶准将赶紧呼叫岘港基地，请求空中支援。岘港基地遗憾地告诉他，目前只有一架A-37停在诺曼机场，但正在修理无法起飞，接着第3师团高级顾问又请求B-52对广治桥实施空中打击，美军F-4"鬼怪"式战斗轰炸机攻击越南人民军桥头堡。

对接下来的战斗，双方的描述也截然不同。越南人民军第304步兵师战史记载："自我军到位的第一分钟起，敌人就发现了我们，并用空炮火力坚决阻击和展开猛烈反击，决心把第66步兵团赶出广治桥区域。情况越来越复杂，第66步兵团副团长丁春元（Đinh Xuân Nguyên）和政委阮文时指挥各单位利用地形、地物组织坚守防御、打敌反扑，同时召唤战役炮兵对广治桥头南北两个区域猛烈射击，掩护我军战斗。到清晨8点，第66步兵团副团长丁春元集中部队突破了敌人在广治郊区的阵地。被打个措手不及的敌人开始动摇，并撤出了1号公路。第66步兵团抓住有利战机，迅速发展进攻。至中午12点，第66步兵团基本控制了广治桥南面目标，并转入打击沿1号国家高速公路解围之敌。接着，第66步兵团渡过了后汉河，占领了广治市西郊，造成战役分割态势，堵住了敌人从东河—爱子的撤退道路，并直接威胁到广治市内的伪第3师团指挥所和美军顾问团。"

越南人民军第66步兵团所谓"发展进攻"的说法，并没有得到联军记载的证明。实际上，第66团冲到广治桥头就被联军航空火力给压住了。4月29日清晨，南越第147海军陆战旅团所辖的陆战7营以2个连的兵力，在第20装甲骑兵团配合下，击毙越南人民军12人、抓俘2人，夺回了广治桥头堡。

接着，配属第 3 师团的别动军第 4、第 5 联团奉命坚守夺回的广治桥头堡。遗憾的是，阮能保上校始终没有见到他们，他对第 3 师团也失去信心，遂命令陆战 7 营继续坚守桥头堡。

除了西翼的爱子基地和北翼的东河基地，越南人民军其他各路部队也打得热火朝天。值得一提的是越南人民军第 202 机械化步兵团在第一阶段受挫后，但第二阶段却打得很出色。

1972 年 4 月 27 日夜，第 202 机械化步兵团以第 66 机械化步兵营和第 244 坦克营，兵分两路，对广治市东面进行战役迂回，他们一连越过嵩门（Cửa Tùng）、边海河、越门河、后汉河。尽管受到美国空军的轰炸封锁，第 66 机械化步兵营和第 244 坦克营还是顺利越过了三条河流，仅有 1 辆 T-54 坦克损失、1 辆 PT-85 淤陷熄火。4 月 28 日 4 点 30 分，第 244 营配合第 27 步兵团 3 营对潮丰县展开攻击，宣称重创敌 1 个步兵营加 1 个装甲支团，解放了潮丰县。

在东河大捷和爱子基地即将到手的鼓舞下，黎仲迅少将又命令第 324 步兵师

南越国军第 3 师团在广治防御战的各阶段防御圈态势图

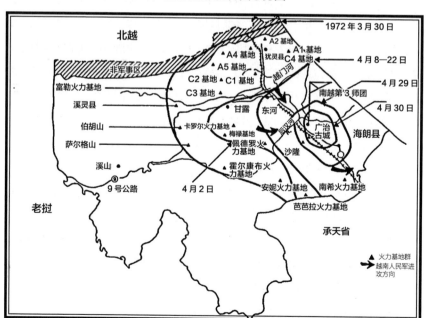

对绒江至美政河之间的 1 号公路多个路段发起攻击，一定要阻止广治省的联军撤往承天省，完成战役分割和阻敌撤退任务。

根据这道命令，第 324 步兵师开始了紧张的准备。4 月 29 日 5 点 30 分，第 324 步兵师 1 团 3 营攻打了绒江大桥，宣称击毙敌 25 人，拿下了大桥。10 点，南越保安军 2 个连组织反击，一度试图夺回绒江大桥。可第 324 步兵师 1 团没有后退，他们坚决组织了第二次进攻，重创这两个保安营，拿下了大桥。由于 1 号国家高速公路是第 3 师团撤退的生命线，要逃命就绝不能被越南人民军封锁。因此，南越国军在 13 点用别动军 1 个营在 8 辆坦克装甲车掩护下，从隆雄冲了过来，展开猛烈反击，意在坚决夺回绒江大桥。第 1 步兵团全部顶上，冒着美军航空火力的打击，顽强战斗，守住了绒江大桥。第二天，越南人民军第 324 步兵师 2 团又以 5 营、6 营打新奠（由第 369 海军陆战旅团 8 营坚守），4 营打边岘桥，结果双双失败。

但这些小挫折，并没有阻挡越南人民军第 324 步兵师 3 团和第 27 步兵团战役发展之势。5 月 1 日到 2 日，为了切断南越国军沿 1 号国家高速公路的退路，越南人民军对海朗县展开攻击。这是越南人民军坦克兵为数不多的坦克对决的出色战例。第 202 机械化步兵团 66 营 1 个连（3 辆坦克和 2 辆装甲车）在营长黄玉成少校指挥下，配合第 27 步兵团和永灵县 47 营展开攻击，宣称打掉了 15 辆坦克装甲车，毙伤敌 250 人，自己损失仅为 1 辆 757 号 PT-85 水陆两用坦克（车长裴春贰）被击毁，1 辆 766 号 PT-85 水陆两用坦克（66 机械化步兵营营长黄玉成亲自指挥）中弹负伤和 1 辆 652 号 63 式装甲车淤陷。

不管真实歼敌数字有多少，海朗县地拿下宣告越南人民军切断了 1 号国家高速公路的广治—美政河路段。一场灾难降临到了联军的头上，广治战场的总崩溃近在眼前。

溃败

4 月 30 日清晨，一名曾在卡罗尔火力基地向越南人民军第 24 步兵团投降的南越国军士兵逃回了陆战 8 营防区。他报告说越南人民军大约一个团的兵力，在 20 辆坦克支援下于爱子基地西南集结。截至目前，虽然第 147 海军陆战旅团顶住了第 304A 步兵师 24 团和 9 团的冲击，勉强保住爱子基地，可弹药供应的问题却日益凸显。如果只是弹药供应问题倒还好说，关键是越南人民军第 324 步兵师 1 团拿下了绒江大桥，切断了滞留在后汉河北岸实施坚守防御的南越国军的退路。

为了保障撤退通道安全，第3师团长武文阶准将命令第369海军陆战旅团长范文众上校，以陆战5营向北沿着1号国家高速公路出击，重新打通往广治的路段。搭乘着M-48"巴顿"式主战坦克和M-113装甲运兵车，陆战5营一路前出到奥溪河南岸，突然受到越南人民军自动步枪火力和无后坐力炮火力猛烈的打击。陆战5营继续徒步前进，逐退了越南人民军。接着，南越陆战5营营长和配属的美军顾问普莱斯少校，想走上去看看奥溪河大桥周围情况时，他们听到奥溪河北岸传来越南人民军坦克的轰鸣声，为了防止越南人民军坦克打埋伏，普莱斯少校召唤舰炮火力轰击奥溪河北岸越南人民军坦克轰鸣声源地。与此同时，奥溪河北岸的越南人民军也召唤了D74 122毫米加农炮和M46 130毫米加农炮轰击奥溪河南岸路面。双方相互炮击持续了一个多小时，直到普莱斯少校呼叫航空火力打击，导致越南人民军阵地发生弹药殉爆和大火，才结束了这场"无聊的炮兵对射游戏"。接着，陆战5营官兵重新爬上M-113装甲运兵车，以M-48坦克为先导跨过大桥展开攻击，一路对公路沿线疑似越南人民军的埋伏点进行急速射击。

　　抵达奥溪大桥与海朗县之间的第二个道路交叉口时，越南人民军依托高速公路沿线的旧掩体工事组织抵抗，拦住了陆战5营的去路。普莱斯马上召唤含1架AC-130在内的空中支援。受到MK82高爆航弹和凝固汽油弹的攻击，幸存的越南人民军士兵往四面八方逃命，普莱斯说："他们大部分人都被陆战5营射倒在地。"随着这支越南人民军被打垮，沿着1号国家高速公路出现了疯狂南逃的难民潮。尽管如此，陆战5营还是冲到海朗县附近，可他们在汹涌南下的难民潮面前，根本不可能沿公路前进。有鉴于此，第369海军陆战旅团长范文众上校只得让陆战5营撤回奥溪大桥就地组织防御，准备接应南越国军第3师团部队的撤退。范文众想得太天真了，实际上，越南人民军并没有把他们当作对手，因为黎仲迅封锁第3师团退路的终点就在海朗县，第369海军陆战旅团是不可能打破这层封锁的。

　　在第369海军陆战旅团的北上反击行动无果而终的同时，广治省形势越发混乱。

　　4月30日中午，南越国军第3师团长武文阶准将决定让第147海军陆战旅团从爱子基地撤到广治市。由于缺乏通达手下各部的完善通信网，武文阶准将只得把手下各部队指挥官都召集到广治古城开会。他向大家解释把部队撤到后汉河南岸，重新调整部署的原因有二：第一、他预计越南人民军又要重新进攻，但第3师团汽油和弹药短缺，特别是火炮大量落入越南人民军之手，实在无力进行野战阻击；第二、目前越南人民军很可能切断了第 3 师团的退路，如果再不收缩防线，势必会陷入越南人民军的大包围圈。广治省的形势已经到了最危急关头。武文阶准将决定把广治市的防务交给第 147 海军陆战旅团，保障广治市北面的各作战部队撤下来。同时，他还命令第 3 师团残部和别动军在后汉河南岸重新组织防线，装甲兵准备往南朝顺化，重新打通 1 号国家高速公路。

阮能保上校和约伊少校一起，参加了广治古城的会议。接到撤退命令后，阮能保上校试图打电话给爱子基地的副旅团长阮春复中校和霍夫少校，把会议的决定通知给他们。遗憾的是双方没法通话，阮能保只能发电报给爱子基地，要阮春复中校来广治市报到，领受任务。等待阮春复来期间，阮能保中校和约伊少校组织了一次对广治市的侦察。

阮春复抵达后，阮能保把第 3 师团的撤退计划告诉了他。虽然约伊少校试图说服阮能保上校返回爱子基地，亲自组织第 147 海军陆战旅团的撤退，但阮能保上校却认为他在前美国远征军第 19 顾问组和广治省美国陆军顾问组留下的旧掩体里设立的旅团指挥部，是能够组织好部队撤退的。阮春复领受任务回爱子基地途中，第 3 师团又收到新的情报，称越南人民军打算在当晚对广治市组织一次师级的进攻，遂命令爱子基地守军马上撤退。此时，计划已经下达给后汉河北面的各单位，当第 147 海军陆战旅团指挥部和所辖的炮兵 3 营开始先撤时，河北岸的各单位立即开始转移。与此同时，爱子基地的撤退序列是陆战 1 营主力先走，负责西翼掩护的陆战 8 营跟进，陆战 4 营最后撤。

撤退前，美军顾问霍夫少校和埃里尔·A. 克鲁格上尉销毁了通信电台装备和其他机密设备，接着他们随同陆战 4 营撤离。克鲁格上尉在撤退行动中表现出色，他引导了航空火力、炮兵火力和舰炮火力有效迟滞了越南人民军的追击，保障第 147 海军陆战旅团安全有序撤了下来，事后获得一枚银星奖章。

在第 147 海军陆战旅团从爱子基地往南撤退的同时，霍夫少校也向航空－舰炮火力联络组的格伦·高尔登（Glen Golden）少校申请舰炮火力支援。接到请求后，美国海军共有 16 艘舰艇做出了回应：一艘拥有 203 毫米主炮的巡洋舰"纽波特纽斯"号（CA–148）、3 艘拥有 152 毫米主炮的巡洋舰、12 艘 127 毫米主炮的驱逐舰。在强大的海空火力掩护下，第 147 海军陆战旅团直到临近广治市才发现不对劲：南越国军工兵竟然把横跨后汉河的两座大桥给炸了！陆战炮兵 3 营试图拖带火炮过河，可湍急的河水与松软的河底挫败了他们的努力，迫使他们自行炸毁了 18 门榴弹炮和 22 台车辆。幸运的是，第 20 装甲骑兵团剩下的 18 辆 M-48 坦克有 16 辆在两座大桥北面 1 公里处涉水驶过了后汉河，可还是有 2 辆坦克损失掉了（1 辆触雷、另 1 辆被无后坐力炮击毁），第 147 海军陆战旅团的官兵们游泳过河，然后赶往广治市内指定地点组织防御。

夜幕降临，第 147 海军陆战旅团按计划占领广治市内各个阵地：陆战 1 营在广治市西面，陆战 4 营守着东面和南面出口，陆战 8 营向北防御，第 147 海军陆战旅团指挥部和剩下的部队则在广治古城内驻扎。

相对第 147 海军陆战旅团的整齐有序，同样设在广治古城的第 3 师团司令部却很难再协调师团所属各单位的作战了。沿着后汉河的各个部队，看到越南人民军坦克群隆隆南下，未经请示就擅自放弃阵地，各种类型的车辆也因逃兵的狂奔而耗尽汽油被扔掉。南越国军第 1 军区的舰炮火力联络官高尔登少校，他到第 3 师团司令部已经一个星期了，却发现双方毫无凝固力。按照高尔登少校的描述，广治古城内的两个掩体，一个是南越国军第 3 师团的作战指挥中心，隔着 44 米外是第 155 顾问小组指挥中心。双方之间的交流和沟通，仅限于武文阶准将和梅特卡尔夫上校，双方其他参谋和顾问根本就是毫无沟通，这样的配合根本无法应对当前的危局。

为了改变目前双方沟通协调欠缺的情况，高尔登主动往第 3 师团作战指挥中心的炮兵科拉了一条直联电话线，方便他和对方的沟通。每当他接到配属给南越国军各个单位的美国海军陆战队顾问或美国空军滞空的 OV-10 观察机的火力请求支援报告时，他就协调南越国军炮兵和美国海军舰炮群一连对目标群实施几轮同时弹着射击（time-on-targets，简称 TOT，越战的标准是以基准时为弹着时间零轴，正负 3 秒内弹群落入目标区，也就是允许前后 6 秒的时间差，即算同时弹着射击，这要求离目标距离不同的各个炮兵单位在火控中心的解算及统一指挥下，实施集团射击）。虽然事前没有拟定周密的火力计划，但联军的陆海空立体火力密切协调，有效迟滞和部分压制了追击的越南人民军。梅特卡尔夫上校也指着地图，给高尔登少校第一次也是唯一一次指导，他说："（广治）古城周围一切区域都是火力自由打击区。"虽然高尔登召唤舰炮火力打了几千发炮弹，掩护第 3 师团各部队的撤退，但他还是指出："要挽救整个形势以及迟滞北越南人民军推进的唯一指望，就是美军战术航空兵……我们必须尽量使用它。"

然而，越南人民军却紧追着南越国军的屁股，持续压往广治市。5月1日，武文阶准将认为继续在广治市组织防御战斗也是徒劳无功（换句话说，根本就挡不住对方），为了保存实力，他决定把所有部队撤到美政河重新组织防线。这时，情报部门也指出，越南人民军将从17点开始用1万发炮弹轰击广治市。12点15分，南越国军第3师团长武文阶准将走进第155顾问小组掩体，他借用美军的无线电通信网，向第3师团全体部队下达了撤退命令：

本月我和各兵种部队并肩战斗，我晓得各位十分勇敢，祖国和人民永远感激你们，因为只有保住将士们的生命才能保住战斗力，所以我决定全军撤到美政河防线，全体官兵都必须按照下列计划准确执行命令：

第147海军陆战旅团和第3师团司令部，以及所有在爱子基地周围的作战支援部队，从爱子到广治大桥的道路沿着1号国家高速公路撤退，最后在美政河与中富桥之间组织新防线。撤退时注意防范沿线的敌军，保障师团指挥部在4月30日清晨撤回美政河。

着令部署在1号国家高速公路西面的别动军第1、4、5联团按照别动军第5、4、1联团序列沿公路西面500米徒步（向南）撤退。

第1装甲骑兵旅团和第57步兵团在1号公路东面保持和别动军各联团平行撤退。

全体部队都要密切协同，保持战斗队形，穿过美政河与中福之间的第147海军陆战旅团的防线，然后在1号公路这一带沿着南岸往东西走向展开，接着第147海军陆战旅团和第369海军陆战旅团在美政河大桥协同，等待命令。

第18装甲骑兵团和配属作战的部队继续在现阵地阻击敌人，并在新防线形成后撤至美政河。

所有保安军部队转移到1号国家高速公路，师团司令部由第11装甲骑兵团负责掩护。

以58.25千赫频段保持密切联系，另外不时调到60.00千赫通信，防止被敌窃听和干扰。

撤退阶段如遇敌干扰，要尽力甩开敌人往新防线退却。

各部在退却时注意紧密协同。

务必严守撤退命令。

使用一切手段摧毁或破坏广治市内重要的设备和工厂，但严禁使用炮火和坦克炮实施破坏行动。

撤退期间，美国空军将负责掩护并通过顾问联络网提供支援。

签字：武文阶准将

这道命令来得太突然了，第155顾问小组的全体美军顾问也惊呆了。不到30分钟，南越国军第1军团黄春林中将，就签署了第258/BTLQD1号命令："我们要不惜一切代价守住阵地，没有我的允许决不能后退一步！"显然，阮文绍和黄春林是绝对不会容忍弃守广治市的，丢失省会对全国军民的心理影响太大了，这个政治冲击是他们无法承受的。

然而，第1军团的补救命令已经太迟了。接到命令，后汉河北岸突出部的全体南越国军部队都已经开始撤退，在第1军团和第3师团命令相互抵触的情况下，大家无所适从，一场大溃逃开始了。短短几个小时，广治市周围所有防御阵地就变得混乱无序，全军士气崩溃，部队茫然无措。

由于事先并没有拟定完善的撤退计划，甚至也没有人提出要做这个计划，导致武文阶准将的撤退命令下达时，每个营都只能自己组织退却，有组织的统一指挥瞬间崩塌。毫无秩序的混乱，加上一个月持续不断恶战苦斗与越南人民军不间断的炮轰，终于摧垮了南越国军部队和美军顾问之间的最后一丝凝聚力。各单位转眼之间变成了溃军，开始乱哄哄地不顾一切沿着1号国家高速公路，朝顺化撤腿狂奔。当时，只有第147海军陆战旅团还处于控制之中。不久，梅特卡尔夫通过电台呼叫第147海军陆战旅团司令部的美军顾问，说："南越国军已经撤退了；（你们单位）顾问是随同部队一起，还是随我撤退？"约伊少校坚定回答，第147海军陆战旅团的顾问们将和部队共患难。

第147海军陆战旅团从广治市撤退过程中，销毁了多余的装备、物资，包括顾问组留下的大型通信设备等。13点，第147海军陆战旅团司令部和陆战炮兵3营营部转移到广治古城西南，准备和第3师团司令部一起往南撤退，并与美政河畔组织防御的第369海军陆战旅团取得联系。在给家人的一封信中，一名配属南越国军某单位的美国陆军上尉，对第147海军陆战旅团的表现是由衷赞叹："尽管我很讨厌这么说，感谢上帝赐予了（南越国军）海军陆战队。南越国军野战军、别动军和民兵（保安军和民卫队），以及我都在逃跑，远离北越南人民军。然而，（南越国军）海军陆战队1个旅团不仅守住了，而且还在其他单位都逃跑的时候还发动了反击。毫无疑问，他们拯救了我们……"

在溃军如潮的情况下，武文阶准将也未能免俗。下达命令后，他就带着第3师团司令部成员坐上3辆M-113装甲运兵车隆隆开出广治古城，试图从溃军中"挤"出一条路撤退。与其同行的还有大约80名美军顾问和越南翻译（第155顾问小组）。梅特卡尔夫上校呼叫克洛埃森准将派几架直升机回来把顾问组撤走，他说："现在是（撤退）时候了。"

先跑路的人未必就有好运气。武文阶和第3师团司令部参谋人员，无法冲破越南人民军的包围圈与第147海军陆战旅团会合，只能悻悻回到广治古城。这下子，梅特卡尔夫又有得忙了，他向克洛埃森准将请求多派几架直升机，帮助武文阶等40多人撤退。16点35分，美军运输直升机抵达广治古城，在武装直升机和美国空军、美国海军陆战队的战斗机掩护下，CH-53开始撤走留在广治古城的118名人员。第一架直升机先降下来，接走了包括武文阶准将在内的第3师团司令部40名人员；第二架直升机也降落下来，又接走了大约40人。留下来的16名美军顾问和第3师团剩下的参谋人员，登上第三架直升机（CH-53）。当这架直升机起飞时，一名越南人民军步兵战士冲进了广治古城，朝飞机打了几枪，也算是给武文阶"送行"了。

往南，第147海军陆战旅团还在徒劳等待和第3师团司令部会合，然后一起撤往美政河。约伊少校在下午早些时候与梅特卡尔夫上校通话的目的就是为了协调两部。在无法从越南人民军包围圈撕开口子，两部没法会合，梅特卡尔夫上校用无线电通知约伊少校，你们只有靠自己了。梅特卡尔夫再一次问第147海军陆战旅团的美军顾问组，是否愿意和他一起乘坐直升机撤退。约伊少校"礼貌"地谢绝了他的邀请，再次重申自己会留下来和第147海军陆战旅团共患难。既然不愿同行，那就只好暂时分手了，梅特卡尔夫礼貌性地祝他们"好运"，之后拍拍屁股坐着直升机"逃出战场"。

第147海军陆战旅团往东行进大约2000米，接着南转。渡过几条河，部队来到广治市东南10公里的海朗县，这里正是越南人民军拦截第3师团溃军的封锁线终端。

第 3 师团各路撤退大军在这里受到了越南人民军第 324 步兵师 1 团、2 团，及第 27 步兵团还有第 202 机械化步兵团的猛烈打击，从广治市到海朗县之间长约 10 公里的路段变成了死亡之路。沿途到处都是横七竖八的尸堆，被击毁的武器装备。据估计，大约 2000 名平民和南越国军将士倒在了这段死亡之路，景象极为凄惨恐怖。不过，越南人民军拦得住溃军，却不一定封得住军纪严明、富有战斗力的南越海军陆战队。

面对越南人民军的封锁，南越第 147 海军陆战旅团长阮能保上校也没有轻敌。在和手下各位营长进行长时间而激烈的讨论后，他决定先让全旅团组织紧密的环形防御阵地休息一晚，吃饱睡足了再战斗突围。扎营期间，第 147 海军陆战旅团还接应了第 20 装甲骑兵团的撤退。该团过绒江的时候整整损失了 10 辆坦克：4 辆被越南人民军第 324 步兵师 1 团的 82 毫米无后坐力炮击毁，6 辆涉水过河时损失。4 月 1 日参加战斗的时候，第 20 装甲骑兵团共有 42 辆坦克，现在只剩 6 辆了！

5 月 2 日清早，南越第 147 海军陆战旅团准备按计划上路。5 点，据报西面靠近陆战 1 营防区的地方传来坦克轰鸣声。旅团司令部下令整个防线 100% 戒备，但陆战 8 营又报告说坦克是往南行进，正巧是第 147 海军陆战旅团打算跨过的奥溪河方向。7 点 15 分，部队西北方向开始受到越南步兵火力的射击，接着东面海朗地区一阵猛烈的步兵火力也扫了过来。显然，南越第 147 海军陆战旅团和第 20 装甲骑兵支团，以及和他们在一起的南越国军溃兵、难民都被越南人民军包围了。

接着，越南人民军第 202 机械化步兵团所辖的第 66 机械化步兵营，以及第 27 步兵团、第 324 步兵师 2 团在 75 毫米和 82 毫米无后坐力炮的支援下，从北、西、东三面扑来。曾在东河保卫战中打得出比较出色的第 20 装甲骑兵团完全丧失了斗志，M-48 "巴顿" 主战坦克和 M-113 装甲运兵车几乎是一炮未还击就疯狂跑路。失去斗志且逃跑的部队是不会有好下场的，没有一辆 M-48 "巴顿" 主战坦克到达美政河，它们因不利的地形而牺牲了。面对越南人民军坦克群的冲击和失去己方坦克支援，第 147 海军陆战旅团有效的指挥控制，也开始被疯狂的情绪所取代。

此时，只有美军顾问还保持镇定。当第 20 装甲骑兵团的指挥车——一辆 M-113 装甲运兵车离开队伍时，约伊少校和霍夫少校跳了下去，他们不屑和逃兵为伍。其他顾问也在约伊少校的喊话下，纷纷跳下逃出战场的 M-113 装甲运兵车。2 名随同装甲运兵车一起出逃的美国陆军顾问，很快被沙尘和混乱吞噬。美国海军陆战队的顾问们，走在队伍的最后面，召唤航空火力对越南人民军进攻的源头的海朗县实施空中打击。徒步撤退期间，约伊少校命令霍夫少校和头顶的美军前进空军管制官取得联系，请求紧急派直升机过来撤人。前进空军管制官回应了这个请求，并向他们报告说，越南人民军坦克正从东面和南面朝他们扑来，估计不到10分钟就可以开到他们的脚边。

9点45分，顾问们听到一架直升机飞到头顶的轰鸣声。霍夫少校打了一个信号，飞行员开始盘旋下降，接着约伊又扔了一枚发烟手榴弹，引导直升机降落接人。直升机在四周打过来的炮火、迫击炮火、步兵轻武器和无后坐力炮火力中降了下来，接走了顾问。

尽管秩序混乱，但第147海军陆战旅团的大部分官兵还是从海朗县附近的包围圈中逃出了重围，撤进第369海军陆战旅团控制区，然后转移到顺化皇城整补。

据统计，南越陆战师团在1972年5月的损失是：战死764人、负伤1595人、失踪285人。

对越南共和国来说，1972年3月30日到5月2日的广治之战确实是不堪回首的一幕。南越国军第1军团损失了差不多1.2万人（准确数字已不可考）。部分精锐部队几乎被打光，第1装甲骑兵旅团伤亡1171人，损失43辆M-48"巴顿"主战坦克、66辆M-41轻型坦克和103辆M-113装甲运兵车。第1军团总计损失了140门105毫米、155毫米和175毫米榴弹炮，相当于差不多10个野战炮兵营被一扫而空！[①]

当然，越南人民军为了获得胜利也付出了不小的代价。按照《越南人民军卫生勤务史第三卷（1969—1975）》第297页记载："在战役准备期间收治伤兵378人，占参战兵力比例的1.35%。3月30日到5月2日进攻广治期间，收治伤兵4169人，占参战兵力比例的6.4%。"按照这本书的记载，越南人民军的战斗伤员从准备阶段到攻克广治共为4547人。这个代价相对于战绩来说，处于可以接受的范围。广治进攻战役结束了，但越南人民军并没有罢手的迹象，顺化成了越南人民军的下一个目标。

---

① 越南人民军声称，1972年3月30日到5月3日，共歼敌14350人，俘虏3160人，击毁各类军用车1870辆，含600辆坦克和装甲车，缴获419门火炮，击落击毁340架飞机，并缴获数量巨大的各类军用物资。

▲ 南越国军海军陆战师团原师团长黎元康和萨尔泽尔预备役少将、多尔塞上校。

▲ 越南人民军炮兵引导员，正是他们引导了炮火封锁1号国家高速公路，沿路突围的南越国军和逃难平民大量被杀伤。

▲ 南越国军海军陆战师团的两位干将——第258海军陆战旅团长吴文定上校（左）和第369海军陆战旅团长范文众上校（右）。

▲ 1972年5月1日，越南人民军解放了广治城东北的和兴。

▲ 沿着1号国家高速公路出逃的难民。

▲ 1972年4月25日，一名南越国军通信兵在东河。

▲ 1972年4月30日，一名南越海军陆战队的战士背着战友撤退。

▲ 支援第3师团的美军直升机由美国远征军第155顾问组的高级顾问直接指挥。

▲ 1号国家高速公路的一场灾难的场景。

▲ 南越国军一边南撤一边继续战斗，图为一辆M48坦克炮口指向北面，车上坐着一名伤兵和一名逃兵。

▲ 蜷缩在装甲车里躲避越南人民军火力的南越国军车组成员。

▲ 阮成平带着一个侦察班摸进了广治市。

◀ 越南人民军火箭筒手和冲锋枪兵。

【第八章】
守住，美政河！

燃遍南方的战火

1972 年越南人民军发起的战略进攻，并非只针对广治省。在广治遭到攻击的同时，南部东区和西原战场也燃起了战火。

在南部东区，越南人民军第 5、第 7、第 9 步兵师突然发起了"阮惠战役"。这次战役，是越南人民军南部平原主力部队从柬埔寨打回根据地的至关重要的一战。为了打好这一战，越南人民军任命越南南方解放军副司令员陈文茶中将任指挥长，陈度少将任政委，黎玉贤大校任参谋长。

经过对战场周密地侦察和作战部署的计划，陈文茶把战役突破口选择在了 13 号公路沿线的重镇——禄宁县，意图是先拿下禄宁，切断真城和安禄市的联系，然后再集中兵力打安禄。

禄宁进攻战斗，是越南人民军在 1972 年战略进攻中的又一个经典范例。越南人民军第 5 步兵师在 9 师 3 团（团长范金，团政委徐文强）配合下，出其不意地对禄宁县展开了攻击，全歼南越国军第 5 步兵师 9 团，活捉 9 团团长阮公永上校。其中，配合作战的越南人民军第 9 步兵师 3 团，在和路打了一场漂亮的运动伏击战，以 15 人牺牲、41 人负伤的代价，宣称击毁 56 辆敌军军车，缴获 12 辆 M-41 轻型坦克。

首战告捷，让越南南方解放军士气大振，陈文茶遂决定直接对安禄市发起攻击。

4月9日到12日，越南人民军第9步兵师在师长阮实冰和师政委范春松指挥下，得到第5步兵师4团、1个炮兵团和1个坦克营加强，展开战斗队形包围了平隆省安禄市。13日，越南人民军第9步兵师以第2步兵团和第3步兵团在坦克部队配合下，从西北方向朝安禄市实施主要突击；第1步兵团和第5步兵师4团从西面和东面实施次要方向突击。从15点起，越南人民军战役炮兵进行了15分钟压制射击。接着，担任主攻的越南人民军第2步兵团5营在坦克6连（9辆T-54坦克）、2门57毫米高射炮、2门120毫米迫击炮、2个12.8毫米高射机枪连（10挺）加强下开始进攻，首先拿下了安禄机场。第3步兵团9营得到1门120毫米重迫击炮、2门75毫米无后坐力炮、1个12.8毫米高射机枪连支援，攻克了安禄郊外的128高地。拿下机场后，第2步兵团5营和配合作战的坦克6连乘胜追击，行进到雄王路时遭到美国空军猛烈轰击，被打坏7辆坦克，5营损失很大无法继续冲击，只得撤退。

《越南人民军第20坦克营史》对这次战斗有较为详细的记载："第20坦克营6连和第52自行高射炮连奉命配合第5步兵师2团各步兵营连，担负对安禄市的主要进攻任务。4月13日，第20坦克营6连分成两路，依靠步兵的配合打下了安禄机场和城北的128高地，迫使敌人退到安禄市内，依托学校区和省厅区域进行固守。在打安禄机场和128高地的战斗中，第20坦克营6连和第52自行高射炮连出色完成了任务，发挥了迅猛的突破力，他们和步兵密切协同消灭敌人近1个营。接着，第9步兵师2团决定让第20坦克营6连和步兵一起兵分两路，高速行进至安禄市区。虽然如此，可第9步兵师和第2步兵团通信联络不畅，发展进攻战斗的困难超出了预想，组织指挥和兵种协同不密切，打法也不适合。发现我军坦克在步兵引导下冲进市区时，敌人步兵没胆抵抗，而是召唤炮兵、空军火力进行激烈阻击，分割我军步坦协同。结果，第20坦克营6连沿街道继续冲击时，脱离了步兵的保护。敌人发现这个弱点后，果断组织反击。坦克6连冲进安禄市的8辆坦克，其中7辆被敌人打坏后自燃了（但连长座车和另2辆坦克被堵在安禄市外）。"[1]

首战安禄的失败并没有让9师气馁。4月15日，第9步兵师二打安禄。这次还是越南人民军第2步兵团5营在团长陈玉英指挥下，冲至陈兴道路北面；第3步兵团9营沿西北方向杀进陶凤花园；第1步兵团部分兵力往安禄市监狱附近发展进攻。关键时刻，又是美国空军出手进行攻击，救了守城的南越国军。美军空中打击精度极高，不仅切断了越南人民军第9步兵师师指和各团、营之间的联系，还和炮兵协同大量杀伤了越南人民军步兵，打坏一些坦克装甲车，又让越南人民军第9步兵师惨败而归。

相对第9步兵师的简略记载，《越南人民军第20坦克营历史》记载得更为详细些："首战失利后，（坦克兵种）指挥干部开会总结经验教训。在战斗发展阶段，进攻部队的组织、指挥不够密切，也没有及时处理突发状况，导致步坦协同被敌分割；各坦克分队和步兵分队的行动不够勇敢大胆，导致兵种联合进攻队形不够紧密，结果没能取得胜利。4月14日，敌人以1个伞兵营在时山机降。4月15日，第20坦克营8连使用9辆坦克和2门自行高射炮继续从北面对安禄市展开第二次攻击，虽然配合战斗的步兵拿下了大半个民事区（khu dân sự），但还是无力发展，我军损失5辆坦克。"[2]

连续两次进攻安禄的失败让越南人民军内部出现分歧。越南南方解放军司令员黄文泰中将主张不要再打安禄，而是转入包围锁敌、孤立安禄市，组织兵力进攻13号公路脱离工事的守敌，争取打运动战，消灭对方的有生力量，创造战役继续发展之势（目前战役僵持在安禄市对越南人民军十分不利）；同时根据越南劳动党中央政治局的决定，他想把一部分包围安禄市的主力部队转移到湄公河平原活动。

可是，黄文泰中将的主张却遭到了阮惠战役指挥部指挥长、越南南方解放军司令员陈文茶中将的反对。陈文茶认为，安禄市已经被越南人民军包围、孤立将近1个月，南越国军第5军团和各增援部队在兵力和技术装备上都蒙受了很大的损失，13号公路依旧被越南人民军牢固封锁。对于4月13日和15日的进攻的失败，陈文茶很武断地认为这不是对方实力有多强，而是自己计划不够周密，步兵和坦克协同不密切所致。根据这个判断，陈文茶力主继续打安禄。看到战役指挥长决心坚定，黄文泰中将也就不说什么了。

可事实证明，黄文泰是对的，陈文茶错了。

在第三次进攻安禄前，越南人民军又对安禄市组织了一次小攻击，还是没有成功。对于这次战斗的失败，《越南人民军第9步兵师历史》完全没有记载，只有《越南人民军第20坦克营历史》忠实地还原了这一幕："4月16日到18日，敌人又把第1伞兵旅团机降到时山地区。虽然受到我军激烈阻击，但敌人还是持续不断地机降增援安禄，并连续对我军展开反击。4月18日，第20坦克营6连使用剩下的3辆坦克支援步兵，又对安禄市进行了第三次攻击，冲到伪军第5师团指挥所附近时被挡住。这次战斗还是没有结果,我军损失 2 辆坦克。"[3]

　　尽管有这个失败的小插曲,可越南人民军第 9 步兵师和坦克兵们都没有气馁,而是按照陈文茶中将的意见,让第 2 步兵团 4 营和第 3 步兵团 9 营与投入战斗的坦克 20 营和 21 营合练一天,了解步坦协同的动作和战术要领。同时,阮惠战役指挥部还把第 5 步兵师 5 团战役炮兵的 36 门 M46 130 毫米加农炮和 160 毫米重迫击炮、加强给 9 师。为了攻克安禄,越南人民军下了血本,把第 20 坦克营剩下可用的 T-54 坦克和 59 式坦克,以及第 21 坦克营的 PT-76 水陆两用坦克共 29 辆投入战斗,配合加强第 9 步兵师展开攻击。动用如此多的兵力,表明了陈文茶志在必得的决心。

　　1972 年 5 月 11 日 3 点,越南人民军第 9 步兵师师长阮实冰向部队下令展开攻击。在主要方向上,越南人民军第 9 步兵师 2 团 4 营以 3 辆 T-54 坦克为先导,冲进市区沿着潘兑洲路发展进攻;第 3 步兵团 7 营、9 营冲过突破口时被联军火力封锁,蒙受重大损失才冲了过去,一路拿下了安禄市监狱,解救了被关押的 36 人。在次要方向上,越南人民军第 1 步兵团撕开了一个突破口,步兵很快冲进了安禄市区,可还是遭到联军火力拦阻,步坦协同被分割,因损失太大而没法继续前进一步。更糟糕的是,第 1 步兵团团指受到美军 B-52 战略轰炸机的攻击,团长郭迈和政委陈文实双双牺牲,这是整个越战中平也团第一次也是唯一一次团军政首长双亡的战例。战至 5 月 11 日 10 点,战线僵持在安禄市劳动局、仓库区和陈兴道路一线。美国空军和炮兵发挥了巨大的作用,他们既分割了越南人民军步坦战斗队形,又给越南人民军带来了巨大杀伤。

　　僵持战熬到 5 月 12 日凌晨,越南人民军第 9 步兵师副师长武文丹和各团指挥干部进入安禄市区了解情况,组织剩下的兵力继续突破,但由于各单位兵力损耗大突破没有成功。调整部署重新组织攻击,可还是没有取得任何突破,相反各单位都失去了战斗力:坦克 29 营投入战斗 25 辆坦克、装甲车,其中 14 辆坦克和 4 辆装甲车或自行高射炮被打坏或起火燃烧;第 3 步兵团 7 营 3 个连,参加战斗的兵力为 105 人,伤亡了 82 人。[4] 接到第 9 步兵师师长阮实冰的报告,陈文茶脸色铁青,忍痛下令部队撤退,越南人民军第 9 步兵师三打安禄还是以失败告终。

　　安禄战役给越南人民军留下的是无尽的伤痛,也是南越国军第 3 军团在整个越战中取得的对越南人民军最大的胜利。《越南人民军卫生勤务史第三卷(1969—1975)》第 280 页记下了一组组沉甸甸的伤亡数字:"整个战役(阮惠战役,时间段跨度为 1972 年 3 月 30 日到 1973 年 1 月 28 日）共收治 13412 名伤兵，其中主要方向 10246 人，次要方向 3166 人；同时收治了 33138 人次的病员，伤病员总数是 46550 人。"[5] 同一页还对各部队在安禄战役阶段的损失，以及各个技术兵种伤亡率进行了详细区分统计："从（1972 年）4 月 4 日到 5 月 13 日，第 5 步兵师共有 2034 人伤亡，含伤兵 1534 人。从 4 月 4 日到 5 月 31 日，第 7 步兵师伤亡 1956 人；第 9 步兵师伤亡 3238 人，含 2045 名伤兵。从 4 月 1 日到 4 日，第 30B 步兵师伤亡 762 人，含 618 名伤兵。[6] 战役阵亡人数（越南语直译是火线死亡）占总伤亡的 22.8%，各兵种单位火线死亡率都高于步兵，其中炮兵 33.7%（阵亡 182 人、伤亡 539 人）、坦克兵 52%（阵亡 73 人、伤亡 141 人）、特工 53%（阵亡 197 人、伤亡 334 人）。[7]"

安禄战役失败后，越南人民军被迫转入雨季围困。这对担负战役重任的越南人民军第 9 步兵师来说，是继 1968 年总攻击西贡失败后又一段苦涩的回忆。越南人民军第 9 步兵师史记载："1973 年 1 月 19 日，阮惠战役结束。结果是我军歼敌 1.3 万多人（俘虏 5381 人）、缴获 282 辆军事车辆（含 12 辆坦克装甲车）、45 门火炮、6000 多支枪，击落击毁 400 架飞机。仅 9 师，就有 1179 名干部战士牺牲，4494 位同志负伤，含 50% 的党员和 20% 以上的排到团级干部。"[8] 对这个损失数字，作者有自己的看法。按照前面越南人民军卫生勤务的统计，越南人民军第 9 步兵师仅从 1972 年 4 月 4 日到 5 月 31 日就战死了 1193 人，这个数字已经超过了师史记载的 1179 人，显然其在阮惠战役中的战死人数应该超过 1200 人。不管怎么说，越南人民军 3 个主力师在阮惠战役中损失惨重，累计损失仅次于 1968 年总攻击，付出了总伤亡约 1.6 万人，却仅宣称歼敌 1.3 万人，这个战役打得确实不尽如人意。

如果说阮惠战役损失大的话，那么南部平原的第 8、第 9 军区在 1972 年的配合攻势损失就更大了。按照越南人民军第 9 军区后勤局卫生坊（CỤC HẬU CẦN QUÂN KHU 9 PHÒNG QUÂN Y）编写的《九龙江平原 30 年抗战卫生历史（1945—1975）》（LỊCH SỬ QUÂN Y ĐỒNG BẰNG SÔNG CỬU LONG 30 NĂM KHÁNG CHIẾN 1945-1975）第 183 页记载："在 1972 年战役服务的 93 个昼夜中，第 8 军区卫生部门配合各省、县军民担保救治了 10064 名伤兵、病兵，其中伤兵 8669 人（战前预计只有不到 3000 人）。仅边界方向就有 1100 名伤兵。病床使用率达到 270%（在整个 1972 年，第 8、第 9 军区战场共收容 2.1 万名伤兵、病员）。"[9]

粗略统计，南部平原在1972年的总伤员人数就接近3万人（还不包括乡村游击队的损失），南部平原的越南人民军在1972年战略进攻的总损失应该不低于4万人。这是一个极为庞大的伤亡数字，仅次于治天战场。

在越南人民军饮恨安禄战场的同时，西原北战役也拉开了帷幕，在这里越南人民军同样也是先胜后败，蒙受了相当大的损失。

西原北战役，同样是1972年战略进攻中的一次重要战役。为了打好这次进攻，越南人民军总部把参加过南寮—9号公路反攻战役的第2步兵师和第320A步兵师统调到西原战场。以他们为核心，加上第24步兵团、第28步兵团、第66步兵团、第95B步兵团、第361步兵营、波莱古地方部队，在第675炮兵团（2个营，装备24门D74 122毫米加农炮和M30 122毫米榴弹炮）、第40炮兵团（1营装备D-44 85毫米加农炮，11营装备75毫米无后坐力炮和82毫米迫击炮，30营装备12.7毫米高射机枪，32营装备120毫米和160毫米迫击炮，33营装备DKB 122毫米单管火箭炮，41营装备D-44 85毫米加农炮和M101 105毫米榴弹炮，40营装备14.5毫米高射机枪，45营装备14.5毫米高射机枪）、第20炮兵营（装备82毫米迫击炮）和第297坦克营（28辆T-54和59式坦克、3辆PT-76坦克、3辆ZSU-57-2自行高射炮、3门双联装37毫米高射炮）支援下，组成战役进攻集团，参战总兵力是39318人。

1972年3月30日，第320A步兵师首先在巴枯河西岸对南越国军第2伞兵旅团展开攻击，重创了2个营，拉也开西原北战役的序幕。4月24日，越南人民军第66步兵团（"波莱美"团，当时是西原军区独立团，后编入第10步兵师战斗序列）和第2步兵师1团（巴嘉团），在第297坦克营支援下对德都—新景发起总攻。南越国军第22师团和赶来支援的第2装甲骑兵旅团不堪一击。其中，M-41轻型坦克在和T-54、T-59式坦克较量中完败。2天打下来，南越国军第2军区或军团（军区和军团都是一个级别，军区是编制上的，军团是作战期间的；等于和平时期叫军区，战时军区变成军团）损失了23门M101 105毫米榴弹炮、7门M114 155毫米榴弹炮和10辆M-41坦克，第22师团司令部被一锅端（师团长战死，副师团长被俘）。

借助此次大捷，越南人民军趁胜对崑嵩市发起攻击，但联军已经缓过劲来，无论是空军还是地面炮兵都做好了战斗准备。为了对付越南人民军的T-54、T-59式坦克和PT-76坦克，美军更是给崑嵩守军送来了陶式反坦克导弹。结果，越南人民军在 5 月 14 日和 5 月 25 日的量词攻打崑嵩的战斗中受挫，伤亡代价之大，创下整个越南战争中西原军区单次战役伤亡之最。《越南人民军卫生勤务史第三卷（1969—1975）》第 313 页记载：

1972 年 3 月到 5 月的西原进攻战役（又称为 1972 年春夏季战役）分成三个阶段，情况如下：[10]

第一阶段攻打德都—新景一线，由第 28、第 66、第 400 步兵团，以及第 3 步兵师 3 个团中的 2 个团（实际是错误的，应该是第 320A 步兵师 48 团和 64 团）、第 40 团和第 2 步兵师实施。从 1972 年 3 月 25 日到 4 月 25 日共收治伤兵 1944 人，其中 15.19% 是重伤，30.35% 是中等伤势，54.26% 是轻伤员。[11]

第二阶段攻打崑嵩市，由第 28、第 40、第 66 步兵团，以及第 3 步兵师 2 团和 3 团（实际是第 320A 步兵师 52 团和 64 团）、第 2 步兵师、第 297 坦克营及一些兵种营实施。从 1972 年 4 月 26 日到 6 月 30 日共收治伤兵 3035 人，伤兵占参战兵力的 15.13%（该阶段伤兵率占整个战役总伤员的 42.62%）。[12]

第三阶段，1972 年 2 月 25 日到 6 月 30 日，由第 95 和第 24 团、第 631 营一起实施的攻打交通线的作战中，收治伤兵 1045 人，其中 16.57% 是重伤员，25.64% 是中等伤势，57.79% 是轻伤员。伤兵占参战兵力的 26.30%（该阶段伤兵数字占整个战役总伤员的 14.67%）。[13]

整个西原北进攻战役的伤员人数是 7212 人（引自《越南人民军卫生勤务史》第三卷第 311 页），战死人数未列。南越国军第 2 军团损失也不小，虽然他们只承认 1972 年 4 月 1 日到 6 月 10 日战死 382 人，负伤 1621 人、失踪 32 人，但实际的伤亡人数应为 4000 人左右。

除了治天进攻战役得手外，越南人民军受挫的战场可不只有安禄、九龙江平原（第 8 军区和第 9 军区）和西原北的崑嵩。第 5 军区在广南省和平定省发动的进攻战役，同样被南越国军给顶了回去。

第 5 军区当时主要在 3 个方向展开攻击，分别是平定省北部（第 3 "金星" 步兵师）、广南省北部（参战部队是第 711 步兵师、特工第 493 团和第 572 坦克营）和广义省南部（第 2 步兵师和第 320A 步兵师 52 团、特工第 459 团）。其中，平定省北部的战役时间是 1972 年 4 月 9 日到 5 月 2 日，又称为夏季战役，越南人民军战死 215 人，负伤 657 人；[14] 广南省北部的战役时间是 1972 年 7 月 15 日到 8 月 23 日，越南人民军负伤 1043 人，战死 840 人；[15] 广义省南部的战役时间是 1972 年 7 月 20 日到 8 月 31 日，越南人民军第 2 步兵师和第 320A 步兵师 52 团在崑嵩进攻战斗失败后，回师广义省南部又发起了秋季战役，整个南部的战役收治伤兵 1459 人，占参战兵力的 22.6%，战死 624 人，占参战兵力的 11.2%。[16]

然而，在全国范围内顶住越南人民军进攻狂潮的南越国军的损失更大。根据越南共和国的统计，1972 年 4 月 1 日到 6 月 10 日，南越国军正规部队在全国范围内伤亡 23059 人：战死 4400 人，负伤 16750 人，失踪 1909 人。保安军和民卫队损失也有 1.5 人：战死 3668 人，负伤 9622 人，失踪 1573 人。南越武装力量在越南人民军总攻击的头两个月总计损失了 4 万人！如果算上 1 月到 6 月逃亡的 6 万人，南越国军的损失数字就大得惊人。

尽管整个越南南方燃遍战火，但南越人民关注的焦点还是北部省份，丢失广治省是越南战争打了这么多年，联军方面第一次丢失一个完整的省份。这个失败沉重打击了南越的民心士气。面对越南人民军接下来的进攻，联军别无选择，必须守住承天省，力保顺化不失，才能重整旗鼓、以备反攻。

对越南人民军来说，整个南方战场只有治天方向取得了大捷，上到越南中央政治局和中央军委，下到全体军民，都把希望放在了黎仲迅和黎光道的身上，这对搭档打赢了 1971 年关键性的南寮—9 号公路反攻战役。现在，他们还能续写历史——拿下承天省和顺化，取得治天进攻战役的彻底胜利吗？

这样，双方的目光都集中到了承天省，新一轮的较量很快就开始了。

厉兵秣马

广治进攻阶段取得胜利后，越南人民军治天战役司令部又开始准备下一阶段的进攻作战。黎仲迅少将很清楚，虽然目前部队士气很高，也通过初期的进攻战役获得了大规模诸兵种协同作战的经验，可连续不断的战斗打下来，各主力师（特别是第 308A 步兵师和第 304A 步兵师）兵力和技术装备的损失不小，弹药和物资消耗很大，而且部队健康率大幅下降，急需休整。目前，越南人民军总参谋部给治天战场增调第 325 步兵师 18 团和第 320B 步兵师 64 团；并给劳苦功高的第 308A

步兵师102团补充了800名新兵，第304A步兵师66团和9团也获得一定数量的新兵补充。但尽管如此，第308A和第304A步兵师分别只有75%和70%的满员率，满员率最高的是第320B步兵师（达85%）。

对越南人民军来说，最糟糕的是广治省新解放区的路桥系统正遭到已经进入状态的美国空军绵密的火力封锁，不少大桥被炸毁，以至于弹药和粮食转运困难。为了进行下一阶段进攻的战役后勤保障工作，越南人民军第308A步兵师和第304A步兵师不得不把部分兵力抽调回去，担任物资转运工作，各单位还被迫削减每天的口粮供应。尽管供应形势越来越困难，但黎仲迅少将还是锐意准备第三阶段的进攻，他的战役决心如下："消灭联军在承天省的战役兵团，破坏敌人的防守态势，控制香江的广大地区，阻止对方撤到蓬江组织集团防线。具体目标是在第三阶段进攻中，消灭敌三四个团，破坏敌人从美政河到香江北岸的防线，进而创造条件解放顺化市。"

根据这个战役决心，黎仲迅少将一边命令各个主力师集中休整，补充兵力和技术装备；一边命令第48步兵团从1972年5月3日到6月19日积极进行战场造势活动，伪装成主力不断袭击美政河防线，争取消灭联军一部分有生力量，掩护主力部队休整的同时，也削弱美政河防线。

越南人民军雄心勃勃，联军也不示弱。第一回合的较量失败了，但联军并不气馁。

美国远征军总司令艾布拉姆斯上将很清楚，在美军地面作战部队撤离越南南方的情况下，南越国军第1军团要想粉碎越南人民军的进攻乃至组织反攻就必须要靠美国空军更大规模的支援！

为了回应克莱顿·W.艾布拉姆斯上将的请求，美军太平洋战区和第7舰队把陆战队第3两栖军（III MAF）投入战场。陆战队第15航空大队（含2个固定翼飞机中队）也从岘港出击，参加顺化保卫战。陆战队第9两栖旅，作为第7舰队登陆部队组成部分，也对越南人民军的战略进攻做出回应，部署到东京湾。

第7舰队两栖登陆部队原本的任务是给美国远征军提供安全保卫和根据紧急战况需要协助美军撤离。当美国远征军和南越国军判明了越南人民军的战略进攻规模后，美军出动在越南附近集结的4个两栖预备大队，总计16艘舰艇，由沃尔特·D.加德斯少将统一指挥，旗舰是"蓝岭"号（IIC-19）两栖指挥舰，紧急部署到承天省外海，对南越国军第1军区或军团进行战斗支援。

广治失守后，美军航空和舰炮火力联络部（ANGLICO）的第一分队重新调整了它在第一军区的各个火控小组，并在关拜基地、岘港基地和朱莱基地布置航空观察组。截至目前，联络、观察组已经部署到南越四大军区中的三个了。5月2日，航空和舰炮火力联络部的德瓦纳·格雷中校给太平洋战区的舰队陆战队去电，请求增派舰炮火力引导官、空中观察员，并建立通信联络网。不到48小时，200多名美国海军陆战队员就到了西贡的美国远征军总部报到。他们都是受过特别训练，来自太平洋战区驻加利福尼亚州、冲绳、夏威夷和日本的各个舰队陆战队单位的优秀队员。德瓦纳·格雷中校把他们编入舰炮火力观察小组，并将其配属给南越国军的伞兵师团和海军陆战师团。

不过，格雷中校听取了南越国军第1师团和海军陆战师团上个月对第一军区的火力支援的报告后，对目前的形势依然感到忧虑。他致电美国远征军情报部门的威廉·H.拉纳干准将，指出顺化的防御需要"一名对第1军团能有效掌控的指挥官"，这名指挥官要获得手下师团长的尊重。此外，美军还需要给南越国军补充火炮和坦克损失，并强烈主张美军火力必须优先让给顺化防御。格雷认为目前亟需建立保障综合火力支援效果的目标定位和协调中心（effective targeting and coordination centers）。"这需要美军的强力行动，越南人懂怎么做吗？"要办到这点，只有艾布拉姆斯马上介入美国陆军高级顾问和美国空军指挥官之间才能解决。拉纳干准将把这些意见如实反映给美国远征军参谋长，指出了目前的症结是显而易见的："目前空战和地面战争几乎毫无关联，美军必须在他们能帮上越南人以前把他们的房子有序地搭建起来"。

在美军重新建立有效的陆海空火力支援体系的同时，越南共和国第1军区或军团指挥层也发生了变更。"兰山719"行动失败和广治失守，充分验证了艾布拉姆斯上将对黄春林中将个人能力的评价，也透支了越南共和国总统阮文绍对黄春林的信任。忍无可忍的阮文绍指示联合参谋本部解除黄春林的指挥权。

1972年5月4日，越南共和国联合参谋本部一纸命令，黄春林正式"下课"，名将、原第4军团司令吴光长中将出任第1军团司令。一上任，吴光长中将就把第1军团司令部搬到顺化皇城，此举表明第一军区作战目的（原先是保卫广治和反击）和作战重心的改变。吴光长当前的任务是稳住部队，和通过驻岘港的美军支援顾问团有效使用美军的海空支援体系。按照美军的说法，吴光长第一个举措的目的和关注的焦点是"巩固顺化防御"，他得恢复南越国军第一军团的指挥体系，并给一线部队组织一个可靠的后勤补给系统。在把损失惨重的第3师团撤下去整补后，吴光长中将主要依靠海军陆战师团和伞兵师团负责承天省北面和西北地区防御（简单说也就是守住美政河防线，挡住越南人民军第308A、304A、320B步兵师打进承天省），第1师团在顺化南面和西南防御（挡住越南人民军第324步兵师），第2师团防守第一军区南部省份（广义、广南、广信省）。

同一天，南越海军陆战队的指挥结构也发生变化。越南共和国总统阮文绍在视察了顺化的海军陆战师团司令部后，宣布罗元康升任联合参谋本部作战部长。裴世兰上校（很快晋升为准将）出任海军陆战师团长。在当天的视察中，阮文绍再一次命令必须守住美政河防线，一步也不准后退！

通过指挥结构的调整，南越国军第1军区或军团①的面貌焕然一新，部队也不再惊慌失措，渐渐稳定下来。不过，吴光长心里很清楚，第1师团要承担防御顺化的重任，伞兵师团还没从西原战役的损失中完全恢复过来，美政河的守备重任主要得依靠海军陆战师团。

当时，海军陆战师团的防区范围很大，从南中国海沿岸起，向西跨过1号国家高速公路，延伸到长山山脉脚下。为了进一步统筹指挥部队，师团长裴世兰上校把前指从顺化市转移到顺化北面的向奠村。约舒亚·多尔塞上校率领的美国海军陆战队顾问组奉命和海军陆战师团通力合作，在向奠村的校舍建立起一个作战指挥中心、一个火力支援协调中心和一个通信中心。

除了设立师团前指，美国海军陆战队各两栖支援营也从西贡转而部署到第1军区，他们要和驻顺化的南越国军第1军区联勤司令部、海军陆战师团驻顺化的后方司令部（后指）合作，保障海军陆战师团后勤没有压力。为了有效指挥控制美军的海空火力支援，南越海军陆战师团从航空和舰炮火力联络部、美国海军陆战队第1通信营、美国空军第20战术航空支援中队和美国陆军第14通信连获得

---

① 军团和军团都是一个级别，军区是编制上，军团是作战；等于和平时期叫军区，战时军区就变成军团。

包括通信设备、通信兵、火力支援协调员的配备。

为了掩护南越国军第 1 军团进行整补,美军宣布,美政河北岸所有越南人民军控制区皆为联军海空火力自由打击区。驻岘港的美军支援顾问司令部认为,越南人民军随时可能对承天省发动新的进攻,联军的当务之急是继续调整部署,一定要守住美政河防线。

5 月 5 日,第 258 海军陆战旅团把司令部从顺化转移到 1 号国家高速公路沿线的丰奠,换下第 369 海军陆战旅团司令部。这次换防仅仅是旅团级司令部防务交接而已,两个旅团所辖各营位置不变。第 258 海军陆战旅团长吴文定上校把陆战 2 营集中到 1 号国家高速公路和美政河交叉口,目的是阻止越南人民军修复被炸坏的美政河公路桥。除了看住美政河公路桥外,吴文定上校还着重加强了西翼,他估计越南人民军要从附近的长山余脉山脚对顺化展开攻击。再往西是绵密的丛林和起伏的丘陵,给联军的空中侦察带来了不小的困难,也给越南人民军隐蔽集结兵力带来了便利。尽管第 258 海军陆战旅团防区面积很大,兵力布防相对薄弱,但吴文定上校却信心满满。他让自己的部队不停处于运动状态,有效而经济地部署兵力,只在受到越南人民军进攻威胁时才突然集中兵力实施防御。消极防御可不是他想要的,他更急于向北反击。他对自己的顾问说:"给我 20 辆坦克,并往东来一次佯攻,我们 2 天就可以打回广治市。"

相对第 258 海军陆战旅团的躁动不安,第 369 海军陆战旅团却安如泰山。该旅团把守海军陆战师团防区东部,含保安军和民卫队负责的靠海岸防御地带。由于保安军和民卫队的存在大大减轻了第 369 海军陆战旅团的防御压力,美政河防线也比以前更为坚固。在美政河防御期间,第 369 海军陆战旅团长范文众上校升任师团参谋长,阮世亮中校接过指挥权。

有了第 258 海军陆战旅团和第 369 海军陆战旅团这两大主力顶在一线,裴世兰上校放心地把第 147 海军陆战旅团司令部和陆战 4 营、8 营放在顺化皇城休整,并直接从美国海军陆战队仓库获得武器装备和物资的补充。

在南越海军陆战师团逐步稳定美政河防线期间,越南人民军继续动用 M46 130 毫米加农炮轰击海军陆战师团各个阵地。为了压制越南人民军的 M46 130 毫米加农炮,海军陆战师团把射程超过对手的 175 毫米自行火炮投入战斗。与此同时,设在顺化的南越海军陆战师团火力支援协调中心,也竭尽全力给 175 毫米自行火

守住美政河防线与保卫顺化的示意图

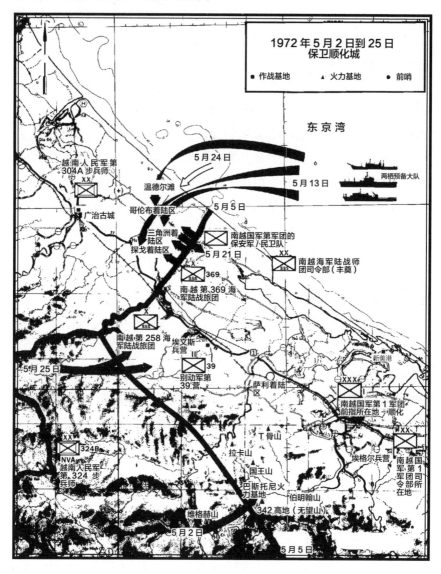

炮提供越南人民军目标。

　　然而，在猫捉老鼠的炮兵对抗战斗中，越南人民军炮兵隐蔽得当，给美军空中观察并发现目标带来了很大的困难。由于箭-2防空导弹的威胁，美军前进空军管制官不得不在2895米的高度观察，这种高度显然没法轻易发现越南人民军的炮火闪光，而且也不容易辨认真假。越南人民军炮兵群在任一阵地的部署都不超过2个炮排（2到4门炮），而且各个炮兵阵地散布于广治省西北地区。当美军前进空军观察员飞临某个越南人民军炮兵阵地上空时，该阵地的炮兵便会很巧妙地"默不作声"，另一个炮兵阵地从不同位置继续开炮，这显然是通过有效的通信联络网实施指挥的，给美军的炮兵压制带来了不小困难。

　　因此，要改变这种被动吃"炮子"的不利态势，联军就必须主动出击，打过美政河。在这种背景下，神江系列行动正式出台。

"神江5-72"行动

　　在吴光长看来，越南人民军的进攻并不可怕，可怕的是自己始终处于守势，这将使对方不断积累兵力和技术装备，不断组织进攻，不论守方多么顽强，被动消极地防御终将失败。他很清楚目前自己的职责是守住承天省、保住顺化，但远期的目标是反攻。为了给反攻争取宝贵时间，他必须让对手处于被动应付和失衡状态，而要达到这个目的就必须组织一连串的有限反击，战斗方式将采取机降、两栖登陆和地面突击三合一的立体方式实施。对这些作战，南越方面命名为神江系列行动。

　　决心已定，具体如何谋划和实施就看海军陆战师团的了。裴世兰上校没有辜负吴光长的期望，他在接到命令后马上草拟计划，打算以第258海军陆战旅团和第369海军陆战旅团轮番上阵，在航空火力、舰炮火力和炮兵火力支援下进行有限出击。针对目标的选择，海军陆战师团的美军顾问多尔塞上校建议对海朗县实施空中突击，裴世兰认为这个建议很有创意，就把计划草案上报第1军区或军团。吴光长本身就喜好钻研战术，他对出其不意的打击充满了兴趣，于是对裴世兰的方案照单全收。作为对裴世兰的支持，吴光长亲自和美国远征军总司令艾布拉姆斯上将沟通，想请第7舰队派美国海军陆战队第9两栖旅支援，美方爽快地答应了。在美军的支持下，南越海军陆战师团拟定了详细的进攻战斗方案，代号"神江5-72"行动。

　　1972年5月12日夜，第一批陆战队开始北进——第369海军陆战旅团的侦察连的阿陆上尉、陆战9营的寿春中尉，以及来自其他陆战队的一小群官兵游过美政河，在对岸建立了一个通信联络站，以保障第二天作战的指挥控制联络网通畅。

接着，负责直接作战支援任务的美国海军陆战队第 9 两栖旅所辖的第 164 中型直升机中队（HMM-164）的 CH-46 和 CH-53 直升机群，搭载 1138 名南越海军陆战队官兵飞往各个进攻点。在这场一次调动 2 个营的空中机动作战中，美军每架 CH-53 直升机搭载 60 名南越海军陆战队员，每架 CH-46 搭载 20 名南越海军陆战队员，分成 2 个批次扑向目标。为了减少损失，美国海军陆战队第 164 中型直升机中队的爱德华·C. 赫尔特贝格打算给南越海军陆战队提供最大限度的空运能力，同时飞机能超低空扑向目标（CH-46 飞行高度是离地 9 米到 12 米，CH-53 稍高一点）；每波直升机群都使用 2 个着陆场机降兵力，减少给越南人民军防空火力反应的窗口时间。

5 月 13 日 8 点，第一架直升机从停泊在南中国海的两栖预备大队的两栖攻击舰起飞，不到 40 分钟所有参战直升机升空集结完毕，搭载着南越第 369 海军陆战旅团所属的陆战 3 营和陆战 5 营飞往萨利火力基地。①

机降前，美军动用海空火力对两个预定着陆场实施了毁灭性的火力打击。09 点 30 分，南越海军陆战队员在探戈着陆区（Landing Zone Tango）跳下直升机时，除了看到周围的硝烟和尘土外，没有遇到任何抵抗。接着，美国海军陆战队的直升机群返回两栖攻击舰重新加油，于 10 点 55 分搭载了第二波进攻部队飞回萨利火力基地。11 点 36 分，当先导直升机在三角洲着陆区机降时，副中队长戴维·J. 穆尔少校通过无线电报告："这儿的着陆区打得火热。"转眼间，步兵轻武器火力就打了过来。接到报告，护航的武装直升机群的陆军指挥官就把着陆点转移到原着陆区南面。越南人民军的防空火力确实了得，3 架 CH-46 被打中，1 架 CH-53 的尾部旋翼被打坏被迫扔在着陆区，机组成员乘坐其他直升机撤回，并用火力将其摧毁防止资敌。在当天的战斗，美国海军陆战队直升机群共把 18 名负伤的南越海军陆战队队员运到顺化，并从埃文斯兵营把补给品送到战场。整个战斗中，美国海军陆战队

---

① 美军战史记载是陆战 8 营，南越海军陆战师团战记记载是陆战 5 营，在这里作者采信南越方面的记载，"神江 5-72"行动参战部队应该是陆战 3 营和陆战 5 营。

第9两栖旅只有1架直升机战斗损失，另1架坠入海里，1名陆战队员被打伤。

一着陆，南越国军陆战3营和5营往南朝美政河攻击。不久，陆战9营跨过美政河，向北和3营、5营一起对进突击。越南人民军第304A步兵师66步兵团完全被打了一个措手不及。里查德·W.霍多里上尉（Captain Richard W. Hodory）是陆战3营的助理顾问，他随同一个陆战连参加突击行动。当陆战队员从直升机跳出来时，越南人民军组织猛烈的自动步枪火力还击。陆战队员没有停歇，拔腿就跑过了400米的开阔稻田并向越南人民军阵地发起冲击。这次果敢的进攻很快就把越南人民军给赶出了阵地，陆战3营要巩固阵地时，越南人民军的迫击炮、自动步枪和轻武器火力却开始横扫整个区域。霍多里上尉马上呼叫炮火支援压制住了对手。面对强大的火力打击，越南人民军瓦解了，陆战3营抓住时机转入反击；接着霍多里召唤航空火力和舰炮火力实施追踪射击，重创了退却的越南人民军。由于表现出色，霍多里上尉获得一枚银星奖章。当陆战3营南下和陆战9营取得联系时，缴获了大量武器装备。

虽然"神江5–72"行动只持续了一天，可美国海军陆战队和南越国军海军陆战队的联手作战还是显示出了巨大的威力。配属给南越第1军区的美军舰炮火力引导官高尔登少校亲自飞往战场上空，3个航空和舰炮火力联络部的小组随同地面部队行动，协调舰炮火力和南越国军炮兵火力打击。这次行动的结果是南越海军陆战师团宣称击毙240名越南人民军，击毁3辆坦克，打掉2门M46 130毫米加农炮。

无端被打的越南人民军自然不会甘心。5月21日，越南人民军第48步兵团在一个坦克连配合下渡过美政河，沿着海岸的555号公路向南越第369海军陆战旅团防御地带展开攻击。当地保安军部队首先撤腿狂奔，导致南越陆战3营和陆战9营侧翼暴露。在越南人民军具有优势的装甲兵的冲击下，陆战3营和陆战9营也后退了一段距离。经过一整天战斗，两个营在美国空军近距离空中支援和南越国军装甲骑兵支援下，最后把越南人民军赶回朝美政河方向。虽然陆战3营和陆战9营蒙受了惨重的损失，可到了黄昏还是基本恢复了防线，但越南人民军依然决心要在美政河南岸打下一个桥头堡。

5月22日1点，越南人民军又对陆战3营实施步坦协同冲击。按照美军顾问的说法，越南人民军稳握战场主动权，战斗都可以"闻到浓浓的血腥味"。越南人民军以优势兵力，在25辆坦克（实际只有8辆坦克）支援下，迅速突破了陆战

3营防线，但也付出了一定的代价——陆战3营宣称用M72火箭筒和105毫米榴弹炮的直射火力击毁了8辆坦克。借助拂晓前夜幕的掩护，越南人民军继续攻击，突入防御纵深，打中了第369海军陆战旅团司令部。在旅团司令部指挥掩体的罗伯特·D.肖普塔夫少校（海军陆战师团的顾问），唤来旅团炮兵顾问罗根·R.怀特少校："你是怎么给一名越南青年士兵做火箭筒射击速成培训的？"

看到肖普塔夫少校即将发飙，第369海军陆战旅团高级顾问罗伯特·F.谢里登少校赶紧让唐纳德·L.普莱斯少校下去看看刚刚运到的反坦克导弹怎么用。美国陆军一名士官（过去做示范）扛着陶式反坦克导弹发射管（TOW，发射管tube-launched、光学跟踪瞄准optically-tracked、线控引导wire-guided三个词组首个字母的简写）从指挥控制掩体顶部打了一枚导弹，准确命中一辆PT-76水陆两用坦克并将其炸成一团火球，第二枚导弹又准确击毁了越南人民军一个重机枪火力点。这是陶式反坦克导弹系统的首次实战表演。在陶式反坦克导弹的准确打击下，扑到第369海军陆战旅团司令部周围400米内的5辆越南人民军装甲战斗车辆被击毁。到9点30分，总计10辆越南人民军坦克和装甲运兵车被毁。陆战8营顺势组织反击，把越南人民军打得狼狈逃出战场，扔下不少死伤人员。这次进攻越南人民军第48步兵团损兵折将，连带赔上了不少坦克，美政河防线却安然无恙。

"神江6-72"行动

南越海军陆战师团在粉碎越南人民军新一轮进攻后，又策划了第二次袭击，性质是破坏作战，计划使用第147海军陆战旅团所辖的陆战4营、6营、7营。这一次，海军陆战师团同样采取水面进攻和垂直打击结合战法。行动从计划到实施，耗时不到36小时。5月23日，陆战7营和该营的美军顾问组一起乘卡车抵达新美港，然后乘坐登陆艇再登上美国海军两栖舰队的"施内克塔迪"号（LST 1185）、"马尼托瓦"号（LST 1180）、"卡尤加"号（LST 1186）、"德卢斯"号（LPD 6）等坦克登陆舰和船坞登陆舰。南越国军海军陆战师团G-3（作战主任参谋）杜其中校带和一个小型师团指挥部，抵达"蓝岭"号两栖指挥舰，与师团长裴世兰上校一起协调指挥这次进攻。突击行动代号"神江6-72"行动，以第147海军陆战旅团司令部为登陆部队指挥部。根据计划，这次行动需要爱德华·米勒准将的美国海军陆战队第9两栖旅，B、C两栖预备大队的两栖攻击舰群出动运输直升机和武装直升机群，需要美国空军 B-52 战略轰炸机的"弧光打击"和美国海军火力支援舰最大规模的支援。作战目标区是广治市东南几公里的温德尔滩头，采取两栖登陆和垂直机降方式拿下滩头阵地，然后回头往美政河方向打，一路扫荡沿途的越南人民军，尽量多缴获武器装备和杀伤越南人民军有生力量。

在"卡尤加"和"德卢斯"号，陆战 7 营按照指定的位置在甲板有序排队，他们将在天明到来后换乘两栖汽车（load the amphibian tractors）。陆战 7 营的美军顾问沃尔特·E.博梅尔少校回忆说绝大部分南越海军陆战队员都没有过两栖登陆的经历，一整夜都在两栖登陆舰敞开的飞行甲板上。

当晚，南越陆战 7 营在甲板吃晚餐的时候，两艘舰上的不少美国海军陆战队员好奇地围了过来，和南越陆战 7 营将士交谈。部分顾问、越南海军陆战队员与舰上的美国海军陆战队员，以前曾并肩战斗过。作为老朋友，南越海军陆战队员邀请美军朋友一起共同参战，但美国同行还是友好地拒绝了。

5 月 24 日清晨，"神江 6-72"行动拉开了帷幕。美军炮兵火力、航空火力和舰炮火力猛烈轰击目标区——温德尔滩两翼的红滩和哥伦布滩。7 点 50 分，南越陆战 7 营自"冲绳"号出发，换乘两栖登陆车。与此同时，HMM-164 的直升机群也飞往新美港接陆战 4 营和 6 营，双方选择在高速公路的某段作为登机点，陆战 4 营、6 营的官兵共 550 人，作为第一波进攻部队登机出发。

在海上，各艘坦克登陆舰都装载着 20 辆两栖登陆车和美国海军陆战队驾驶兵，以及南越陆战 7 营，从 3291 米的出发线朝温德尔滩冲了过去。离岸 1828 米时，美国空军的 B-52 战略轰炸机正对滩头实施最后一次航空火力准备。8 点 32 分，载着南越陆战 7 营的两栖登陆车群开上滩头，仅遇越南人民军步兵火力和炮火零星袭扰。

当南越陆战 7 营巩固了滩头阵地并继续在航空火力和舰炮火力支援下往前推进的时候，美国海军陆战队驾驶兵们开着两栖登陆车返回坦克登陆舰。虽然这次行动是南越海军陆战队的第一次两栖登陆经历，却也是参战的 90% 美国海军陆战队两栖登陆车驾驶员的首次实战洗礼。尽管被对方打了个措手不及，但越南人民军还是顽强还击。按照美军的记载，越南人民军一个炮兵连对"德卢斯"号和"卡尤加"号组织射击。结果驱逐舰"汉森"号（DD-832）马上赶来，和其他火力支援舰会合，一起组织炮火反击，很快就让越南人民军炮兵放弃了反击。

登陆部队最初的报告显示，陆战 7 营夺取了他们的预定目标，击毙了至少 50

名越南人民军。接着，他们迅速沿沙滩南下，越南人民军再次被打个措手不及，抵抗十分微弱，陆战7营缴获大量武器、弹药和储备食品。

9点40分，美国海军陆战队第164中型直升机中队的18架CH-46和CH-53直升机搭载着陆战4营和6营的官兵，在555号和602号公路交叉口的广治市附近哥伦布着陆区机降。在哥伦布着陆区西面的爆炸的烟幕弹有效掩护了直升机群的机降行动，遮挡了越南人民军炮兵的观察，同时美国陆军空中骑兵师的武装直升机也实施了绵密的火力压制。在强大的火力掩护和烟幕保护下，美国海军陆战队的直升机群几乎是没有遇到任何抵抗，就把陆战4营和6营给放了下来。但好景不长，着陆完毕的南越陆战4营、6营马上就和越南人民军第325步兵师的18步兵团遭遇。陆战4营和6营抓获的2名越南人民军战士供认说，18团刚刚抵达战场，准备对美政河防线展开攻击。好在南越陆战4营、6营行动迅速，趁越南人民军第18步兵团还没回过神来便先发制人，然后和陆战7营一起返回美政河。

"神江6-72"行动一共持续了11天，南越第147海军陆战旅团在美国海军陆战队第9两栖旅和第76特混舰队支援下，粉碎了越南人民军对顺化的威胁。除了抓获2名俘虏，南越第147海军陆战旅团还宣称击毙越南人民军369人，击毁3辆坦克，自己战死17人、负伤74人。

在第147海军陆战旅团实施"神江6-72"行动的同时，越南人民军也发动了攻势。5月25日5点30分，越南人民军步坦协同对第258海军陆战旅团防区展开攻击。越南人民军以团规模的兵力顽强冲击，试图突破美政河防线。虽然投入了前所未有的坦克群发起冲击，但越南人民军步兵依旧贸然冲击，把自己暴露在联军强大的支援火力打击下。由于死伤惨重，美政河许多小支流因躺着几百具越南人民军尸体而受到污染无法饮用，原野间也遍是烧毁的越南人民军车辆的残骸。

在美政河防御战斗期间，南越海军陆战旅队享有的最大优势之一就是有美军空中观察员和空军前进管制官提供作战信息支援。第369海军陆战旅团的高级顾问谢里登回忆说："虽然未曾谋面，但每个顾问都知道他们（指美军空中观察员和空军前进管制官）的亲昵呼号。"乔治·菲利普上尉也回忆说："观察员们一天24小时滞空待命，'幽灵'每个晚上都会出现。"

5月26日清晨，越南人民军一个加强营对第258海军陆战旅团西翼展开凶狠攻击。担任陆战9营顾问的罗伯特·K.雷德林上尉本来是一位炮兵军官，紧急情况下只能暂时充当步兵顾问。他亲眼看见在越南人民军猛烈的冲击下陆战 9 营不得不后退 1000 多米以作巩固。雷德林上尉赶紧召唤航空火力和舰炮火力猛轰击越南人民军，最终将其击溃，战场上躺满了越南人民军的尸体。陆战 1 营（美军顾问是劳伦斯·H. 利文斯顿上尉）也受到越南人民军猛攻的重击。越南人民军第 308A 步兵师 88 团 2 个营在坦克、迫击炮和无后坐力炮，以及炮兵火力支援下，险些突破了陆战 1 营防御地带。情急之下，利文斯顿上尉召唤航空火力支援，给对方造成了很大的损失。在美军强大的航空火力支援下，第 258 海军陆战旅团粉碎了越南人民军冲到顺化的企图，对方在战场遗弃了 200 多具尸体。不过，当天激战的可不只有第 258 海军陆战旅团，别动军第 1 联团也受到了越南人民军第 27 步兵团攻击，他们付出了战死 61 人、负伤 218 人、失踪 105 人的惨重代价才击退了越南人民军第 27 步兵团。

对沿着美政河对峙的越南人民军来说，1972 年 5 月实在是一个悲惨的月份。联军宣称，他们击毙了 2900 多名越南人民军，缴获 1080 件步兵武器，击毁、缴获 64 辆坦克装甲车（战迹被过于夸大），越南人民军冲到顺化的企图被粉碎了。美政河防线依然牢牢掌握在南越海军陆战师团手里。为了表彰海军陆战师团的杰出贡献，越南共和国总统阮文绍亲自宣布，裴世兰上校晋升为准将。当月，1.5 万名南越海军陆战队员抵达第 1 军区或军团地盘奋战，这意味着南越国军战略总预备队海军陆战师团已经全部顶上了战场，大决战就要开始了。

"神江 8-72" 行动

1972 年 6 月前半段的作战特点是南越国军继续跨过美政河向北有限反击，到了月底就开始发动大规模夺回广治的攻势。这期间，霍华德·H. 库克塞接替克洛埃森出任第 1 军区的美军高级顾问，同时他也负责支援吴光长中将守住顺化和组织反攻夺回广治省。这个月，功勋卓著的美国陆军上将艾布拉姆斯将军离开了越南南方，同样是越战明星的弗雷德里克·韦安德上将成为美国远征军最后一任总司令。

6 月 8 日，南越海军陆战师团又决定发动第三次打击，代号"神江 8-72"行动。这次行动不再是单个海军陆战旅团实施，而是第 147、第 258 和第 369 海军陆战旅团共同出兵，实施一次 4 个营跨过美政河的有限攻势行动。在密切协调和良好贯彻执行的火力计划，包括使用 B-52 战略轰炸机进行"弧光打击"、战术航空兵、炮兵和舰炮火力打击在内综合火力掩护下，陆战队开始攻击前进。

4个陆战营刚刚跨过美政河，越南人民军就沿着整个海岸地区组织极为猛烈的抵抗，特别是沿着555号公路打得十分激烈。虽然越南人民军依托良好的阵地体系组织了抵抗，但南越国军海军陆战队的损失还是相对较轻，只有9人战死。越南人民军损失相对惨重，海军陆战师团宣称在"神江8-72"行动中击毙230人，击毁7辆坦克，击毁或缴获102件武器（包括几具箭-2防空导弹）。这次行动结束后，海军陆战师团就完全屹立在了美政河北岸，再一次站在广治省土地上准备北上反攻。

为了巩固海军陆战师团夺取的土地，南越国军工兵横跨美政河修了一座浮桥供坦克、炮兵和卡车开过去，从而进入广治省。南越国军计划把各个海军陆战旅团投入进攻。这个计划代号是"神江8A-72"行动，又是一次袭击破坏作战，开始于1972年6月。再一次，海军陆战师团所辖的3个旅团（147、258和369）全部参战。第147海军陆战旅团沿着555号公路北进，去攻打沿海地区的"没有欢乐走廊"（Street without Joy，1号公路沿海走廊地区，因伏击多，故名"没有欢乐的走廊"）。第369海军陆战旅团守住中部地带，横跨稻田展开攻击，西面侧翼由沿着1号国家高速公路挺进的第258海军陆战旅团掩护。越南人民军主要沿着1号国家高速公路和555号公路组织纵深防御，并得到装甲兵、炮兵、防空兵的加强。两条公路之间的溪流和运河，交织着堑壕和掩体工事，往西是丘陵地形和越南人民军的M46 130毫米加农炮群。

当第147海军陆战旅团所辖的陆战6营向北沿555号公路进击时，遇到了越南人民军的一次反击。6月20日夜，越南人民军一个加强步兵营在坦克和炮兵支援下，猛攻陆战6营防御阵地。不过，越南人民军坦克和步兵配合不太好，南越国军炮兵迅速还击，对看到的每辆坦克都实施集中火力打击。顶着猛烈的炮火拦阻，至少40名越南人民军战士突破陆战6营环形防御，冲击并分割了陆战6营营部。

詹姆斯·M.特里少校和配属陆战6营的美军航空和舰炮火力联络部观察组一度和南越海军陆战队分离。确认营长的位置，特里在观察组的协助下召唤火力支援。接下来8个小时的残酷战斗中，在得到美军航空火力和舰炮火力支援的情况下，陆战6营营长杜友松中校重整旗鼓，组织部队进行了一次步坦联合反击。靠着B-52战略轰炸机和其他火力支援，陆战6营把越南人民军从突破地带往回赶了；越南人民军也不客气，用猛烈的加农炮和迫击炮火力轰击整个战场。陆战6营陷入苦战的同时，陆战 1 营和陆战 5 营也击退了越南人民军的大规模坦克反击。

到 6 月 27 日，海军陆战师团在美政河北 6.4 公里处建立了一条新防线。这次作战宣称共击毙越南人民军 761 人，击毁 8 辆坦克，自己损失仅为 10 人战死、40 多人负伤。[17]1972 年 6 月，对南越海军陆战师团来说，绝对是个胜利的月份。这个月，他们不仅轻易打垮了越南人民军的进攻，而且开始组织多次反击，并在美政河北岸占领了攻击前出发阵地。在海军陆战师团反击的同时，伞兵师团所辖的第 1 伞兵旅团从安禄、第 2 伞兵旅团从西原赶到广治，准备参加大反攻。

对越南人民军来说，继 1972 年 5 月战场造势活动失败后，1972 年 6 月也是悲惨的月份。

按照黎仲迅的部署，越南人民军分成三个方向展开攻击。在 1 号公路方向上，越南人民军第 308A 步兵师所辖的第 88 步兵团对伞兵 7 营据守的钙蒙山（Cái Mương）展开攻击，没能得手并损失很大；第 304A 步兵师 9 团奋战打垮了伞兵 9 营的抵抗，攻下 102 高地和 156 高地，控制了景阶山脉（Cánh Giới）。第 66 步兵团在第 198 坦克营 1 个连的配合下，进攻了岘北山脉（Đá Bạc），突破了伞兵 11 营部分防御地带，先是控制了 52 和 55 高地，然后突入 17 高地后结果被伞兵 11 营反击打回。广治省独立 2 营拿下春禄村。6 月 24 日，南越国军伞兵第 2 旅团实施果断反击，在 M–41 坦克掩护下夺回 35 高地和春禄村，重创广治省独立 2 营。接着，第 2 伞兵旅团又压制了越南人民军第 66 步兵团的突破态势。最糟糕的是黎乐隆少校的第 24 步兵团，他们直到 6 月 26 日才赶到战场，对安保展开攻击不仅没有得手，反而蒙受了很大的损失。①

在东部方向上，越南人民军第 325 步兵师 18 团在 B5 战场的主力部队—第 27 步兵团配合下，于 6 月 19 日迎面对第 147 和第 369 海军陆战旅团实施坚决反突击。越南人民军宣称，2 个团的进攻消耗了南越海军陆战队 2 个旅团部分有生力量，迫

---

① 联军记载：6 月 20 日到 23 日，在伞兵师团方向的防御战斗共击毙越南人民军 259 人，打坏 34 辆坦克、12 门火炮及 1 门高射炮，自己损失是战死 29 人、负伤 123 人、失踪 16 人，3 辆坦克被毁，4 门 M101 105 毫米榴弹炮和 4 架直升机被打坏。6 月 26 日，伞兵师团虽然轻易击退第 304A 步兵师冲击，但却被越南人民军第 68 炮兵团狠狠打了一顿，杰克火力基地有 11 门榴弹炮被炸毁、炸坏，越南共和国空军 2 架直升机和美国陆军 1 架 AH–1 "眼镜蛇" 武装直升机被击落，16 名南越伞兵被炸死。

使敌人后退，但自己伤亡也很大。第 18 步兵团上阵没多久就失去战斗力，退到越门整补。6 月 23 日，越南人民军第 320B 步兵师 64 团换下了 27 团。对 18 团和 27 团的战斗活动，越南人民军战史记载中略带一丝无奈："虽然蒙受了部分损失，但敌海军陆战师团还是守住了美政河南北的各村线。利用开阔地形，敌人用空炮火力阻截我军的进攻。我军第 27 步兵团损失很大，没能实现占领过江跳板的意图，被迫暂停退却、调整巩固。"

在 12 号公路方向，越南人民军第 324 步兵师因后勤保障不力，直到 6 月 26 日才开始攻击。其中，越南人民军第 324 步兵师 1 团进攻了溪泰南面的南越第 1 师团 54 团，接着 3 团又袭击了 372 高地的南越国军第 1 步兵团 2 营，但双双失败。治天军区头号主力、曾参加过顺化大战和 1970 年 935 高地之战的 6 团进攻孙那关，也没有得手。[①]

6 月 20 日到 26 日的战斗打下来，越南人民军宣称歼敌 2800 人（这个数字超出同一时期南越第 1 军团的总损失），占领了美政河北岸和西面的部分地盘，可损失却高于前两个阶段的进攻。应该说，越南人民军能承认第三阶段进攻的失败，确实很不容易，他们所说的第三阶段进攻的损失高于前两个阶段的进攻也是有根据的。《越南人民军卫生勤务史第三卷（1969—1975）》297 页记载："在 5 月 3 日到 6 月 27 日进攻承天期间，收治伤兵 4203 人，占参战兵力的 5.6%。"[18]

第三阶段进攻竟然败得那么干脆？这是黎仲迅和黎光道想都不敢想的事情，但木已成舟，必须面对现实。目前，应该马上调整战略，放弃进攻承天省的设想，集中全力转入打敌反扑，保卫广治新解放区。想法是好的，可吴光长不会给他们慢慢适应的机会了。随着 1972 年 6 月 28 日的到来，南越第 1 军区的总攻击拉开序幕，这将是越南战争中最艰苦、最激烈的战斗，是血肉之躯和意志与钢铁火海的较量，将以"广治血战苦斗 81 天"载入史册。

[①] 和第 324 步兵师正面对峙的南越国军第 1 师团在 6 月 20 日到 26 日仅战死 16 人、负伤 75 人，不过芙拜基地却在越南人民军持续不断的游动炮打击下蒙受战死 23 人、负伤 80 人的代价，承天省各个火力基地也在越南人民军游动炮击中被炸死 45 人、负伤 164 人。

▲ 1972 年 5 月 2 日，广治前线的南越国军士兵，手持 M16 自动步枪战斗。

▲ 1972 年 5 月 2 日，南越国军士兵正救助一名负伤的战友，远处是 M-113 装甲运兵车。

▲ 南越国军名将吴光长。

▲ 向奠的南越海军陆战师团前线指挥所。

▲ 1972 年 5 月 3 日，从广治西面撤下来的第 147 海军陆战旅团转移到顺化皇城重新休整补充。

▲ 美政河沿线的南越国军175毫米自行火炮。

▲ 直升机和女人，越南战争中永恒的话题。

▲ 南越国军海军陆战队员登上 HMM-165 的 CH-46 准备参加神江行动。

▲ 美军顾问正教授南越海军陆战队使用陶式反坦克导弹。

▲ 南越国军海军陆战队员在新美港登船，准备参加"神江 6-72"行动。

▲ "神江 6-72"行动中搭载南越海军陆战队的 LVT 冲向滩头。

▲ 南越国军海军陆战队奉命增援第 1 军区。

注释

1. 原文为 Đại đội Tăng 6 bị địch bắn cháy bảy trong tổng số tám xe trong thị xã An Lộc (trừ một xe của đại đội trưởng và hai xe bị sa lầy ở ngoài thị xã).

2. 原文为 Ngày 14 tháng 4, địch đổ bộ một tiểu đoàn dù xuống Núi Gió. Ngày 15 tháng 4, Đại đội Tăng 8 sử dụng chín xe T-54 và hai xe cao xạ tự hành tiếp tục tiến công thị xã An Lộc lần thứ 2 từ hướng bắc, tuy cùng bộ binh chiếm được phần lớn khu dân sự, nhưng không đủ sức phát triển, ta tổn thất năm xe.

3. 原文为 Ngày 18 tháng 4, Đại đội Tăng 6 sử dụng ba xe tăng lại cùng bộ binh đánh vào thị xã lần thứ 3, tiến gần đến sở chỉ huy sư đoàn 5 ngụy thì bị chặn lại. Trận đánh cũng không đạt kết quả, ta tổn thất hai xe.

4. 原文为 Ngày 12 tháng 5, đồng chí Võ Văn Dần, Phó Tư lệnh Sư đoàn và cán bộ chỉ huy các trung đoàn vào thị xã nắm tình hình, tổ chức lại lực lượng để tiếp tục đột phá, nhưng vẫn không dứt điểm được vì quân số các đơn vị đều bị tiêu hao, 18 trong số 25 xe tăng bị phá hủy và hư hỏng nặng. Tiểu đoàn 7 (Trung đoàn 3) có ba đại đội, số quân đi chiến đấu là 105, bị thương vong 82 cán bộ, chiến sĩ. Các đơn vị khác cũng bị tổn thất nặng.

5. 原文为 Trong chiến dịch đã thu dung cứu chữa 13.412 thương binh, trong đó có 10.246 thương binh ở hướng chủ yếu và 3.166 thương binh ở hướng thứ yếu; đã thu dung cứu chữa 33.138 lượt thương binh, tổng số có 46.550 lượt thương binh, bệnh binh.

6. 原文为 Từ ngày 4 tháng 4 đến ngày 13 tháng 5, sư đoàn 5 có 2.034 thương vong, trong đó có 1.534 thương binh. Từ ngày 4 tháng 4 đến ngày 31 tháng 5, sư đoàn 7 có 1.956 thương vong, sư đoàn 9 có 3.238 thương vong, trong đó 2.045 thương binh. Từ ngày 1 tháng 4 đến ngày 30 tháng 4, sư đoàn 30b có 762 thương vong, trong đó có 618 thương binh.

7. 原文为 Tỷ lệ tử vong hỏa tuyến cả chiến dịch là 22,8% so với tổng số thương vong, các đơn vị binh chủng có tỷ lệ tử vong cao hơn bộ binh: pháo binh 33,7% (tử vong 182, thương vong 539), xe tăng 52% (tử vong 73, thương vong 141), đặc công 53% (tử vong 197, thương vong 334).

8. 原文为 Ngày 19 tháng 1 năm 1973, chiến dịch Nguyễn Huệ kết thúc. Kết quả ta loại khỏi vòng chiến đấu hơn 13.000 tên địch (bắt 5.381 tên), thu 282 xe quân sự (có 12 xe tăng, xe bọc thép)ï, 45 khẩu pháo, hơn 6.000 súng các loại, bắn rơi và phá hủy 400 máy bay. Riêng Sư đoàn 9, có 1.179 cán bộ, chiến sĩ hy sinh, 4.494 đồng chí bị thương, trong đó trên 50 phần trăm là đảng viên, hơn 20 phần trăm là cán bộ từ trung đội đến trung đoàn.

9. 原文为 Suốt 93 ngày đêm phục vụ chiến dịch tổng hợp năm 1972, Quân y Khu 8 đã phối hợp với quân dân y các tỉnh, huyện bảo đảm cứu chữa cho 10.064 thương binh, bệnh binh, trong đó có 8.669 thương binh (trong dự kiến chỉ khoảng 3.000). Riêng hướng biên giới trên 1.100 thương binh. Tỷ lệ sử dụng giường bệnh lên tới 270% (tính chung trong năm 1972, ở chiến trường Quân khu 8, Quân khu 9 là 21.000 thương binh, bệnh binh).

10. 原文为 Chiến dịch tiến công Tây Nguyên diễn ra từ tháng 3 đến tháng 5 năm 1972 (còn được gọi là chiến dịch xuân – hè 1972), được chia làm 3 giai đoạn.

11. 原文为 Giai đoạn tiến đánh Đắc Tô – Tân Cảnh do các trung đoàn 28, 66, 400, trung đoàn 2 trung đoàn 3 thuộc sư đoàn 3, trung đoàn 40 và sư đoàn 2 thực hiện từ ngày 25 tháng 3 đến 25 tháng 4 năm 1972 đã có 1.944 thương binh với 15,19% thương binh nặng, 30,35% vừa và 54,26% nhẹ.

12. 原文为 Trong giai đoạn 2 tiến đánh thị xã Công Tum do các trung đoàn 28, 40, 66, trung đoàn 2, 3 sư đoàn 3, sư đoàn 2, tiểu đoàn tăng và một số tiểu đoàn binh chủng thực hiện,từ ngày 26 tháng 4 đến ngày 30 tháng 6 năm 1972 đã có 3.035 thương binh. Tỷ lệ bị thương so với quân số tham chiến là 15,13% (tỷ lệ thương binh so với thương binh toàn chiến dịch là 42,62%).

13. 原文为 rong tác chiến đánh giao thông từ ngày 25 tháng 2 đến 30 tháng 6 năm 1972 do các trung đoàn 95, 24 và tiểu đoàn 631 thực hiện đã có 1.045 thương binh với 16,57% nặng, 25,64% vừa và 57,79% nhẹ. Tỷ lệ thương binh so với quân số tham chiến là 26,30% (tỷ lệ thương binh so với tổng sót thương binh toàn chiến dịch 14,67%).

14. 原文为 Trong chiến dịch mùa hè năm 1972, từ ngày 9 tháng 4 đến ngày 2 tháng 5 đã có 647 thương binh (18,5% so với quân số tham chiến), tử vong 215, tỷ lệ 7,34% quân số. 引自《越南人民军卫生勤务史第三卷》第 186 页

15. 原文为 Trong chiến dịch thu từ ngày 15 tháng 7 đến 23 tháng 8 năm 1972 đã có 1.043 thương binh, tỷ lệ 15,2% so với quân số tham chiến, tử vong 840,tỷ lệ 6,2%. 引自《越南人民军卫生勤务史第三卷》第 185 页

16. 原文为 Trong chiến dịch đã có 1.459 thương binh, chiếm 22,6% quân số tham chiến, tử vong 724 chiếm 11,2% quân số. 引自《越南人民军卫生勤务史第三卷》第 186 页

17. 原文为 Cuoc hanh quan Song Than 8A-72 cham dut ngay 27/6 voi ket qua: 761 dich bi ha, 8 chien xa bi pha huy, TQLC co 10 tu thuong va tren 40 bi thuong.

18. 原文为 Trong tiến công Thừa Thiên từ 3-5 đến 27 tháng 6 đã có 4.203 thương binh, bằng 5,6% quân số.

【第九章】
血火八十一昼夜

"兰山72"行动

随着南越国军在广治省南部站稳脚跟，并每天攻击越南人民军的各条补给线，吴光长也祭出了自己的撒手锏——"兰山72"行动，目的是从美政河往后汉河反击，夺回广治—东河地区。在他心里，夺回广治省才是最重要的，他并不在意是否消灭越南人民军的有生力量和技术装备。这种要地不要歼敌的战略思想，是导致反击战斗久拖不决的根本原因，但吴光长采取这种战略也实属无奈：手上的兵力实在有限，只有海军陆战师团和伞兵师团可用，敌人却有6个师的兵力！从军事作战原则角度来看，进攻方兵力不占优势，既无法实施合围歼灭，也没法组织大规模会战，只能依靠不断打击越南人民军补给线和在强大的海空火力支援下，进行迂回包抄式的纵深突击，避免决战，迫敌退却，才能实现收复失地的目标。

为了支援第1军团的反攻，美国远征军总司令韦安德上将决定组建火力支援中心，把航空和舰炮火力联络部也囊括进去，目的是全力以赴支援南越国军第1军团北上反攻。火力支援中心成立后，驻第1军区或军团的美军顾问团可以把航空火力、炮兵火力、舰炮火力一体化协调，最大限度支援地面作战。格伦·高尔登少校和舰炮火力支援小组驻顺化；联络观察组驻海军陆战师团、伞兵师团、第1师团和第2师团；海军舰炮空中观察小组从芙拜基地和岘港起飞。

"兰山 72" 行动，是除了"兰山 719" 行动外，南越国军在 1971—1972 年最大规模的进攻战斗，地面部队参战 3.1 万人，超出"兰山 719" 行动中南寮战场兵力峰值的 50% 以上。

在西面的 1 号国家高速公路方向（同时也是"兰山 72" 行动的左翼），升任伞兵师团长的黎光亮准将，率领刚刚从安禄战场返回的第 1 伞兵旅团、从西原战场返回的第 2 伞兵旅团，以及作为总预备队的第 3 伞兵旅团，在重新补充满员的第 20 装甲骑兵团、第 7 装甲骑兵团和 1 个 155 毫米榴弹炮营（18 门 M114 155 毫米榴弹炮）支援下，朝广治市突击。

吴光长本身就是伞兵师团系出身的将领，他在 1966 年著名的顺化—岘港叛乱事件中担任伞兵师团副师团长，海军陆战师团在岘港和顺化迅速平定了第 1 师团叛乱后（第 1 师团在这次叛乱事件中死伤 500 多人），吴光长从伞兵师团二把手位置调到第 1 师团长，对第 1 师团进行"整肃"。尽管他在 1968 年 1 月 31 日到 2 月 25 日的顺化战役中指挥有方，声名鹊起。但他还是很重视自己的老部队——伞兵师团的立功。在他的安排下，伞兵师团承担起"兰山 72" 行动的主攻重任。吴光长的安排虽好，但有一个致命的缺陷，那就是伞兵师团编制兵力才 1 万人出头，第 2 伞兵旅团在西原打了 2 个月损失上千，第 1 伞兵旅团在安禄周围血战更是蒙受了差不多 1700 人的损失。这两个旅团都没来得及补充损失就参加"兰山 72" 行动，也就是说伞兵师团是在缺编率 27% 的情况下作为主攻。一旦遭遇越南人民军顽强抵抗，伞兵师团就会因为损失较大而失去进攻能力。这个缺陷在后面的进攻战斗中暴露无遗。

在右翼，也就是海郎县到广治铁路沿线附近，裴世兰准将指挥的海军陆战师团，将在第 18 装甲骑兵团、第 17 装甲骑兵团 1 个支团、1 个 155 毫米榴弹炮营支援下，沿着 555 号公路实施突击，目标是打到后汉河。第 4 战团（由南越国军第 4 步兵团和第 17 装甲骑兵团组成）做预备队，在后方集结，随时准备投入伞兵师团或海军陆战师团方向参加进攻。南越国军两大战略总预备队——伞兵师团和海军陆战师团，再次联手作战，他们得到了不亚于"兰山 719" 行动的支援，最终的火力投射量更是远远超出"兰山 719" 行动。

美国海军陆战队第 9 两栖旅也在"兰山 72" 行动中有自己的任务。1972 年 6 月 27 日，美国海军对越门港做了一个逼真的战役佯动。8 点登陆艇和两栖汽车载着南越国军海军陆战队靠近了他们的拐头点（turn away point）。美国海军陆战队第 155 中型直升机中队（HMM–155）的直升机群，在查尔斯·H.F. 伊格尔中校率领下，从"的黎波里"号（LPH–10）两栖攻击舰起飞，扑向滩头。8 点 6 分，登陆艇群和直升机群突然在距海岸 4600 米处掉头返航。美军第 1 军区支援司令部情报部门判断，越南人民军部分作战单位对这次佯攻出现了混乱和进行了重新调整部署，表明这次佯攻为"兰山 72"行动初胜做出重要贡献。

在联军佯动的掩护下，南越国军第 1 军团张开了兵力，做好进攻的准备。与此同时，越南人民军却遇到了很大的困难。

在东部正对南越海军陆战师团方向上，越南人民军第 325 步兵师 18 团撤到越门河北岸整补，第 27 步兵团在文归、会齐，新调上的第 320B 步兵师 64 团在安筑组织防御，与跨过美政河的南越海军陆战师团正面对峙。

在西部方向，越南人民军第 304A 步兵师打算在第 308A 步兵师 88 团和第 48 步兵团 2 营加强下，往丰奠正面组织防御。战役炮兵（48 门 M46 130 毫米加农炮）和战役防空兵在尚福（Thượng Phước）展开，支援各部作战。在美政河北岸的新奠到广治市之间的 1 号国家高速公路沿线，越南人民军只有第 48 步兵团 2 个营、独立 2 营和广治省地方部队 8 营。跟南越伞兵师团比起来，越南人民军兵力处于绝对劣势。

1972 年 6 月 26 日夜，根据综合情报，判断联军可能要转入大规模反攻，治天战役司令部马上命令刚刚恢复战斗力的第 308A 步兵师 102 团在第 66 步兵团加强下，沿着 1 号国家高速公路赶到尚福—向奠路段实施防御战斗。同时，黎仲迅还命令第 308A 步兵师、第 304A 步兵师和第 320B 步兵师全部调整战斗队形，赶到指定位置实施顽强防御。

遗憾的是，黎仲迅的决心下得有些晚了。就在越南人民军判明联军企图的时候，美国空军对后汉河到美政河之间广大区域实施绵密的航空、舰炮火力打击。越南人民军战史记载："由于敌人事先进行了周密的准备和侦察行动，致使我军的战役炮兵、防空兵高射炮阵地和防空导弹阵地，以及仓库群都受到了猛烈的火力突击，损失很大。通往美政河前线的各条道路也重点受到敌人空军的封锁，我军第 308A 步兵师 102 团、第 304A 步兵师 66 团没能按时抵达指定位置，导致敌人反攻之初进展顺利。"

6 月 28 日，"兰山 72"行动拉开帷幕。

在 1 号国家高速公路方向上，南越伞兵师团和第 20 装甲骑兵团、第 7 装甲骑兵团一起，对越南人民军第 48 步兵团 2 个营、独立 2 营和广治省地方部队 8 营展开猛烈攻击。越南人民军一开始没能及时展开兵力，被伞兵师团打得节节后退。6月30日，越南人民军第66步兵团终于赶到1号国家高速公路的尚原到代桥之间，开始实施顽强的阻击战斗。黎产少校的第9步兵团和黎乐隆少校的第24步兵团也在安保、钙蒙山直接进行阻击战。从6月30日到7月2日，尽管越南人民军第304A步兵师进行顽强地抵抗，但还是挡不住对方的冲击，从美政河退到接近广治市郊外的地方。

在海朗县至南中国海的东部方向上，南越海军陆战师团以陆战3营、5营、7营、8营沿68号公路展开攻击。越南人民军第320B步兵师64团和第27步兵团进行了极为顽强的抵抗。他们在东阳（Đông Dương）、莫康（Diên Khanh）、春圆（Xuân Viên）、金桥（Kim Giao）等地进行了坚决的阻击战，南越第147和第369海军陆战旅团感受到了巨大的压力。为了击破第64步兵团和第27步兵的抵抗，南越海军陆战师团长裴世兰准将决定对越南人民军防线的背后来一次直升机机降突击。裴世兰计划以南越陆战1营和陆战4营，于6月29日在美国海军陆战队第9两栖旅支援下实施敌后空中突击，夺取555号公路沿线和温德尔滩头周围沿海地区的各个要点。这是广治会战开始以来，美国海军陆战队的CH-46和CH-53直升机群第三次搭载南越海军陆战队深入敌占区的机降突击行动。

为了实施这次行动，直升机群从"的黎波里"号和"冲绳"号两栖攻击舰飞抵新美港，接起陆战1营和陆战4营，然后往北一路飞去，把他们分别机降在"火烈鸟"和"霍克"着陆区。在猛烈的陆、海、空火力（包括B-52战略轰炸机进行"弧光打击"）打击下，直升机群仅遇步兵轻武器火力的阻击，顺利放下了陆战1营和陆战4营共1450名官兵。这次行动堪称圆满，美国海军陆战队第146中型直升机中队（HMM-164）和第165中型直升机中队（HMM-165）的直升机仅有微弱的损伤，无一伤亡就返回了"的黎波里"号和"冲绳"号两艘两栖攻击舰。不过，这并不意味着接下来的战斗就毫无抵抗。随同陆战1营的美军航空和舰炮火力联络部的史蒂芬·G.比杜拉夫（Biddulph）中尉就回忆说："敌人在几个地点都试图投入坦克和装甲运兵车沿着岸边冲过来吞没我们。"不过，越南人民军的进攻显然没有什么效果，因为联军的舰艇就部署在近岸4000米。在强大的舰炮火力支援下，越南人民军的反击以失败告终。

当垂直包围行动缓解了正面进攻压力后，"兰山72"行动最初获得了完全成功，海军陆战师团迅速挺进，夺回了部分失地，直扑海朗县。到7月3日，越南人民军第 64 步兵团和第 27 步兵团放弃了许多前沿控制的地盘，往广治省纵深退却。南越国军每天都缴获了越南人民军不少火炮、坦克和装甲运兵车。根据南越海军陆战师团的统计，从 6 月 29 日到 7 月 1 日宣称击毙越南人民军 368 人，击毁 1 门 M46 130 毫米加农炮和 2 辆坦克，缴获 1 辆坦克，自己战死 25 人、负伤 55 人，2 门 M-114 155 毫米榴弹炮被摧毁，1 门 155 毫米榴弹炮被打坏。回顾 6 月 1 日到 7 月 1 日，南越海军陆战师团斩获颇丰，他们共宣称击毙越南人民军 1515 人、活捉 18 人，击毁 18 辆坦克装甲车，缴获 4 辆坦克装甲车和 500 多件各类武器，自己损失仅为 150 人战死和 300 多人负伤，武器无一丢失。[1]

"兰山 72" 行动一开始，美军也忙个不停。空军管制官、舰炮火力观察员和第 20 战术航空支援中队也都从岘港出击，飞临目标区上空。6 月 29 日，史蒂芬·L. 本内特上尉、航空和舰炮火力联络组的空中观察员米歇尔·B. 布朗上尉（美国海军陆战队）乘坐一架 OV-10 出击。飞抵战场上空 3 个多小时后，本内特上尉和布朗上尉收到南越国军发来紧急求援报告，称他们正遭到越南人民军一支大部队的进攻。在没法立即提供空中支援，和因双方战线靠得太近而呼叫舰炮火力也无法实施火力的情况下，本内特上尉俯冲而下，一连对越南人民军扫射了 5 次。当 OV-10 从第五次攻击航线中改出时，一枚 SA-7 防空导弹打中了 OV-10 的左侧引擎，飞机起火燃烧，起落架放了下来，座舱被破片贯穿。本内特只得驾驶飞机南转，准备和布朗一起弹射跳伞。就在这时，布朗报告说："我的弹射系统严重损坏，没法启动。"为了挽救战友，本内特上尉只好选择在东京湾水面迫降。对于 OV-10 来说，这是一个闻所未闻的紧急处理措施，在此前这类紧急着陆的案件里还没有过幸存者。结果既是奇迹，也有不幸：奇迹的是布朗上尉成为美军第一个 OV-10 着水后幸存的人，不幸的是舍己为人的本内特上尉没有逃出，随机沉入北部湾。

1972 年 6 月 30 日，越南共和国总统阮文绍亲自飞到美国海军大型两栖指挥舰 "蓝岭" 号，对美军在先前历次行动中的大力支援表示由衷感谢。同一天，南越伞兵师团继续在广治战场苦战。约翰·E. 巴顿下士配属给伞兵 3 营，担任美军航空和舰炮火力联络部的舰炮火力观察员。越南人民军依托良好的工事对该营进行了顽强的阻击，使其一步也没法前进。作为表率，巴顿下士亲自扛起一具 M72 反坦克火箭筒，冲上前去干掉了一个阻挡伞兵冲击的越南人民军火力点，但他自己也身负重伤。依靠巴顿的勇敢，伞兵 3 营终于取得了突破，并继续前进。美军的支援并不限于顾问和物资，还有不时闪现的勇气和自我牺牲精神，保障了反击大军逐步向北挺进。

随同伞兵师团的其他美军航空和舰炮火力联络部的陆战队顾问也抵达了广治市郊外。其中，安东尼·P.谢泼德中尉的观察组配属给南越国军第2伞兵旅团。7月4日23点00分，观察组随同第2伞兵旅团侦察连一起穿过友军战线，抵达广治市东南的一处阵地。这支90人的伞兵侦察连由陈崴上尉带领（美国陆军中尉特里·格里斯伍德担任顾问），分成三组扑到距广治古城墙不到300米处。接着，谢泼德中尉和一等兵米歇尔·尤拉克引导航空火力和炮兵火力猛轰广治古城及周围的越南人民军阵地。由于伞兵师团将士用命和美军顾问舍命协调，"兰山72"行动联军初战告捷。

面对着危急的形势，越南人民军治天战役司令部于6月28日彻夜开会，商讨对策。综合战场态势和双方情况，黎仲迅少将认为要阻止联军的进攻，就必须把阵地坚守防御作战和积极反击消灭或消耗对方有生力量的战法结合起来。为此，他下达命令：

1. 第308A步兵师（第36步兵团和第102步兵团），在第304A步兵师66团和独立2营加强下，对突破到美政河北岸、沿1号公路挺进的敌人实施坚决反击，一定要守住边岘桥、绒江大桥和尚原。

2. 第320B步兵师要统一指挥第27步兵团、第64步兵团和地方部队14营、永灵县47营，在战役东部方向，对沿68号公路挺进的敌海军陆战师团实施反击，坚决保卫海朗县。

3. 第304A步兵师（第24步兵团和第9步兵团）在第308A步兵师所辖的第88步兵团，以及特工35营配合下，打击伞兵师团侧翼，拖住敌人向广治市进攻的步伐。

4. 第320B步兵师所辖的第48步兵团和广治省地方部队8营，要保卫广治市和罗汪基地。

5. 第325步兵师所辖的第18步兵团担任战役预备队，要在永菜一线阻击敌人，并准备对袭击越门港之敌发起攻击。

遗憾的是，美国空军进行了大范围的战场遮断，致使越南人民军各个主力师根本无法赶到规定防区，导致战役西部方向的越南人民军部队阻击失败，联军进

"兰山 72" 行动示意图

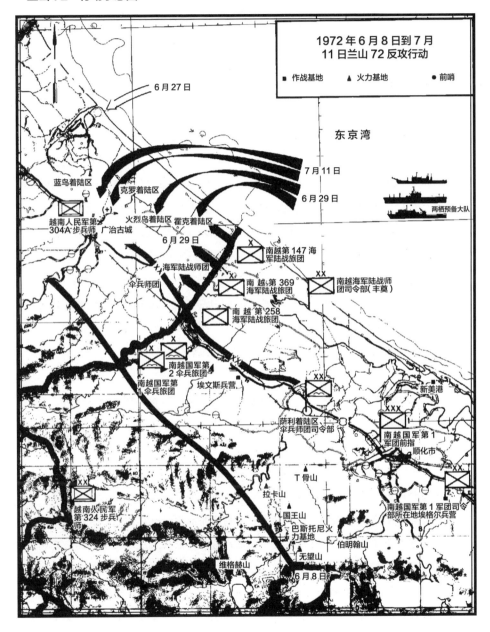

1972年6月8日到7月
11日兰山72反攻行动

■ 作战基地　　▲ 火力基地　　● 前哨

东京湾

6月27日

7月11日

6月29日

两栖预备大队

蓝鸟着陆区

克罗着陆区

越南人民军第
304A 步兵师　广治古城

火烈鸟着陆区　霍克着陆区

6月29日

海军陆战师团

伞兵师团

南越第 147 海
军陆战旅团

南越第 369
海军陆战旅团

南越海军陆战师
团司令部(丰蓂)

南越第 258
海军陆战旅团

南越国军第
2 伞兵旅团

南越国军第
1 伞兵旅团

埃文斯兵营

新美港

萨利着陆区、
伞兵师团司令部

南越国军第1
军团前指

顺化市

越南人民军
第 324 步兵
师

T 骨山

拉卡山

国王山

巴斯托尼火
力基地

伯明翰山

维格赫山

无望山

6月8日

南越国军第 1 军团司令
部所在地埃格尔兵营

展顺利。根据越南人民军的记载，战役东部重镇海朗县于 7 月 2 日失守，越南人民军第 320B 步兵师被迫撤到永定江一线重新组织防御；战役西部的许多要点——绒江大桥、边岘桥也都在 7 月 1 到 2 日丢失。广治市，直接暴露在了联军的兵锋下。

广治保卫战

广治的危机警醒了黎仲迅，形势比预想的还恶劣得多。尽管联军兵力不足，但他们具有有强大火力的优势和日益完善的后勤保障体系！越南人民军虽然在兵力上占据优势，可美国空军的战场遮断，让越南人民军无法快速调动兵力到各个受威胁方向，6 月 28 日到 7 月 2 日的防御战斗失败就是明证。为了挡住联军的进攻，利用己方人多的优势把战线稳定在后汉河一线，黎仲迅决心利用联军兵力的劣势，以广治城为战役支撑点，一步也不准后退，把广治城变成越南战场的"斯大林格勒"，和对方死打硬拼、顽强争夺，为主力部队休整和张开兵力争取时间！

黎仲迅少将的意志是坚定的。下定决心后，他马上命令第 320B 步兵师所辖的第 48 步兵团配合广治省队，在广治城和罗汪基地周围组织顽强防御，不惜一切代价阻止联军冲进市区和广治古城。

时任第 320B 步兵师师长的孙林大校（后任中将）回忆道：

广治古城和广治市区位于后汉河东岸南部地区，紧挨着潮丰和海朗两县，面积约 4 平方公里。1972 年，全市只有 1.4 万人被疏散。在军事上，广治城只是一个不显眼的战术目标，但军事服从政治，广治城的得失直接关系到巴黎谈判的外交斗争，因此该地的争夺之战成为治天战场的焦点。1972 年 6 月 27 日，第 48 步兵团参谋长二茹（Hải Như）同志向第 320B 步兵师司令部报告他们单位情况。我和政委阮威翔（Duy Tường）告诉他做好新的战斗准备，一定要保卫好广治城。

为了贯彻（越南）中央军委关于保卫广治、打败敌人反攻的决心。治天战役司令部决定加强广治守军力量，同时连续组织各个主力师从两翼（主要是西面）实施反击，逐步粉碎对方夺回广治城的企图，并准备反攻。6 月 30 日 22 点，治天战役司令员黎仲迅少将，命令第 48 步兵团和广治省队要坚决保卫罗汪、积翔（Tích Tường）、广治市天主大教堂和隆雄三岔路口，依托坚固的城墙结合火力，阻止敌人突入广治市。然而，我师在持续不断的战斗中，兵力和武器损耗很大且没能及时补充，削弱了各单位的战斗力。

7月1日，根据作战方案，第48步兵团转入防御。得到加强的3营在罗汪——1号国家高速公路沿线的尚库桥（广治市东南）负责主要方向的防御；1营在安泰、治邮（Tri Bửu）、桂善（广治市东北）负责次要方向的防御；广治省地方部队8营和3营在广治市内组织防御。第48步兵团和营属各火力连布置在广治古城；第48步兵团团指设在广治西北的布溪；前指设在广治省厅。

孙林将军的回忆基本是正确的。领受任务的第48步兵团士气很高，他们决心实施顽强的防御，守住广治城和罗汪基地，实现"光山在，广治在"的决心（第48步兵团别号光山团）。第48步兵团的实际战斗部署如下：

第48步兵团1营布置在广治东北偏东地区，防御正面约4公里。其中，1营营指和一个连在治邮——桂善方向布防；一个连在沈里（Trầm Lý）布防，一个连在安泰布防。

第48步兵团3营集中在罗汪地区和25高地，依托南越国军原先修筑的钢筋混凝土工事组织防御，其中3营11连在铁路线——罗汪东面——绒江大桥北面1公里的1号国家高速公路沿线碉堡群实施前沿防御。

广治省地方部队8营在隆雄——广治市方向组织防御，防范对方进攻广治古城。

第48步兵团团指设在广治市北面2公里的布溪，前指设在广治省厅。

广治守军刚刚布置好战斗队形，南越伞兵师团就冲了过来。7月3日，拿下绒江南岸的伞兵第2旅团，沿着1号国家高速公路往广治市突击，迎面碰上了实施前沿防御的越南人民军第48步兵团3营11连。11连十分顽强，一连顶住了南越伞兵第2旅团的4次冲击，宣称击毙敌40人。但11连自身损失也很大，战至下午他们失去了战斗力，只得让出绒江大桥北岸的碉堡群，往广治市撤退。在安泰方向，越南人民军第48步兵团1营2连也受到伞兵师团猛烈攻击，他们不断地向后退。沿着1号国家高速公路，联军用空炮火力猛打广治省地方部队8营阵地，往广治古城步步压进。相对越南人民军第48步兵团1营2连和3营11连，广治省地方部队 8 营是好样的，他们以顽强的斗志迟滞了第 2 伞兵旅团的冲击。

7 月 4 日，对广治守军来说，实在是个黑暗的日子。这天，越南人民军第 48 步兵团一连丢失安泰和代乃（Đai Nài），南越国军第 2 伞兵旅团一鼓作气扑到广治市东南 300 米处，广治古城受到了威胁。同时，越南人民军在当时的战斗中丢失了 4 门 37 毫米高射炮。危难时刻，越南人民军第 48 步兵团 3 营在罗汪方向顽强防御并不断组织反击，袭扰第 2 伞兵旅团侧翼。由于西原之战的损失还没有恢复，第 2 伞兵旅团兵力不足，受到 48 团 3 营打击后，暂停了冲击，由此广治危机暂时化解。

7 月 5 日，南越伞兵师团召唤美国空军对广治—罗汪区域进行饱和轰炸和炮击，同时以伞兵 9 营占领了沈里，从东面和东北进一步威胁广治市。

为了加强广治守军的力量，越南人民军第 48 步兵团 2 营奉命迅速渡过后汉河，进入广治市区参加战斗。2 营战斗队形布置如下：

5 连和广治省地方部队 8 营一起坚守隆雄三岔路口；

7 连配属给第 48 步兵团 3 营，固守罗汪；

6 连布置在广治古城西北，担任机动力量。

此外，第 48 步兵团各火力连（装备 75 毫米无后坐力炮和 12.7 毫米高射机枪）也进入市区战斗。守军还得到第 202 机械化步兵团 1 个连 3 辆坦克的支援，所有守军统一由越南人民军第 48 步兵团副团长陈明文指挥。

7 月 7 日，经过一天的准备。南越国军伞兵师团为了拉平和右翼海军陆战师团的战线，以第 2 伞兵旅团 2 个营对广治城展开了攻击。这一天，越南人民军也不客气。第 48 步兵团 3 营以 9 连和 10 连的 1 个排，由广治省地方部队 8 营 1 个排和 3 辆坦克伴随，并得到第 45 炮兵团支援，在罗汪东面突然实施反突击，有力打击了第 2 伞兵旅团侧翼。越南人民军宣称歼敌几百人，第 2 伞兵旅团实际损失为战死 24 人、负伤 58 人；但自己损失也不小，2 辆 PT-85 水陆两用坦克被打坏，其中 1 辆是被己方的 B41 火箭筒手误击摧毁，另 1 辆是被美军航空兵炸毁。

7 月 8 日，第 2 伞兵旅团继续展开攻击。越南人民军第 48 步兵团 3 营在罗汪、广治省，地方部队 8 营在南治乡（Nam Thi）、第 48 步兵团 1 营在桂善，连续进行顽强阻击。第 2 伞兵旅团损失百余人，还是没有前进一步，连广治古城的边都没碰着。

7月9日，南越伞兵师团暂停进攻一天，转而用空炮火力轰击广治市区。越南人民军再次增兵：广治省地方部队3营赶往广治古城据守，第229工兵团1个连和2个A72防空导弹班（SA-7防空导弹）也进驻广治市。

7月10日，南越伞兵师团经过短暂休整，在坦克群支援下沿1号国家高速公路的安泰—代乃展开兵力，准备突击广治市。越南人民军的各个前沿观察哨及时发现了对方的意图，召唤战役炮兵实施炮火反准备。40多门M46 130毫米加农炮连续打了10个急速射，消耗130毫米高爆榴弹400多发，加上82毫米迫击炮和D74 122毫米加农炮的轰击，化解了伞兵师团进攻的危机。在隆雄三岔路口，越南人民军第48步兵团2营5连在炮火急袭下果断出击，宣称消灭伞兵37人。48团2营5连的胜利得到了治天战役司令部的通报嘉奖。

对南越国军第1军团来说，7月3日到10日的进攻实在是令人泄气。伞兵师团没法突破越南人民军的防线，只有海军陆战师团所辖的陆战1营、3营、5营、7营、8营继续往前冲击，逐步形成一条从555号公路（越南人民军叫68号公路）向西折到广治市、再向东延伸至海岸的弧形战线。随着伞兵师团在广治市郊外进攻受挫，海军陆战师团的进攻也遇到了越南人民军的顽强抵抗。为了打破战场僵局，裴世兰准将决定以一个陆战营搭载直升机，突破永定江，在广治城东北实施垂直打击，另外两个陆战营由东向西对越南人民军阵地发起攻击。裴世兰准将的意图是截断560号公路，堵住广治守军的补给线。

7月11日6点，美军进行先期火力准备。L时定在12点，进攻前15分钟，美国空军的B-52战略轰炸机实施"弧光打击"作为最后的航空火力准备。与此同时，HMM-164自"冲绳"号、HMM-165自"的黎波里"号起飞，34架直升机满载着南越陆战1营的840名陆战队员，以及5.44吨弹药和口粮投入战斗。美国陆军空中骑兵的6架武装直升机领着运输直升机群，在广治市北面2000米的蓝杰伊和克罗沃着陆区机降。虽然美军连续进行了6个小时的航空火力准备，可并没有使目标区周围的越南人民军丧失战斗力。

在12.8公里飞往目标的航程中，直升机群不断受到SA-7肩扛式防空导弹攻击，迫使直升机群不得不以最大航速贴地超低空飞行。在着陆卸载南越陆战队队员和起飞离去的10分钟过程中，一名直升机飞行员惊讶地发现自己差点就落在越南人民军一辆T-54坦克的头顶上了！好在随行护航的一架贝尔AH-1"眼镜蛇"武装直升机的驾驶员眼疾手快，抢在越南人民军坦克反应过来前用陶式反坦克导弹将其干掉了，另一架直升机竟然在越南人民军一个指挥所顶上着陆。负责阻击联军的越南人民军部队是久经战阵的第 27 步兵团，他们的防空火力布置得当，给美军直升机群制造了一场灾难，进入着陆区的直升机其中有 28 架都中弹了。尽管进行了规避动作，一架满载 50 名南越陆战队员的 CH-53 直升机还是被一枚 SA-7 防空导弹命中，当即炸成一团火球，搭载的南越陆战队员和美方机组成员死伤惨重。整个行动，美国海军陆战队第 9 两栖旅共损失 1 架 CH-53 和 2 架 CH-46 直升机，美国海军陆战队员战死 2 名、负伤 7 名。美国陆军参战的 6 架武装直升机中也有 5 架中弹。

再说说这架损失的 CH-53，美方机组成员 5 人、南越海军陆战队员 50 人，还有 1 名 BLT1/9 的作战摄像员。当直升机以 30 米高度进入着陆场时，被 SA-7 防空导弹打中。SA-7 防空导弹的 2.5 千克战斗部在直升机右侧的动力系统爆炸，发动机涡轮碎片四散飞进乘员舱。飞行员努力控制住起火燃烧的直升机，按照"燃烧迫降"程序着地，2 名机组成员死亡，第 3 人重伤，搭载的 50 名南越海军陆战队员大部分死亡，只有 7 人回到友军战线。这架直升机完全被火势和南越国军携带的弹药殉爆所炸毁，幸存的美方人员隐蔽在附近的一个弹坑里，南越海军陆战队的一支巡逻队在夜间发现了他们，并把他们带回友军战线，接着美国陆军直升机群把他们接回两栖攻击舰。

与此同时，南越陆战 1 营（营长阮登和少校）在着陆区一降下来就受到越南人民军第 27 步兵团的打击，随即蒙受了伤亡。阮登和少校亲自率部对依托阵地防御的越南人民军实施冲击，在着陆区组织好环形防线前，陆战 1 营必须打破越南人民军的 2 条堑壕线。尽管损失很大，陆战 1 营还是不断把越南人民军往后击退，并扩展自己的阵地。在巩固和防卫着陆场的战斗中，陆战 1 营宣称击毙越南人民军 126 人，活捉 6 人，缴获大量武器装备，迂回了越南人民军阵地。

美军舰炮火力观察小组军官史蒂芬·G. 比杜尔夫中尉跳出直升机时双腿中弹，陆战 1 营顾问劳伦斯·H. 利文斯顿上尉扛着他穿过密集的火力网，将其送到安全地带；美军航空和舰炮火力联络部的约瑟·赫尔南德尔（Hernandez）下士也冒着越南人民军火力打击，往返穿梭，协助负伤的南越海军陆战队员转移到附近的低洼地隐蔽，接着他召唤舰炮火力封堵潮水般涌来的越南人民军增援部队。负伤的南越海军陆战队员和美国海军陆战队员急需医疗救护，可越南人民军持续不断用炮火、迫击炮火力和防空火力打击着陆区，使他们难以撤退。

　　尽管着陆区的环形防线得到扩展，越南人民军的一条堑壕系统就在 50 米开外的一片树林，可陆战 1 营还是遭到持续不断的猛烈火力打击，处于十分紧张的态势。利文斯顿上尉把南越海军陆战队编成一支突击部队。虽然在着陆初期，利文斯顿上尉的腿就被一发炮弹炸伤，可他还是勇敢率南越陆战队员冲向堑壕工事边上，越南人民军步兵指战员冲出阵地和南越海军陆战队员勇敢肉搏，但却败下阵来。拿下目标后，利文斯顿上尉扛起负伤的比杜尔夫中尉就转移到安全地带。陆战 1 营地区的战斗一连打了 3 天。南越海军陆战队表现十分出色，他们不仅占领和守住了目标，而且还把越南人民军打得向西往广治市退却。同是在这 3 天，正面攻击的陆战 7 营也持续攻击前进，宣称打下了越南人民军一个坦克装甲车团指挥部；这次战斗的结果是击毁、缴获了越南人民军许多履带式车辆和卡车。

　　意识到陆战队目前在夺取的阵地坚守和扩展战斗中急需补给（特别是弹药），库克塞准将请求第 7 舰队司令詹姆斯·L. 霍洛威三世少将，紧急给南越海军陆战队控制下的温德尔滩提供一套 5 节装的活动码头。有了这个码头，就可以直接给南越海军陆战师团建立一条从滩头通达 1 号国家高速公路和其他沿海道路的直联补给线。对库克塞准将的请求，詹姆斯·L. 霍洛威三世少将表示大力支持，第 7 舰队派"阿拉莫"号船坞登陆舰（LSD–33）、一个水下爆破组和一艘拖船提供支援。7 月 13 日清晨，"海蜜蜂"（美国海军工程工兵部队）开始在温德尔滩建立活动码头，至 13 点完工。接着，美国海军陆战队的岸勤组和海军滩头指挥员也登陆了，指导和监督南越海军陆战队进行物资岸勤接收和转运作业。

　　到 7 月 14 日，海军陆战师团切断了越南人民军的补给干线——通到广治市的 560 号公路，严重削弱了越南人民军的战斗力。直到这时，第一批"救护"直升机群，才降落下来从战场撤走伤员。对海军陆战师团这次攻击，越南人民军战史不得不承认对方打中了自己的要害："7 月 11 日下午，敌人使用 90 架次直升机搭载兵力在安田—奈久（An Tiêm - Nại Cửu）机降，结果被我军第 27 团还击，击落了几十架直升机。但敌人还是占领了这一地带，这个态势给我军造成很大的威胁，切断了广治市北面的补给干线。"

　　相对海军陆战师团的顺利进展，进攻广治市的伞兵师团打得越来越困难，进展几乎为零。

7月11日7点，伞兵师团换上第1旅团，先对隆雄三岔路口进攻，但在越南人民军阻击和己方飞机误炸下，被迫暂停冲击。8点30分，第1伞兵旅团调整部署后，兵分三路对越南人民军第48步兵团2营5连和广治省地方部队8营重新组织攻击。越南人民军采取正面抗击结合小分队出击打敌侧翼的办法，又一次迫使第1伞兵旅团停止进攻。在东北方向的治邮，越南人民军第48步兵团1营也胜利击退了对方进攻。

7月12日，第1伞兵旅团依然和越南人民军第48步兵团、广治省地方部队8营部，围绕广治市郊的罗汪、隆雄三岔路口和治邮展开激烈争夺。除了治邮丢失了部分地盘、广治古城受到威胁外，越南人民军又一次守住了阵地。

连续12天进攻都没有得手，吴光长中将有些不耐烦了。当天，他要求伞兵师团长黎光亮准将采取一切手段，一定要在7月12日夜把越南共和国国旗插上广治古城，抢在巴黎谈判重新恢复前争取政治主动权。南越决心大，北越决心也不小。治天战役司令部严令第48步兵团不仅要守住广治古城，而且还要组织反击把对方逐出治邮，越南中央军委也下达第915号电令："不惜一切代价守住古城！"

根据这个命令，越南人民军第48步兵团在7月12日夜把全部兵力顶上，牢牢守住了广治古城，伞兵师团插旗行动没有得手。对这个小插曲，越南人民军第48步兵团参谋长阮二茹在2007年接受采访时回忆了广治市防御战激动人心的一刻："1972年5月初，我军解放了东河、爱子和广治市区，敌人被迫退守承天省——顺化。由于不甘心失败，敌人锐意发起一次大规模反攻，意在夺回广治市获得有利于己的战场划界。从一开始，敌我围绕广治省就展开了极为激烈的战斗，到《巴黎和平协约》签署的1973年1月底都没有停息。我军反复击退了敌人从罗汪、隆雄三岔路口、桂善、治邮和1号公路的多次进攻，以坚强的意志和过人的勇气，顽强守住了广治市81个昼夜。在这里，我讲述一些在81个昼夜中难忘的战斗。敌人阴谋在7月10日夺回广治市区和古城，遭到我军顽强抵抗，敌人没有实现目标。到7月12日，敌人夺回了广治市区北面的治邮教堂，距古城1公里。伪军第1军团长吴光长中将命令伞兵师团一定要抢在巴黎谈判恢复前一天组织插旗，争取外交主动。我接到战役司令员的电话，他下令当夜绝不能让敌人在古城插旗。接着，中央军委也直接下令指示第48步兵团、广治省队地方3营，要直接保卫广治古城。第325步兵师95团也随时准备渡过后汉河，支援第48步兵团战斗。7月14日清晨，敌人组织一支别击队突到古城东面插旗，要求在上午插3～4个小时，主要为了拍照，结果被第48步兵团14连发现并实施了火力打击，敌人被迫降旗撤退。我记得那天我军的摄影师段公省（Đoàn Công Tính）也赶到战场，敌人没能拍摄，也没有发现，就在古城周围被击退了。"

鉴于第48步兵团伤亡较大，黎仲迅少将赶紧命令越南人民军第95步兵团进入广治市区，和第48步兵团一起保卫市区。

7月13日，战斗继续在广治市周围全面展开。在治邮，越南人民军战役炮兵抢在对方进攻前，组织炮火急袭，杀伤了伞兵几十人。受到打击的第1伞兵旅团马上召唤美国空军和炮兵火力猛轰广治古城东北地区，重点轰击广治古城城墙、越南人民军地道和工事。接着，第1伞兵旅团又开始组织冲击，却被越南人民军第48步兵团1营和2营给顶住了，第1伞兵旅团进展仅仅46米而已！

在广治市南面和东南方向，越南人民军第48步兵团3营和广治省地方部队8营，以及越南人民军第48步兵团2营5连坚决阻击，隆雄三岔路口、罗汪基地和广治市南面始终在手。10天战斗打下来，伞兵师团伤亡500多人，3辆坦克被打坏，但始终没能靠近广治市，插旗行动也没有成功。

第一阶段进攻受挫，南越伞兵师团改变战法，不再实施营连冲击，而是先由美军顾问召唤航空火力和炮兵火力轰击摧毁广治市周围的各个目标，然后伞兵在坦克装甲车配合下，逐步挤占越南人民军阵地。

对伞兵师团第一阶段的进攻，越南人民军第320B步兵师师长孙林回忆道：

从7月4日到7日，敌人连续对我军各个阵地展开攻击，并派探报和别击队渗透进市区（企图里应外合），但敌人的各次进攻都被我军击退。其中，广治省省所辖的地方部队8营与第48步兵团1营在桂善战斗中，击毙敌150人，余敌被迫退却。7月10日，从清晨起，敌人空炮火力猛烈轰击我军阵地。我军战役炮兵、迫击炮兵急袭了安泰、代乃的敌步兵坦克集结地，让敌人蒙受重大损失，被迫暂停进攻调整部署。7月10日清晨，敌人以部分兵力从东南方向和东北方向展开攻击，但没有能突入市区，反而蒙受重创。

与此同时，在东西两部我军各个主力师也积极反攻，助我军保卫广治的战斗部队一臂之力。在西南方向，第304A步兵师66团和24团对富隆组织反击，狠狠打击了伞兵师团侧翼。在东部方向上，第27步兵团和第320B步兵师所辖的第 64 步兵团，以及第 325 步兵师所辖的第 18 步兵团，永灵县 47 营、广治省队 10 营和海朗县军民也在吴库（Ngô Xá）、古勋（Cù Hoan）、茶治（Trà Trì）、河禄（Hà Lộc）阻止了敌人，没有让伪海军陆战师团冲进广治市区东、北两面。打了一天，两边的伤亡都不低，但对方还是没法占领广治市区。7 月 10 日晚，第 48 步兵团政委陈光递进入市区传达战役司令部的指示，总结战斗经验，补充作战方案和贯彻师团党委决议，要主动积极反击并保卫阵地。副团长陈明文和参谋长阮二茹以及各单位指挥同志决心实现"光山在，广治在"的口号。第 48 步兵团副团长陈明文，直接指挥在广治市内的守军战斗。

从 7 月 14 日开始，联军的火力越来越强。对整个广治战场日均火力投射达到 12 万发，其中轰击广治市的 105 毫米以上榴弹数量是日均 15000 发，最大火力投射是整个战场日均 30 万发 1，对广治市的日均火力投射最高峰时是 3 万发。战略战术航空兵出击广治市的架次是日均 40 到 60 架次。在超饱和火力打击下，越南人民军在整个战场的损失急剧飙升，广治市内的守军损失也很大。为了加强守军力量，越南人民军第 325 步兵师 95 团 4 营于 7 月 13 日夜进入广治市，在西北地区驻防，担任机动预备队。

7 月 14 日，越南人民军在广治市内的各个阵地在联军空炮火力打击下硝烟弥漫。当天，越南人民军正式成立保卫广治市指挥班，由治天战役司令部副参谋长阿阳少校担任指挥长，治天战役司令部政治部副部长阿平少校出任指挥班政委兼党委书记，副指挥长由第 48 步兵团团长黎光水少校出任。指挥班主要以第 48 步兵团团指为核心，基本指挥所设在广治市北面 3 公里的安幕，前指设在广治省厅地下室。

守军的战斗队形部署：

第 48 步兵团 1 营：治邮—广治古城东北

第 48 步兵团 2 营：广治古城村

第 64 步兵团 9 营：古城村与兴和

第 95 步兵团 4 营：布置在广治市北面和东南面，做机动力量。

广治省地方部队 3 营：广治古城

广治省地方部队 8 营：后汉河—海边—广治铁路桥

广治省地方部队8营1个连和第48步兵团2营5连：隆雄三岔路口

第48步兵团3营：罗汪—25高地

7月16日，第320B步兵师所辖的第64步兵团9营，负责广治市北面的古城村和治邮防御。为了加强给市内守军的补给，越南人民军以第320B步兵师的运输兵1连和工兵6连，负责后汉河运输。在他们的努力下，每天输入广治市的物资从五六百千克增加到4至6吨。

当天，南越伞兵师团又开始从各个方向进攻广治市。

在东北方向，伞兵1个营在坦克伴随下，攻打治邮—兴和。首次参加广治保卫战的越南人民军第64步兵团9营顽强防御，正面顶住伞兵进攻。接着，越南人民军第48步兵团2营在1营的2个连支援下，打伞兵侧翼，将对方逼走了，乘胜夺回了治邮教堂，并将伞兵逐出了500米。

在东南方向，伞兵1个营从梅灵出击，但还是被广治省地方部队8营和地方部队3营击退了。15点，伞兵勉强冲进了美同村，还没来得及巩固阵地就遭到越南人民军第95步兵团4营3连的反击，被迫退回梅灵。

罗汪方向，越南人民军第308A步兵师88团4营2连和3连突然袭击了犹隆的一个伞兵营指挥所，第88步兵团主力也不断反击，遏制了伞兵师团对罗汪的进攻，保卫了广治市南部。

7月17日，夺回治邮教堂后，越南人民军又用第48步兵团1营在第64步兵团9营和第48步兵团2营1个连侧翼掩护下，继续反击。不过，伞兵师团可不是吃素的。尽管一度丢失了治邮教堂和治邮东北地区，但伞兵2个连的反击，一下子就把第48步兵团1营赶出了治邮教堂。当夜，越南人民军第48步兵团1营只剩百余人，被迫撤出战场整补。

7月19日到21日，越南人民军第64步兵团9营、第48步兵团2营继续在治邮地区和伞兵拉锯，损失很大，但还是守住了阵地，双方隔着200米对峙，谁也赶不走对方。由于损失太大，越南人民军第48步兵团3营兵力下降到不足100人，不得不撤到广治古城东南，把罗汪防务完全移交给越南人民军第308A步兵师88团。

伞兵师团进攻受挫的同时，南越海军陆战师团却因不断胜利而获得了空前的威望。按照美军战史的说法，截至1972年7月中旬，南越海军陆战师团的威望值达到顶峰，不符合条件的新兵，哪怕是志愿兵也会被拒之门外，此时的海军陆战师团，绝对是一支精锐部队。

对吴光长中将来说，越南人民军决心不惜一切代价死守广治市也给他带来了许多问题。他回忆说，虽然广治市并不是第1军区或军团反攻的主要目标。可事实却是"它已经变成一个象征和一个重要的挑战"。越南人民军在广治市连挫伞兵师团进攻，引起了越南共和国总统阮文绍的不满。他不停催促吴光长加快攻势进展，早点把越南人民军逼出广治市。

吴光长不愧是名将，他通过战场态势分析，发现了越南人民军死守广治市的弱点，那就是他们的补给线多而脆弱。要想迅速打下广治，就必须进一步努力切断广治守军的补给线，逐步扼杀他们的补给能力。为此，他命令海军陆战师团抓住战机，运动包围越南人民军的左翼，打击越门河南面的补给线，让沿着海岸展开的越南人民军更加虚弱。

接到命令，海军陆战师团长裴世兰准将就把任务交给第147海军陆战旅团，计划是以2个海军陆战营在坦克支援下实施正面攻击；第3个营故技重施，搭载直升机在北面大约4公里处机降着陆，对进突击。会合后，3个营往东南方向打，占领一个重要的公路交叉点。这个打击很可能把越南人民军逐过后汉河或迫使他们往北朝越门河退却。

7月22日，美军两栖特混舰队的"冲绳"号两栖攻击舰、"圣·路易斯"号（LKA-116）、"马尼托瓦"号（LST-1180）和"藐视角"船坞登陆舰（Point Defiance，LSD-31）在预定海域放出直升机群。和先前诸多行动一样，美军的先期航空火力、炮兵火力和舰炮火力打了3个半小时，有效削弱了越南人民军的防御体系。B-52战略轰炸机照例是在美国海军陆战队第164中型直升机中队（HMM-164）的直升机群抵达着陆区前实施"弧光打击"，作为最后一轮火力准备。南越国军陆战5营688名官兵分成两拨搭乘直升机群，分别扑向利马着陆区和胜利着陆区。飞在最前面的武装直升机群对两个着陆区进行了猛烈的火力打击，但只在利马着陆区遭到防空火力反击，胜利着陆区未遇抵抗。9点38分，陆战5营先在利马着陆区机降，10点4分又在胜利着陆区机降，火力支援一切照计划顺利进行着。着陆后收拢队形后，陆战5营迅速向正面突击的2个海军陆战营靠拢。虽然陆战5营打得很顺利，可陆战2营却在组织攻击，试图切断沿560号公路的越南人民军补给线时遇到了极为顽强的抵抗。美国空军竭尽全力给他们提供近距离空中支援，猛炸越南人民军的碉堡掩体，保障陆战2营迅速突破越南人民军阵地，与陆战5营会合。阵地一旦巩固，第147海军陆战旅团打起来就顺利多了，再也没有遇到强力抵抗。任务仅用2天就完成了，第147海军陆战旅团宣称击毙越南人民军133人，击毁3辆坦克，缴获2辆装甲运兵车，攻下一个拥有100张病床的野战医院，缴获摧毁大量武器。这次行动，支援作战的美国海军陆战队没有损失。

尽管海军陆战师团进一步遏制了越南人民军的补给线，但越南人民军的抵抗依然是那般的顽强，伞兵师团打得十分艰苦，始终没有什么进展。

7月22日，治天战役司令部命令第325步兵师所辖的第95步兵团全部进入广治市参加战斗。当天，广治受到猛烈轰炸，治天战役司令部副参谋长阿阳少校负伤，接着第320B步兵师参谋长程鸿泰（Trịnh Hồng Thái）也负伤了。新组建的指挥班只得由第48步兵团团长黎光水担任指挥长，第95步兵团政委阮文善任指挥班政委，两个团的副团长担任指挥班副指挥，指挥所直接设在广治省厅地下室。

7月23日10点，越南人民军第95步兵团5营进入广治，组织阵地防御。由于部队不熟悉战场，为了保障守军战力，广治市指挥班决定把第95步兵团5营拆开，将6连和7连配属给第48步兵团1营，让1营重新投入战斗，对治邮方向实施反击，改善东北态势；5连配属给第95步兵团4营，顽强固守广治市东南。

7月24日到25日，伞兵师团实际已经失去了营级规模冲击能力，他们连续参加多个战役而"失血太多"，并未能及时补充，投入战斗的规模只有1个加强连到2个连的兵力。在广治市东北方向的治邮与兴和村，2个伞兵连进攻时遭到越南人民军第48步兵团1营（配属第95步兵团6连、7连）和广治省地方部队3营激烈反击，由于自己兵力太少，很快就被分割成多个小集团，被迫突围撤走。战至7月24日15点，越南人民军第48步兵团2营夺回了治邮。

在东南方向，越南人民军第95步兵团4营、第48步兵团3营和第95步兵团5营5连，也较为轻松地击退了对方进攻。西南方向的越南人民军第88步兵团6营10连，也守住了博德，挡住了对方的冲击。

虽然死死守住了阵地，但越南人民军累积伤亡很大，急需补充。黎仲迅没有办法，只得在7月26日命令越南人民军第308A步兵师88团全部投入广治市南面，参加市区保卫战。当时，第88步兵团十分困难，连续激战也让他们减员很大，各连只剩 15 到 20 人枪，团营属武器只剩 4 门 82 毫米无后坐力炮、4 挺 12.7 毫米高射机枪、8 门 82 毫米迫击炮。上阵前，第 88 步兵团紧急补充了兵力，然后冲上战场，参加广治保卫战。根据广治指挥班的命令，第 88 步兵团以 4 营守住罗汪—嘉隆站和 25 高地，5 营守住广治铁路桥地区，6 营守住博德和隆雄三岔路口。

7 月 27 日，伞兵师团完全打不动了，参战的 5 个营——伞兵 4 营、5 营、6 营、7 营、9 营打了一个月（6 月 28 日到 7 月 27 日）损失达 1753 人。这些部队来到广治战场时本身缺编 30% 左右，加上战斗了一个月带来的损失，使他们完全丧失了战斗力。趁着这个机会，越南人民军第 64 步兵团 9 营和第 48 步兵团 2 营组织袭击，拿回了治邮教堂和治邮东南地区，活捉了 2 名伞兵。

连续粉碎南越国军战略总预备队之一的伞兵师团两个阶段冲击，越南人民军士气大振，完全从"兰山 72"行动前期失败的阴影中走了出来，"保卫广治、血战到底"的口号在全军中叫响。

对于这个阶段的战斗，第 320B 步兵师师长孙林将军回忆道："在第二阶段，对方的伞兵师团兵分两路，一路从隆雄三岔路口进攻桂善、治邮，威胁广治市区东部，一路攻打茹黎（Như Lệ），切断了从南面通往市区的接济路。海军陆战师团侦察永定河，要夺占安田（An Tiêm）、奈久（Nại Cửu）、罗东（La Đông），从东—东北方向切断我广治守军的补给线。判明对方的意图后，我军积极阻击，结合反击打败了对方第二次进攻。我军重创一个伞兵旅团和一个海军陆战营（这个算是吹牛了），使这两个单位丧失了战斗力，对方夺回广治市区的意图没有实现。当我方部队的战斗力削弱时，对方占领了治邮村、古城村，形成对我军三面包围之势。不过，我军打出了很多漂亮的战斗，士气始终高涨。比如第 308A 步兵师 88 团和第 320B 步兵师 48 团夺回隆雄北、铁路三岔路口；第 304A 步兵师所辖的 66 团守住了富隆，广治省队的地方 8 营和第 48 步兵团夺回了后汉教堂和 1 号公路四岔路口。7 月 11 日到 13 日两天时间里，第 27 步兵团和第 64 步兵团 7 营在炮兵和坦克支援下，消灭了对方海军陆战队 1 个营（这个战绩也是夸大其词了，实际连南越海军陆战队 1 个连都没有吃掉），在安田—奈久（An Tiêm – Nại Cửu）区域击落敌 11 架直升机。第 48 步兵团 2 营 5 连守住了隆雄三岔路口，在武忠尚（Vũ Trung Thưởng）指挥下连续战斗了 7 个昼夜，消灭敌 2 个连和重创了第 2 伞兵旅团的 2 个连，打坏、打燃许多坦克，守住了隆雄三岔路口。在东翼，第 64 步兵团 7 营得到第 66 坦克装甲车营增强，和地方民军一起打败了对方的进攻，使对方海军陆战队第 6、第 9 营没能夺回越门港。第 95 步兵团 4 营、第 64 步兵团 9 营及时参加战斗，和第 48 步兵团一起连续反击守住了古城。7 月 14 日，阵线派副参谋长阿阳同志和阵线副政委阿平同志成立市区指挥班。一天后，阿阳同志重伤，第 320B 步兵师参谋长程鸿泰（Trinh Hồng Thái）同志也重伤。7 月 20 日，战役司令部决定成立新的指挥班保卫广治市区，由第 48 步兵团团长黎光水担任指挥长，第 95 步兵团政委阮文善担任政委，两个团的各个副团长担任副指挥。"

孙林将军的回忆有些夸张了，实际上伞兵师团损失虽较大，但还是夺取了一些地盘，在各个方向都冲到离广治市和古城不到 200 米，而且三面围住了越南人民军。另一方面，越南人民军的伤亡也是很大的，为了填补损失，战役司令部不得不每天都把到位的新兵优先补充给广治市守军。对越南人民军来说，他们实际是咬牙硬撑下来的。

广治市保卫战的成败关乎巴黎谈判外交主动权，越南劳动党总书记黎笋和越南中央军委书记、国防部部长武元甲大将都密切注视广治保卫战的一举一动。显然，那里的兵力严重不足，急需补充！要增援，就必须把最精锐的部队派上去。可越南人民军两大头等主力师——第 308A 步兵师和第 304A 步兵师已经顶上战场，目前他们在苦战中损失也很惨重，第 308A 步兵师已经把 88 团抽调出来增援广治守军了，304 师的 66 团也顶上去了。目前，36 团、102 团、9 团和 24 团损失不小，守住自己的阵地已属不易，不可能再增援了。现在，总部直辖机动主力师只剩下第 312A 步兵师。对，就是它，战胜师团上！武元甲毫不犹豫地签署了命令，调第 312A 步兵师上广治战场，参加保卫广治古城的战斗。

第 312A 步兵师是抗法时期越南人民军组建的六大主力步兵师之一，在奠边府战役中打出威名，获得武元甲大将授予的"决战决胜"军旗，并获得"战胜师团"的美称。越南战争爆发后，第 312A 步兵师作为越南人民军总部直辖机动主力师，承担着越南北方的机动防御和给南方战场输送优质兵员的艰巨使命。1963 年 2 月，第 312A 步兵师所辖的第 141 步兵团 1 个营 600 名指战员开赴南方战场。以该营为核心，第 5 军区组建了著名的巴嘉团（越南人民军第 2 步兵师 1 团）。

1965 年，随着美国远征军直接介入越南南方战场，战斗形势日益紧迫，越南人民军第 312A 步兵师也加快了抽兵南下的速度。1965 年 10 月中旬，第 312A 步兵师抽调 1 个 105 毫米榴弹炮营南下，前往查尔平原参加战斗。1965 年底，第 312 步兵师又先后抽调第 209 团 8 营（抗法时期的 166 营）和第 141 步兵团 2 营（抗法时期的 420 营）前往第 5 军区参加战斗，他们补充给了战斗中损失较大的巴嘉团。实际上从"血脉"来看，巴嘉团完全是第 312 师系出身的。第 209 团 9 营（抗法时期的 154 营）和 1 个火力营开赴治天战场，补充给第 6 步兵团。

1966 年，战争不断升级。越南人民军第 312A 步兵师抽调兵力南下增援的规模越来越大：第 141A 步兵团和第 165A 步兵团按编制把兵力和装备补充满员，然后开赴南部东区战场，以这 2 个团为核心，越南南方解放军组建了第 7 步兵师。在两个主力团离去后，第 312A 步兵师以第 209A 步兵团为核心，重新组建了第 141B 步兵团和第 165B 步兵团。1967 年 2 月，第 312A 步兵师又把第 165B 步兵团 4 营、5 营调到治天战场参加战斗。这么反复折腾，实际上让第 312A 步兵师的编制始终处于游动状态，无法满足战斗需求。

1968 年，越南人民军在南方发起新春总进攻和总奋起。由于南方战场对兵力需求日益增长，现有兵力严重不足，第 312A 步兵师再次奉越南中央军委、国防部的命令，抽调 2 个团上战场，参加新春总攻击和总奋起。第 312A 步兵师没有犹豫，直接把第 209A 步兵团和第 141B 步兵团调上战场。其中，第 141B 步兵团补充给第 3 "金星"步兵师，成为该师的第三个团，第 209A 步兵团补充给第 7 步兵师。这样，第 7 步兵师拥有原第 312A 步兵师的 141A 团、165A 团和 209 团，完全继承了第 312A 步兵师的"优良血统"，自带奠边府战役荣誉的光环，因而该师的别号是"战胜 B 师"。

在短短 6 年时间里，第 312A 步兵师连续抽调 4 个团又 9 个营到南方战场，老部队已经完全不在了。为了重建战胜师团，第 312A 步兵师只得向越南人民军总部求援。1968 年 8 月，越南人民军总参谋部决定调右岸军区主力部队第 42 步兵团（抗法时期第三联区的王牌地方团）编入第 312A 步兵师战斗序列，改番号为第 209B 步兵团。接着，越南人民军总参谋部又从第 4 军区、右岸军区和西北军区各抽调 1 个营，组建起了第 141C 步兵团，由此重新建了第 312A 步兵师。

重建后的第 312 步兵师连续参加了老挝战场的 139 号战役、Z 战役和 74B 战役，夺回了查尔平原，拿下了桑通。1972 年 4 月底，第 312A 步兵师返回第 4 军区，兵力和武器装备按编制补充满员，准备参加新的战斗。

1972 年 7 月 2 日，鉴于广治战场日益严峻的形势，越南中央军委决定抽调第

312A步兵师和第325步兵师参加广治保卫战。在给第312A步兵师的信中，越南中央军委强调："各位同志的战斗行军任务十分紧张，要快快快。粉碎伪第1军团的反攻，保卫广治市！"

7月4日，第312A步兵师全体指战员前往义安省南丹县金莲乡参观了胡志明的出生地，向胡伯伯英灵报告自己的战斗决心后，第312A步兵师以第165B步兵团为先锋，急行军开赴广治战场。7月7日，第209B步兵团从清章沿着15号公路越过南丹，一路过河静、广平省。7月7日夜，第141C步兵团和第312A步兵师剩下的单位也穿过南丹，过灵甘，进入河静省的德富。

抵达广平省，第312A步兵师接到治天战役司令部的命令，采取以团为单位，逐次开赴广治市，配属给第308A、304A和320B步兵师，第312A步兵师师指留在广平省黎宁县。

1972年7月18日，越南人民军第312A步兵师的先头部队——第165B步兵团首先进入广治省。7月19日，第165B步兵团越过边海河，行军至后汉河北岸。接着，该团4营、6营奉治天战役司令部的命令，前出到新肖（Tân Teo），配属给第308A步兵师；第165B步兵团5营抵达爱子基地，配属给第320B步兵师，参加广治古城保卫战。

第209B步兵团也渡过后汉河，配属给第308A步兵师，在罗汪、茹黎附近、秃山、15高地、29高地、52高地周围组织阵地防御，展开艰苦阻击战。第141B步兵团在行军路上受到B-52战略轰炸机的猛烈轰炸，损失很大，但还是抵达了战场；配属给第304A步兵师，在105高地、江据点和昆钙据点实施艰苦阻击战。

在第312A步兵师和第325步兵师到位的同时，第308A步兵师、第304A步兵师、第320B步兵师、第324步兵师，独立第271团、5个特工营、广治省地方部队4个营、永灵47营；炮兵第164团、炮兵第45团和炮兵第84团，坦克装甲车第203团（只剩18辆坦克）、工兵第209团和249团、第202机械化步兵团（还有27辆坦克）也都在后汉河南岸展开兵力，实施顽强防御，准备迎击联军新一轮进攻。

南越国军方面，吴光长改变了原先的战略设想，他终于意识到广治的存在成了越南人民军的精神象征，而且这个城市不打下来，第1军团也很难冲到后汉河。在伞兵师团已经失去了继续进攻的能力的情况下，他决定"换马"。7月26日，吴光长中将命令海军陆战师团接替伞兵师团，承担起进攻广治市的任务。吴光长要求裴世兰务必攻下广治，保障第1军团冲到后汉河。

7月27日夜，第258海军陆战旅团和伞兵部队换防。接下来4天时间里，第258海军陆战旅团和越南人民军进行了激烈地面交战和相互集团炮击。越南人民军平均每天向第258海军陆战旅团发射1000多发迫击炮弹和榴弹，海军陆战队也回敬同样多的炮弹。在激烈的炮战中，美军顾问也有伤亡：配属给第147海军陆战旅团的戴维·D.哈里斯上尉就因腿部和后背重伤送回了美国治疗，爱德华·哈延二世中尉战死。

除了相互炮战，保卫广治市的越南人民军第48步兵团和第95步兵团也对7月的战斗进行了总结，提出五点要求：第一、要动员全体指战员坚决粉碎南越海军陆战师团进攻，像打败伞兵师团那样击败敌人，守住广治城；第二、让各营轮流在白天战斗，夜间撤到城外休整巩固，准备长期抗战；第三、坚决争取主动，组织营级规模的阵地袭击战斗，消灭敌一个排乃至一个连，让敌人的各种手段毫无作用，坚决守住阵地；第四、全军要合理布置战斗队形，巩固阵地工事，发展交通壕，补充基础技术物资，确保部队在阵地的日常生活；第五、争取对补充的新兵进行技战术训练，加紧修复被炸坏的阵地，战斗中要发挥步兵武器威力，隐蔽接近敌人，要靠近打。

根据五点要求，结合当前形势和各单位兵力状况，广治市指挥班又一次调整了部署：

第95步兵团6营和第48步兵团1营镇守东北方向的治邮；

第48步兵团2营、第64步兵团9营及广治市地方部队45连把守广治古城村和市区北部；

广治省地方部队3营和8营部分兵力守卫广治古城；

第95步兵团4营把守广治市东南；

第48步兵团3营和广治省地方部队8营把守后汉河—德茹地区；

第88步兵团4营守卫罗汪；

第88步兵团5营守卫广治铁路桥到隆雄三岔路口；

第88步兵团6营把守德茹西南、博德广场；

第95步兵团5营布置在广治市西北的后汉河南岸；

治天战役司令部直属的特工35营布置在广治市东南；

第95步兵团各火力连和各B72反坦克导弹排，布置在广治市东北和东南，接替第48步兵团各火力连；

第320B步兵师直属工兵连接替第229工兵团1个连，第325步兵师直属工兵连也投入战斗。

7月28日到31日，南越第258海军陆战旅团初来乍到，吴文定上校还是比较老练，他没有贸然进攻，而是频繁组织地形和火力侦察，同时命令炮兵压制越南人民军暴露的火力点。这4天的战斗特点是广治守军受到了更为猛烈的炮击和空袭，仅7月31日联军就朝广治古城打了3.6万发105毫米以上榴弹。除了联军炮击，雨季普降暴雨，也给越南人民军的战地生活造成了很大的困难：后汉河水位暴增，渡河运输作业困难重重；广治市内的各个战壕积满雨水，部队日夜泡在积水的战壕里，生活条件艰苦至极。尽管如此，越南人民军还是对第258海军陆战旅团的侦察渗透进行了顽强还击。7月28日，南越海军陆战队一个侦察小组摸进德茹，被越南人民军第95步兵团4营和广治省地方部队8营发现。越南人民军毫不客气地把500发82毫米迫击炮弹砸在了对方头上，迫使南越海军陆战队侦察小组撤退。

1972年8月初到来时，广治市绝大部分地区还在越南人民军手里，后汉河西面和北面地盘，特别是爱子基地周围，布满了越南人民军的炮兵单位。越南人民军毫不间断地对南越国军组织炮火和迫击炮火力轰击，为了躲避越南人民军的炮击，南越海军陆战队员不得不深挖掩体，像"囊鼠"似的躲进地下。这一时期，美军航空和舰炮火力联络部的第1分队长乔治·E.琼斯中校就回忆说，当前的航空和舰炮火力支援力度都大大增加，根据配属南越国军的美军顾问召唤，不间断组织强大的陆、空、舰炮火支援。

从8月3日开始，南越海军陆战师团以第258海军陆战旅团（得到1个营加强）打主攻，第147海军陆战旅团继续在右翼切断越南人民军的补给线。为了攻下广治城，吴文定上校以陆战3营从东北方向打治邮—兴和、古城村和市区北面，陆战6营和陆战9营从西南逼上来，逐步往广治古城压迫。战斗打得十分激烈，由于南越第258海军陆战旅团投入战斗的兵力为4个营共3600多人，对比越南人民军并不占优势。按照联军方面的记载，第258海军陆战旅团3个营多次冲进广治市内和广治古城，但都被隐蔽良好且顽强战斗到底的越南人民军给打了回来。由于战场狭窄，联军和越南人民军都进行高密度的炮兵火力投射，绵密的火力打击严重阻碍了南越海军陆战队的冲击。在东北方向切断越南人民军补给线的南越第147海军陆战旅团也不断受到越南人民军第320B步兵师猛烈的反突击，损失日渐增多，但还是牢牢扼守住560号公路，没有让越南人民军重新打通。总的来说，南越第258海军陆战旅团遇到和伞兵师团一样的困难，巷战攻坚打得异常艰苦，每天的前进只能以米来衡量，而且还经常被越南人民军反击逐退。尽管拉锯战持续很久，但第258海军陆战旅团还是逐渐收拢了对广治守军的包围圈。这一时期的战斗，越南人民军记载得还是比较详细的。

8月3日，南越陆战6营进攻广治市东南的德茹东，遭到越南人民军第95步兵团4营、广治省地方部队8营和第48步兵团3营9连的顽强阻击，但陆战6营的战斗力实在了得，一路击破越南人民军抵抗，拿下德茹东，并前出到广治铁路桥。第88步兵团5营紧急反击，才挡住陆战6营。

8月4日，陆战3营突然对治邮、兴和以及广治市东北发动进攻，越南人民军第95步兵团6营和第48步兵团1营抵挡不住，很快把治邮、兴和全部丢失！当天，黎仲迅少将和黎光道少将奉命调回总参谋部和总政治局，重新主持工作。越南中央军委书记、国防部长武元甲大将认为两人经过5个月的战斗指挥，已经十分疲惫，是时候把他们调回来休整，让国防部副部长、越南人民军副总参谋长陈贵海少将（抗法时期是第325大团长）和总政治局主任双豪中将（抗法时期是第308大团政委）出任治天战役司令员和政委。

新官上任，就丢失了阵地，这还得了！陈贵海和双豪也是个暴脾气，很不客气地命令全军反击，一定要把南越海军陆战师团的气焰给压下去，全面改善战场态势。按照陈贵海和双豪的命令，第308A步兵师在第165B步兵团配属下，要把突入广治市南面的第258海军陆战旅团部分兵力击退出城，夺回隆雄三岔路口；第304A步兵师以第36步兵团、24步兵团和第66步兵团对伞兵师团进行坚决反击。这两个方向的战斗在8月4日到16日打得十分激烈，第308A步兵师通过反击迫使联军后退了两三百米。第304A步兵师宣称反击压制了联军部分炮兵阵地，并打坏了他们44门M101 105毫米榴弹炮和175毫米自行火炮，还打掉了不少坦克装甲车。

在这些反击战斗中，打得最好的莫过于第165B步兵团6营的茹黎村夺回战斗。

当时，第165B步兵团配属给第308A步兵师，师长也由范鸿山重新换成阮友安大校（武元甲大将对范鸿山表现不满，又从老挝战场把阮友安给调了回来，重新担任第308A步兵师师长）。8月4日晚，陈贵海少将下达反击命令后，阮友安大校就决定用第165B步兵团6营实施夺回作战。

茹黎村位于广治市西南，距市区不到1公里，是第258海军陆战旅团从西南方向进攻市区的跳板。当时驻村内的是陆战6营2个加强排共78人（越南人民军情报识别有误，把对方看成1个连150人）。通过反复组织对敌侦察，越南人民军第165B步兵团6营发现茹黎村守敌工事较为坚固，各据点工事形成交叉火力，死角较小，官兵训练有素，战斗力较强。为了打好这次战斗，阮友安大校把第203坦克装甲车旅的3辆T-34-85坦克配属给了第165B步兵团6营，同时批准该营采取堑壕延伸战法实施迫近攻击。

1972年8月7日拂晓，第165B步兵团6营9连和11连开始隐蔽地挖堑壕向前掘进。在挖壕过程中，越南人民军突然发现对方从新肖调来了援军。这个时候，6营有些干部着急了，想组织兵力消灭援敌，但这么做的话不仅会暴露自己，还影响进攻茹黎的计划，一番讨论后，还是决定通过佯攻来逼退对手。排长黄登冕（Hoàng Đăng Miên）亲自带了5名战士插到桑据点，威胁援敌背后，迫敌缩了回去，给第165B步兵团6营进攻创造了条件。8月7日17点45分（离预定进攻时间还有15分钟），进攻茹黎村的命令传达给了全体指战员。

18点，第165B步兵团6营营长冯坦（Phùng Tăng）大尉一声令下，茹黎村进攻战斗正式打响，但一开始越南人民军就出了岔子。原本应该支援9连（负责主要方向进攻）的3辆T-34-85坦克开错方向，转到11连位置，只得将错就错，投入到11连方向战斗。得到坦克支援的11连打得十分顺利，在连长阿勋中尉率领下，迅速攻克茹黎村外各个据点。可是，失去坦克支援的9连却打得很苦，被南越海军陆战队员用12.7毫米重机枪火力封锁，连长黎文阳负伤，一些战士牺牲。连指导员阮文风继续率连队冲击，但他很快也负伤倒下，排长阿雪接替指挥。不一会儿，阿雪也挂彩了。看到9连冲击完全受挫，营长冯坦请求炮兵火力支援，同时调上预备队，把主攻方向改到11连方向。这个决定十分正确，在10连、11连联合冲击下，茹黎守军最终被全歼，第165B步兵团6营攻克了茹黎村。

茹黎村首战告捷，鼓舞了第312A步兵师的士气。接着，第312A步兵师所辖的第 165B 步兵团 6 营在秃山据点和第 209B 步兵团 7 营在富门连续打出许多漂亮的战斗。第 165B 步兵团 5 营更是于 8 月 10 日进入广治城，直接参加市区保卫战。在广治市 31 昼夜，第 165B 步兵团 5 营的战地生活条件艰苦万分，美军几乎是不分昼夜轰炸，南越海军陆战队也不断组织进攻和渗透，按照越南人民军的说法，就是吃饭的时候敌人进攻，睡觉的时候敌人轰炸。所有战斗和生活都在战壕或地道，以及房屋废墟掩体里进行。雨季的到来使地道和战壕积满雨水，给战斗和生活带来了很大的困难。最可怕的是战壕足，许多越南人民军指战员不是被美军炸弹和炮弹给炸死炸伤的，而是因为战壕足后送，不少人被截肢。因疟疾和战壕足导致的减员，占非战斗伤亡很大一部分比例。

相对战役西部方向的反击获得局部胜利，战役东部的越南人民军第 325 步兵师 101 团和第 27 步兵团的反击却无果而终，他们的进攻被南越第 147 海军陆战旅团给打回。很多人在提到 81 昼夜广治保卫战时，往往只提守军的牺牲和负伤，没有人提到周围的第 308A 步兵师、第 304A 步兵师、第 324 步兵师、第 325 步兵师和第 320B 步兵师，以及第 312A 步兵师的牺牲。实际上保卫广治 81 天的战斗中，越南人民军伤亡在 2 万人以上，绝大部分伤亡都是外围这些主力师蒙受的。正是靠着他们的英勇奋战和巨大牺牲做支撑，才保障了广治守军能够顶住南越第 258 海军陆战旅团的轮番进攻，一直坚持到 9 月 16 日。没有外围主力的死战，也就没有越南战场的"上甘岭"和"斯大林格勒"的奇迹。从某种角度来说，这 6 个主力师伤亡的指战员同样是英雄，尽管他们大多是无名的。

谈完外围的反击，让我们把视线放回广治市，守军在外围各个主力师反击的同时，也在 8 月 4 日夜做出了反击决定：

第 48 步兵团 2 营 6 连、第 95 步兵团 5 营 7 连反击兴和；
第 48 步兵团 1 营 1 连（8 月 2 日重新补充满员后进市区）反击治邮；
第 64 步兵团 9 营 10 连、第 48 步兵团 2 营 6 连打兴和教堂。

各方向的反击战斗均由营级指挥干部率领，广治市指挥班派一名副指挥下去协调各部反击。

8 月 5 日凌晨 4 点 53 分，广治市内守军打响了反击战斗，越南人民军战役炮兵一开始就组织了M46 130毫米加农炮和D74 122毫米加农炮实施猛烈的火力，压制了陆战3营、6营、9营的战斗队形。在炮火支援下，越南人民军第48步兵团2营6连和第95步兵团5营7连猛插敌后，分割压制了对手，接着和第64步兵团9营10连、第48步兵团2营6连一起夺回了兴和教堂，继而夺回整个兴和村。接着，指挥班布置第64步兵团9营10连守卫兴和村。在治邮方向上，越南人民军第48步兵团1营1连夺回了教堂，并予以固守。这次反击战斗打得果断而干脆，南越第258海军陆战旅团统计自己损失了170人（其中53人战死）。越南人民军宣称全歼敌1个连，重创2个连，击毁坦克5辆，抓俘2人，缴获4部电台和70支各类枪支。虽然反击获得胜利，但越南人民军第64步兵团9营却因伤亡太大而失去战斗力，不得不由第64步兵团7营换防。

8月6日，越南人民军第95步兵团4营和广治省地方部队8营利用治邮—兴和战斗胜利的机会，突然组织兵力偷袭了1号国家高速公路三岔路口，进一步改善了广治市东南的防御态势。

当天，越南人民军第88步兵团的反击一度夺回了后汉河—三岔路口的野战医院，但遭到对方空炮火力猛烈阻击，南越海军陆战队反过来和第88步兵团进行激烈争夺。战至夜间，第88步兵团损失太大，被迫放弃夺取的野战医院。

经过3天战斗，双方都筋疲力尽，需要歇下来喘口气。8月9日，南越陆战9营又在坦克装甲车掩护下，对在广治市东南和1号国家高速公路—后汉河三岔路口的越南人民军第95步兵团4营阵地展开攻击。4营经过连续战斗，兵力损失很大，其中4营3连只剩20个能作战的人了，但还是在一天之内击退了对方多次冲击。3连许多战士都负伤了，但本着"人在阵地在"的精神战斗到底。

在广治市南面的德茹、博德和广治铁路桥，越南人民军第88步兵团5营、6营也击退了对方多次冲击，顽强守住了阵地。这一天，配属第88步兵团的B72反坦克导弹分队再度大显神威，宣称击毁6辆坦克。

8月10日，战斗主要集中在德茹—博德地区和广治铁路桥，越南人民军第88步兵团5营、6营打败对方多次的冲击，但自己也在连续多天的防御战斗中蒙受很大损失。

按照越南人民军的战役时间段划分，8月10日是第三阶段战事的结束，这一阶段对交战双方来说，都是重新认识。南越海军陆战师团终于意识到了越南人民军的顽强和决心，对手的勇猛刺激了他们战胜顽敌夺取胜利的欲望。对越南人民军来说，认识到南越海军陆战师团出手不凡，他们确实是南越国军中战斗力第一的王牌部队，战斗打得比和伞兵师团较量吃力多了，损失也大得多。另外，越南人民军尽管不断组织反击，但还是丢失了隆雄三岔路口、后汉河一些渡口、德茹村，治邮—兴和部分地盘得而复失。

经过长期激烈战斗，广治市周围的越南人民军渐渐形成了宽大的战役防御面。鉴于防区幅度大增，治天战役司令部把保卫广治市总的任务交给了越南人民军第325步兵师。为了完成越南中央军委交付的任务，越南人民军第325步兵师师长黎历（Le Lich，在抗法战争时期担任越南人民军第101团团长，参加过1953年到1954年下寮—柬埔寨东北战役）大校决定增强广治市区内的炮兵、工兵、通信兵和后勤兵力力量。

在黎历大校领导下，广治市指挥班对市区进行周密侦察，研究了各方面情形后认为：

广治市地处平原，且容易被后汉河分割。目前，联军已经三面包围了广治市，并用空军、海军和炮兵不分昼夜射击广治市内守军。对方采取白天冲击、晚上脱离的战法，不断消耗越南人民军有生力量。总的来说，联军已经放弃了营连集团冲锋战术，也由速战速决转入蚕食挤占。

越南人民军方面，守军共有4个步兵团、各独立营和许多单位，合计兵力就剩1300人。从兵力上看，每个营还剩150人左右，但实际战斗兵力只有50到60人枪。经过多日坚守防御作战，守军战斗力受到严重削弱，兵力和技术装备补充遇到很大的困难。补充困难就算了，最糟糕的是兵力和物资每天还要受到很大的损耗。

在防御组织上，战斗队形的布置和防御阵地的构筑也有很多弱点和缺点，没法实施宽大正面防御，只能采取进攻和防御交替战法阻击，机枪火力点和各个据点必须建立交通壕相连，防线必须采取双线设置，前沿要设置障碍物（含铁丝网和地雷），防止对方渗透袭击（南越海军陆战队正是利用越南人民军防御的疏漏，进行大胆的渗透和穿插）。在整个市区内必须建立地下交通壕，绝不能让指战员暴露在联军空炮火力打击下，穿过市内大街小巷。

在后勤供应上，物资和卫生材料严重不足，担架短缺，转移伤兵和烈士困难重重。最大的问题是弹药、粮食、药品和被服补充困难。

根据上述情形，黎历大校想方设法帮助广治守军解决困难，最重要的是提高过后汉河往市区内的物资补给量。说得容易，做起来难，特别是在美国空军和联军炮兵火力封锁后汉河与猛烈轰击广治市区的情况下，后勤保障的状况始终无法改善。

既然没法改善后勤，那就只有把部分损失大的单位撤出城，同时调整部署，精简指挥机构，继续实施顽强防御。8月25日，黎历大校新的兵力部署如下：

越南人民军第325步兵师95团负责在广治市东南—南面组织防御。其中5营负责美东区（不含博南、广治省警察厅、检察院），4营负责美西区、广治省天主教堂、同岘三岔路口，6营在古城村南面组织防御，担任机动力量；

第18步兵团7营在德茹村组织防御；

第320B步兵师48团在广治市北面和东北组织防御，其中，1营在冶邮—兴和区域，2营在古城村与永定江南岸，广治省地方部队3营负责守住广治古城；

第48步兵团3营第165B步兵团5营，以及广治省地方部队8营、部分零散单位从广治市内撤出去整补；

第308A步兵师所辖的第88步兵团在广治铁路桥、博德广场组织防御。

在外围配合守军战斗的各个部队：

在南—西南方向，第304A步兵师、第308A步兵师在367高地、中福、105A-B高地、茹黎村，任务是对1号公路及西面的伞兵师团实施运动反击，支援守军战斗；

在东—东北方向，第320B步兵师要在奈久—隆光实施坚守防御和运动袭击，主要针对广治省68号公路与永定江。

技术兵种的任务：

特工单位：第325步兵师特工营各连、B5战场直属的特工35营各连在广治市内活动，并要插到海朗—梅灵进行敌后活动。

第48步兵团和第95步兵团组成混成炮兵营：主要是82毫米迫击炮（每门只剩30发炮弹），75毫米和82毫米无后坐力炮（每门只剩20到30发炮弹）。

第325步兵师属第78炮兵团：布置在后汉河南岸的春安地区，共有6门

120 毫米迫击炮、5 门 BM14 火箭炮、2 个 B72 反坦克导弹班，以及广治市内的各个炮兵观察哨，可炮弹严重短缺。

治天战役司令部炮兵（战役炮兵）：第 84 炮兵团、第 164 炮兵团和第 45 炮兵团，他们的炮兵阵地布置在广治市西面各个乡村，并在广治市内拥有许多炮兵观察所。由于弹药补充不及时，每门 M46 130 毫米加农炮和 D74 122 毫米加农炮每天限打 10 发炮弹。炮兵指挥由治天战役司令部和第 325 步兵师师指共同负责。

防空兵：主要由各师、团、营的 12.7 毫米高射机枪，以及 A72 防空导弹兵组成，任务是直接保卫广治市守军的战斗队形；治天战役司令部直属的战役防空兵（装备 37 毫米、57 毫米高射炮）直接布置在广治市内，任务是直接支援守军防御战斗。

侦察兵：第 320B 步兵师所辖的第 48 步兵团、第 325 步兵师所辖的第 95 步兵团和治天战役司令部直属的侦察兵单位负责在广治市内，广泛建立观察所，监视前方敌情动态。目前，每个侦察连的兵力都不足 20 人。

工兵单位：第 320B 步兵师所属第 48 步兵团工兵连和第 325 步兵师所辖的第 95 步兵团工兵连，都不足 30 人，他们的任务是集中修路，保障后勤部队和增援部队越过后汉河进入广治市，同时修筑团、营指挥所，并准备把指挥班的前指位置从广治省厅地下室转移到后汉河边。

通信兵：第 48 步兵团和第 95 步兵团的通信连以及治天战役司令部所辖的通信兵单位，在广治市内要确保广治指挥班和各营营指，甚至和每个据点的有线电话联系，同时必须保障第 325 步兵师和治天战役司令部之间的有线电话和电台联系。

当时，广治指挥班和第 325 步兵师、第 325 步兵师和治天战役司令部的主要采取三种通信手段：有线电话、2 瓦特功率电台（主要用于指挥班和各营、连的联系）和 15 瓦特电台（主要是第 325 步兵师和治天战役司令部之间的联系）。

市内卫勤系统主要由第 48 步兵团包扎所负责，位置设在紧靠广治省厅的地道里。第 325 步兵师所辖的第 24 卫生营负责救治伤兵或后送重伤员。

与此同时，南越第 258 海军陆战旅团也在调整部署。8 月 11 日到 20 日，南越第 258 海军陆战旅团基本停止了大规模进攻，转而在新占领的后汉村、德茹、博德以及市区东北和北面的治邮—兴和，构筑新的阵地，挖战壕搞掩体，布设障碍物。

为了最大限度发挥美国空军战术战斗机、B-52 战略轰炸机和地面炮兵，以及舰炮火力的支援，做到步兵战斗与火力支援的无缝衔接，南越第 258 海军陆战旅团改变了打法。先召唤航空火力和炮兵火力轰击越南人民军战斗队形和各条补给路线，然后使用小分队采取"渗透法"逐步推进和挤占，如遇越南人民军抵抗就撤退拉开距离，继续召唤空炮火力猛打越南人民军战斗队形，接着继续进攻。为了减少越南人民军战役炮兵和迫击炮兵的杀伤，南越海军陆战队员采取疏散队形，在坦克和装甲车掩护下，多点渗透，遇到抵抗即就地防御，采取攻防一体模式步步进逼，步步蚕食。通过这种蚕食挤占的打法，南越第 258 海军陆战旅团一步步收紧对广治古城的包围圈，为总攻击做准备。

针对南越第 258 海军陆战旅团新的打法，治天战役司令员陈贵海和双豪要求把防御和反击结合起来，在正面抵抗的同时，积极进行敌后穿插，采取分割、包围逐步消灭对方的小群渗透打法。在广大防御正面积极组织小分队分散打击敌人，要重视步兵和炮兵密切配合，打掉敌人的兵种协同，消灭对方有生力量。

根据治天战役司令部的指示，8 月 20 日到 8 月 30 日，广治守军发起多路反击，其中打得最好的莫过于越南人民军第 95 步兵团 5 营。为了打好反击战斗，越南人民军第 95 步兵团 5 营营长武春强和第 48 步兵团 2 营副营长赵光农在 8 月 19 日至 20 日连续组织侦察行动，查明了当面敌情状况，做好了准备。8 月 21 日，第 95 步兵团 5 营召唤炮兵从 20 点到 23 点连续进行了三个阶段的炮火准备，但没有发动冲锋。结果，对方在主观上误以为越南人民军只是进行炮火袭击，而没有做好进攻准备。8 月 22 日 3 点，越南人民军第 95 步兵团 5 营突然开始冲击，宣称在嘉青消灭了陆战 8 营 1 个连。白天，陆战 8 营调 1 个连反击夺回失地。8 月 23 日 24 点，越南人民军第 95 步兵团 5 营第二次袭击了嘉青区，宣称 30 分钟就又消灭了陆战 8 营 1 个连，然后转入固守防御。8 月 24 日到 25 日，越南人民军声称，陆战 8 营的多次反击，都被越南人民军第 95 步兵团 5 营和配属作战的第 48 步兵团部分单位击退。整个战斗打下来，越南人民军宣称击毙敌 250 人。由于这个战功，第 95 步兵团 5 营获得了"速胜营"荣誉称号和三等军功勋章。

不过，越南人民军的说法却受到了联军资料的质疑。联军方面记载道："8 月

22 日，对陆战 8 营来说发生了一场不同寻常和重要的战斗，他们遭遇了一群试图从广治古城突围的越南人民军部队。进攻前，越南人民军炮兵进行了一次猛烈弹幕射击。接着，越南人民军步兵跟在坦克后面实施冲击。最初，陆战 8 营被打了个措手不及，但很快就从错愕中惊醒过来并组织了还击，把越南人民军打回了广治古城。"

受到这次"胜利"鼓舞，治天战役司令部决定发起新一轮全线反击，陈贵海给各部下达的命令如下：

给第 48 步兵团和第 95 步兵团增兵，两个团不仅要守住现阵地，还要应尽力夺回治邮区域，配合第 308A 步兵师反击，夺回后汉村。

第 308A 步兵师要用第 102、第 88 和第 36 步兵团 1 营顽强固守隆雄区与配合第 48 步兵团消灭后汉村的敌人。结合使用第 209 步兵团和第 36 步兵团，消灭敌人一部分有生力量，逐步击溃伪第 1 伞兵旅团。

第 304A 步兵师在第 312A 步兵师所辖的第 141C 步兵团的配属下，组织兵力配合第 308A 步兵师占领更多的地盘，并逐步消灭敌伞兵部队，拿下绒江大桥，并造成往南发展进攻的态势。使用第 9 步兵团在独立 2 营配合下，对中福的伪第 3 伞兵旅团展开攻击，并打击边岘区域的敌交通线。

独立 15 营和治天战役司令部特工营，继续打击交通线。

第 320B 步兵师使用第 101 步兵团和第 27 步兵团，继续对奈久、安田的伪第 147 海军陆战旅团实施打击，控制永定江西面各个区域。第 64 步兵团要插入敌后，分割吴库东。在战役东面的各个力量也要在地方部队和乡村游击队的积极配合下插入海朗县，给敌人后方制造混乱。

第 325 步兵师除了要支援广治守军外，还应协防爱子—东河基地。

决心是好的，可陈贵海和双豪却脱离了现实。截至 8 月 25 日，越南人民军各个主力师尽管一再补充兵力，但在持续不断的战斗中仍然伤亡很大，各单位只剩 30% 到 50% 的兵力。更为糟糕的是，由于美军使用空炮火力封锁越南人民军的各条行军路线及广治河、后汉河两岸，制约了越南人民军的兵力补充速度。结果，全线反击虽然取得部分战果，但各单位都无力固守，广治市周围的防御态势依然没有获得改善。

对于这一时期艰苦的战斗，孙林将军在回忆中也透露出许多无奈：

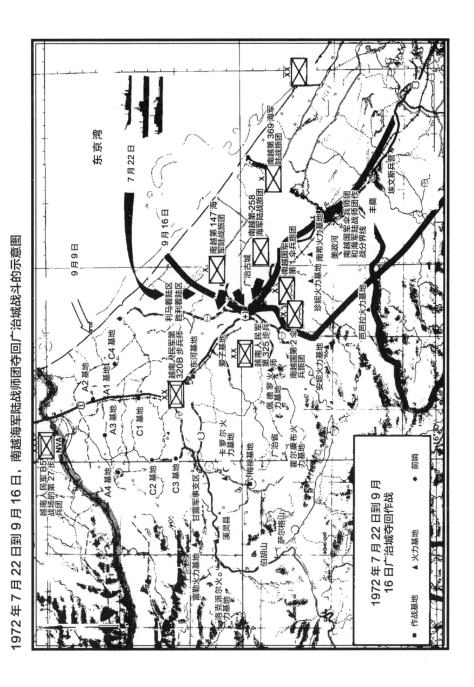

1972 年 7 月 22 日到 9 月 16 日，南越海军陆战师团夺回广治城战斗的示意图

在第三阶段战斗中，对方的伞兵师团失去了战斗力，被迫后退巩固，海军陆战师团采取新的蚕食战术，最大限度使用海空炮和坦克火力，支援步兵逐步占领各个目标。战役司令部把第312A步兵师所属的第165B步兵团加强给了第308A步兵师，第325步兵师95团转增强给保卫市区的部队，第64步兵团7营接替撤出城外巩固的9营。我军主张逐步消灭对方一个营，改善我军在城南的防御态势。在西南方向，第308A步兵师进攻了敌人所在的150B高地、积翔（Tích Tường）和后汉村，但战果十分有限。在东部方向上，第325步兵师所辖的第101步兵团进攻了奈久（Nại Cửu）、渚塞（Chợ Sài）。保卫广治市区的我军还在坚守阵地。海军K1、K5特工袭击了美水港和海朗县的敌炮兵阵地，给对方造成许多杀伤。虽然我们获得了一些步兵团的增援，但战斗力却没有以前那么强了。对方拼命攻击，也没能拿下广治市，我军的反击也没有达到目标，广治守军依然三面被围。8月9日，治天战役令部把领导指挥和保卫广治市的任务交给了第325步兵师，该师师长黎历上校①和我决心搞好战斗协同，保卫广治。

1972年8月20日到8月31日，对方沿用旧的打法，海空炮火力轰击达到高潮。在高强度火力打击的支援下，海军陆战师团队向广治市发起攻击，一个伞兵旅团在西翼就位，掩护海军陆战师团的侧翼。我军决心组织反击，攻破敌人在东、南、西南三面的包围。第308A步兵师调第88步兵团和第102步兵团进攻后汉河四岔路口和隆雄三岔路口的伪海军陆战队1个营。经过30分钟战斗，我军夺回了阵地。一天后，我军遭到对方航空兵和炮兵的猛烈轰击，我军伤亡很大，被迫退却。在积翔地区，第312A步兵师所辖的第165B步兵团和第36步兵团密切配合，采取防守反击战法，重创2个伞兵旅团，守住了阵地。在战役东部方向，第325步兵师所辖的第101步兵团在渚塞粉碎了对方的进攻，第27步兵团夺回了碧罗中（Bích La Trung）和奈久的部分地区，接着对方反击又把失地给夺了过去。在市区，第95步兵团5营袭击了治邮区域消灭了对方一个连。敌海军陆战第258旅团连续反击，先夺回了丢失地盘，接着我军第95步兵团5营连续反击，又粉碎了敌人的进攻。在广治市区战斗的各个单

---

① 孙林将军回忆有误，当时黎历军衔已是大校。

位积极反击，守住了阵地。

到 1972 年 8 月底，降雨量逐渐增大，后汉河与永定江水暴涨，广治市周围严重积水，市区内涝严重，许多工事、堑壕都积满了水，给部队的战斗和生活造成了极大的影响。第 48 步兵团副政委潘陈胜（Phan Trần Thắng）同志到第 320B 步兵师报告保卫广治市各单位的情况十分困难，上千烈士、伤兵躺在阵地上，粮食药品余量只够撑过一两天，枪弹少，兵力也过少。每个营只剩 50 人，连只剩十几个人……请师指协助。同一天，战役司令部政委（双豪中将）指示第 320B 步兵师指紧急协助第 48 步兵团，解决转移伤兵到后方的问题，并紧急运送一些食品、弹药给部队以解决生活和战斗困难。第 320B 步兵师派参谋、政治和后勤等三个机关的干部团下去检查，协助解决问题，指示各运输、工兵、通信连和各手术队继续协助第 48 步兵团……

越南人民军日子不好过，南越海军陆战师团也在苦苦煎熬。从 1972 年 3 月 30 日到 8 月底，南越海军陆战师团共战死 1358 人、负伤 5522 人，宣称击毙越南人民军 10285 人。

广治市，俨然成了越南战争中最大的战场绞肉机。

军人不朽

1972 年 8 月底，越南人民军再度调整了广治指挥班的人事结构。第 325 步兵师参谋长阮越少校接替黎光水任指挥长，第 95 步兵团副政委武光寿接任指挥班政委，第 48 步兵团副团长陈明文出任指挥班副政委。

虽然指挥班人员进行了调整，但广治守军面临的困难却有增无减。1972 年 9 月初，暴风雨席卷广治市，一连多日的大到暴雨，使越南人民军阵地严重积水。南越海军陆战师团利用越南人民军的困难，加强火力打击强度，积极实施小群多路冲击，锐意在 1972 年 9 月 14 日前拿下广治市。美军战史记载道："9 月开始，已经在广治市巷战 35 天的南越海军陆战队继续和对方苦战，他们有时得承受自 1972 年 3 月以来越南人民军最猛烈的炮击，突前的各陆战营每天都要受到越南人民军的反击。"

面对南越海军陆战师团的进攻，越南人民军努力克服工事积水的困难，继续顽强战斗。当时的条件太苦了，每天泡在水里战斗和生活使士兵的身体健康受到很大的影响；疟疾肆虐，也是越南人民军的大敌。另外，后汉河水暴涨也给守军的兵力补充和往市区运送武器、弹药、粮食及撤退伤兵带来诸多困难。

虽然遇到很多困难，但广治守军还是积极出击，主动打击对方：

1972年9月2日2点，越南人民军第95步兵团4营进攻了德茹村，消灭对方部分兵力，迫使对方一度暂停了火力袭击。

9月2日23点，越南人民军第95步兵团4营组织了第二次进攻，一度夺回了德茹村，却没法固守。

9月2日夜，越南人民军第325步兵师特工连袭击了嘉鹏，但没能压住教堂守敌。

9月2日深夜，越南人民军第48步兵团2营进攻了美东区，他们虽然拿下美东区部分，但由于墙壁坚固，没能完全攻破。

9月3日，配属给越南人民军第48步兵团2营8连的一个B72反坦克导弹分队，在广治市北部的兴和村组织战斗，宣称打掉了3辆坦克。南越第258海军陆战旅团也不甘示弱，继续缓慢进攻，拿下了广治省天主大教堂和德茹西面的越南人民军临时补给区，进一步威胁了越南人民军的渡江补给线。当晚，越南人民军第95步兵团4营通过反击夺回广治省天主大教堂，但没能巩固阵地，反而被对方给打了出去。

为了稳住形势，治天战役司令部决定让第308A步兵师实施反击，迟滞南越第258海军陆战旅团左翼的第3伞兵旅团。阮友安大校把这个任务交给了近来才配属给第308A步兵师的第209B步兵团，同时指示第165B步兵团做预备队。

9月3日夜，越南人民军第209B步兵团和第141C步兵团各营隐蔽占领攻击前出发阵地。9月4日16点30分，越南人民军炮兵突然对指定进攻的目标猛烈射击。接着，第209B步兵团7营在坦克配合下，夺回了富门2村，接着又击退了对方几十次反扑。与此同时，为了贯彻防守反击的指导方针，越南人民军第141C步兵团在39高地到翁犹东面之间地区，组织了多次防御战斗和袭击，基本守住了阵地。

在外围主力部队的配合下，广治守军继续奋勇出击。9月4日夜，越南人民军第95步兵团4营对美西区—广治省天主教堂组织袭击战斗，保障了后汉河渡口安全。当天，越南人民军第88步兵团5营守住德茹西地区，击退对方多次进攻，宣称毙敌49人。第88步兵团6营在广治铁路桥头防御战斗中失利，被对方坦克装甲车给逐了出去。当晚，6营组织反击，又把广治铁路桥给夺了回来。

9月5日到7日，随着降雨量锐减，双方战斗规模又开始增大。越南人民军记载，当天南越第258海军陆战旅团对广治铁路桥、广治省天主大教堂和德茹西展开攻击。第95步兵团4营在第95步兵团5营部分兵力增强下，反击了德茹三角区。与此同时，越南人民军第88步兵团5营、6营也参加反击，宣称在德茹、广治铁路桥和广治郊区毙敌80人。

根据联军方面的资料，越南人民军当天反击的重点是南越陆战5营。配属该营的美军顾问理查德·罗特维尔少校表现出色。他在越南人民军开始冲击陆战5营营部时，就潜伏在附近楼房的第二层楼的阳台，这里视野开阔，越南人民军的进攻情况一览无余。从二楼阳台，他不断召唤空炮火力打击越南人民军战斗队形。虽然他的头部和面部被一发迫击炮弹炸伤，但仍重伤不下火线，继续给炮兵修正弹着点，并引导航空火力继续打击。21点00分，越南人民军扔下50多件单兵和多人操作武器退了下去。

9月6日，联军加大了火力投射强度。越南人民军在广治古城的包扎所被炸弹炸塌，后汉河渡口也是弹如雨下，许多船只被炸毁，伤兵无法渡河后送，只得转移到广治省厅地下室。当天，南越海军陆战师团终于发现了越南人民军在江边的补给线，立即集中兵力进攻，双方在广治省天主大教堂周围展开激烈争夺。与此同时，南越第147海军陆战旅团也在560号公路沿线、横跨永定江的安田大桥占领防御阵地，进一步遏制了越南人民军的补给线。

当晚，阮越少校把各营召集到指挥所，总结8月和9月初的战斗经验，强调一定要死守阵地，并创造反击条件，阻止海军陆战师团新一轮的进攻。

9月7日开始，联军突然实施代号"风力"的行动。美军组织规模极为庞大的地面炮兵、战术航空兵和海军舰炮，对广治市进行超饱和的火力打击。同时，美国空军的B-52战略轰炸机也对后汉河北岸的爱子基地、东河基地等进行地毯式轰炸。在美军猛烈火力打击下，越南人民军后方仓库区损失很大，给广治守军的接济带来新的困难。

9月7日当天，南越第258海军陆战旅团在坦克配合下，从南面重新开始集团冲击，并以一部分兵力突破广治省天主大教堂北面，扑向美西区。在这个地带组织防御的越南人民军第325步兵师工兵连，虽然活用地雷和B41火箭筒战斗，宣称打掉2辆坦克，可工兵依赖的半地下化掩体受到美军战机轰炸，不少掩体都被炸塌，工兵连阻敌人失败，美西区落入敌手。

为了遏制南越第258海军陆战旅团的突击，越南人民军第95步兵团5营于当晚组织兵力，袭击了广治省天主大教堂，宣称消灭对方部分兵力，但没能夺回目标，营长武春强负伤。在东北的治邮—兴和方向上，越南人民军第48步兵团2营袭击了兴和村，宣称消灭敌一个连，占领部分工事，但还是被对方反击打回。

9月8日，别动军第1联团换下第147海军陆战旅团，负责封锁广治城北的任务。第147海军陆战旅团被换下来以后，裴世兰准将手里有了2个生力军——第147海军陆战旅团和第258海军陆战旅团。他决心以这2个海军陆战旅团实施钳形攻击，对广治市发动全面进攻：第258海军陆战旅团继续以4个营沿着南面发动进攻，第147海军陆战旅团以陆战3营、7营从东北实施突击。

吴光长中将和裴世兰准将也请求美国海军第7舰队来一次两栖佯攻，把越南人民军的注意力从海军陆战师团进攻的广治古城吸引开来。美军两栖部队答应实施两栖佯攻，但表明绝对不能假戏真做。与此同时，"朱诺"号船坞登陆舰（LPD-10）也从新美港接起400名南越国军别动队员，准备实施登陆突击。

当天，第258海军陆战旅团休整，第147海军陆战旅团交防后就在坦克和装甲车掩护下从治邮出发对广治古城实施冲击，但被越南人民军第48步兵团1营给挡住了。鉴于南越海军陆战师团准备用2个旅团对广治实施突击，治天战役司令部也意识到"摊牌时刻"到来，要挡住对方的进攻，唯有竭尽全力在广治城内外进行大反击。如果赢了就能再拖一段时间，如果输了，广治也就快守不住了。

遗憾的是，陈贵海和双豪的孤注一掷没有成功。越南人民军第209B步兵团一度夺回富门和富隆村，第102步兵团几次攻击隆雄三岔路口都没有成功，第24步兵团反击绒江大桥也失败了。这三个团在联军猛烈的空炮火力打击下蒙受巨大损失，几乎失去了战斗力。战斗结束后，第102步兵团、第209B步兵团和第24步兵团被迫后退，直到后汉河防御战开始都没缓过气来。

在广治市内，指挥班打算用第48步兵团2营对市区东北的治邮—兴和进行反击，根据情报，这里由南越1个海军陆战连据守。越南人民军第48步兵团2营决定隐蔽地接近敌人，形成包围态势，然后从多个方向同时进攻，分割消灭守敌，然后白天打敌反扑。越南人民军第48步兵团2营决定使用如下兵力实施战斗：

7连（40名指战员）担任主要方向进攻任务——兴和西—西南；

5连（47名指战员）担任重要方向进攻任务——兴和南—东南；

6连（32名指战员）布置在广治古城北面，担任预备队，准备打击从安田方向反扑之敌。

9月8日23点，越南人民军使用120毫米和160毫米重迫击炮猛轰治邮—兴和作为炮火准备。9月9日2点50分，越南人民军第48步兵团2营突然开始进攻，2小时就宣称全歼南越1个海军陆战连，拿下了目标。6点，南越陆战3营、7营在坦克装甲车配合下猛烈反击，但被越南人民军第48步兵团2营连续击退3次。战至18点，第48步兵团2营放弃了兴和村。这次战斗，第48步兵团2营宣称全歼南越第147海军陆战旅团7营1个连，重创第147海军陆战旅团3营1个连，击毁5辆装甲车，自己战死13人，许多指战员负伤。越南人民军总部认为，这是一次出色的袭击战斗。

9月9日，南越海军陆战师团开始了对广治市的总攻击。同一天，美国海军第76特混舰队和美国海军陆战队第9两栖旅也在越门河口实施了一次两栖佯动。美军的B-52战略轰炸机群、舰炮和战术航空兵先是对佯攻目标区进行猛烈火力准备。接着，美军"真戏假做"，水面舰艇在9200米处掉头，美国海军陆战队第165中型直升机中队（HMM-165）的直升机群扑到海岸4600米处时也返航了。

对这次真戏假做的登陆行动让越南人民军反应强烈，他们匆忙调整部署，并组织越门河北面的炮兵群实施反击，显著削弱了对广治市守军的炮火支援和防空火力支援。这次佯攻给海军陆战师团的进攻带来了极大的便利，他们进展迅速。在广治市内，古城的中间线作为两个海军陆战旅团的分界线：南越第258海军陆战旅团继续对城南展开攻击，第147海军陆战旅团负责打城北。配属第147海军陆战旅团的陆战3营，是离广治古城北部城墙最近的部队，陆战7营在他们北面展开攻击。靠近广治古城东南角时，陆战6营营长杜友松中校建立一个前线指挥所，处于这座18世纪修筑的广治古城墙（厚0.76米、高4.5米）步枪射程范围内，古城墙很多地段已被轰成瓦砾，但不可思议的是仍然还有许多城墙段还屹立不倒。往城墙的突击进展十分缓慢，越南人民军已经在整个古城修建了复杂的连环地道防御系统。9月9日夜，陆战9营1个班渗透进古城，可还是被打了出来。

这天的战斗对越南人民军来说确实是不利极了，负责守卫广治古城的广治省地方部队3营没能挡住陆战6营突击，让对方冲到了古城脚下。越南人民军第95步兵团 4 营、5 营虽然组织反击，一度夺回美西区，但很快就在对方猛烈的冲击下又丢失了。当天，95 团 4 营伤亡了 30 多名指战员，被打坏了 3 门 82 毫米迫击炮、2 挺 12.7 毫米高射机枪，半地下化掩体也塌陷不少。当晚，越南人民军第 95 步兵团 5 营部分兵力配合 4 营再度反击美西区，将其夺回。为了加强守军，原本调到城外休整的广治省地方部队 8 营(只剩 142 名指战员)和部分兵力前往中茹—美西区固守。

9 月 10 日，南越第 258 海军陆战旅团继续在广治市南—西南方向实施突击，并对美西—中茹、检察院发起进攻。越南人民军第 95 步兵团 4 营在炮兵和迫击炮火力支援下顽强死守，宣称击毙敌 90 人，击毁 1 辆坦克，但还是丢失了检察院，4 营也伤亡了 50 名指战员。

到 9 月 10 日夜，4 营失去了战斗力，广治指挥班命令第 95 步兵团 4 营出城巩固，调 5 营部分兵力过来接替 4 营在南面和西南的防区。

在东北方向的治邮—兴和，南越第 147 海军陆战旅团继续展开攻击，步步压进。最激烈的战斗发生在广治古城，越南人民军第 48 步兵团和广治省地方部队 3 营顽强死守，和南越陆战 6 营激战不断。尽管如此，杜友松中校在 21 点于广治古城东南角组织了一次夜袭，成功在城墙顶部打下一个立足点。9 月 11 日清早，陆战 6 营一个排继续沿着城墙运动，粉碎越南人民军的抵抗，短短几个小时就把阵地扩展到可容纳连级的规模。

当天的战斗对越南人民军来说形势更加恶劣，虽宣称歼敌 200 人，但自己也伤亡了 126 名指战员，广治古城一角陷落，检察院和美西区也给丢了。

古城争夺战持续的同时，陆战 1 营也在 1 号高速公路横跨后汉河的大桥(被炸毁)打下一个桥头堡，并顽强击退了越南人民军几次猛烈反击，守住了阵地。从 9 月 11 日到 15 日，陆战 2 营也冲到后汉河，封闭了陆战 1 营和陆战 6 营之间的战线缺口。

9 月 11 日，广治省地方部队 3 营从 6 点到 12 点持续在广治古城与陆战 6 营战斗，但根本没法把对手击退。在西南方向，越南人民军第 95 步兵团 5 营和广治省地方部队 8 营 1 连在中茹—美西挡住了陆战 9 营的冲击。当晚，广治省地方部队 8 营 1 连对美西区组织夜袭，宣称毙敌 40 人，后被南越海军陆战队打回。

在东北方向，南越陆战 3 营和陆战 7 营连续对越南人民军第 48 步兵团 1 营和 2 营阵地实施突击，治邮地区基本丢失了。21 点，陆战 3 营又在广治古城东北压制了越南人民军第 48 步兵团 2 营 6 连阵地，越南人民军逐步陷入了被动。当天战斗结束时，越南人民军宣称毙敌218人，自己伤亡108名指战员，而形势已经无法逆转。

9月12日，南越陆战3营、6营、7营在23辆坦克和装甲车配合下，于航空兵、炮兵及美军舰炮火力支援下，从三个方向继续压迫越南人民军阵地。在广治古城，调来增援的越南人民军第95步兵团5营和广治省地方部队3营不断反击，但就是没法把陆战6营给赶出去。

当天激战的结果是，越南人民军宣称毙敌300人，打坏2辆坦克，自己伤亡108名指战员。晚上，越南人民军第48步兵团3营（经过补充还有201名指战员）和给广治省地方部队3营的70名新兵投入广治市内，增强守军力量。

9月13日，连续几天大雨，给越南人民军往广治市增派兵力和运送物资带来很大困难。南越第147和第258海军陆战旅团继续步步紧逼，越南人民军已经不可能通过反击夺回失地，仅仅是苦撑苦战，勉强死守而已，战线在缓慢后退。为了增援守军，治天战役司令部又把第18步兵团7营塞进市区。从清晨到傍晚，越南人民军第95步兵团5营、第18步兵团7营、第48步兵团，还有广治省地方部队3营、8营始终在顽强战斗。当天的战斗结果是越南人民军宣称毙敌123人，击毁1辆坦克，自己伤亡34名战士。

23点，治天战役司令部命令第18步兵团准备渡过后汉河，参加广治保卫战，同时让第48步兵团副团长陈明文和第325步兵师副参谋长阮越撤离市区，指挥长改由第95步兵团副团长担任。

9月14日，南越海军陆战师团从三面往广治古城压迫。尽管条件困难至极，兵力所剩无几，但各个方向的越南人民军还是拼死阻敌。14点，南越陆战9营1个排对广治市西南实施突击遭到越南人民军反击，进攻没有得手，但在接下来组织的进攻中拿下了中茹地区。在东南方向，南越陆战6营除了继续确保广治古城的桥头堡外，还拿下了博南区。在各个主要方向战斗的第95步兵团5营、第18步兵团7营和广治省地方部队8营都被对方给压住了。

截至9月14日晚，广治市内的越南人民军各部位置如下：

西南方向，第95步兵团5营和第18步兵团7营；
东南方向，第95步兵团6营、广治省地方部队8营和第48步兵团3营；
东北方向，第48步兵团1营；

西北方向，第48步兵团2营；

古城内，广治省地方部队3营和广治省地方部队8营一部分兵力。

治天战役司令部为了守住古城做了最后一次努力，陈贵海少将决定调1个坦克连进广治市，加强守军支援火力。遗憾的是，除了连长指挥的坦克按时进广治市领受任务和进行实地侦察外，其他坦克都没有到位；更糟糕的是，第18步兵团团指也没有及时到位领受任务。

9月15日清晨，南越陆战3营和陆战7营扑到广治古城墙下，广治失守在即。4点15分，南越陆战3营1个连突然袭击了越南人民军第48步兵团1营营指，拿下了广治古城东北地区。同时，南越陆战炮兵和迫击炮兵也从渚塞—碧罗实施炮击，压制第48步兵团2营在广治北面—西北的阵地。在东南方向，越南人民军第48步兵团3营和第95步兵团6营，以及广治省地方部队8营继续拼死和陆战6营展开战斗。在南面—西南方向，越南人民军第95步兵团5营和第18步兵团7营顽强挡住南越陆战9营的冲击。

在北—西北方向，越南人民军第48步兵团1营、2营配合广治省地方部队3营，顽强抗击陆战7营冲击。

对当天的战斗结果，联军方面记载较为可信："9月15日10点15分，陆战3营冲进广治古城北部。下午，越南人民军继续组织极为顽强的抵抗，并召唤了一次大规模弹幕射击，阻止了朝城墙西段挺进的陆战3营和陆战6营。尽管如此，打到9月15日17点，陆战3营和陆战6营还是完全夺取了广治古城。越南人民军最终撤退了。"

当晚，广治指挥班召开紧急战地会议，认为防御战斗顶多持续到第二天，广治失守已是铁板钉钉的事。守军的兵力情况是，各单位虽然还在顽强战斗，守住阵地，但损失很大，基本失去了战斗力。目前，只有第48步兵团3营和广治省地方部队8营还有战斗力，弹药已经所剩无几，第18步兵团主力根本没有过江。为了保存实力，广治市区司令部下令把全部兵力撤到后汉河左岸组织防守，继续战斗。撤退时间从9月15日22点开始，撤退秩序是伤兵先撤，接着各营按由远及近的位置依次撤退，然后到各步兵团直属单位和炮兵观察台，最后是广治指挥班。至9月16日清晨，越南人民军完全撤离了广治市。

随着越南人民军的撤出，南越海军陆战师团夺回了广治城。持续81天的广治争夺战，最终以海军陆战师团夺回城市和越南人民军的撤退而告终。这次战役，是整个越南战争中联军最大的胜利，可南越国军为了这次胜利也付出了高昂的代价。南越海军陆战师团在最后 7 个星期的战斗中伤亡了 3658 人，从 1972 年 6 月 28 日到 9 月 16 日的损失是五千多人——相当于参战的海军陆战队伤亡了四分之一！

对越南人民军来说，广治古城保卫战同样也是毅力、勇气和智慧的象征，是越南战场的"斯大林格勒"。根据统计，联军在最后 7 天的战斗中共投射 95570 发 105 毫米榴弹、11002 发 155 毫米榴弹、2630 发 175 毫米榴弹和 14233 毫米以上舰炮炮弹。航空火力方面，从 6 月 28 日到 9 月 16 日，美国空军往治天战役地区共出动 4958 架次 B-52 战略轰炸机（平均每天 60 架次）、9048 架次各类喷气式战斗机（平均每天 100 架次）。虽说越南人民军相对南越国军拥有兵力优势，但这个优势却被联军极为强大的空炮火力抵消。

火力是猛烈的，伤亡是惨重的。根据《越南人民军卫生勤务史第三卷（1969—1975）》第 297 页记载："（治天）战役卫生部门收治 31309 人次伤兵，含 1000 民工，占参加战役兵力的 29.63%。在战役准备期间收治伤兵 378 人，占参战兵力比例的 1.35%。3 月 30 日到 5 月 2 日进攻广治期间收治伤兵 4169 人，占参加战役兵力的 6.4%。5 月 3 日到 6 月 27 日进攻承天收治伤兵 4203 人，占参战兵力的 5.6%。在 6 月 28 日到 9 月 16 日保卫广治市各阶段中收治伤兵 13142 人，占参战兵力比例的 17.47%。9 月 17 日到 1 月 31 日防守解放区的战斗中收治伤兵 8967 人，占参战兵力比例的 11.6%。"[2]

不过，同一本书第 303 页最后一段到第 304 页第一段按照战役阶段[①]划分收治的伤员数字也出现差别（当然整个战役伤员数字基本一致），作者摘录如下："在准备时期收治 1252 名伤病员，其中 378 人是伤员。第一阶段和第二阶段收治 3521 名伤病员，含 2988 名伤员。第三阶段收治 7257 名伤病员，含 4924 名伤员。第四阶段收治 18875 名伤病员，含 14493 名伤员，第五和第六阶段收容 14 625 名伤病员，含 7876 名伤兵。"[3]

---

① 第一阶段是指 1972 年 3 月 30 日到 4 月 9 日的战役突破，第二阶段是指 1972 年 4 月 10 日到 5 月 3 日的战役发展和解放广治，第三阶段是指 1972 年 6 月 20 日到 6 月 27 日的进攻承天省，第四阶段是指 1972 年 6 月 28 日到 9 月 16 日的广治保卫战，第五阶段是指 1972 年 9 月 17 日到 1973 年 1 月 27 日的后汉河防御战，第六阶段是指 1973 年 1 月 28 日的越门河反击战斗。

不管是 13142 人次伤员还是 14493 人次伤员，都充分说明保卫广治市的防御战阶段，越南人民军的伤亡有多么惨重。

对越南人民军来说，最糟糕的还不是负伤，而是纯战斗减员——战死、失踪，这个数字也不小。《抗美救国抗战历史第 7 卷（1954—1975）》（Lịch sử kháng chiến chống Mỹ cứu nước 1954-1975, tập 7）第 233 页记载："对我军而言，治天战场经过近 1 年的激烈战斗，我军力伤亡很大。1.4 万多名干部战士牺牲和失踪，近 5.5 万名伤病员，还有 100 多人被敌人俘虏，6583 人逃亡、开小差。"[4]

在 2014 年 7 月纪念广治古城保卫战历史研究会上，越南方面公布的 1972 年治天战役牺牲和失踪人数是 17693 人，负伤 3.2 万人，战病 2.3 万人，牺牲和失踪的人中有一半以上是倒在了 81 天的广治保卫战中，也就是将近 9000 人。加上 6 月 28 日到 9 月 16 日负伤的 13142 人次或 14494 人次，无疑越南人民军在 81 天广治保卫战中伤亡了 2.3 万人以上。

南越国军的伤亡也不低。尽管他们的反击大军只有 3 万人出头，但这已经是南越国军精锐能够集结起来的最大规模的战役兵团。除了海军陆战师团伤亡 5000 多人外，其他各部损失也不小，合计近万人。

不过，广治古城保卫战的结束并不意味治天会战的终结，对于越南人民军来说，广治市的丢失，意味着他们已经让出了半个广治省，再退下去将前功尽弃。一步也不能再后退了，死守后汉河与越门河南岸，保卫新解放区就成为越南人民军在 1972 年第四季度的不二选择。

顽强防御

丢失广治，给越南人民军带来了巨大的心理负担。治天战役司令部判断，联军的下一个目标必然是夺回整个广治省。1972 年 9 月底，利用雨季给越南人民军造成的后勤补给和阵地工事修筑的困难，联军继续高度集中海空火力对越南人民军在后汉河南岸的阵地群和后勤补给线，实施绵密的航空火力和舰炮火力打击。根据联军的动作，越南人民军认为联军很可能要继续展开攻击。

治天战役司令部认为，当前越南人民军的要务是迅速巩固，特别要总结 81 天广治保卫战的经验教训，评估各个作战单位的现状和战斗力。据此，治天战役司令部召开常务党委会议，认为经过 6 个月连续不断地英勇战斗，越南人民军取得

后汉河防御战斗示意图

南越伪军 B5 战场的第 27 步兵团和第 270 步兵团

1973 年 1 月 28 日

1972 年 11 月 11 日

南越第 147 海军陆战旅团

1973 年 1 月 27 日

南越第 258 海军陆战旅团

南越第 369 海军陆战旅团

全兵师团和海军陆战师团的作战分界线

南希火力基地

美政河

丰奥

埃文斯兵营

广治古城

珍妮火力基地

芭芭拉火力基地

南越国军伞兵师团

XX

爱子基地

安妮火力基地

越南人民军第东河基地

越南人民军第 320B 步兵师

XX

佩德罗火力基地

卡罗尔火力基地

霍尔康布火力基地

C4 基地

A2 基地

A1 基地

A3 基地

C1 基地

梅绿基地

C2 基地

C3 基地

1973 年 1 月 28—30 日

A4 基地

白露军事区

溪灵火力基地

富勒尔火力基地

洛亮派尔火力基地

萨尔斯火力基地

伯胡山

16°30′

1972 年 9 月 17 日到 1973 年 1 月 30 日，南越国军继续进攻和越南人民军防御

● 作战基地　▲ 火力基地　■ 前哨

1973 年 1 月 28 日

了很大的胜利，消灭了联军许多有生力量和大量技术装备，守住了大片的新解放区，广治市也顽强保卫了81天，钳制、吸引了南越国军战略总预备队2个师团。

有成绩是好的，可也要看到缺点和不足：从长远角度出发，治天战役司令部所辖的越南人民军各步兵师为了保卫新解放区蒙受了巨大损失，可以说是损失速度超过了补充速度。为了保障各主力师的战斗力，治天战役司令部不得不下令后勤机关单位精兵简政，轻伤员重上战场。①

尽管广治保卫战损耗很大，但治天战役司令部还是下定决心守住后汉河南岸剩下阵地。陈贵海少将和双豪中将把正面战场分成四个区域：东区、西区、中央和敌后区。这个部署上报越南中央军委，很快获得了批准。1972年9月22日，越南中央军委给治天战役司令部去电（第276/D号电），阐明各区的任务：

西区，以积翔、茹黎、岘勇、翔福等村落为战术支撑点，采取以点控面方式实施坚守防御，同时不断组织袭击战斗和游动炮击，遏制伪伞兵师团进攻，准备在时机于我有利时转入反攻，大量消灭敌有生力量。

东区，加强并改善当前防御态势，控制潮丰—越门公路，坚决不让敌人夺回越门港，阻止敌人前出到爱子基地，同时分兵一部积极插入敌后支援各个地方武装力量的活动。

敌后区，要积极威胁与消耗敌人，猛打敌人的后方基地、指挥所和炮兵阵地，消灭一部分保安军和民卫队，策应正面战场。

中央区，要组织兵力守住爱子基地、东河基地，在敌人开始进攻的时候就要实施坚决反击，趁敌过后汉河立足未稳予以消灭。时常出兵袭扰广治市区，支援东区和西区的战斗……各个方向要密切配合，统一意图，实施大规模作战。

根据越南中央军委的指示，结合81天广治保卫战的经验教训，治天战役司令部拟定了四个区域的防御作战计划：

---

① 这个状况直到10月1日，随着每两个星期便有2500人左右的补充兵到达才有所缓解。

西区，从美政河北岸到后汉河南岸的 1 号公路西面控制区，由越南人民军第 304A 步兵师和第 308A 步兵师负责。其中，越南人民军第 304A 步兵师使用第 9 步兵团，负责翁杜到同先之间地带防御，重点是 74 高地、235 高地和 367 高地；第 66 步兵团在 105B、翁杜东面实施防御；越南人民军特工 15 营和特工 19 营在美政河南岸活动；第 24 步兵团和第 141C 步兵团做预备队，暂时留在楚牙村周围。第 308A 步兵师以第 36 步兵团守住积翔、茹黎村；配属作战的第 209 步兵团防守福门和 26 高地；第 102 步兵团和第 88 步兵团基本被打光，不得不撤到后方重建。

东区包括潮丰县和犹灵县，由第 320B 步兵师负责，该师以第 64 步兵团和第 101 步兵团实施前沿防御，海军 K5 队、永灵县 47 营守住越门港。兵力耗尽的第 48 步兵团撤到甘露接收补充兵重建，第 27 步兵团和第 271 步兵团（隶属于第 341 步兵师）换防。

中央区，包括凤凰基地(佩德罗火力基地)、爱子基地、东河基地、甘露基地，由越南人民军第 325 步兵师负责，该师使用第 18 步兵团守住爱子基地，第 271 步兵团和广治省地方部队 3 营防守东河、同昆等地。在广治保卫战中损失较大的第 95 步兵团和第 165B 步兵团一起，配置在奈久、遥永、36 高地做预备队。

敌后区，广治省地方部队使用 14 营在潮丰县和 18 号公路沿线活动，3 营协防东河、8 营在海朗西面互动。10 营在 1 号国家高速公路的罗汪至美政河之间路段活动。

对联军来说，广治夺回标志着"兰山 72"行动的终结。接着，双方战斗强度急剧下降。南越海军陆战师团并不急着渡过后汉河进攻，而是在广治市内继续清剿残余的越南人民军小部队。这一时期，联军观察到越南人民军的炮击力度大幅下降。利用宝贵的闲暇期，南越海军陆战师团长裴世兰准将把广治战斗中劳苦功高的第 258 海军陆战旅团调回后方休整，补充和接收新兵。

1972 年 9 月 30 日，经过半个月休整的联军发起"兰山 72A"行动。吴光长中将可用的进攻部队依然只有伞兵师团和海军陆战师团。由于海军陆战师团需要时间休整，弥补 1972 年 6 月 28 日到 9 月 15 日蒙受的 5000 人损失（海军陆战师团参战 3 个旅团总兵力是 1.5 万人，如果加上新组建的第 468 海军陆战旅团，则总兵力是 4 个旅团计 1.97 万），因此"兰山 72A"行动最初只有伞兵师团上阵，他们的目标是夺回 1 号公路西面（对应越南人民军治天战役司令部所辖的西区）的安妮火力基地和芭芭拉火力基地。

"兰山 72A"行动第一天，伞兵师团就在海朗北面森林，遇到越南人民军第209B 步兵团和第 304A 步兵师所辖的第 66 步兵团依托构筑良好工事和间接火力的顽强抵抗。伞兵师团统计，对方每天要往自己头上砸 500 到 700 发炮弹。进攻头10 天，由于西原会战、安禄会战和"兰山 72"行动前期的损失还没补充完，带着兵力缺额三分之一的伞兵师团进展缓慢。10 月 10 日开始，兵力编制已补充到80% 的伞兵师团进攻渐渐有了起色，他们前出到安妮火力基地东北 2 公里处，但还是没能夺回安妮火力基地和芭芭拉火力基地。10 月 12 日，别动军第 7 联团负起保护伞兵师团后方、别动军第 1 联团负起掩护伞兵师团侧翼的重任，黎光亮终于可以腾出手来，全力以赴展开攻击。根据黎光亮准将的命令，第 1 伞兵旅团要迅速冲到后汉河岸，第 2 伞兵旅团和第 3 伞兵旅团负责打下安妮火力基地和芭芭拉火力基地。

命令归命令，实际能否执行又是另一回事。1972 年 10 月中旬，广治战场又迎来了新一轮的暴风雨。大到暴雨的天气严重影响了联军战术航空兵的支援效果，伞兵师团进展有限。对黎光亮来说，唯一的好消息就是第 1 伞兵旅团冲到了后汉河边，与越南人民军隔河对峙，但没有越南共和国联合参谋本部的命令，伞兵们无权过河。相对第 1 伞兵旅团的神速进展，第 2 伞兵旅团和第 3 伞兵旅团却依然和越南人民军维持着僵持局面。按照联军资料的说法，持续不断的大雨、越南人民军步兵指战员的顽强抵抗和间瞄炮火都严重迟滞了伞兵师团的推进速度。鉴于伞兵师团进展缓慢，聪明的吴光长中将决定改变计划，让伞兵师团绕过安妮火力基地和芭芭拉火力基地，先切断越南人民军第 66 步兵团和第 209B 步兵团补给线再掉头回打。按照吴光长的指示，伞兵师团从 10 月 25 日到 31 日改变正面进攻打法，采取迂回攻击战术，由此获得了不小的进展。

不得不说，伞兵师团在西区的猛烈攻击和恶劣的天气，给治天战役司令部造成了空前的压力。连续不断的大到暴雨使河水暴涨，冲垮了许多道路和电话线路，给越南人民军的战役后勤和伤病员转移带来了巨大的困难。为了保障通信和给前线的后勤补给，治天战役司令部不得不动员通信兵和运输兵指战员不分昼夜连续奋战，这才勉强保障了维持前线最低限度的通信和后勤需求。

除了通信保障和后勤工作外，建立四通八达的堑壕工事阵地系统也是越南人民军的当务之急。当时，越南人民军许多战壕积水很深，各级指挥所通往一线阵地的机动路都被洪水冲垮或积满淤泥。不少粮食、被服被淋湿或受潮发霉，弹药也受潮生锈。为了保质，部队不得不用新的防水塑料袋套在米袋、被服和弹药包上，以防淋湿受潮。在各个阵地，越南人民军步兵指战员们卷起裤脚站在深深积水的战壕和工事里战斗与生活。在恶劣的天气条件和卫生条件下，他们的健康状况每况愈下。除了联军空炮火力打击导致的大量战斗伤亡外，痢疾、藓疾、疥疮和战壕足也严重困扰着各个主力师、团。越南人民军尽管在10月给治天前线补充了1万名新兵，但还是无济于事，在前线奋战的许多部队每个连能作战的指战员只有30到40人，许多步兵营下降到战斗兵力只有100多人。经常出现的状况是，好不容易把兵力补充到300人左右，不到2个星期的战斗就又回到100人状态（战斗损失和战病所致），这样的状况经常出现。

受到联军猛烈空炮火力打击导致的大量伤亡和恶劣天气大敌的夹击，越南人民军第304A步兵师和第308A步兵师虽然拼死抵抗，但还是在伞兵师团进攻下节节败退。按照越南人民军的记载，两个绝对主力师从10月1日到10月20日一连丢失了积翔、74高地、235高地、108高地、101高地、118高地、124高地，严重威胁了翁杜东和367高地。为了挡住伞兵师团的进攻，治天战役司令部命令第304A步兵师收缩防线，把第24步兵团抽调出来，配合124高地和128高地的越南人民军第66步兵团实施防守反击。从10月20日到11月1日，越南人民军第24步兵团多次实施反击，但都没有得手。越南人民军为了稳住防线，又把独立2营投入战斗，可还是把367高地部分地段给丢了。更糟糕的是，越南人民军两大绝对主力师——第308A步兵师和第304A步兵师彻底失去了战斗力。

为了保持有效的防御，陈贵海少将决定换防，让第308A步兵师撤回北方重建，将第304A步兵师撤到永灵县紧急补充兵力充当战役指挥部总预备队，并把第312A步兵师师指拉上来，统一指挥第141C步兵团、第165B步兵团和第209B步兵团以及暂时留下来配属作战的第24步兵团，在西区实施顽强防御，一定要把伞兵师团挡在后汉河！战役指挥部给第312A步兵师的具体任务是："接替第308A步兵师和第304A步兵师防务，坚决阻击和消灭敌人，采取阵地防御和运动反击的战法，坚决守住翁杜东—楚牙—132高地—茹黎一线。要不惜一切代价在后汉河南岸站稳脚跟，保卫剩下的战略运输线！"

对于具有光荣战斗传统的越南人民军第312A步兵师来说，沿宽大正面实施顽强防御的担子可不轻。回顾第312A步兵师历史，宽大正面顽强防御的师级防御战例几乎为零。奠边府战役准备阶段，第312大团打过不少出色的防御战例，但规模都是连级。1969年在老挝芒塞战役的富曾高地防御战、Z战役的1435高地坚守防御战和富尊高地防御战，以及1971年雨季查尔平原战役的1505—1507—1316高地群防御作战都是营团级别，作战特点是防御时间短，防守目的是为了守住进攻跳板，然后实施战役进攻或反攻。可后汉河顽强防御战的性质却完全不同，按照治天战役司令部的要求，这是在伞兵师团完全掌握主动权，越南人民军已经有2个绝对主力师退出战斗，没有任何预备队也没有足够物资供应的情况下，对敌实施战役反击和师级宽大正面被动防御作战，简单地说就是挨打和硬挺。时任治天战役司令部政委的越南人民军总政治局主任双豪中将，对后汉河顽强防御战的意义解释为，这是直接关系到能否事先将分界线划在后汉河南岸的战略意图的重要战役行动。第312A步兵师必须服从整体大局，不惜牺牲保卫后汉河南岸剩下的地盘，为越南人民军参战的各个主力师重建、整补争取时间！

意识到自己领受的是光荣而艰巨的任务，越南人民军第312A步兵师师长罗泰和（Lã Thái Hòa）与师参谋长阮威汉（Nguyễn Duy Hàn）赶紧研究西区正面宽35公里的防御地带的地形地貌特点。经过师指机关反复讨论，决定以积翔（不含）—茹黎村及52—29—15高地群组织较大纵深的集团防御据点群，其中52—29—15高地群是第312A步兵师防御地带的核心防区，这里由第209B步兵团负责把守，组成第312A步兵师的防区北翼。在西面，第141C步兵团在姚贵溪（Đào Quý Khê）少校指挥下，在105—132高地，江据点和博核据点组织阵地防御体系，他们的背后是第165B步兵团（也是第312A步兵师的预备队）。

为了在防御战斗中师火力部队能有效支援前线各个步兵团，师长罗泰和命令85毫米、122毫米加农炮和120毫米、160毫米重迫击炮全部顶到各个步兵团防区中心地带，实施火力靠前支援，发挥最大效果。

刚刚布置好阵势，南越伞兵师团又冲了上来，治天战役司令部所辖的西区在11月打得特别激烈。《美国远征军1972年历史》记载道：

1972 年 11 月，南越伞兵师团在往海朗国家森林地区的安妮火力基地和芭芭拉火力基地进攻的战斗行动中获得很大的进展，但往广治市南面的后汉河东南岸挺进过程中却遇到了极大的困难。他们发现了越南人民军大量武器装备和物资，这些都是被美军战术航空兵和 B-52 轰炸机摧毁的。11 月 1 日，第 3 伞兵旅团在芭芭拉火力基地发现了 30 辆莫洛托夫卡车。在第 3 伞兵旅团往芭芭拉火力基地进攻的同时，第 2 伞兵旅团也击破了越南人民军的顽强抵抗，逐步靠近了安妮火力基地。11 月 9 日，第 2 伞兵旅团对安妮火力基地发动了协调一致的攻击。尽管进攻部队受到越南人民军极为顽强的抵抗，但火力基地的西翼依然被攻破。接着，第 2 伞兵旅团又在美军战术航空兵密切支援和 B-52 战略轰炸机的地毯式轰炸下，彻底夺回了安妮火力基地。接着，伞兵师团继续往北面和西面攻击前进。他们报告，在安妮—芭芭拉火力基地区域共缴获越南人民军 30 门火炮、4 辆坦克、41 门迫击炮、16 门无后坐力炮、54 挺机枪和 55 件防空兵武器。

　　11 月 24 日，伞兵师团进行了几次换防。别动军第 7 联团换下了在芭芭拉火力基地的第 3 伞兵旅团，第 1 伞兵旅团 3 个营也沿着后汉河展开。3 天后，越南人民军以营级规模的兵力突然袭击了安妮火力基地的第 2 伞兵旅团。伞兵们击退了这次进攻，宣称击毙敌 34 人，自己战死 17 人、负伤 46 人。

　　相对联军较为简洁的记载，越南人民军的记载倒比较详细。按照越南人民军第 312 步兵师史的记载，伞兵师团重点进攻的是越南人民军第 141C 步兵团坚守的翁杜东区域。在 25 天时间里，联军共投弹 5600 吨，平均每平方公里落弹 630 吨。南越伞兵每天都以三四个连的兵力在坦克掩护下，不断进攻第 141C 步兵团各个阵地。双方在 39 高地、105 高地、24 高地、T4 高地展开了激烈争夺战。其中，T4 高地和 39 高地是双方战斗的焦点。

　　从位置上看，T4 高地在 39 高地背后，是越南人民军第 141C 步兵团宽 10 公里的正面防线的重要阵地，由越南人民军第 141 步兵团 3 营 11 连把守。11 月 1 日，在进行猛烈的炮火准备后，南越伞兵 4 营的兵力绕过 39 高地，偷袭 T4 高地。好在 11 连警惕性很高，粉碎了伞兵的偷袭。一计不成再生一计。第二天清晨，联军出动 A37 攻击机直接轰击 T4 高地，并组织炮兵火力猛打。在绵密的航空火力和炮兵火力打击下，11 连伤亡惨重，当伞兵 4 营发起冲击时，全连只剩 5 名战士。尽管如此，5 位勇士还是顽强战斗，打到最后一人，全连殉国。

攻下 T4 高地后，伞兵 4 营又从背后打越南人民军第 141C 步兵团 2 营据守的 39 高地。由于高地位置重要，第 312A 步兵师师长罗泰和把第 209B 步兵团 9 营给调来反击。可伞兵 4 营的战斗力太强悍了，越南人民军 2 个营死战也挡不住对方的冲击，39 高地丢失了，翁杜东也很快丢失。另一边，第 209B 步兵团也丢掉了重要的 52—29—15 高地群。如果是光失地就算了，更糟糕的是第 312A 步兵师在伞兵师团冲击下，蒙受了很大损失。

罗泰和对丢失这些重要地区心有不甘，决心组织反击夺回。他命令第 165B 步兵团要夺回翁杜东、第 209B 步兵团要拿下秃山据点和 52 高地，第 141C 步兵团要夺回 T4 高地、105 高地。为了打好这次战役反击，越南人民军第 312A 步兵师师长罗泰和向战役指挥部提议给第 165B 步兵团配属 M46 130 毫米加农炮和 56 式 85 毫米加农炮各 1 个营，给第 209B 步兵团增加 D74 122 毫米加农炮和 56 式 85 毫米加农炮各 1 个营，做好炮兵火力支援准备。

11 月 5 日（作者怀疑越南人民军《第 312 步兵师历史》一书记载有误，此处应该是 11 月 24 日），越南人民军第 165B 步兵团 6 营对翁杜东发起反击，宣称夺回翁东杜。对照联军的资料，实际这次反击被伞兵师团击退了。第 165B 步兵团 4 营 1 连对福增高地的反击宣称击毙敌 30 人，夺回据点。在第 209B 步兵团和第 141C 步兵团方向上，越南人民军也宣称拿回 52 高地、29 高地、15 高地、105 高地和 24 高地，号称重创伞兵 6 营和 11 营。

这些反击战斗的胜利虽然暂时稳定了第 312A 步兵师的防御态势，可各部队在连续战斗后也遇到了许多困难，比如兵力消耗大、缺少干部，粮食和弹药也没法及时补充。11 月底，伞兵第 1、第 2 旅团再次组织攻击，重点放在越南人民军第 209B 步兵团防御地带。在茹黎村周围，第 209B 步兵团 9 营 9 连和 11 连战斗队形被分割；在秃山据点，越南人民军第 209B 步兵团 7 营和伞兵 8 营拼死争夺；8 营也在杜据点和伞兵 9 营打得不分胜负。越南人民军第 312A 步兵师声称，第 209B 步兵团以重大代价守住了阵地，只有第 141C 步兵团据守的 132 高地丢失了。

进入 12 月，第 312A 步兵师的防御决心更加坚定。师党委召开常务会议，决心"领导全师、集中兵力在积翔（不含）—茹黎到同先（Đồng Tiên）建立新防线，坚决粉碎敌人打过后汉河意图"。第 312A 步兵师师指决定：

1. 迅速建立可以抵挡敌人猛烈空炮火力的坚固阵地。作战指导思想是积极消灭敌人，坚决固守，寸土不让。

2. 第165B步兵团换下第141C步兵团，在134—165高地群组织据点防御。第141C步兵团转移到同先（Đông Tiên），建立阵地防御体系，阻击伞兵师团侧翼，防止敌人越过同先，切断15N公路。

3. 克服一切困难，确保各条通往各阵地的运输线平稳。提高部队膳食水平，调治和救治伤兵、病兵。

根据师指的命令，越南人民军第165B步兵团在134高地—165高地—溪展—12.7高地建立阵地防御体系，团指设立在134高地和165高地（基本指挥所和前沿指挥所）。在具体布防上，第165B步兵团6营固守134高地（由4个子高地构成），4营固守165高地（由2个子高地组成），5营在134高地和165高地布置营属的12.7毫米重机枪，加强4营、6营的步兵火力。支援第165B步兵团的火力分队（120毫米、160毫米重迫击炮，以及85毫米加农炮）阵地设在134高地东北。

尽管一再加强防御，但第312A步兵师防御地带还是连连丢失。（按照《第312步兵师历史》一书记载，第165B步兵团、第141C步兵团和第209B步兵团都把伞兵师团的进攻给打了回去）按照越南人民军出版社出版的《9号公路—北广治阵线历史》一书记载，截至12月12日，翁杜东、105B高地、132高地、164高地全部丢失，第209B步兵团的核心防御地带52高地、29高地、15高地、24高地根本就没有夺回来，接着第165B步兵团实施反击，一度夺回翁杜东的核心据点——A1高地，却因联军极为猛烈的空炮火力打击，而自己损失太大被迫放弃。应该说《9号公路—北广治阵线历史》的记载更符合实际，基本和联军资料对应。按照《美国远征军1972年历史》记载，伞兵师团在1972年12月损失很大，战死78人，负伤432人，宣称击毙越南人民军1360人，抓获25名俘虏，缴获241件单兵武器、17件多人操作武器、19辆莫洛托夫卡车、9辆T-54坦克和3门火炮。

在西区激战的同时，东区也燃起战火。10月7日，南越海军陆战师团开始往北面四五公里的布朗线挺进，冲在最前面的是陆战8营，他们一路击破越南人民军第64步兵团和第271步兵团的抵抗，攻击前进了1.5公里，夺回了潮丰县，宣称击毙越南人民军111人、缴获55件步兵武器，接着转入休整。在此期间，南越海军陆战师团召唤战术航空兵和 B-52 战略轰炸机对广治市北面和西北多个目标进行轰炸，据报摧毁了许多越南人民军火力点，并引发多起爆炸。10 月 18 日，南越海军陆战师团派出多路侦察队偷渡后汉河，侦察爱子基地周围的越南人民军动向，为大规模渡河作战进行准备。执行任务的各个侦察队返回报告说，爱子基地周围的越南人民军并不活跃，遇到的抵抗也很微弱，可到了月底海军陆战师团都没发动进攻。

丢失潮丰县，让越南人民军第 320B 步兵师压力骤增，再这么打下去，越门河与后汉河就有被联军突破的危险！当务之急是迅速搜集一切物料协助前线各个单位建立坚固的正面防御体系，给持久防御打下坚实的基础。为此，治天战役司令部在广治省委的协助下，动员新解放区人民和留在后方的各个单位从爱子基地、东河基地、伦山据点、凤凰基地等拆下工事资材，并将昆先基地、洞庙据点、广能基地的几十万包沙袋，采取人扛肩膀挑的手段送到一线部队手中。永灵县军民也行动起来，把大量油桶和水桶从决胜农场运到前线，他们的行动口号是"一切为了据点阵地的战士们！"每到深夜，民工和后方部队战士就排成长龙，扛着沙包、木材物料、水桶、油桶往一线各个据点搬。各团营长直接站在最前线指挥部队，构筑阵地工事。经过不懈努力，到 1972 年 10 月中旬，越南人民军基本解决了雨季修筑工事和地下掩体的问题，实现了建立坚固防御体系的要求。

10 月 20 日，海军陆战师团长裴世兰准将命令第 147 海军陆战旅团长阮能保上校沿旅战线东翼组织第二次作战行动。陆战 9 营在装甲兵支援下，往北朝越门河扩展防线。这条河对联军保卫广治城具有重要意义；他们控制了广治省经济命脉的越门港，越门河既深又宽，可让内河登陆艇朔航直达东河与广治市。这条河的重要性，南北越双方都心知肚明。结果，陆战 9 营往北推进时遇到越南人民军极为顽强的抵抗，陆战 9 营钳形攻势的东翼抵达目标，但西翼却被 122 毫米火箭炮轰击给压住了。陆战 9 营赶紧召唤美军武装直升机实施火力打击，才勉强压住对手。10 月 24 日，陆战 9 营抵达隆光（距越门河南岸 6 公里）附近，尽管受到越南人民军抵抗，但他们还是基本完成了任务。10 月底，大雨再次降临广治省，继续往越门河推进已不可能。在第 147 海军陆战旅团左翼，阮世亮上校率领的第 369 海军陆战旅团除了在 10 月初击退越南人民军一次冲击外，整个月都无所事事。吴文定上校的第 258 海军陆战旅团则在后方专心整补，于是很快就恢复了战斗力。10 月的最后两天，越南人民军突然开始对南越海军陆战师团阵地进行猛烈炮击，这表明越南人民军意识到南越海军陆战师团即将跨过后汉河进攻。

11月1日，西贡的联合参谋本部给海军陆战师团下达了新命令，在广治西面跨过后汉河，向北岸进击扩展防区，这次作战命名为"神江9号"行动。

11月2日拂晓前，在夜幕掩护下，南越第369海军陆战旅团所属的陆战6营600名指战士用舢板、小舟和驳船横渡广治古城正对的后汉河。可行动一开始就出了纰漏，一些舢板翻船或绳索断开导致一些陆战队员被淹死。尽管如此，到了清晨还是差不多有200名南越海军陆战队员在对岸建立了桥头堡，接着又有200人上岸。往内陆推进时，陆战6营受到越南人民军十分强烈的抵抗。先头部队在越南人民军猛烈的自动步枪火力和迫击炮火力打击下，被压在离岸500米抬不起头。按照美国远征军1972年战史的记载，陆战6营吃了对方1500到2000发迫击炮、火箭炮、大口径榴弹，而且还受到一个团的反突击。虽然如此，陆战6营还是顽强冲击，当他们沿着1号国家高速公路（一个小运河与后汉河之间的地段）北进时，突然遭到来自隐蔽在一片密林的越南人民军步兵猛烈的火力打击，全营所有连长战死，40多名陆战队员失踪。即便用上所有支援武器，陆战6营还是没法打破越南人民军的防御，自己寸步难行，再打下去也是徒劳无益。11月2日至3日晚，陆战6营撤过后汉河，只在对岸留下一个侦察组，"神江9号"行动是南越海军陆战队在1973年1月停火前最后一次跨过后汉河的举动。

粉碎"神江9号"行动是越南人民军在后汉河顽强防御战斗阶段最出色的战例，亲自指挥这次战斗的越南人民军第18步兵团团长阮德辉少校（退役时官拜少将）回忆道：

1972年10月初我接任第18步兵团团长，范公仁同志任政委。我们团面对的是敌伞兵第7、第8、第9营。当时，我团兵力虽然得到了补充，但还不到编制的60%，倒是火力支援得到了增援，计有120毫米和160毫米重迫击炮各1个连，以及1个BM14火箭炮连、1个DKB122毫米单管火箭炮营（第84火箭炮团1营）、1个坦克连6辆坦克。作战中，我团还能得到第325步兵师属炮兵和战役炮兵的直接支援。11月1日至2日夜，下起了冰冷的雨水。1972年11月2日凌晨4点，我检查各单位，其中8营报告没有异常，可刚过30分钟，8营营长阿钟同志就紧急报告，敌人2个连隐蔽过了后汉河，在5连和7连防御地带正前方占领了一个桥头堡。面对突如其来的情况，我马上命令全团仔细检查阵地前沿，查明敌人偷渡的情况。排长朝志定认为，对方只是渗透过来建个探报屯（相当于侦察哨），属于小事一桩，结果不向营指请示就擅自展开攻击，结果受挫。实际上（事后查明），敌人以2个伞兵连（这个是误解）和海军陆战6营横渡后汉河实施"神江9"号行动，他们拿下了飘肖1村前沿的整个登陆场，正面宽约300米，距1号国家高速公路仅五六百米。1972年11月2日清晨，敌人从广治市、罗汪、海朗的炮兵阵地朝我军第18步兵团8营、9营防御地带发射了成千发炮弹，几十架敌喷气式战斗机也攻击爱子基地和飘肖1村、20高地、21高地和爱子机场，B-52战略轰炸机也对我团后方阵地猛烈轰炸。

在强大的空炮火力支援下，敌人于7点开始兵分两路展开攻击，一路集中打朝志定排的据点阵地，一路打5连阵地。我军依托各个阵地工事，静静等敌人靠近到二三十米才突然开枪，首轮射击就打死了许多敌人，剩下的敌人继续冲锋。战斗打得十分激烈，敌人强攻硬取拿下了不少碉堡和工事，试图夺取沿1号国家高速公路继续往我军纵深攻击前进的跳板。为了挡住敌人，我军一边顽强战斗死守阵地，一边用60毫米和82毫米迫击炮直接轰击桥头堡的敌战斗队形，许多敌人来不及躲避就被炸死；160毫米重迫击炮和BM14火箭炮也打击集结在后汉河对岸的敌人集结队形，迫使敌人没法过江接应陆战6营。经过30分钟战斗，敌人受到重创被迫撤回江边桥头堡巩固，同时他们召唤自己的炮兵并结合美军舰炮火力猛打我军阵地。9点左右，敌人又组织新的进攻，还是被我军击退。10点，我亲自下到飘肖1村视察，碰上了8营副营长陈明绍，了解情况并交代他一定要组织反击消灭全部过江之敌。本来预计反击战要在12点打响，可组织不及直到14点15分才实施。我团从7营部抽调1个排加强给8营，令其实施反击，但最初没有成功。当夜，我又建议使用特工配合步兵消敌集群，但两部协同不够密切，战斗行动作罢。1972年11月3日，我团使用60毫米和82毫米迫击炮支援8营5连、7连实施反击。经过2天战斗，我团消灭敌2个连和陆战6营营部，击毙350人（含少校营长），活捉1人，缴获大量武器装备，在后汉河边重创敌2个连，完全粉碎了敌人的"神江9号"行动。战斗胜利后，战役司令部评价："这是一次特别出色的诸兵种协同防御战例。"

应该说，阮德辉回忆大部分还是正确的，但最后部分的 11 月 3 日反击消灭敌 2 个连和陆战 6 营营部，兼带重创 2 个连，就夸大其词了。实际上，陆战 6 营已经提前撤了回去，谈何继续激战 2 天？不过，不管怎么说，南越陆战 6 营都是"神江 9 号"行动的失败者。

1972 年 11 月是多雨时节（30 天就有 14 天是大到暴雨），连续不断的大到暴雨严重影响了越南人民军的战斗行动的同时，也给联军的后勤保障和补给带来了很大的困难。不过，海军陆战师团肩负攻打到越门河的重任，因此裴世兰准将决心不顾一切前进。1972 年 11 月 11 日，海军陆战师团以陆战 4 营和陆战 8 营并进，发起了"神江 36 号"行动，往越门河冲了上去，他们受到了越南人民军猛烈的炮火和迫击炮火力打击，甚至步兵的反冲击。越南人民军的拼死反击表明，他们绝不会让南越海军陆战队碰到越门河。尽管后勤保障受到严重限制，但越南人民军在 11 月的火力投射量竟然是 10 月的 5 倍！为了击破越南人民军的抵抗，美国空军在 11 月 15 日、16 日两天出动 50 架次攻击机和几十架次 B-52 战略轰炸机，对隆光到广治古城之间地带进行绵密的航空火力突击。11 月 17 日，美国空军的 B-52 战略轰炸机又连续对越门河南岸的越南人民军阵地轰炸了 10 次，并对东河轰炸了 5 次。在强大的航空火力支援下，海军陆战师团于 11 月 18 日冲到布朗线。好景不长，大到暴雨再次席卷整个广治省，各条江河水位暴涨，给南越海军陆战师团的补给带来不小的麻烦。

眼看南越海军陆战队日益靠近越门河，治天战役司令部很着急，决定调第 48 步兵团和广治省地方部队 3 营渡过越门河，与第 64 步兵团、第 101 步兵团、第 271 步兵团一起准备对平安、博朗发起全线反击。应该说，越南人民军的反击时刻恰到好处。11 月 21 日，裴世兰准将认为单靠第 147 海军陆战旅团是无论如何也打不动越南人民军 3 个团的，遂把补充恢复战斗力的第 258 海军陆战旅团调上来投入战斗。他打算让第 258 海军陆战旅团在后汉河与永定河之间展开攻击，第 147 海军陆战旅团右移，负责永定河到南中国海之间地带的进攻，第 369 海军陆战旅团专心守卫广治市。换防期间，越南人民军突然发起反击，他们先是对第 147 海军陆战旅团阵地猛砸一顿炮火（联军方面记载是越南人民军炮火准备打了 3000 发炮弹），然后以第 48 步兵团突然实施冲击，夺取了部分阵地，南越海军陆战队 27 死 45 伤。11 月 27 日，第 147 海军陆战旅团和第 258 海军陆战旅团组织好队形重新反击，又把越南人民军第 48 步兵团给打了回去，恢复了原有防线态势。11 月

28 日到 12 月初，暴风雨再度席卷广治战场，洪灾泛滥限制了双方的作战行动。不仅如此，双方战地生活条件也都很艰苦。在这种情况下，双方原本深刻的敌意也有所减缓。在巡逻中，双方遭遇也本着"给别人活就是给自己活"的意识，尽可能避免小规模冲突，以便大家多活几天。在后勤补给方面，越南人民军叫苦，南越海军陆战师团也不好过——补给干线 555 号公路就被洪水冲垮了，根本无法使用，迫使裴世兰在 11 月底叫停了进攻。[1]

1972 年 12 月，巴黎谈判取得突破性进展，美国国务卿基辛格和越南民主共和国代表、越南中央政治局常委黎德寿就停火达成一致，剩下的就是签字生效问题。此时，南越海军陆战师团离越门河还有 5.6 公里。为了阻止南越海军陆战师团挺进，12 月前半段越南人民军发起了多次连级渗透和反击。接着，越南人民军第 320B 步兵师师长孙兰指挥第 271 步兵团、第 48 步兵团和第 101 步兵团，从 12 月 17 日开始，一连对永定河西面的陆战 7 营发动反击，宣称重创南越海军陆战师团，迫使敌停止了"神江 45"行动。对越南人民军的说法，联军方面记载有所不同，陆战 7 营部宣称在 12 月 18 日、19 日连续击退对方 2 次反击，分别毙敌 37 人和 132 人。

进入 1973 年，南越海军陆战师团在 1 月前半段暂停进攻，休整半个月后突然发起"神江 18"行动。1 月 17 日，第 147 海军陆战旅团和第 258 海军陆战旅团沿560 号公路往越门河挺进。这一次，他们撞上了越南人民军的坚盾，第 64 步兵团和第 101 步兵团一部在强大的战役炮兵火力支援下，进行了激烈抵抗。进攻当天，海军陆战师团就挨了 4000 发迫击炮弹的轰击。激战 3 天，第 147 海军陆战旅团和第 258 海军陆战旅团打不动了，"神江 18"行动无果而终。

在西区，越南人民军第 312A 步兵师和伞兵师团之间的战斗并没有消停。1973年 1 月初，战斗焦点集中到了茹黎村。自越南人民军第 165 步兵团 6 营在广治保卫战期间将该村夺回后，这个"锁钥之地"就一直控制在越南人民军手里，这对联军来说是如鲠在喉，它的存在有效控制了后汉河渡口。1 月 10 日，伞兵师团组织进攻，把越南人民军给打了下去，并控制了后汉河南岸大约 10 公里宽的地带。

丢失茹黎村，再度让越南人民军第 312A 步兵师紧张起来。为了加强防御，罗

---

[1] 越南人民军宣称在 11 月 17 日到 12 月 5 日抵挡海军陆战师团的进攻战斗中，击毙敌 3290 人，击毁 49 辆坦克装甲车，击落 16 架飞机，这个战绩夸大了近十倍。

泰和师长决定进一步调整部署，他把潮丰县西面的同先（Động Tiên）周围的 444 高地、282 高地、176 高地交给第 141C 步兵团负责。鉴于第 141C 步兵团连续丢失重要地盘且兵力和技术装备损失很大，罗泰和一边给第 141C 步兵团补充大量新兵和武器装备，一边调整第 141C 步兵团的指挥层人事。他撤掉了团长姚贵溪（Đào Quý Khê），把副团长黄山（Hoàng Sơn）扶正；第 165B 步兵团副政委黄沱（Hoàng Đa）调来接替阮文迪出任第 141C 步兵团政委，许多营、连、排干部也得到了补充。

第 312A 步兵师调整部署的同时，伞兵师团也变更部署，第 1 装甲骑兵旅团于 1 月 11 日起划归伞兵师团节制，负责伞兵师团防区南面到 1 号国家高速公路之间地段。1 月 13 日，伞兵师团用缴获的越南人民军 82 毫米迫击炮，对安妮火力基地西面的越南人民军阵地实施火力打击，又肃清了不少越南人民军残存据点。

鉴于伞兵师团基本停止了营级以上进攻，越南人民军第 312A 步兵师决心反击。1973 年 1 月 16 日，第 312A 步兵师师指批准了第 141C 步兵团提交的关于组织火力消灭 314 高地守敌有生力量的作战计划。参加这次火力袭击的部队是第 141C 步兵团的 14 连（装备 75 毫米无后坐力炮和 81 毫米迫击炮）、16 连（装备 12.7 毫米重机枪），和第 141C 步兵团所辖的 1 营、2 营、3 营的各个火力连（含 2 门 75 毫米无后坐力炮、8 门 81 毫米迫击炮、8 门 60 毫米迫击炮和 2 挺 12.7 毫米重机枪），战斗发起时间定在 1973 年 1 月 17 日 11 点。

时间一到，第 141C 步兵团团长黄山果断下令："打！"顷刻间，75 毫米无后坐力炮、81 毫米迫击炮、60 毫米迫击炮和 12.7 毫米重机枪齐射，10 分钟的火力急袭就把 314 高地的守军打得撤了下去。

这次火力袭击战斗迫敌撤退的胜利，振奋了 11 月、12 月战斗中连续丢失地盘且损失惨重的第 141C 步兵团的士气，10 连奉命接过 314 高地防御任务。1 月 19 日开始，伞兵师团转入防御，并不断出动连级规模的兵力组织袭击战斗，试图挤占越南人民军第 141C 步兵团防御地带的前沿高地。第 141C 步兵团在 347 高地和同先高地连续战斗，粉碎了伞兵师团的袭击，守住了阵地。

组织阵地防御战斗的同时，第 312A 步兵师还广泛发动冷枪活动，把各狙击战士（chiến sĩ bắn tỉa）布置在 134 高地、165 高地等要点不断狙击，宣称给伞兵师团造成了很大的损失。第 141C 步兵团的狙击战士阮文成（Nguyễn Văn Thành）宣称击毙 99 高地的几十名伞兵；第 209B 步兵团狙击分队打得更是出色，裴玉兰宣称击毙 100 多名伞兵，班长武文志（Võ Văn Trí）更是创下一天只用了 50 发子弹就宣称毙敌 49 人的战功。在冷枪活动中，越南人民军的狙击战士不仅使用专业的狙击步枪，而且还活用 56 半自动步枪和 AK47 自动步枪，以及 B40 和 B41 火箭筒。为了掩护狙击战士，工兵们积极收集和改造联军投下的未爆弹，埋在各个狙击分队的观察台和射击阵地前沿，待对方出动兵力清剿越南人民军狙击分队时，再将敌人予以消灭。与此同时，各步兵团还组织小分队，积极插入敌后，搞突然袭击，破坏了伞兵师团的后方基地。

看到第 312A 步兵师渐渐稳住了防御态势，治天战役司令部也决定让第 95 步兵团渡过后汉河，配合第 209B 步兵团发起反击，夺回 52 高地、29 高地、15 高地，重点是拿回 52 高地。

1973 年 1 月 25 日 17 点，越南人民军第 312A 步兵师炮兵群和战役炮兵对 52 高地进行炮火准备。在炮火准备的掩护下，越南人民军第 209B 步兵团 9 营 9 连、10 连占领攻击前出发阵地。炮火一延伸，9 连、10 连就兵分两路实施冲击，他们先是打掉了 52 高地外围的各个工事，继而直插 52 高地山顶，宣称消灭伞兵 1 个连，夺回了 52 高地。

在 8 营方向上，第 209B 步兵团 6 连在连长范文战指挥下，迅速围歼了 15 高地南面的无名高地守军 1 个排。1 月 26 日 17 点，第 209B 步兵团又命令 8 营进攻 15 高地，经过 25 分钟的激战，8 营宣称歼敌 1 个连，夺回了 15 高地。

连续夺回 52 高地和 15 高地的消息让越南人民军第 312A 步兵师倍感振奋，他们决心一鼓作气再把 29 高地给夺回来！1 月 26 日 18 点，越南人民军集中炮火猛打 29 高地的 A、B、C 三个子高地。接着，越南人民军第 209B 步兵团 7 营 1 连大胆穿插，绕到守军屁股后面展开攻击，首先拿下了 B 子高地。接着，2 连又挤占了 C 子高地，3 连控制了 A 子高地。29 高地的重要性并非只有越南人民军了解，伞兵师团同样明白这个道理。丢失阵地后，伞兵师团马上组织步炮协同反击，又夺回了 A、B 两个子高地。

到手的鸭子又飞了，真是岂有此理！为了争取在《巴黎和平协约》生效时刻到来前彻底控制 29 高地，越南人民军第 209B 步兵团 7 营又在 1973 年 1 月 28 日凌晨 4 点对 29 高地的 A、B 两个子高地展开新一轮进攻，终于获得了胜利。

29 高地夺回作战的胜利，宣告治天战役司令部所辖地区的西区艰苦防御战斗终结。对第 312A 步兵师来说，广治古城到后汉河南岸 200 多个日日夜夜的防御战斗，从第 165 步兵团参加保卫广治解放区（1972 年 7 月）的战斗到 1973 年 3 月，第

312 步兵师已经在广治战场连续战斗了 8 个月，这是该师历史中从未经历过的最艰苦时段。全师指战员克服了无数困难，进行大小战斗几百次，宣称歼敌人 6470 人（实际歼敌数字不足此数一半），击落 4 架飞机、打坏 15 辆坦克装甲车，并缴获大量武器装备。在胜利背后，第 312A 步兵师也付出了巨大的牺牲，他们先后进行了 13 次兵力补充（每次补充约 500 名新兵），可战斗结束时还是缺编很大，战斗伤亡远远超过歼敌数字。但第 312A 步兵师指战员们的牺牲没有白费，他们守住的这个地盘正是 1975 年顺化—岘港战役越南人民军广治省地方部队进攻的出发阵地，可以说 1975 年顺化—岘港大捷也有第 312A 步兵师的一份功劳！

不过，29 高地之战并非是治天战役的最后一战。出乎所有人意料的是，双方在战役中最后的较量地是越门河畔。

前面提到，越门河对联军保卫广治市具有重要意义，它的存在控制了广治省经济命脉——越门港航运。为了控制这条重要的水路运输干线，联军决定利用越南人民军在停战前的疏忽展开一次强力进攻，冲到越门河并打下越门港。接到西贡的联合参谋本部指示，南越海军陆战师团长裴世兰准将马上制定计划，打算步坦协同、兵分两路朝越门河进攻，具体指挥由南越海军陆战师团副师团长阮清治上校负责。

1973 年 1 月 25 日，联军开始"探戈"行动。美国空军出动 70 架次 B–52 战略轰炸机，对越门河南岸的越南人民军防御地带实施地毯式轰炸。接着，联军炮兵对永和、隆光、城会、越门一鼓作气打了 6 万发 105 毫米到 175 毫米榴弹。经过一天的空炮火力准备，南越海军陆战师团副师团长阮清治上校，于 1 月 26 日 6 点 55 分正式指挥两路纵队发起攻击，一路沿着海岸沙滩北进朝城会方向打，一路利用海岸往内陆深入约 3 公里的森林线做掩护，平行往北挺进。

南越海军陆战师团的进攻，受到了越南人民军极为顽强的抵抗。第 320B 步兵师师长孙林大校把第 64 步兵团和第 101 步兵团调上去，在几个 B72 反坦克导弹分队支援下拼死阻击。激战 18 个小时，南越海军陆战队就有 26 辆 M–48 坦克和 M–113 装甲运兵车被反坦克导弹击毁；越南人民军的箭 –2 防空导弹击落了 2 架执行近距离空中支援的联军战机。虽然损失很大，可南越海军陆战队还是拿下了城会与永和村、隆光和安厚，离越门河越来越近了！越南人民军连续组织第 64 步兵团和第 48 步兵团进行反击，但都没有得手。

眼看停战生效时刻即将到来，南越海军陆战队还是没有打到越门河，裴世兰准将着急了！他命令沿海岸行进的陆战3营、4营、5营在只有3辆M-48坦克支援下，不惜一切代价冲向越门河。1月28日1点45分，陆战3营、4营、5营开始最后的冲击！7点，大约300名南越海军陆战队员终于冲破了越南人民军防线，把越南共和国国旗插到了越门河对岸。接到报告的南越海军陆战师团副师团长阮清治上校并不满足这点胜利，他要越门港！他抓起电台对讲机大喊："继续往里打！"遗憾的是，继续打下去的南越海军陆战队已经无法再得到美军的火力支援了。7点45分，美国海军驱逐舰"特纳·乔伊"号（DD-951）进行了美国海军在越南战争中最后的一次舰炮射击任务。有趣的是，"特纳·乔伊"号驱逐舰就亲历了1964年的东京湾事件，现在又打了美国海军在越南战争的最后一炮，可谓"善始善终"。

利用南越海军陆战队失去美军支援的有利时机，治天战役司令部命令平原司令部组织兵力，实施坚决反击，一定要把对方打回去。根据平原司令部的命令，越南人民军第48步兵团1营和第271步兵团7营、越门县38营、第64步兵团8营和第27步兵团1营从越门港赶来，准备反击。1973年1月29日1点，越门县38营、第64步兵团8营1个连实施反击，但没有得手。

显然，面对南越海军陆战师团重兵，仅靠这么点兵力是无论如何也打不动的。为了增援平原司令部让其消灭对手，治天战役司令部抽调第304A步兵师所辖的第24步兵团和1个T-54坦克连从庙沛江过来，增援城会北面和越门港附近阵地，并下令第66步兵团转移到永光北面做预备队。不仅如此，陈贵海少将还指示高文庆大校、黄明治大校和段奎大校，直接下去协助平原司令部组织兵力继续战斗。

根据平原司令部的命令，反击部队分成三个梯队：

第一梯队由越南人民军第101步兵团和第48步兵团2个连，以及海军K5单位部分兵力和第320B步兵师工兵营组成，任务是固守越门港、府会与河西，坚决阻止南越海军陆战队扑向各个要点，绝不能让敌人冲进越门港。

第二梯队由第64步兵团、第24步兵团6营和第101步兵团2营组成，任务是打击城会方向过来的援军，阻止敌人从越门退却。

第三梯队由第101步兵团主力、第24步兵团主力、越门县38营和第271步兵团7营组成，任务是消灭莫村往越门港突击的敌人。

从1月30日12点开始，越南人民军打响反击战斗，战役炮兵、反坦克炮兵（含75毫米、82毫米无后坐力炮，以及85毫米加农炮和B72反坦克导弹）拼命射击，消灭了许多坦克和装甲车。战斗持续到1月31日8点30分，南越海军陆战师团进攻部队被迫撤回原地，"探戈"行动完败。越南人民军宣称从1月27日到31日歼敌2330人，活捉200人，击毁113辆坦克装甲车，缴获13辆坦克装甲车，击落5架飞机，摧毁10门火炮，击沉1艘舰艇，缴获许多枪支弹药及重要的军用品。

遗憾的是，越南人民军严重夸大了联军的损失。《美国远征军1972年历史》一书记载南越海军陆战队"探戈"行动的损失：从1月27日到1月31日，海军陆战师团战死91人、负伤238人、失踪149人，损失24辆M-48坦克、19辆M-41坦克和24辆M-113装甲运兵车。

越门河枪声的消停，宣告后汉河防御战斗阶段的结束。这个阶段对越南人民军来说，损失仅次于81天广治保卫战。在这个阶段治天战役卫生部门收治伤员有2个数字，7876人或8967人，而南越国军海军陆战师团和伞兵师团同一时期的损失（战死、负伤、失踪和被俘）不到4000人。对越南人民军来说，后汉河防御战斗是一场惨胜，代价实在是太大了。

1973年1月31日，治天战略进攻正式结束。回顾往事，我们可以发现，越南战争的形态在1971年2月到1973年1月发生了180度的转弯。随着美国远征军的大撤退和"战争越南化"政策的进行，越南人民军和南越国军之间不再以游击战和反游击战为主，而是大胆地进行诸兵种协同的现代化战役较量。南寮—9号公路会战就表明越南人民军已经逐步从游击战开始向正规战迈进，虽然获得胜利，但通过剖析交战过程却会发现并不如人意。在兵力3∶1占优势的情况下，越南人民军出动了几乎全部主力师与南越国军精锐兵团对决，依然只获得了1∶1的交换比。很多战斗都是在形势极有利于越南人民军的情况下进行的，交换比却依然不太理想，这说明越南人民军的实际战斗力离现代化军队标准还有很大的差距。

经过一年休整和训练，越南人民军发起了声势远超1968年新春总攻击的1972年战略进攻，重点直指广治省和承天省。开战之初，越南人民军利用联军判断失误，选择从边海河南岸的非军事区作为主要突击方向，把联军打了一个措手不及，迅速达成了突破。虽然这个突破动作很漂亮，但越南人民军打垮的对手不过是刚刚组建不久、未经战阵的第3师团。越南人民军第304A步兵师从西面沿9号公路冲过来，突击第147海军陆战旅团阵地时就遇到了极为顽强的抵抗，第66步兵团碰了个大钉子，苦战才勉强过关。当越南人民军把第308A步兵师投入战斗、发展进攻的时候，在东河遇到南越海军陆战队和第20装甲骑兵团的顽强抵抗的时候，就打不过去了，进攻陷入停滞状态。虽然很多人认为南越国军拥有美军的舰炮火力和航空火力支援，可当时美军战术航空兵并没有完全展开，也不适应战场，单靠舰炮火力是不可能制止第308A步兵师的冲击的，实际也是南越海军陆战队和第20装甲骑兵团联合奋战才获得的成功。同一时期，越南人民军第304A步兵师对凤凰基地的进攻也以失败告终。从东河战斗与凤凰基地攻坚战最初的失利可以看出，越南人民军尽管根据南寮—9号公路大捷的经验教训，加强了几个主力师的诸兵种协同训练，可实际他们的战斗力并没有达到战争需求。

进攻受挫以后，作为越南人民军头号战术指挥家的黎仲迅少将不仅没有气馁，而是潜心研究南越国军的防御战术，下令部队暂停进攻等待物资前送并组织多次小群攻击，削弱南越国军的有生力量。应该说，黎仲迅的变阵是很及时的。南越国军机动兵团本身就少，在战场只有海军陆战师团这个战略总预备队和第3师团的情况下，实际局面是以老带新，一个老辣师团带着一个新兵蛋子师团在宽大的正面实施战役防御，只要削弱这两个师团其中一个的战斗力，很快就会导致守方失衡。相对黎仲迅的清醒认识，南越国军第1军团长黄春林却有些不识时务，在阵地防御态势刚刚稳定一点还没有获得巩固的情况下，就匆忙发动"光中729"行动，一败涂地不算还损失了一批宝贵的兵力和技术装备，让本来可以稳定的防御态势又再次被削弱。这一来一往，主动权又回到了越南人民军手上。经过16天的战场造势，黎仲迅准确判明对方防御态势开始失衡，遂发起第二阶段总攻击。仅仅6天时间，越南人民军摧枯拉朽，一举击破了南越国军第3师团和海军陆战师团的防线，解放了整个广治省。这个胜利与其说是因为越南人民军战斗力"强悍"，倒不如说是来自他们一位出色的战术指挥家——黎仲迅。当然，这个胜利的偶然因素也很大，那就是越南人民军不仅在兵力上拥有优势（实际投入战斗兵力多达8万人），而且他们上了4个主力师——第308A步兵师、第304A步兵师、第320B步兵师和第324步兵师，相对的南越国军只有海军陆战师团和第1装甲骑兵旅团是精锐部队。双方精锐部队的数量差距太大，加上第3师团这个新兵部队实际不堪一击，海军陆战师团再能干也不可能守住整个宽大的正面，最终导致了联军的落败。

不过，越南人民军主力部队战斗力较低的缺点很快就暴露出来了。退守美政河防线后，联军换下了损失惨重的第3师团，从安禄战场和西原战场调来了同样久经善战的伞兵师团，别动军的各个精锐联团也相继到位。在两大精锐战略总预备队到位后，越南人民军的机动兵团和联军相比就只有 1：2。因此，当黎仲迅命令部队休整了一个半月后，于 6 月 20 日发动第三阶段进攻时却发现根本打不动对手了，自己损失惨重却没能在对方防线上砸开一个大口子。

相对越南人民军的惊讶，新任南越国军第 1 军团长的吴光长中将却自信满满。客观地说，他的确具备了名将的素质，懂得充分借助美军的海空火力支援，在机动兵团仅及对方半数的情况下，不断实施巧妙的机动打击，连续发起三次神江行动，消灭了越南人民军不少有生力量和技术装备的同时，也使越南人民军进攻准备变得仓促不堪，对粉碎越南人民军进攻美政河防线具有决定性作用。

黎仲迅的战场嗅觉和抓对手弱点的能力是一流的，吴光长也不逊色。粉碎越南人民军第三阶段进攻不到一天时间，吴光长就抓住对方进攻受挫、士气下降、部署不及调整的于己有利战机，果断命令海军陆战师团和伞兵师团发起"兰山72"行动。这是越南共和国在整个越南战争中规模最大的战役进攻行动，赌上全军所有机动兵团的他们只能凑出可怜巴巴的 3.1 万人，面对着的越南人民军兵力是 8 万人！兵力处于绝对劣势却要发起反击，这对联军和吴光长来说都是十分困难的抉择，但被逼到绝境的南越没有选择，只能看他们的表现了。

在兵力处于绝对劣势的情况下，要想反击获得胜利，夺回半个广治省，联军就不能和对手纠缠，更不能打包围歼灭战。怎么办？在这个时候，吴光长体现出与众不同的素质，打断越南人民军的补给线，迫敌后退，同时最大限度依靠美军海空火力杀伤对手。他是这么想，也是这么做的。左翼，伞兵师团沿 1 号国家高速公路直扑广治市；右翼，海军陆战师团不断实施正面进攻结合敌后机降的蛙跳突击，掐住越南人民军一根根补给线。通过贯彻打敌后勤、快速挺进、不求围歼但求逼退的指导思想，南越伞兵师团很快就扑到了广治市郊。百密终有一疏，吴光长本想绕过广治市的，却被黎仲迅给抓住了。黎仲迅反应也是很快的，既然对方的机动兵团少，不敢打包围歼灭战，那么我军只要集中兵力守住广治城周围，堵住伞兵师团冲向后汉河的通道并逼迫对在广治打阵地战的话，不就能制止对方的进攻，逐步稳住防御态势吗？

和吴光长一样，黎仲迅同样也是个想到就做的人。他在越南中央军委的支持下，决心死守广治城，牵制住南越国军伞兵师团。利用兵力优势，黎仲迅调整部署，很快牢牢牵制住了伞兵师团。广治城初战受挫和没法冲到后汉河的现实，让吴光长也冷静了下来，认识到广治城是绕不过去的，而且伞兵师团战斗力因西原会战和安禄会战的损失没有获得及时补充，这样是无法承担攻坚重任的。在这种情况下，吴光长只得让伞兵师团移师左翼，先攻破侧翼的越南人民军第304A步兵师和第308A步兵师防线，掩护海军陆战师团所辖的第258海军陆战旅团过来集中兵力对广治城展开攻坚。越南人民军方面，为了守住广治城先后把第48步兵团、第95步兵团、第88步兵团、第18步兵团1个营、第64步兵团9营，以及广治省地方部队3营和8营投入战斗，黎仲迅和黎光道也双双回国，改由陈贵海和双豪接替。令越南人民军没有想到的是，他们的兵力优势在联军海空火力打击下被一点点蚕食。地面是凶悍的南越第258海军陆战旅团冲击，天空是无处不在、密如飞蝗的联军战斗机群，雨点般的炮弹和炸弹不停落下，战壕里还积着深深的水，这一切导致了越南人民军持续不断的巨大伤亡。另一方面从黎仲迅到陈贵海都不断命令第304A步兵师、第308A步兵师、第320B步兵师，以及刚刚赶来增援的第312A步兵师3个团和第325步兵师，拼命在广治城周围组织反击，进一步消耗了越南人民军宝贵的兵力和技术装备。经过81天苦战，越南人民军在损失了总兵力的四分之一以上的情况下，被迫让出了广治城。从广治保卫战的较量也可以看出，越南人民军离现代化诸兵种战役的需求还有很大的差距。

广治保卫战结束了，接下来的后汉河防御战中，联军实际大大减小了进攻规模，越南人民军依仗兵力优势最终把战线稳定在后汉河与越门河南岸。不过，后汉河防御战胜利的根本原因是联军进攻规模小，而且战术航空兵也受到了很大的限制，再者双方的后勤因持续不断的暴风雨而无力保障，致使双方都大大减少了战斗活动的强度。尽管如此，越南人民军还是付出了很大的损失，应该说这是联军空炮火力打击效能出众的又一个例证。越南人民军靠着自身的兵力优势和看准了联军机动兵团的劣势，最终付出重大的代价取得了守住半个广治省的战果。

治天战略进攻结束了，美国人也走了。没有了超强优势的美国空军和海军的威胁，越南人民军很快就在2年后掀起新的总攻浪潮，这一次越南共和国没救了。

▲"兰山72"行动开始时，美军实施佯攻返航的登陆艇群。

▲"兰山72"行动开始后，美军 HMM-164 和 HMM-165 运输直升机群接运南越国军陆战1营、4营。

▲ 直升机群低空闪避越南人民军防空火力，飞往火烈鸟和霍克着陆场。

▲"兰山72"行动中搭载南越海军陆战队实施敌后机降的美国海军陆战队第9两栖旅。

▲1972年7月5日，美政河铁路桥头的南越国军卫兵。

▲越南人民军标准的战地伙食，饭团一人一个。

▲ 广治城内巷战的越南人民军步兵战士。

▲ "的黎波里"号两栖攻击舰的 HMM-165 直升机群着地了，接运准备打击敌后的陆战 1 营。

▲ 美军船坞登陆舰给温德尔滩送去作战使用的栈桥码头。

▲ 1972 年 7 月 18 日，南越国军伞兵在广治市郊和越南人民军战斗。

▲ 1972 年 7 月 27 日，南越国军一名机枪手抗着 M60 机枪过河，准备进攻广治市郊的目标。

▲ 在广治市内顽强巷战的越南人民军指战员。

▲ 1972 年 7 月 29 日，南越国军伞兵抬着一名在 7 月 15 日战死的队友，准备将他安葬在墓地。

▲ 广治古城的越南人民军战士。

▲ 1972 年 7 月 28 日，南越海军陆战队沿着一片废墟继续往广治城挺进。

▲ 1972 年 7 月 29 日，美军一架攻击机临空攻击广治城，支援南越海军陆战队。

▲ 1972 年在广治市内被击毁的越南人民军 T-54 坦克。

▲ 在广治古城内战斗的越南人民军部队。

▲ 在猛烈的炮击下，广治古城墙许多地段都被轰成了瓦砾，但越南人民军死战不退，围绕广治古城的争夺战打得十分惨烈。

▲ 面对美军的空中霸权地位，广治城的越南人民军只得多组织机枪火力还击。

▲ 驻第 1 军区的南越海军陆战队一个 105 毫米榴弹炮连阵地。

▲ 布置在广治市的越南人民军德什卡高射机枪组。

▲ 交战双方猛烈的火力把广治市夷平了，图为广治市光中大街两侧的瓦砾。

▲ 坚守广治古城的越南人民军 60 毫米迫击炮和 B40 火箭筒战士。

◀ 1972 年 9 月 7 日，美国海军陆战队第 9 两栖旅旅长米勒上校和别动军的阿仁上校前往新美港视察准备实施伴动的别动军官兵。

▲ 9月7日，实施佯动的直升机群在越门河口4600米处掉头返航。

▲ 南越海军陆战队在越南人民军撤退后，进入了已是一片废墟的广治古城。

▲ 9月16日，南越海军陆战师团夺回了广治。

▲ 为了纪念海军陆战师团取得的广治大捷，西贡专门建立了一座纪念碑。

▲ 广治城在战火中化为一片废墟，阮文绍也于心不忍。1972年9月22日，他在视察夺回的广治城时下跪来表示对城市的忏悔。

▲ 9月11日，南越海军陆战队终于冲进了广治古城，牢牢占领了一角。

▲ 1972年11月，在广治西面和越南人民军战斗的南越伞兵机枪手。

▲ 南越陆战 9 营巩固阵地期间，架起陶式反坦克导弹。

▲ 南越国军海军陆战队新兵在美军顾问指导下，于守德县的海军陆战队基地进行训练。

▲ 广治南面大约 10 公里的翁杜东高地。

▲ 战线划定后，双方在后汉河两岸的控制区插上了自己的旗帜。

注释

1. 原文为 Trong thang 6-72, phia dich co 1,515 bi giet, 15 bi bat lam tu binh, 18 xe thiet giap bi pha huy, 4 chiec khac bi bat, tren 500 vu khi du loai bi tich thu. Phia TQLC bi 150 tu thuong va tren 300 bi thuong, vu khi bao toan.

2. 原文为 Quân y chiến dịch đã thu dung cứu chữa 31.309 lượt thương binh trong đó có 1.000 người là dân công, chiếm 29,63% quân số tham gia chiến dịch.Trong thời kỳ chuẩn bị chiến dịch đã có 378 thương binh, bằng 1,35 quân số.Trong tiến công Quảng Trị 30-3 đến 2-5 đã có 4.169 thương binh, bằng 6,4% quân số.Trong tiến công Thừa Thiên từ 3-5 đến 27 tháng 6 đã có 4.203 thương binh, bằng 5,6% quân số. Trong các trận đánh giữ thị xã Quảng Trị từ 28-6 đến 16- 9 đã có 13.142 thương binh, bằng 17,47% quân số và trong phòng thủ vùng giải phóng từ 17-9 đến 31-1 đã có 8.967 quân số thương binh, bằng 11,6% quân số.

3. 原文为 Thời kỳ chuẩn bị đã cứu chữa 1.252 thương binh, bệnh binh, trong đó có 378 thương binh. Đợt 1 và đợt 2 có 3.521 thương binh, bệnh binh, trong đó có 2.988 thương binh. Đợt 3 có 7.257 thương binh, bệnh binh, trong đó có 4.924 thương binh. Đợt 4 có 18.875 thương binh, bệnh binh, trong đó có 14.493 thương binh. Đợt 5 và đợt 6 có 14.625 thương binh, bệnh binh, trong đó có 7.876 thương binh. 引自《越南人民军卫生勤务史》第三卷第 303 页到第 304 页

4. 原文为 Về phía ta, trên mặt trận Trị - Thiên, trong gần một năm chiến đấu quyết liệt, lực lượng cũng bị thương vong nặng: hơn 14.000 cán bộ, chiến sĩ hy sinh và mất tích; gần 55.000 thương bệnh binh, chưa kể hơn 100 người bị rơi vào tay địch và 6.583 người đào, bỏ ngũ.

附录1:1960—1972年越南人民军主要战役战斗损失统计

　　1959 年到 1972 年越南人民军在抗美救国战争中主要战役战斗卫生勤务统计概况:1958 年头声大捷,越南人民军负伤 20 人。[1]

　　长山公路从 1960 年到 1964 年,105 人负伤、94 人战死(其中,1960 年伤亡 12 人,占长山部队当时兵力的 1.3%:最高是 1964 年的伤亡,达 134 人,占长山部队当时兵力的 1.6%)。[2]1965 年 115 人负伤、157 人战死,占长山部队当时兵力编制的 1.62%。

　　1964 年 12 月 2 日到 1965 年 3 月 8 日的平也战役中,收治伤兵 489 人,阵亡 151 人,阵亡人数占伤亡的 23.5%。

　　1965 年 7 月到 8 月的福隆—贝江战役(同帅战役),分为三个阶段。第一阶段攻打福隆市、福平支区,收治伤兵 195 人;第二阶段攻打同帅支区和打同帅援敌,共收治伤员 439 人;第三阶段共收治伤兵 172 人,其中第 3 步兵团共打布都别击训练中心收治伤员 134 人,第 2 步兵团袭击保邦时收治伤员 38 人。整个战役,越南人民军战死 339 位同志〔第一阶段 62 人、第二阶段 212 人、第三阶段 65 人(袭击保邦战死 14 人、打布都战死 51 人)〕。[3]

　　第 5 军区在 1961 年收治伤员 190 人。[4]

　　1962 年 11 月,第 5 军区第 60 步兵营和一个特工连攻打广南省福玉县 1 村据点时,因伪军一个连固守制高点,加上越南人民军进攻迷路和敌人反击,导致自身伤亡很大,共 120 名伤兵。[5]

　　1962 年,第 5 军区共收治伤兵 540 人,差不多是 1961 年的三倍,仅第 1 步兵团(巴嘉团)的伤兵就达 337 人(约占全军区伤兵数的 62.4%)。[6]

---

　　[1] 引自 Lịch sử quân y quân đội nhân dân Việt Nam tập II:1954-1968,第 126 页。
　　[2] 引自 Lịch sử quân y quân đội nhân dân Việt Nam tập II:1954-1968,第 217 页。
　　[3] 引自 Lịch sử quân y quân đội nhân dân Việt Nam tập II,第 257 页。
　　[4] 引自 Lịch sử quân y quân đội nhân dân Việt Nam tập II,第 274 页。
　　[5] 引自 Lịch sử quân y quân đội nhân dân Việt Nam tập II,第 275 页。
　　[6] 引自 Lịch sử quân y quân đội nhân dân Việt Nam tập II,第 276 页。

1964 年 7 月 14 日，第 5 军区第 40 步兵营在思安战斗中 27 人负伤、7 人战死；接着又在德富阻援战斗中，第 40 步兵营 34 人负伤、10 人战死。[1]

1964 年 7 月 6 日南同战斗中，越南人民军负伤 66 人、战死 20 人。[2]

1964 年 8 月 9 日基生战斗，第 5 军区 1 团 90 营重创了伪军一个前来救援的步兵营，击毁 6 辆 M–113 装甲运兵车，首次在第 5 军区平原地带打败了敌人的"装甲运兵车"战术。当天，越南人民军负伤 22 人、战死 20 人。[3]

1964 年 12 月 6 到 8 日，第 5 军区 2 团和第 409 特工营，在地方部队配合下解放了安老县与安老峡谷，当天越南人民军负伤 45 人、战死 9 人。[3]

1965 年 2 月 8 日，第 5 军区 2 团在富美县打越隘口时，负伤 117 人、战死 37 人。[3]

1965 年 2 月 7 日消灭越安支区之战，越南人民军负伤 126 人。[3]

1965 年 3 月攻打寿安，越南人民军打击敌 2 个步兵和机降步兵营，负伤 87 人、战死 41 人。[3]

1965 年 4 月 18 日到 19 日的永辉之战，收治伤员 112 人，战死 37 人。[3]

1965 年 5 月 29 日到 7 月 20 日的巴嘉战役，收治伤员 360 人。[4]

1965 年第 5 军区的伤兵人数增长很快，在"特种战争"结束转入到"局部战争"期间，全年伤员达 5664 人，比 1964 年增加 3.5 倍，死亡率占总伤亡的 41%。[5]

1965 年 8 月 18 日，西原战场的越南人民军第 101 步兵团攻打德苏，伤亡 65 人。[6]

治天方向在 1961 年到 1965 年各次军事活动中，共 1157 人负伤、618 人战死，其中 1961 年 10 人负伤、4 人战死；1962 年 37 人负伤、45 人战死；1963 年 84 人负伤、90 人战死；1964 年 160 人负伤、100 人战死；1965 年 866 人负伤、397 人战死。

1962 年 4 月 7 日到 5 月 22 日，越老联军在老挝战场发起的南塔战役，参战部队为第 316 步兵旅、第 335 步兵旅和老挝人民军（巴特寮）3 个营，共计 7800

---

[1] 上述伤亡统计引自 Lịch sử quân y quân đội nhân dân Việt Nam tập II，第 275 页
[2] 引自 Lịch sử quân y quân đội nhân dân Việt Nam tập II，第 276 页。
[3] 引自 Lịch sử quân y quân đội nhân dân Việt Nam tập II，第 277 页。
[4] 引自 Lịch sử quân y quân đội nhân dân Việt Nam tập II，第 282 页。
[5] 引自 Lịch sử quân y quân đội nhân dân Việt Nam tập II，第 286 页。
[6] 引自 Lịch sử quân y quân đội nhân dân Việt Nam tập II，第 302 页。

人。4 月 15 日到 5 月 20 日的作战，221 人负伤、49 人战死（重伤率 15.8%、中等伤势 38%、轻伤 46.2%）。①

1965 年到 1968 年的滚雷行动（越南方面称为破坏战争）中，越南人民军的损失：在 4 年的斗争中，共有 24138 人伤亡。其中第 4 军区占的比例最高，达 35.02%，空军 - 防空军种次之达 33.48%；伤亡最高峰是 1967 年（共 8112 人伤亡）和 1968 年（9041 人伤亡）；在总伤亡人数中有 5408 人阵亡，在各线救治时死亡的有 872 人。②

1965 年到 1968 年的战斗中，越南人民军的空军 - 防空军种共伤亡 7940 人，含伤员 6017 人。1965 年伤兵 325 人、战死 76 人，1966 年伤兵 983 人、战死 291 人，1967 年伤兵 2810 人、战死 864 人，1968 年伤兵 1899 人、战死 692 人。③

长山部队在 1965 年到 1968 年的伤亡概况：1965 年伤兵 71 人、战死 30 人，死亡率占总兵力的 1.6%；1966 年伤兵 1305 人、战死 1081 人，伤亡率占总兵力的 4.4%；1967 年伤兵 1581、战死 632 人；1968 年伤兵 3141 人、战死 895 人。④

越南人民军治天军区在 1966 年到 1968 年各年的战斗伤亡情况：1966 年伤兵 2043 人、战死 1215 人；1967 年伤兵 1810 人、战死 2080 人；1968 年伤兵 7374 人、战死 3811 人。⑤

治天军区在 1968 年新春总攻击中部分单位各阶段（主要是打顺化）的伤亡情况：第 8 步兵团（第 18C 步兵团）伤兵 679 人（占参战兵力的 64.54%），战死 254 人（占参战兵力的 24.14%）；第 6 步兵团伤兵 960 人（占参战兵力的 43.14%），战死 336 人（占参战兵力的 15.1%）；全军区在新春总攻击伤兵 5571 人（占总兵力的 18.78%），战死 2488 人（占参战兵力的 8.4%）。⑥

在 B5 战场（9 号公路—北广治方向），第 324 步兵师由武文合担任卫生主任，从 1966 年投入战斗截至 8 月 10 日共收治伤员 858 人（占参战兵力的 7.75%），

---

① 引自 Lịch sử quân y quân đội nhân dân Việt Nam tập II，第 310 页。
② 引自 Lịch sử quân y quân đội nhân dân Việt Nam tập II，第 356 页。
③ 引自 Lịch sử quân y quân đội nhân dân Việt Nam tập II，第 365 页。
④ 引自 Lịch sử quân y quân đội nhân dân Việt Nam tập II，第 446 页。
⑤ 引自 Lịch sử quân y quân đội nhân dân Việt Nam tập II，第 452 页。
⑥ 引自 Lịch sử quân y quân đội nhân dân Việt Nam tập II，第 456 页。

阵亡 380 人，死在转送卫生站路上的伤员有 48 人。[1]

除开第 31 步兵团，1967 年 2 月 25 日到 3 月 31 日在 B5 战场各次作战的总伤亡（含第 325C 步兵师在溪山方向战斗）是伤兵 608 人、战死 334 人。第二阶段（从 1967 年 4 月 25 日到 5 月 25 日）伤兵 915 人、战死 520 人。[2]

1968 年 1 月 20 日到 7 月 20 日，整个 9 号公路—北广治战场（包括 H1 和 H2 两个方向）收容救治和转运伤病员人次统计：伤兵 11683 人（占参战总兵力的 25%）、病员 8752 人（占参战总兵力的 18.7%）。其中东部方向（H1 永灵，主要是第 320A 步兵师和第 324 步兵师）伤兵 6647 人（占参战兵力的 20.7%）、病员 3687 人（占参战兵力的 11.4%），西部方向（H2，溪山方向）伤兵 5036 人（占参战兵力的 21.4%）、病员 5065 人（占参战兵力的 21.9%）。[3]

1966 年 2 月 20 日到 4 月 21 日，越南人民军第 2 步兵师在山兴西面平原的军事活动阶段，收容并救治伤兵 890 人。[4]

1967 年秋，越南人民军在广南省北部的各次军事行动中共收治伤员 833 人。[5]

1 第 5 军区 966 年伤兵 9521 人，病员 9638 人；1967 年伤兵 10517 人，病员 7508 人。其中，1967 年 12 月战役阶段，全军区伤兵 2087 人，仅第 2 步兵师就有 784 名伤兵，第 4 战场（指广南 - 岘港）也有 530 名伤兵。[6]

1968 年新春总攻击阶段，全军区共收治伤员 2412 人，其中第 2 步兵师伤员 748 人，第 4 战场伤员 748 人。在攻打城市和县城的战斗中，部队伤亡率很高：（广南）1 营打岘港伤兵数占参战兵力的 35%，战死人数又占伤亡兵力的 53%；第 85 营攻打广义市，伤兵数占参战兵力的 49%，战死人数又占伤亡兵力的 39%；攻打归仁的各个单位伤兵数占参战兵力的 41.2%，战死人数又占伤亡兵力的 70%。[7]

秋季 X2 战役（1968 年秋再打岘港），收容伤兵 692 人（占参战兵力的 4.9%），

---

[1] 引自 Lịch sử quân y quân đội nhân dân Việt Nam tập II，第 465 页。
[2] 引自 Lịch sử quân y quân đội nhân dân Việt Nam tập II，第 467 页。
[3] 引自 Lịch sử quân y quân đội nhân dân Việt Nam tập II，第 479 页。
[4] 引自 Lịch sử quân y quân đội nhân dân Việt Nam tập II，第 500 页。
[5] 引自 Lịch sử quân y quân đội nhân dân Việt Nam tập II，第 501 页。
[6] 引自 Lịch sử quân y quân đội nhân dân Việt Nam tập II，第 503 页。
[7] 引自 Lịch sử quân y quân đội nhân dân Việt Nam tập II，第 506 页。

战死 488 人（占参战兵力的 3%）。攻打琴黎第 2 郡收容伤兵 142 人，牺牲 133 人。1968 年全年，第 5 军区各调治基础单位共收治 25276 人次伤病员，其中伤兵 11513 人。[①]

西原军区在 1966 年收治伤兵 3126 人，1967 年收治伤兵 4986 人。[②]

1965 年 10 月 19 日到 11 月 25 日的波莱美战役，伤亡 1223 人（占参战兵力的 20.4%），牺牲 554 人（占参战兵力的 9.2%），伤兵 669 人（占参战兵力的 11.2%）。波莱美战役是抗美救国西原战场的第一战，战役后勤、战役卫生部门等各个基础场所展开不够完整。[③]

1966 年 10 月 18 日到 12 月 8 日，沙柴江进攻战役中，参战部队是越南人民军第 1 步兵师（第 66 步兵团、第 320 步兵团和第 88 步兵团），第 101B 步兵团和第 200、第 32 炮兵营，由阮友安大校统一指挥，对波古江西面和沙柴江地带展开攻击。整个战役，卫生部门收治伤兵 2080 人（占参战兵力的 16%），战死 832 人（占参战兵力的 6.4%）。其中，第 1 步兵师的伤兵 611 人，战死 203 人。[④]

1967 年 11 月 3 日到 27 日的德都 1 号战役，主要参战部队是阮友安大校指挥的第 1 步兵师，对手是美国陆军第 173 空降旅。越南人民军参战兵力共 10684 人，整个战役伤亡 1535 人，占参战兵力的 14.8%，其中伤兵 1081 人。[⑤]

1968 年新春总攻击三个阶段的各个军事活动中，西原战场从 1 月 31 日到 11 月 30 日收治伤员 6284 人，占参战兵力的 17.17%；死亡 3132 人，占参战兵力的 8.56%。[⑥]

在 1971 年的南寮—9 号公路战役中，越南人民军第 2 步兵师、第 368 和 268 高射炮团，Y 阵线、第 968 步兵师共伤亡 2404 人，其中战死 702 人（占伤亡的 29.2%）；仅第 2 步兵师就负伤 751 人、战死 288 人。进攻车邦，越南人民军负伤 1307 人，战死 511 人。[⑦]

---

① 引自 Lịch sử quân y quân đội nhân dân Việt Nam tập II，第 509 页。
② 引自 Lịch sử quân y quân đội nhân dân Việt Nam tập II，第 528 页。
③ 引自 Lịch sử quân y quân đội nhân dân Việt Nam tập II，第 549 页。
④ 引自 Lịch sử quân y quân đội nhân dân Việt Nam tập II，第 555 页。
⑤ 引自 Lịch sử quân y quân đội nhân dân Việt Nam tập II，第 556 页。
⑥ 引自 Lịch sử quân y quân đội nhân dân Việt Nam tập II，第 557 页。
⑦ 引自 Lịch sử quân y Quân Đội Nhân Dân Việt Nam Tập III，第 99 页。

1969 年春夏季作战，从 1969 年 2 月 22 日到 4 月 30 日，越南人民军第 1、5、7、9 步兵师在西宁、平隆、隆庆、福绥（巴地省）与边和等地打击敌人，参战兵力 2.4 万人，伤亡 6802 人（占参战兵力的 28.3%），其中 4174 人负伤（占参战兵力的 17.4%），2628 人战死，阵亡率占伤亡人数的 38.6%。伤兵中 14.4% 是重伤员，42% 是中等伤势，43.6% 是轻伤员。①

西原军区从 1970 年 4 月 1 日到 4 月 28 日进攻德生战斗期间，参战的是第 28 步兵团和第 66 步兵团，及第 40 炮兵团和 2 个特工营，兵力共 5636 人。战役伤亡 1441 人，占参战兵力的 25.56%；其中负伤 1227 人，占参战兵力的 21.77%；战死 214 人，占参战兵力的 3.79%。②

1971 年 2 月 28 日到 6 月 14 日的德都进攻战斗，各卫生基础部门收治伤员 1225 人，占参加战役兵力的 15.19%。③

1969 年，治天军区在各次作战中伤亡 4826 人，其中伤兵 2591 人（占伤亡总数的 46.31%）。④

1971 年南寮—9 号公路大捷伤亡情况和 1972 年战略进攻各个战场伤亡情况见正文。

在 1972 年 12 月 18 日到 12 月 29 日的空中奠边府战役（美国空军称为后卫 2 号行动），越南人民军空军—防空军司令部机关和直属的第 361、363、365、375 和 371 防空师和 3 个团，共战死 113 人，负伤 236 人，平均每昼夜战死 10 人和负伤 21 人。⑤

1972 年 12 月 18 日到 12 月 29 日，河内受到轰炸，巴亭等 4 个区的民众伤亡 1357 人，其中 716 人负伤，死亡率占伤亡总数的 47.2%；周围 4 个县伤亡 2158 人，含 893 人负伤，死亡率占伤亡总数的 58.6%。全城（指河内）在轰炸中伤亡 3515 人，含 1609 人负伤，死亡率高达 54.1%。⑥

---

① 引自 Lịch sử quân y Quân Đội Nhân Dân Việt Nam Tập III，第 119 页。
② 引自 Lịch sử quân y Quân Đội Nhân Dân Việt Nam Tập III，第 221 页。
③ 引自 Lịch sử quân y Quân Đội Nhân Dân Việt Nam Tập III，第 224 页。
④ 引自 Lịch sử quân y Quân Đội Nhân Dân Việt Nam Tập III，第 228 页。
⑤ 引自 Lịch sử quân y Quân Đội Nhân Dân Việt Nam Tập III，第 335 页。
⑥ 引自 Lịch sử quân y Quân Đội Nhân Dân Việt Nam Tập III，第 342 页。

附录2：抗法战争的六次攻坚战例

进攻冒溪教堂和冒溪镇战斗（308大团36团，1951年3月31日）

一、总体情形

1. 地形和天气

冒溪镇和冒溪教堂相距不到1公里，同属广宁省东潮县，其中，冒溪教堂北面约6公里就是著名的冒溪煤矿。冒溪镇东面不到10公里是鸿基市（TX Hồng Gai）。东潮到冒溪的18号公路正好穿过鸿基市，能便于机械化部队沿公路调动。时值春季，破晓和薄暮时刻常有小雨和多雾，这既限制了守军的观察，也给部队隐蔽接近目标带来了便利。

2. 敌情

自3月29日夜我军进攻冒溪后，敌人就往冒溪镇和冒溪教堂增派援军，守军从1个连增加到1个欧非营，含坦克装甲车。其中，冒溪镇区域驻扎着敌1个步兵营，并得到坦克、装甲车支援。冒溪教堂区域驻有1个步兵连，得到坦克、装甲车支援。每当昼间到来，敌人就组织各农团（指亲法军的当地人）往周围搜寻我军的踪迹；夜间各个碉堡就对周围组织不定时的扰乱射击。

敌人的优点在于兵力多，火力猛，防御体系可以依托公路获得及时而有效的机动支援，且有东潮的炮兵和海防的空军支援；缺点是冒溪镇和冒溪教堂相距1公里，容易被我军分割包围。

3. 我情

第308大团36团下辖3个步兵营（80、84和89营）和各直属连，由团长范鸿山同志和政委黄春遂（Hoàng Xuân Tuỳ）指挥。战前，该团补充了兵力和武器装备，基本达到满编。部队曾参加过许多战斗，具有丰富的经验，决心很高。

二、战斗组织准备

1. 任务

36团在312大团指挥下进攻冒溪镇和冒溪教堂，为我军主力顺利消灭敌援兵创造条件。

2. 打法

隐蔽机动兵力，分割包围，密切协同，突然打响进攻，实现边打边进，逐个消耗、消灭敌据点，进而全歼守敌。

3. 兵力布置

第80营在第84营5连、1个工兵排、1个12.7毫米重机枪排的火力支援下进攻冒溪镇，若提前完成任务则支援第84营进攻冒溪教堂。

第84营（欠5连）在1个工兵排和1个12.7毫米重机枪排火力加强下，并得到团火力支援下，进攻冒溪教堂，若提前完成任务则支援第80营攻打冒溪镇。

第89营负责攻打东潮县方向的援敌。

第84营5连担任预备队。

三、战斗发展经过、结果

1. 战斗发展经过

1951年3月30日21点，各单位兵分两路开始行军：

第一路：第80营、团指、火力支援部队、第89营

第二路：第84营

行军过程中我军遭到了敌炮扰乱射击，但各单位还是没有暴露，以完整的行军队形按时进入指定位置。

1951年3月31日1点15分，团指下令进攻。

在第84营进攻冒溪教堂方向，我军一开始就不顺，爆破筒引信受潮，第一次对铁丝网的爆破没有成功，只得再次安放爆破筒准备第二次爆破。当我军好不容易按计划实施爆破，连续炸开2道铁丝网时，却发现敌人竟然又添了3道铁丝网。为了炸开这3道铁丝网，我军连续组织了5次爆破作业全部受挫，爆破筒消耗殆尽。部队只得一边紧急收集所有炸药准备组织爆破，同时派上工兵用刀割断剩余的各道铁丝网（dùng dao chặt các lớp rào còn lại）。用了将近30分钟，我军终于在铁丝网障

碍带撕开了一个口子冲进教堂，但我军在撕开的口子前沿也蒙受了很大的伤亡。在我军组织进攻过程中，东潮的敌炮兵和附近的内河舰队朝我军猛烈射击，同时敌人还冲出冒溪教堂组织反，击试图将我军逐出去。第 84 营连续组织的各次冲击都被敌人打败，向纵深发展战斗受挫。

在第 80 营打的冒溪镇方向，敌人新增的援兵主要防守此地，他们将街道两侧的房屋墙壁凿穿形成射击孔，同时在各个十字路口垒沙包筑街垒，形成了较为完善的镇巷街防御体系。我军撕开口子冲进冒溪镇后，第 80 营各连灵活的交替攻击，逐个突破街道两侧房屋的火力点和街垒，往纵深挺进。这时，敌坦克、装甲车从中心区开出来，朝我军进攻队形猛烈射击。我军的火力分队打燃了 6 辆装甲车，并击退了敌人的一次反击。经过战斗，第 80 营拿下大半个冒溪镇，敌人退到中心区固守，我军继续进攻一直打到拂晓。

天亮前，团指接到各营报告，判断敌人仍有很强的兵力，再打下去不利，遂下令各方向部队撤退。

接到撤军命令，各单位匆忙带上伤兵和烈士遗体，撤到集结位置。

2. 结果

我军击毙敌近 400 人，打坏 1 辆坦克和 6 辆装甲车，以及 6 门 81 毫米迫击炮。

我军牺牲了 58 位同志，负伤 137 位同志，被打坏 2 具 57 毫米无后坐力炮，4 挺机枪、25 支冲锋枪和步枪，消耗 215 千克炸药和 1250 发手榴弹。

秘则据点进攻战斗（308 大团 102 团，1951 年 3 月 27 日到 28 日）

一、总体情形

1. 地形

秘诸屯，位于广宁省东潮（Đông Triều）县的汪秘（Uông Bí）和东潮县之间的 18 号公路南面。地形基本以平原为主，是一个和红河中游交界的地区。它是公路南面一个突兀于周围冲积平原的小高地。从秘诸屯的位置和地形来看，利于敌人观察和机动兵力，给我军的接近和隐蔽集结进攻兵力造成了相当大的困难。

2. 敌情

秘则据点是敌 18 号公路防线的叩山（Núi Đèo）分区一个重要支点，它的职能是保卫 18 号公路的交通路线和汪秘到海防的公路网畅通。

据点面积 1.2 万平方米，依地形而设，障碍带由外 2 层竹签鹿砦和内 2 层带刺铁丝网组成，各层障碍带间距 4 米到 5 米，并布设陷阱、地雷。据点内有 6 个碉堡，高 2.5 到 7 米，及一个深 3 米的地下掩体。这些碉堡分布在据点的四个角落；其中西南角是 1 号、6 号碉堡和地下掩体；西北角是 2 号和 3 号碉堡；东北角是 4 号碉堡，东南角是 5 号碉堡。无论是碉堡还是地下掩体，都是钢筋混凝土结构。（作者表示怀疑，如果真是钢筋混凝土结构会扛不住 75 毫米山炮的轰击？）

据点内还有 4 个砖瓦结构的小屋，通过交通壕与各个碉堡相连。

秘则据点守敌为一个约 180 人欧非籍加强连，由利奥纳屯长指挥。武器装备为 6 挺重机枪、3 门 81 毫米迫击炮、7 挺轻机枪。在我军打响进攻战役，消灭了禄国（Lộc Nước）、兰塔（Lán Tháp）等据点后，敌人又往秘则增调了 2 挺 12.7 毫米重机枪。

除了自身拥有的火力外，秘则据点还能得到汪秘的敌炮兵、东潮县的敌海军和海防吉碑机场的敌空军支援。

3. 我情

308 大团 102 团（欠 79 营），在第 308 大团 36 团 80 营和 2 个 75 毫米山炮连队加强下，由团长武安和政委黄世勇指挥，兵力共 900 多人，武器装备为 6 门 75 毫米山炮、3 门 82 毫米迫击炮、3 挺重机枪。

102 团和各加强单位都曾参加过不少战斗，作战经验丰富，士气高昂。但部队的困难也不小，由于连续参加各次战斗，缺乏休整和训练时间，部队健康率下降。由于战前准备时间急，没有参加过战斗的补充新兵占全团兵力的 50%。

在战斗准备过程中，一名侦察战士被俘，另一名战士投敌，这给我军进攻战斗突然性带来一定影响。

二、战斗准备工作

1. 任务

102 团在 80 营和 2 个 75 毫米山炮连队加强下，完成进攻消灭秘诸据点任务，然后配合战役指挥部所辖的其他单位，消灭从广安、冒溪镇赶来营救的敌援兵。

在 102 团进攻秘则据点的同时，第 308 大团 88 团要消灭汪秘据点，第 312 大团 141 团要消灭长白据点。

2. 打法

自驻地隐蔽机动，集中兵力突然进攻，在夜间消灭据点守敌，然后在拂晓时刻撤回进攻前集结位置。

3. 进攻兵力的组织

54 营在 2 门 75 毫米山炮支援下负责正面进攻，从西面越过 18 号公路直插据点，先攻克 1、2、3 号碉堡，继而在副方向配合下向中心发展进攻。

18 营在 1 门 75 毫米山炮支援下，负责副方向（hướng phụ）进攻，从东面对据点发起攻击，打下 4、5、6 号碉堡，然后配合正面进攻的 54 营向中心发展进攻。

80 营担任预备和阻援力量，在 54 营战斗队形西面行进，越过 18 号公路在秘则据点西南 3 公里隐蔽集结，准备打击敌援兵和支援正面进攻的第 54 营。

第 1 山炮连队：以 2 门山炮支援正面进攻，1 门山炮支援副方向进攻。

第 2 山炮连队：由第 102 团团长直接指挥，对 2、3、4 号碉堡实施破坏射击，并支援正、副两个方向进攻（优先支援正面进攻）。

团属 82 毫米迫击炮连的任务是对据点中心实施破坏射击，消灭通信区、迫击炮阵地，支援步兵撕开突破口和打下桥头堡。

三、战斗发展经过、结果和意义

1. 战斗发展经过

1951 年 3 月 27 日 18 点，全团开始出发，从安寺（Yên Tử）沿公路行军，开赴南冒（Năm Mẫu）村的集结区。

3 月 27 日 21 点，全团分成 3 部分：

54 营在副营长武方（Vũ Phương）指挥下，行军过西面，占领秘则西面进攻前出发阵地。

18 营在营长阮贰（Nguyễn Nhị）指挥下，行军过东面，占领秘则东面进攻前出发阵地。

80 营在营长梅春新（Mai Xuân Tân）指挥下，在 54 营侧后行军跟进。

由于天色渐黑，路标和地貌不太清楚，导致部队迷路。于是，各部队果断暂停前进，派兵紧急侦察道路，确定占领进攻出发阵地的行军方向，绕过敌阵地。

3月27日23点45分，各单位开始重新上路，开赴进攻前出发阵地，部分加强给第54营的75毫米山炮直到3月28日1点15分才占领阵地。

行军过程中，敌人没有发现我们的行动。敌炮兵只是警戒射击（bǎn cấm canh），并没有给我军造成伤亡。

3月28日1点，团长接到报告，各单位已占领进攻前出发阵地。与此同时，敌人发现了54营方向的我军一部分兵力，马上组织炮兵封锁，并用81毫米迫击炮和12.7毫米高射机枪、重机枪对目标区周围射击。周围据点的敌炮兵也进行支援射击。为了不露出蛛丝马迹，我军各单位继续隐蔽没有动弹，敌人只射击了5分钟就停火了。团长判断敌人没有发现我军的进攻意图，他们很可能以为我军只是对据点组织侦察行动。接着，团长命令各单位调整队形、布置火力，分工瞄准敌人各个火力点，做好进攻准备。

3月28日1点15分，敌2号碉堡发现了我部队隐蔽前出破坏的铁丝网，立即拉响战斗警报。眼看进攻时机即将错过，为了争取主动权，团长下令进攻。

在3门82毫米迫击炮轰击秘则据点中心后，6门75毫米山炮也从各个方向对敌碉堡进行破坏射击。伴随着炮火，我军两个方向的进攻部队扑向突破口。

从第一分钟起，我军的82毫米迫击炮弹就击中了中心区，摧毁了敌人的电台通信系统和迫击炮阵地，秘则据点完全和叨山分区及18号公路防线失去了联系。

敌炮兵从周围各个据点进行炮火支援，但由于失去和据点的联系，他们的炮火找不到准头。

虽然敌人激烈抵抗，但进攻仅打响了7分钟，我军从两个方向的进攻就撕开了4个口子，突破了铁丝网，对据点内各个碉堡发起攻击。

在西面：1点30分，54营273连在连长越勇（Việt Dũng）指挥下，打掉2个哨塔——12.7毫米机枪火力点后，又用15千克爆破筒炸毁了2号碉堡楼层，继而扑向3号碉堡。该处守敌遭到我军炮兵猛烈的破坏射击，很快就在273连进攻中被消灭。第269连直插1号碉堡，可该碉堡不仅有表面工事还连通了一个地下掩体，敌人利用地下掩体进行激烈抗击。经过几分钟战斗，第269连一度在1号碉堡打下一个楔子，但很快就受到从地下掩体钻出的守敌的反击，只好被迫退却。

在东面：18营发展顺利，到1点35分，18营的两路进攻部队（263连打4号碉堡、259连打5号碉堡）双双拿下各自指定目标。

1点40分，了解情况后，团长命令正副两个方向的进攻部队紧张巩固队形，继续拿下据点内剩下的碉堡。

在东部方向：第263连继续往纵深的北面小屋区发展进攻，第259连从5号碉堡扑向6号碉堡和南面的小屋区。

在西部方向：第273连往地下掩体和北面小屋区发展进攻。第269连方向遇到了很大的困难，第54营赶紧把营预备队第267连投入战斗，以攻克1号碉堡与配合273连打地下掩体。

1点50分，据点内各个碉堡和地下掩体的守敌都被消灭了，我军各路进攻部队往中心发展进攻。在进攻过程中，由于被小屋区的墙壁隔挡，我军又没有打信号相互联络，结果第54营267连用爆破筒和集束手榴弹组织爆破时，炸中的竟然是第18营259连刚刚拿下的屋子，导致1名班长牺牲、2名战士负伤。

1951年3月28日2点，我军完全攻克了秘则据点，击毙和俘虏了大部分守敌（其中毙敌160人，副屯长布塞和5名敌兵被俘，屯长利奥纳和部分士兵趁乱逃脱）。

消灭秘则据点后，团长命令各单位收缴战利品撤出战场，然而命令没能传达到各个单位，因而该团没有严格执行命令。2个营刚刚打完战斗，许多战士就自动离开了阵地，由于收缴战利品不彻底，导致敌人许多粮食和枪弹并没有被缴获。

4点，我军全部撤离战场。

2. 结果

敌：被击毙160人，俘虏6人。

我：牺牲26位同志，负伤50位同志，打坏1门75毫米山炮。第308步兵师战例选编刊登的这个战例，关于敌我损失的记载严重缩小了自己的损失。按照越南人民军抗法独立战争8卷本记载，这次战斗实际歼敌是击毙敌120人、俘虏欧非兵50人，缴获3挺12.7毫米重机枪、1门81毫米迫击炮和3门61毫米迫击炮，以及10支冲锋枪、25支步枪和一部电台，第102团牺牲30名战士，负伤185名干部战士。

3. 意义

消灭秘则据点，意味着我军在敌18号公路防线上打下了一个至关重要的坚固防御位置。秘则据点和长白据点的胜利，迫使敌人从汪秘（Uông Bí）据点撤出，使我军越北根据地的主力可以直接开进18号公路，为我军在这一带开展游击战争（chiến tranh du kích）创造时机，也为消灭敌有生力量创造了条件。

进攻诺国（Non Nước）屯战例（第 308 大团 102 团 54 营，1951 年 5 月 29 日夜到 30 日凌晨）

一、总体情形

1. 地形

诺国屯，位于诺国山顶，一座位于宁平省会北面代江边冲积平原的小山，紧挨代江三岔口和云江。山顶苔原丛生，面积不到 500 平方米，地势险峻，易守难攻。

2. 敌情

宁平市和发艳市是敌人在北部平原（指红河三角洲平原）西南的 4 个重要军事区中的其中 2 个。在宁平市区域，敌人布置了一个营，主要是据守诺国和桥古（Cầu Cổ）两个据点。判断我军发起光中战役后，敌人增派一个海军陆战连到宁平市的代丰教堂据点坚守。

在宁平市外围，法军还布置了一些小屯据点：比如宁平市西北偏北的黄丹据点，位于代江左岸，由法军 1 个排据守；宁平市东南的碧陶（Bích Đào）据点，位于通往发艳的 12 号公路沿线，由伪军 1 个排据守；还有宁平和发艳之间的渚高据点。

在诺国屯，敌人布置了 1 个连的兵力，由贝尔纳·代拉德中尉指挥（他是时任法国远征军总司令代拉德·塔西尼上将的独子）。敌人依托诺国屯险峻的地形组织成了两道防线：

第一层防线由 4 个碉堡（1 号到 4 号碉堡）和 2 个岩石火力点组成。

第二层防线由 4 个碉堡（5 号到 8 号碉堡）组成，其中 8 号碉堡是敌人的据点指挥所。各座碉堡都由带机枪座的交通壕相连，半埋地下，有盖顶。

据点周围山脚，敌人在东、西、南三面布设了三层鹿砦，结合代江和云江，形成厉害的障碍带。

除了防御坚固外，诺国屯在战斗中还能得到桥古据点的 4 门 105 毫米榴弹炮和云江三岔口停泊的法军战舰和空军的直接支援。在诺国屯南面 100 米是会鹤据点（cứ điểm Hối Hạc）。

3. 我情

第 308 大团 102 团 54 营由副营长武方指挥，战役前补充满编制。该营由 3 个步兵连、1个助战连组成，兵力共 600 多人，干部战士基本都参加过战斗，拥有丰富的经验，精神决心高。困难：这是 54 营第一次在宁平市平原地形对敌的进攻战斗，而且 54 营连续进行了多次战役，部队健康率有所下降。

协同战斗的有第 102 团 79 营，其对代丰教堂守敌展开攻击。

该地区人民虽然大部分是天主教徒，但富有爱国之心，随时准备协助我部队战斗。

二、战斗组织准备

1. 任务

第 54 营是第 102 团主要方向的进攻力量，任务是消灭诺国屯，配合战役指挥部的主力部队消灭会鹤据点，夺取宁平市。完成任务后，准备打击从桥古沿 10 号公路出援宁平的敌军。

2. 打法

第 54 营展开兵力对据点形成包围之势，用火力压制守敌，组织小群多路冲锋，相互配合拿下各个碉堡、火力点，突破各层防线。主要目标是敌人的据点指挥所。

3. 兵力布置

第 273 连在 2 门 75 毫米山炮支援下负责主要方向（东南）进攻，消灭 1 号碉堡，歼灭第一层防线（东南偏南）和南面战壕里的守敌；继而向第二层防线发展进攻，消灭 8 号碉堡；配合次要方向的进攻部队消灭敌指挥所，然后准备打击从桥古方向来的援敌。

第 267 连在 2 门 75 毫米山炮支援下负责次要方向（西北）进攻，消灭第一层防线的 2、3 号碉堡，向第二层防线发展进攻，消灭 4、5 号碉堡，配合主要方向的 273 连消灭敌指挥所。

第 269 连担任预备队，展开于警鹞（Cánh Diều）山的西面，随时准备投入到主要方向，打击从桥古过来的敌援兵。

第 271 连（助战连，本质属于火力连）在距诺国屯 800 米展开，用火力支援各个方向部队的冲击。

三、战斗经过和结果

1. 战斗经过

5 月 28 日 18 点，54 营开始从芒山—常安（Mang Son – Trường Yên）往福政（Phúc Chinh）行军（距宁平市大约 2 公里）。福政乡人民组织了几十艘船只把部队送过云江，同时还组织了几十艘船载着火炮和迫击炮沿着云江送到指定地点，让部队行进到指定阵地。

与此同时，第 102 团 79 营行军占领阵地，准备消灭代丰教堂的守敌；第 36 团 80 营也占领了指定阵地，准备进攻黄丹据点。

由于船只是在沼泽地形和暗礁多的河道行船，导致第 54 营行军延迟。从 5 月 29 日 2 点到 4 点，第 54 营各连才相继进入指定位置。此时，已经临近早晨，如果马上进攻诺国就会遇到许多困难。在这种情况下，第 308 大团决定推迟进攻，让部队撤回福政。可他们来不及研究命令，54 营仍逗留在宁平市周围，分成两部分，利用地形掩护隐蔽起来，但却缺乏营指的统一指挥。虽然如此，当 79 营击毙代丰教堂的 50 名敌人时，54 营也主动阻截逃敌，击毙与活捉了 48 名试图逃往诺国（Non Nước）屯的敌人。

在代丰教堂受到攻击后，敌人于 5 月 29 日清晨出动空军、炮兵对云江两岸各村实施猛烈轰击，同时组织内河舰艇沿代江而上，从发艳冲了过来，加强宁平市周围的火力支援。12 点，敌人 1 个营前往宁平市周围扫荡，第 54 营各部分兵力坚决阻击，迫使敌人逃回桥古。敌人往诺国屯（Non Nước）增加了 1 个连，并以 1 个排固守会鹤山。

在敌情有变的情况下，大团指决定把第 88 团 29 营加强给第 102 团，继续组织对敌进攻。第 102 团下令第 29 营 213 连加强给 54 营，去攻打会鹤据点。另外，第 102 团团指还把参加攻打代丰教堂的 2 门 75 毫米山炮调过来加强给了 54 营。

5 月 29 日 19 点 30 分，第 54 营调整和补充好了作战计划：

第 273 连在 3 门 75 毫米山炮支援下，负责对诺国屯主要方向的进攻。

第 267 连在 2 门 75 毫米山炮支援下，负责对诺国屯次要方向的进攻。

第 29 营 213 连在 1 门 75 毫米山炮支援下，进攻会鹤据点。

第 269 连担任预备队。

5 月 29 日 20 点到 24 点，各单位组织行军占领冲锋出发阵地，准备发动进攻。

5月30日1点，第102团54营下令进攻，团和营火力对各个碉堡、火力点进行急袭射击，掩护各个爆破组靠到铁丝网障碍带炸开突破口。5月30日1点10分，两个方向的进攻部队都撕开了突破口，（山）炮兵奉命继续对诺国屯纵深和代江停泊的敌内河舰艇射击。我军从三个方向同时对诺国屯与会鹤据点发起冲击。

在主要方向：第273连在连长越勇指挥下，从一开始就遇到了很大的困难，敌内河舰艇、会鹤、诺国屯（Non Nước）的火力封锁了突破口，部队无法前进一步。直到75毫米山炮射击打坏了敌内河舰艇，第273连才冲过突破口，但却又遇到高出坡面5米的1号碉堡的射击，部队无法抵抗伤亡很重，没能打掉1号碉堡。

在次要方向上：第267连在连长阮威山（1972年任第304A步兵师副师长，1975年任第324步兵师师长）指挥下，采取小群攻击战术实施突破。尖刀组阿康、阿陆、阿车在组长甲文康指挥下，交替攻击钳制住了敌人，他们利用岩石的掩护，避开了敌人的拦阻火力接近目标。组长甲文康攀着峭壁摸到2号碉堡射击孔旁，将一枚手榴弹塞了进去，炸毁了2号碉堡，给各个突击组攻破第一层防线创造了有利的战机。趁此机会，各组发展进攻，相继拿下了3号和4号碉堡，以及其他的火力点。2点30分，267连完全攻克了第一层防线。

配合方向：第213连在连长阮国治指挥下从一开始就发展顺利。在消灭了会鹤据点守敌的前哨组后，第213连兵分两路包围了北面的敌人的正面阵地，并使用75毫米山炮消灭了一个阻挡部队冲锋的重机枪火力点。经过30分钟战斗，第213连完全控制了会鹤据点，击毙敌30人。会鹤守敌的40名幸存者逃进一个岩洞躲了起来，第213连没有发现他们。为了消灭全部守敌，他们又组织一个排沿着267连突破口往诺国屯发展进攻，剩下的兵力收缴战利品，准备继续战斗。

5月30日3点，看到次要方向发展顺利，主要方向因地形复杂而战斗遇到了很大困难，营指决定让第273连组织兵力，往267连突破口方向运动，沿着从山脚起的山脊线突击，配合第267连和第213连打第二层防线。

第二层防线的守敌坚决抵抗。第273、267和213连的各位战士利用灌木丛和山上的岩石隐蔽接近，发挥三人战斗组的灵活打法，连续突击第2层防线，拿下了各个火力点和碉堡。

与此同时，阿康—阿陆—阿车三人战斗组仍在顽强战斗。各位同志攀着岩石插到敌后，对第二层防线西南的5号碉堡展开攻击，给部队沿着山脊线冲击守敌创造了有利的条件。拿下 5 号碉堡后，阿康—阿陆—阿车组成的 3 人战斗组继续往敌后穿插，拿下了山顶的通信区和敌人指挥所，配合各路进攻部队在 5 月 30 日 5 点包围压制了山顶地下掩体的守敌，并活捉了残余的全部敌人。完成攻坚任务后，我军战胜了对手并在诺国屯山顶的碉堡插起了胜利的红旗。

5 月 30 日 5 点 5 分，第 54 营准备收兵时，第 213 连连长阮国治发现会鹤据点还有个岩洞，里面藏着不少残敌，他立即指挥部队包围岩洞。敌人在岩洞里架起重机枪抵抗。直到 213 连调来 75 毫米山炮对岩洞直射，才被迫投降。

5 月 30 日 5 点 30 分，第 102 团 54 营胜利结束了诺国屯攻坚战。接着，我军组织兵力收缴战利品，押解战俘，陆续撤回后方。

5 月 30 日 6 点，敌人从桥古派了两个连的兵力，反击诺国屯，试图救援仍在固守地下掩体和岩洞的残敌（敌人还是希望守敌没有被消灭）。但这次反击被武方指挥留下来的 18 名干部战士给挡住了，并歼敌一批。当撤退的命令下达时，一些干部战士没有收到命令，结果被敌包围，要么牺牲要么被俘。

2. 结果

敌人被击毙近 80 人，活捉 120 人。我军牺牲和负伤 80 位同志，被俘 3 位同志。

3. 意义

诺国屯之战，我军全歼了依托坚固工事并得到炮兵掩护的守敌两个连。这是代江南岸防线最坚固的据点，也是敌人平原西南防守系统的重要基石，我军的胜利让敌人陷入了慌乱。这次战斗也得到敌后人民的大力支持，给我军胜利发展抗战游击战和增强人民胜利的信念作了突出贡献。

进攻渚高据点（第 308 大团 88 团 ,1951 年 6 月 4 日夜至 6 日夜）

一、总体情况

1. 地形

渚高据点（Cứ điểm Chùa Cao），属宁平省安庆县安古乡（xã Yên Cư, huyện Yên Khánh tỉnh Ninh Bình）。这是第一个被敌人建成炮台的寺庙，据点十分坚固并构造复杂，紧靠宁平市东南和南面，邻 10 号公路，也靠近代江。沿着公路经过渚高据点可以通达发艳，因此这是保卫发艳郊区的外围要点。据点靠在带江东面，形成一个天然障碍。除了沿水路比较容易接近渚高据点外，周围的稻田（特别是西面）给我军接近目标带来很大的困难。

2. 敌情

渚高据点状似长方形，建在高台上，据点面积不到 600 平方米，长不到 90 米、宽不足 60 米。一共由 5 个碉堡组成，B 号碉堡是核心碉堡；其他 4 个是子碉堡：A、C、D、E 围绕 B 号碉堡在四周形成。各座碉堡都由砖头、石头和混凝土建成，十分坚固，厚 0.6 米到 0.8 米，其中 A、C、D、E 四个碉堡是双层结构，高 5 米，核心碉堡（母碉堡）B 号碉堡高约 7 米，三层结构。每个碉堡都有敌人 1 个班据守，但母碉堡有敌人 1 个排守备，同时用火力支援剩下的 4 个子碉堡。

在每个子碉堡里，敌人都布置 1 个步兵班、1 挺重机枪和 2 挺轻机枪。在核心碉堡（母碉堡）里，敌人布置了 1 个排、2 挺重机枪和 3 挺轻机枪。此外还有 1 门 75 毫米山炮、1 门 81 毫米迫击炮布置在母碉堡西北，准备支援其他 4 个子碉堡。整个据点总兵力是 162 人，包括 8 名法军、3 名欧非兵、124 名伪军由罗塞马里奥上尉指挥。据点内的欧非兵和法国兵都是经验丰富的久战之士，伪军大部分是各个反动派政党的信徒，思想反动而顽固。武器装备是 1 门 75 毫米山炮、1 门 81 毫米迫击炮、6 挺重机枪和 11 挺轻机枪。

在我军发起战役第一阶段进攻后，敌人就把火力主要布置在据点南面和西南面，火力配系得到周到、隐蔽，且与周围各个据点紧密结合，形成正面、倒打、侧射的交叉火力，严密封锁各条接近据点的进攻通道，这给我军攻击带来了很大的麻烦。

3. 我情

第 308 大团所辖的第 88 团具有丰富的在山地地形攻坚战斗经验，却没有在平原地区的攻坚战斗经验，团里的干部战士都有英勇、坚强的战斗精神。从 1951 年初开始，第 88 团连续参加了三次战役，兵力消耗很大，每个连都只剩不到 2 个排，特别是担任主攻的第 88 团 29 营只剩 4 个步兵排。直接参加这次攻坚战斗的兵力是 5 个步兵连、1 个 82 毫米迫击炮连（4 门 82 毫米迫击炮）、3 个营的 3 个助战连共 9 挺重机枪、3 门 57 毫米无后坐力炮。此外，第 308 大团还给第 88 团增添了第 102 团 18 营、1 个 75 毫米山炮连（3 门 75 毫米山炮）、4 门 57 毫米无后坐力炮、2 门迫击炮和 4 挺轻机枪。

领受战斗任务时，部队精神高涨。虽然如此，在战役之初连续胜利后，第二阶段在一些干部、战士中出现了轻敌的主观思想。

二、战斗组织准备

1. 打法

使用第 88 团全部兵力火力，组织 4 路突击（3 路突破、1 路疑兵钳制），南面为主要进攻方向，以 A 碉堡为突破点。要连续突破，坚决消灭渚高据点。

2. 进攻部署

第 322 营在 2 门 57 毫米无后坐力炮加强下，负责团主要方向进攻，兵分两路突破。第一路由第 225 连负责突破 A 碉堡，接着往纵深发展进攻打下 B 碉堡、5 号屋和敌人的迫击炮阵地。第二路由第 227 连负责，突破 E 号碉堡，拿下 3 号和 4 号屋，接着往 B 号碉堡西面发展进攻，配合第 225 连战斗。第 229 连（只剩 1 个多排的兵力）担任营预备队，准备支援第一路进攻部队完成任务。全营在据点南面和西南占领进攻前出发阵地。

第 23 营在 2 门 57 毫米无后坐力炮，2 门 82 毫米迫击炮加强下，负责团次要方向进攻，向西迂回据点打 D 号和 C 号碉堡。该营以 1 个排担任疑兵钳制 C 碉堡东面的敌人，准备打击敌人，不让他们沿着 10 号公路逃窜。第 211 连 2 个排直接突破 D 碉堡，拿下 1、2 号屋后在第 227 连配合下向 E 碉堡发展进攻。第 209 连剩下的 2 个排担任营预备队，任务是支援第 211 连。全营在据点西面和东面占领进攻前出发阵地。

第 29 营兵力共 4 个排，编成 1 个暂编连和第 23 营 213 连一起担任团预备队，准备支援主要方向的进攻。

第 18 营在云蓬村南面布置阵地，任务是阻止敌人沿 10 号公路从福岳（Phúc Nhạc）方向增援。

团火力分队布置成 2 个阵地。第一火力阵地布置在据点南面的墓地间，由 2 门 75 毫米山炮、4 门 82 毫米迫击炮、2 挺 12.7 毫米高射机枪组成，任务是支援主要突破方向的进攻。第二火力阵地布置在据点西面墓地，包括 1 门 75 毫米山炮、2 门 82 毫米迫击炮、2 挺 12.7 毫米高射机枪，离据点有 100 米，任务是支援次要方向的第 322 营突破。

三、战斗发展经过和结果

1. 第一次进攻（1951 年 6 月 4 日）

接到任务后，6 月 3 日，团长召集各营连长进行实地侦察（相当于苏军的现地勘察）。由于时间紧、任务急，团的侦察干部队伍只研究了据点周围地形而没有深入调查据点内的敌人情形和伎俩。

经过一天紧张的战斗准备，1951 年 6 月 4 日 19 点，团各单位开始行军开赴进攻前出发阵地。在主要进攻方向上，第 322 营首先出发，接着是部分火力分队、营指和预备队，由于先前进行了实地侦察和道路检查，行军过程还算顺利。

6 月 4 日 22 点，各营都靠近了进攻前出发阵地，但配属第 88 团的 75 毫米山炮群却没有到位。团长只得命令各营暂停前进，等待 75 毫米山炮群到位。过了 1 个小时，75 毫米山炮群基本到位后，团长才命令各营继续开赴进攻前出发阵地。24 点，各营报告已占领进攻前出发阵地。在主要进攻方向上，第 322 营甚至隐蔽在敌人竹签障碍带打开了一个口子，并偷偷将爆破筒放到敌人第一道铁丝网地带。团指和各营、连的电话联系很畅通，各单位都报告已经做好了战斗准备，75 毫米山炮群也紧张展开，准备射击。据点内守敌没有发现异常状况，他们只是随便乱打了几枪，应付了事。

在团指，团长和团指各主要干部接到各单位电话报告后，认为我军已经按计划占领了进攻前出发阵地，行动并未有任何暴露的情况，75 毫米山炮群大部分做好了射击准备，目前我军应该争取主动，抓紧时间在夜间组织进攻，在拂晓前解决战斗。

1951 年 6 月 5 日 0 点 19 分，团长命令主要进攻方向的 225 连引爆埋放的爆破筒作，以此为各路进攻部队的号令。伴随着爆炸声，团营和各连按计划分工对各个目标进行火力突击，敌人被打了个措手不及没能及时对付，我军部队遂从各个方向发起冲击，在据点前的障碍带撕开口子。仅在次要进攻方向的第 211 连，该连队负责突破 D 碉堡，由于准备不够细致和下雨潮湿的缘故，连续埋放多根爆破筒都没法炸响，结果失去了进攻时机给守敌缓过劲儿来，守敌集中火力猛烈射击。211 连损失很大，还没突破就被迫撤下来巩固。

与此同时，主要进攻方向的第 225 连首先突破了铁丝网障碍带，接着打信号向炮兵表明自己已经撕开突破口，要求 75 毫米山炮转移火力。当我军炮兵往据点中心延伸时，A 碉堡下层没有被破坏的火力点开始还击。由于炮火准备阶段，75毫米山炮群消耗了过多的弹药，因而没有多余炮弹压制住据点内各个碉堡剩下的火力点或复活火力点。更为糟糕的是，225 连刚进据点就发现敌人在 A 碉堡前挖了一条深壕。战前准备的马虎草率带来了致命的后果，部队没有带木板！面对猛烈的火力打击和无法一步跨过的深壕，225 连连长只得命令部队先跳进壕沟躲避弹雨，然后设法爬上去攻击碉堡。遗憾的是，当爆破手好不容易爬出深壕，冲到 A 碉堡墙壁跟前准备埋放爆破筒时，却发现引线因潮湿无法使用！（这是什么战斗准备啊）眼看爆破筒用不上，连长只得命令新的爆破组上去，使用枪榴弹和集束手榴弹攻击射击孔，压住敌人火力再冲进碉堡内部近战。经过 10 分钟激烈战斗，第 225 连拿下了 A 碉堡。

负责策应第 225 连的 227 连从左翼投入战斗，他们也因战前准备马虎没带木板，被迫止步于壕沟前，受到敌人猛烈火力压制。部队伤亡很大，连长也挂了彩，副连长迅速接手指挥，但还是没法和 225 连协同起来。经过火线讨论，227 连决定采取和 225 连一样的方式，先跳进深壕，然后再爬上去攻击 E 碉堡。可 227 连没有组织好对 E 碉堡周围各个火力点的压制射击，导致爆破组还没能接近目标就被敌火力杀伤殆尽，完全没能实现上级交付的任务。

在 211 连方向，经短暂巩固，部队再次冲击，他们先从铁丝网地带撕开一个口子，然后从西北方向直插 D 碉堡。很快，他们也遇到了一条深壕，部队赶紧铺设木板，却发现木板太短（说明第 88 团战前侦察和战斗准备实在太马虎了），等211 准备好已经浪费了许多时间，敌人已经反应过来并集中火力拦阻。尽管第 322营和第 211 连拼命组织射击，却没能压制住敌人的火力。虽然如此，第 211 连爆破组还是勇敢冲过深壕，顶着敌人密集的火力，靠到碉堡跟前安放爆破筒。遗憾的是，爆破筒还是没有炸响！（估计还是因为潮湿问题，这个战斗准备做得实在是差劲）更糟糕的是，211 连战斗队形也在敌人的火力打击下伤亡很大，同志们被迫退到铁丝网外，依托战壕和敌人对峙。

在 C 号碉堡方向做疑兵活动的 1 个排，奉命在战斗打响后有力配合各个方向战斗。然而，他们没有及时修工事隐蔽，结果被敌人杀伤 1 个班，战斗力下降，无力完成吸引敌兵力和火力的任务。敌人也准确判断出我军的疑兵方向，因而放心集中火力于 A 碉堡和 E 碉堡正面。

到 6 月 5 日 0 点 50 分，敌人发现我各路进攻部队后，赶紧组织驻桥古、福岳和永筑等据点的炮兵，集中火力对我军各个突破口进行炮火封锁，特别是 225 连和 227 连突破方向，我军在后方的各个分队试图跟进打击时完全被炮火封堵。当时，各个方向的情形是，225 连拿下了 A 碉堡后，往 B 碉堡发展进攻受阻，其他各路次要方向进攻部队虽然没有完成突破任务，但还是起到了配合主要方向的 225 连突击的作用。

情况十分复杂，第 88 团团指动员主要进攻方向的第 225 连迅速拿下 B 碉堡和敌人的炮兵阵地，掩护各路次要方向进攻部队协同突破；团长（泰勇）还命令第 322 营想办法支援第 225 连完成在据点纵深的战斗任务。同时，团长还要求第 227 连积极突破 E 碉堡，第 23 营的 211 连突破 D 碉堡，配合主要方向的进攻部队分割守敌。此外，团长还命令重机枪和 75 毫米山炮尽量靠近据点射击，只有各连属 82 毫米迫击炮留在后方。

接到团长的命令，第 322 营长立即敦促各连组织剩下的火力，迅速调整部队队形，继续发展进攻。第 225 连调火力组布置到突破口，积极钳制敌人的火力。利用火力组的压制效果，连长命令突击组抓住时机，兵分两路攻打 B 碉堡和 5 号屋。

在第 227 连方向，部队积极突击并组织火力钳制，有效分散了敌人的火力。经过 30 分钟战斗，第 227 连拿下 E 碉堡，敌人被迫逃离。指挥突击战斗的副连长却没有抓住战机带部队继续追击，反而让部队留下来巩固，理由是部队伤亡很多（疲惫不堪急需休整）。利用这个机会，敌人调整剩下的兵力，迅速开始反冲锋。虽然第 227 连拿下了碉堡，可只来得及休息没有巩固阵地就被敌人一个冲杀给赶了出去。

第 211 连重新恢复进攻，继续接近敌碉堡，虽然连组织了火力压制却没有效果，部队运动到突破口前还是遭到敌火力杀伤，没法继续突破，只得撤到外面巩固。在此期间，敌人的支援炮火和据点内的火力完全封锁了各个突破口，并朝我军战斗队形猛烈射击，导致团指和各营的电话线被打断随后指挥中断，各路进攻部队无法协调，225 连只能在据点纵深独立实施战斗。

第 227 连在被敌人打出碉堡后，要继续组织进攻急需增援。团长赶紧命令副营长指挥第二梯队一个连上去增援。虽然第 2 梯队积极配合第 227 连继续战斗，可他们没有工事依托，敌人火力十分猛烈，虽然我军组织火力压制，但连冲 3 次都被敌人火力打了回来，部队伤亡很多，被迫撤到铁丝网外围巩固。

第 225 连在拿下 B 碉堡和 5 号屋后，继续组织往据点内守敌的炮兵阵地和 6

号屋发展进攻。由于只剩这一个单位独立在敌据点纵深战斗，因而该连受到 C、D、E 各个碉堡和许多剩余掩体的守敌集中火力的拦阻。敌人还组织反击打 225 连侧翼，225 连损失不小，无力继续发展进攻，被迫在 B 碉堡和 5 号屋转入防御和敌人僵持，同时向营指请求支援以便继续战斗。

在整个进攻战斗遇到极大困难的情况下，6 月 5 日 3 点 30 分，团指认为：主要进攻方向的第 225 连突破成功，拿下了 B 碉堡和 5 号屋（也即敌人的据点指挥所）；其他各路次要进攻方向的部队突破没有成功，但守敌兵力也被消耗了很多，他们也遇到了很大的困难，目前正在固守待援；目前团仍掌握着第 2 梯队。在这种情况下，团长决定把第二梯队——322 营 213 连增强给 225 连，让其迅速消灭残余的顽抗之敌，力争在拂晓到来前全歼守敌。团参谋长同志先是向第 213 连交代任务，然后带部队走向第 322 营指挥位置，准备向靠前指挥的副团长传达团长的战斗决心和意图。

30 分钟后，团参谋长带着 213 连抵达第 322 营指位置。在那里，副团长从尽量避免白天战斗，以及目前我军伤亡很大可还是没有打下据点的现实条件出发，要求让第 213 连换下 225 连的同时，让所有参加战斗的部队撤出，返回团指位置。接着，副团长向团长和团政委汇报了自己的意见，团长同意了副团长的意见，决定停止进攻，让各部队抓紧时间救治伤兵、撤走烈士并沿着旧路返回驻军位置，并指示第 322 营营长同志直接指挥第 213 连和第 225 连负责断后，先掩护各单位撤下来，然后自己再撤退。第 322 营第二梯队剩下部分撤到安巩村（làng Yên Cống，离据点 100 米），并根据团指命令修工事。

接到团长下达的撤退令时，主要进攻方向的第 213 连已进入（渚高）据点，正和第 225 连换防；第 225 连由于受到敌人猛烈的火力封锁，只有一些指战员撤了出去。眼看 2 个连都要陷在据点里，第 322 营营长一边命令第 225 连赶紧全部撤下来，一边又命令第 213 连断后任务完成后也要迅速撤下来，可匆忙间，谁也没有做好撤退安排。各路部队接到命令后，撤退组织异常混乱，各连都乱哄哄急着逃出战场，毫无协调可言。据点守敌发现我军要撤，马上组织据点内的重机枪火力结合炮兵火力进行追踪射击，又给部队增加了很大的伤亡。清晨，团长亲临一线检查各部阵地，听第 322 营长报告说第 213 连还有一部分兵力留在据点内被敌火力封锁撤不下来（实际是 213 连和 225 连大部分都没有撤下来！）时感到很震惊。可是，如果白天组织部队进攻据点接应他们撤退的话，只会给88团带来更大的损失。考虑再三，团长还是命令各单位继续撤退。

6月5日5点30分，部队基本撤到据点外，敌空军和炮兵继续对我军部队撤退的各个可疑区域进行猛烈轰击。在据点内，敌人集中火力控制了我军主要进攻方向的突破口，阻止我军撤退。第213连和第225连的一些干部、战士共80多人，在第322营副营长指挥下，继续固守夺取的B碉堡、5号屋、A碉堡和南面、东南的狭窄路段。天亮了，在没有接到上级命令的情况下，第322营副营长决定把留在据点内的兵力给撤下来，却遭到敌猛烈火力压制突破口，部队根本撤不下来。副营长只得召开各级政委和连干部会议，决心带部队留在据点内，固守既得区域，坚持到夜间配合外围的部队继续进攻。在下决心留在据点内继续战斗后，副营长和各连干部又把任务交给各排、班，命令他们造工事，拉断碉堡周围的墙壁防止敌人利用它们靠上来反击（拓宽射界），并布置剩下兵力，然后控制住5号屋的水源和粮食库（kho lương thực），解决部队在当天战斗的生活问题，且动员部队克服困难，决心战斗守住阵地。同时，在据点内的指挥部还派一名联络员趁机突围出去，向团指报告据点内的情况和接受指示。

清晨8点左右，敌人出动1艘LTC和1艘运输船搭载2个连从发艳沿着代江赶来救援渚高据点。敌人在据点北面300米处登陆，然后用船上的火力猛烈射击A碉堡、B碉堡，继而用1个连的兵力控制了据点东北的10号公路段，同时组织轻重机枪朝A碉堡东南侧猛烈射击，控制了我军的突破口。接着，敌人在空军和炮兵的支援下，以外围增援部队和据点内的部队连续反击，企图夺回B碉堡和5号屋。我部队依托坚固工事顽强战斗，连续击退敌人各次反击，牢牢地守住了阵地。到6月5日10点，敌我双方打成了僵持。虽然我军留在据点内的部队独立战斗，依靠缴自敌人的弹药消耗很多，但各级干部还是轮流上去指挥和直接在一线勇敢战斗，保持部队士气的旺盛。在外围，联络员在过突破口时中弹负重伤（后顽强爬了出去），到6月5日10点才到安永村，碰上驻军于此的团第2梯队—第29营地，并报告据点内的情形。29营得知情况，赶紧向副团长报告，在没有接到命令的情况下，第29营也不能擅自行动去支援据点内受困的部队。12点30分，敌人增强据点内的兵力，并组织激烈反击。敌人集中支援炮火和飞机猛炸A碉堡、B碉堡，并用火力直射据点，支援各路步兵对我阵地两翼反击。第213连干部战士顽强固守既得阵地，打到 12 点 30 分弹药耗尽，大部分指战员牺牲，只剩 7 位同志活着撤了出去。14 点 30 分，第一次进攻战斗结束，敌人完全夺回了据点。

战斗结果：我军毙敌 40 人、活捉 4 人，击伤敌不到 1 个排。我军损失很大，却没能拿下据点：159 位同志牺牲和失踪，145 位同志负伤。

2. 第 2 次进攻（1951 年 6 月 6 日夜）

在全部夺回据点后，敌人把旧的兵力转移到别处，同时用 1 个连的伪军和 1 个连的欧非兵接替原守军守卫据点。除了现有的榴弹炮、迫击炮和重机枪数外，新到据点的部队还装备了许多轻机枪、冲锋枪和其他单兵武器、单兵装备。在代江，敌人用 1 艘 LCT 和 5 艘运输船搭载约 2 个连的兵力，直接在距渚高据点北面约 350 米的江边登陆，作为掩护和支援据点的力量。6 月 5 日下午和 6 月 6 日，敌人继续增强修筑工事和补铁丝网，封闭了昨天被我军突破撕开的口子，敌人炮兵也调整诸元，集中火力猛轰据点周围。敌人还派兵到周围诸如安古、安巩（Yên Cư, Yên Công）发动村民调查（打探的意思）我部队的行踪。在敌人的煽动下，不少村民来到昨夜我部队挖的阵地工事地带，其中就有不少间谍（gián điệp），越奸（Việt gian）也遍布渚高据点周围村落。

对我军来说 6 月 4 日夜到 6 月 5 日清晨进攻未获成功后，第 88 团撤到驻军位置。巩固剩余力量后，除开 23 营还剩 2 个排外，其他各营都只剩 4 个排。在现有力量的情况下，每个连组织成 1 个连，部队的士气低落且疲惫不堪，悲观论蔓延，只有少数人想"报仇"。6 月 4 日夜，第 308 大团指挥所认定：第 88 团进攻战斗没有获得成功，而且还把 1 个连留在据点内孤立战斗，这对部队的团结互助战斗精神和干部、战士的信心造成了很大的冲击（影响）。关于敌情，虽然敌人损失不小，但由于换防和增添了 1 个排（大团指挥所认为守敌只有 5 个排），但这些新来的敌兵不熟悉地形，工事也修得不够坚固（这个就是越南人民军的错误判断了）；这些因素都给我军继续进攻消灭敌人创造了有利的条件。此外，第 88 团仍有继续进攻的能力，目前要做的只是加强思想工作，动员部队为先前牺牲的战友报仇，并解决部队悲观思想的问题。另一方面，大团指还给第 88 团增派了 2 个连和一些直射炮兵，确保该团能够完成任务。在这个认识基础上，同时出于确保大团内部团结一致和巩固各单位的士气的考虑，大团指主张继续交任务给第 88 团，要求该团于 1951 年 6 月 6 日夜对渚高据点实施第二次进攻，务必消灭之。

在这次进攻战斗中，第 88 团得到了第 36 团 80 营、第 102 团 18 营和 2 门 57 毫米无后坐力炮加强。6 月 5 日昼间，在接到大团指布置的任务后，第 88 团组织阵地侦察，各营连干部轮流到前沿研究地形，并派各侦察组查明敌情。接着，团指召集前夜在据点内战斗过的各级干部了解据点内敌人工事布置情形。根据各方基础情报汇总，团指决心把全团兵力投入战斗，兵分四路突破据点，先消灭外围的 4 个碉堡，然后往纵深发展进攻，主要进攻方向选在南面，任务是消灭 A 碉堡。各单位的具体任务如下：

29 营（兵力还剩 4 个排）在 1 门 57 毫米无后坐力炮加强，并得到 2 门 75 毫米山炮、4 门 82 毫米迫击炮直接支援下，负责主要方向的进攻，任务是消灭 A 碉堡，然后往纵深发展进攻消灭 B 碉堡、5 号屋、6 号屋和敌迫击炮群阵地。

第 322 营（兵力还剩 4 个排）在 1 门 57 毫米无后坐力炮加强，并得到 1 门 75 毫米山炮支援，负责第一次要方向的进攻，任务是突破 E 碉堡南面，接着往纵深发展进攻消灭 3 号屋、4 号屋，并配合主要方向进攻部队消灭 B 碉堡。

18 营（102 团主力营部，兵力只剩 2 个排）在 1 门 57 毫米无后坐力炮加强，负责第二次要方向进攻，任务是突破 D 碉堡西北，接着往纵深发展进攻消灭 1 号、2 号屋，要在右翼配合好主要方向进攻部队和第一次要方向进攻部队的战斗。

23 营（兵力只剩 2 个排）在 1 门 57 毫米无后坐力炮加强下，担任第三次要方向进攻，突破 C 碉堡西北，然后往纵深发展进攻，打下 7 号屋和 8 号屋。

36 团 80 营（只剩 7 个排）担任第 88 团第 2 梯队，布置在墓地南面，随时准备支援主要方向和第一次要方向的进攻。

12.7 毫米高射机枪分队（4 挺）在一个步兵班掩护下，在据点西北 250 米展开，任务是钳制住搭载登陆艇前来营救渚高据点的敌援军。在白天完成射击任务后，转移到安巩村北面负责防空担保第 88 团战斗和撤退。

总结了前次战斗的经验后，团指强调要做好诸如爆破筒、木板梯子（突破铁丝网）等准备，造好工事、加强伪装，提防敌空军和炮兵。可在政治、思想工作上，团指却没有从上次战斗中总结出经验，而且给部队的要求过于泛泛，不够具体。各连因时间仓促只能进行战斗物资准备，而没法进行思想工作动员，只能向部队传达一下自己的战斗决心，许多干部、战士都抱怨既已失败，何必再打，可以说部队士气低落，精神萎靡不振，给战斗失败埋下了种子。

经过近一天的准备，6月6日19点，各单位开始往指定阵地行军。但负责主要方向进攻的29营，却因炸药（含爆破筒）没有准备好，直到22点30分才开始出发。

6月7日1点，第一次要进攻方向的各连，团火力分队、第2梯队和团指抵达指定阵地。在第二次要进攻方向上，第102团18营前进到离据点大约350米时，他们发现10号公路沿线有火堆，营指判断敌人很可能要组织伏击，赶紧命令部队停止前进，直到团指下令打响进攻时，第18营才重新前进，并占领指定阵地。6月7日2点，负责主要方向进攻的第29营好不容易抵达出发阵地，但是负责第三次要方向进攻的第23营却迷路了，没能在进攻打响时进入指定阵地。

2点10分，团指认为各单位占领指定阵地的时间太晚，如果坐等各单位完全占领阵地的话，进攻时间必定要拖到第二天清早，而白天能否解决战斗，团指是没有把握的。在这种情况下，团指果断决定打响进攻！在主要进攻方向的第29营引爆爆破筒作为进攻号令后，团、营火力分队同时朝分工的各个目标开火射击，各路进攻部队也在炮火的伴随下实施突破。

在主要进攻方向上，第29营的爆破组只花了10分钟就在铁丝网打开了口子，然后打信号要求炮兵转移火力，继而延伸攻打B碉堡，掩护部队从撕开的口子冲过铁丝网地带，准备爆破炸A碉堡。遗憾的是，爆破组往A碉堡运动时，受到据点内敌火力猛烈射击，伤亡殆尽。连长又命令第一突击组接手攻击，可第一次组织爆破却没有炸响。经过1个小时准备，第一突击组又进行第二次爆破。当爆破手开始跃进时，我军炮兵也朝B碉堡射击。第29营决心以爆破声为号，下令2个突击组出击。然而，这个协调动作出了问题，当我军第一突击组杀进碉堡时，新的爆炸又导致这个组人员伤亡。第二突击组继续前进，至半路受到敌人火力封锁，无法突破自然也就谈不上完成任务，被迫撤了出去。

在第一次要进攻方向上，第322营进行了多次爆破但炸药都没有炸响，因而没法在第2道铁丝网撕开口子。敌人火力打得十分猛烈，322营火力根本无法压住对手。在突破无门的情况下，第322营指只得改变决定，调整部队从碉堡西南方向实施突破。遗憾的是，该营也没有预备爆破筒，因而从西南方向突击也没有突破成功。敌人发现322营的行动后，集中直射火力和炮兵、迫击炮火力，对第322营突破口跟前实施密集封锁。322营副营长重伤，兵力损耗很大，无力继续发展进攻只能撤到外围巩固，并请求团指派兵增援。

第二次要进攻方向由第18营负责，当部队冲到铁丝网跟前时遭敌炮火拦阻而止步不前，连长负伤，副连长接替指挥带部队进行突破，但却偏离突破口折往了敌人工事特别密集的区域，并且用光爆破筒也没能在铁丝网上完全撕开一个口子，部队的战斗队形受敌猛烈射击，副连长也受伤了。副营长只得接替指挥，率部队放下梯子和木板强行冲过铁丝网地带，往碉堡冲击。然而，第18营的支援火力根本没法压住和削弱法军各碉堡火力，导致爆破员往碉堡跃进时受伤。碉堡内守敌还不停从射击口往下砸手榴弹，防范我军接近。在前方的1名排长误把敌人手榴弹爆炸声当成是我军爆破筒引爆的声音，遂向连长报告，连长未经核实就下令突击组冲锋，但部队接近碉堡时却发现突破口根本没撕开，冲击队形反而受到敌人猛烈的火力拦阻，伤亡很大。营指遂命令57毫米无后坐力炮调上去支援，第2突击组又架起梯子，试图爬上去攻击碉堡，可还是没有成功。由于独立战斗，没有得到其他各路部队的协同支援，结果18营受到敌人巡逻艇和战舰压倒火力的射击，副营长牺牲，部队被迫撤到外围巩固。

在第三次要进攻方向，第23营因迷路，直到凌晨3点才在既定阵地展开兵力，接近据点铁丝网时被敌人发现并遭到敌人集中火力压制。支援23营的57毫米无后坐力炮组被敌火力杀伤，营属火力也没法压住敌火力，我军部队伤亡很大无力突破，被迫撤到外围巩固。

到6月7日3点10分，我军各路进攻部队基本都往外后撤巩固，敌人的支援炮兵继续朝我军各个突破区域射击，保卫据点。在这种情况下，团指也认清了形势：经过1个小时战斗，我团4路进攻部队除了主要方向进攻部队撕开了突破口却无力发展进攻外，都没能完成撕开突破口的任务，原因是各个方向的各路进攻部队协同不够密切，给敌人集中火力逐个击破各路部队创造了"有利"条件。现在离天明还有2个小时，我团仍有条件完成任务，只要加强各路进攻部队的统一行动和密切协同与支援，利用主要进攻方向的部队突破了外围碉堡的机会，果断投入第2梯队加强主要进攻方向，继续发展进攻，还是有成功的可能。

在确定天明前解决据点的决心后，第88团命令80营1个连增强给主要进攻方向，其他各路进攻部队调整并巩固剩余力量，等待团指一声号令就继续组织进攻。

4点10分，增援连抵达主要进攻方向的29营指挥位置。第29营营长发现敌炮兵封锁我军，而我军火力根本无法压住敌火力，并且天也快亮了，白天战斗会给我军带来更大的困难，因而向团长提议撤退。

4点30分，在听取了各路部队的报告，了解各部队遇到的困难，及各个阵地长时间受到敌火力打击而伤亡大的情况后，团指决定撤退，各营沿着旧路返回规定的驻军位置。

4点50分，各单位开始撤军，但组织不够密切，队形散乱，干部们也没有密切掌握部队，结果受到敌炮兵追踪射击。部队陷入慌乱之中，导致部队在撤退期间又伤亡了一些指战员，丢失了许多武器和伤兵、烈士遗体，许多单位直到2天后才在指定驻军位置重新集结。

第2次进攻战斗结果：没有掌握敌具体伤亡情况，我军伤亡300名同志。

3. 两次进攻渚高的结果

我军击毙和俘虏敌44人，击伤敌40人；我军负伤415位同志，牺牲和失踪189位同志（Ta bị thương 415 đ/c, hy sinh và mất tích 189 đ/c. 第308步兵师这个战例记载的损失数字和《越南人民军抗法独立战争8卷本》的记载有些许区别）。1951年6月4日第一次攻打渚高据点，越南人民军第88团牺牲29人、负伤174人、失踪85人（hy sinh 29 người, bị thương 174 người và mất tích 85 người），6月6日夜第二次攻打渚高据点牺牲69人、负伤258人（69 người hy sinh, 258 người bị thương），合计两次第308大团共牺牲和失踪183人、负伤432人。对于这次战斗，法军记载也比较详细，相对越南人民军记载的损失，法军宣称的战绩可以说是诚实的。参加战斗的是法军第7殖民地伞兵营13连（越南人民军把法军兵力夸大了2倍），战死8人、负伤31人，消耗105毫米榴弹1180发、60毫米迫击炮弹305发、81毫米迫击炮弹260发，宣称清点敌尸体99具，缴获含1门57毫米无后坐力炮在内的41件武器。

普屯进攻战例（第 308 大团 102 团 11 营，1949 年 6 月 24 日）

一、总体情形

1. 地形

朗普屯是法军在 1896 年建立的一个独立据点，位于老街省保安市朗普县。朗普屯地形相对复杂，周围都是岩石峭壁高山环绕，据点三面环江易守难攻。对我军来说，进攻部队的展开和机动会遇到不小的困难（特别是过江）。

2. 敌情

朗普屯驻军不到 1 个加强连，包括 2 个欧非排，1 个伞兵排，1 个保皇排（指保大军队），1 个民兵排，由 3 名法军军官指挥。

武器装备：2 门 81 毫米迫击炮、2 门 61 毫米迫击炮、1 挺 12.7 毫米高射机枪、2 挺重机枪、6 挺轻机枪，剩下的都是冲锋枪、栓动步枪、手榴弹，他们粮食弹药储备丰厚，足以久战。各碉堡火力点也是多层结构，形成多道交叉火力封锁带，且依托四通八达的交通壕相连，能得到炮兵和航空兵支援。

在朗普屯南面，敌人还布置了一个雷场和三层铁丝网掩护。整个通信系统良好，可以和老街、泸铺、保河等保持密切联系。

白天，敌人组织 3 到 5 人的巡逻队多次在据点周围巡哨，意在提早发现我军动态，对朗普县周围重要的三条公路干线进行重点侦察和埋伏，防范我军进攻。

结论：据点内敌人兵力较多，火力猛，工事系统完善，阵地连环，相对坚固，并可以得到周围据点及后方的支援和掩护，一旦遭到我军进攻可以呼叫空军和炮兵支援。缺点是据点内守敌成分杂没法进行高度战斗协同，过分依靠工事系统，警惕性不高。更重要的是，据点地形相对孤立，遭到我军进攻时必然和后方失去联系。

3. 我情

第 11 营由武安同志任营长，梅仁为政委。编制为 3 个步兵连（120、122 和 124 连）和 1 个炮兵连。装备 2 门 75 毫米山炮（上级加强）、1 具巴祖卡火箭筒、4 门 81 毫米迫击炮、3 门 60 毫米迫击炮、2 门 50.8 毫米掷弹筒、1 挺 12.7 毫米机枪、13 挺轻机枪、130 支步枪，每人还有 7 到 8 枚手榴弹。

上级配属单位：第 54 营负责钳制和分散敌人的力量。

结论：我军兵力和装备都得到了补充与增强，相对满员；干部战士战斗经验丰富，战斗决心高。最大的困难就是战斗准备时间太仓促。

二、组织战斗准备

1. 任务

第 11 营得到 2 门 75 毫米山炮、2 个助战连、2 个步兵连、1 个地方部队游击排加强，任务是进攻朗普屯的守敌，摧毁敌人防御体系的一个支点，创造条件让战役指挥部所辖的主力部队在整个战役地区发展胜利。

2. 打法

隐蔽包围、集中火力压制守敌，用爆破战术逐个消灭敌人的碉堡掩体火力点，采取搭梯方式越过障碍带，拿下各个碉堡和掩体，实现分割消灭的决心。

3. 兵力部署

主要方向：第 122 连在 1 个迫击炮排、1 具巴祖卡火箭筒、1 挺 12.7 毫米重机枪支援下，从南面发动进攻。

第一次要方向：第 120 连从西南方向发动进攻，同时组织一部分兵力在 70 号公路距敌前沿 150 到 200 米处潜伏。

第二次要方向：第 124 连（欠 1 个排）从东南方向展开攻击。

迂回方向：第 124 连 1 个排负责在朗普屯北面迂回，同时准备打击从义都赶来的救援之敌。

火力分队：炮兵、迫击炮在春和班展开，离营指位置不足百米。

三、战斗发展经过、结果和意义

1. 战斗发展经过

1949 年 6 月 24 日 15 点，第 11 营从那荣屯沿着两条路行军：第一路部队是 124 连和 120 连，第二路部队是 122 连、营指、迫击炮分队。利用河滩、树林和溪流掩护，各分队隐蔽行军。

17 点，第 124 连按计划占领了指定阵地，接着修工事，建立阵地，准备进攻。

18 点，营指下令进攻。营迫击炮群和山炮群开始对敌人各个碉堡、火力点开火射击，首批炮弹就命中了一些目标。

当我军的炮兵转入延伸射击时，主要方向的进攻部队迅速用爆破筒在障碍带炸开了突破口。虽然守敌被打了个措手不及，但还是拼命还击。我军各位战士迅速接近目标，用浇汽油的方式彻底烧毁障碍带，接着冲进朗普屯，指战员们使用枪榴弹、手榴弹和冲锋枪，逐个消灭了敌碉堡和掩体火力。然而，敌人却利用残存的碉堡和掩体火力点抱团顽抗并多次组织反击，试图把我军赶出去。

在次要方向上，敌人居高临下，组织火力猛烈射击我军进攻队形，导致一些指战员牺牲，部队没能往纵深发展进攻，各连只好组织战士们依托地形还击，坚守既得阵地，准备打击敌人的反扑。

在迂回方向上，我军打响进攻时敌人陷入慌乱被动状态，我军趁胜拿下 2 个火力点和 3 个碉堡。

面临被消灭的危险情况下，敌人赶紧组织两路兵力，沿着交通壕对我军主要方向的战斗队形实施连续反扑。由于敌兵反扑势猛，我军突入纵深的兵力不多，打敌反扑战斗异常艰辛。为了保全力量，我军只能退到外围，进攻战斗在 6 月 25 日清晨被迫暂停。

接着，营指召开紧急战地会议总结经验教训，发现第一次进攻失败的原因是炮兵火力不够集中，没有准确打击朗普屯中心，导致支援效果不佳。6 月 25 日夜，第 11 营各路进攻部队仍按原定方向重新组织攻击，可夜晚伸手不见五指，各路进攻部队没法辨明方向和识别目标，只能等待天明再打。

6 月 25 日 4 点，营长下令进攻，我军炮兵和迫击炮兵朝朗普屯内各个目标猛烈射击，敌人被迫逃进工事、碉堡，并组织还击。我军使用爆破筒炸塌了两个地堡，压死压伤一批守敌，剩下的被迫举手投降。

6 月 25 日 6 点，战斗胜利结束。我军完全控制朗普屯，缴获大量战利品，并解着敌伤兵俘虏安全撤回集结地。

2.战斗结果

我军牺牲 31 位战士，被打坏 1 具巴祖卡火箭筒，缴获收缴 130 支各类步枪、8 吨弹药、170 千克炸药和 650 枚手榴弹；毙敌 170 人、活捉 34 人。

泸镇①战斗（第308大团102团，1950年1月6日到18日）

一、总体情形

1. 地形

泸镇是老街省保胜县的一个小镇子，位于滔江左岸，西南是低矮的群山，西北是河内——老街铁路，全镇长不到20公里。泸镇南面是宝河县，这是4B号公路和70号公路相交的一个重要交通枢纽。泸镇西偏西北不到15公里，是勤阳（Cam Đường）区。

2. 敌情

泸镇是敌人在老街市的一个重要前哨，控制着我军从越池、富寿到中国边界的各条交通干线。特别是自丢失富朗以后，法军便锐意把泸镇建成一个坚固的据点，在这个据点经常保持2个连约200人的兵力，由加雷尔中尉指挥。

敌人在外围布置三道鹿砦和地雷组成的障碍带，他们还把铁轨和枕木都拆了用来做成高2米的障碍物。敌人还在泸镇内各个要点修了许多碉堡，并合理使用高楼的优势，形成了居高临下用火力封锁我军冲击路线的有利抵抗态势，同时在地面也有不少地道和暗堡。

泸镇南面是法军的野战机场，螺旋桨飞机不断进出，低空飞行，加上机场周围的警戒哨塔保护，他们居高临下可以提前发现和用火力阻止我军的接近。

当泸镇受到威胁时，敌人还可以使用炮兵和航空兵进行支援。白天敌人经常出来巡逻，力争发现我军的动向和尽量控制人民。敌人还经常在我军经过的地方组织伏击，一旦发现我军动向就组织包围消灭或用炮兵、空军轰击。

总的来说，泸镇据点十分坚固，敌人兵力多、火力猛，障碍物系统坚固，视野和射界开阔，可以充分发挥各种火力，受到我军进攻时敌人能迅速展开兵力和火力。

3. 我情

第102团由武安任团长，武朗担任副团长，黄世勇任政委，编制4个营：第18营（平鸽营）、54营（首都营）、69营（越北1区营）、79营（第3联区助战营）

---

① 国内大多数书籍习惯称为"楼铺"，正确翻译应为"泸镇"。

和各个担保分队。

装备：1门75毫米山炮、1门107毫米迫击炮（美制107毫米化学迫击炮）、3挺12.7毫米机枪、6挺重机枪、27挺轻机枪、8具巴祖卡火箭筒、3门81毫米迫击炮、6门60毫米迫击炮、4具枪榴弹发射器，以及若干冲锋枪、步枪、手榴弹和冲锋器材。

团里的指战员参加过许多战役，具有丰富的经验，部队对接受（黎洪峰1号战役）首战任务都感到很兴奋。

二、战斗组织

1. 任务

第102团得到第11营和第40炮兵营支援，任务是消灭泸镇据点，揭开黎洪峰1号战役的序幕。

2. 打法

以佯攻、欺敌的方式，迅速消灭外围守敌，然后直插纵深，灵活创造发展进攻态势，拿下目标。另外，还要组织打击从老街方向赶来救援的敌军。

3. 兵力组织

第18营和第11营在一个工兵排支援下，从东面发动进攻，负责主要方向的突击。

第79营在1个工兵排支援下，从南面方向展开攻击，负责次要方向突击。

第69营在1个工兵排支援下，从约桥直插兵营，制造向中心进攻的假象。

75毫米山炮和81毫米迫击炮，根据团指命令支援步兵。

12.7毫米高射机枪的任务是打击敌机，保护第102团进攻战斗的队形。

第54营担任团预备队，随时准备投入各个方向战斗，同时把7连和8连布置在距泸镇10公里的山海（Sơn Hải），准备打击从老街方向出援的敌人。

第40炮兵营布置在谷潭（Cốc Đầm），根据各个进攻方向的要求实施支援射击，同时还要肩负消灭从老街出援之敌的任务。

三、战斗发展经过和结果

1. 战斗发展经过

1950年1月5日20点，我军各单位从集结位置出发，行军开赴进攻前出发阵地，行军秩序是先侦察兵和工兵开路，警戒兵、第 18 营、11 营、79 营、69 营依次上路，最后是火力分队（第 40 炮兵营）。负责阻援的第 54 营沿着 70 号公路开赴山海布置阵地，准备阻敌。在天色的掩护下，我军行军组织周密，部队严守纪律。至 24 点，各单位全部抵达进攻前出发阵地，然后修工事，建立炮兵阵地，向基层指战员传达作战计划，做好进攻准备。

1950 年 1 月 6 日 17 点，团长武安下令进攻，一开始是 75 毫米山炮和 107 毫米重迫击炮对各个规定目标射击。炮火延伸时，部队迅速发起冲击直插机场，兵分两路攻打泸镇据点：一路拿下泸镇，一路拿下兵营；在兵营附近，敌人进行激烈抵抗，依托高楼和碉堡组织猛烈射击，部队伤亡很大，没法前进一步。

在 79 营方向上，利用炮火准备，工兵迅速用爆破筒同时炸开了突破口，各鹿砦铁丝网障碍带被破坏后，步兵迅速冲进泸镇打下一个桥头碉堡，却受到敌人猛烈射击，没法前进一步。我军炮兵火力无法打掉敌人的碉堡，泸镇的许多墙壁也没法炸塌，导致我军冲击部队没法拿下目标。

在主要方向上，第 18 营和第 11 营只拿下了一些外围的目标。经过 11 个小时地战斗，我军多次冲击均被敌人火力挡住，没法前进一步。

1950 年 1 月 7 日清晨，敌人用炮兵和空军猛烈轰击第 102 团阵地，结合泸镇的守军反击，企图把我军赶出阵地。部队英勇战斗，击退敌人多次反扑，消灭了敌人许多有生力量。

1950 年 1 月 8 日夜，得到火力支援后我军再次组织进攻，第 69 步兵营迅速拿下了敌人的兵营，击毙 15 人，活捉 20 人，余下的敌人逃进了泸镇。

在第 18 营、11 营和 79 营方向，各路进攻部队都被敌人猛烈的抵抗所阻，没法拿下目标。在这种情况下，第 102 团决定让部队撤出阵地，总结经验，准备新的进攻计划。

在我军连续 2 天进攻后，敌人也损失惨重，兵力只剩 60%，虽然他们得到空军、炮兵支援，补给也没有中断，可精神开始慌乱了。敌人从老街派来的援军，也被我军第 102 团 54 营 7 连挡住了，没法救援。利用我军暂停进攻的机会，敌人继续巩固工事和补充障碍物，企图对付我军新的进攻。

对两天进攻经验的总结，团指认为：部队经过几天战斗十分疲劳，损失不小，但兵力还有 85%，足以继续进攻。没有拿下泸镇的原因是我们的火力太分散，没有集中打重要目标，没有压住敌人的火力。全团进行经验总结后，又准备继续战斗。

1950年1月13日14点，我军75毫米山炮、60毫米和107毫米迫击炮同时对泸铺开炮，集中火力攻打敌人各个桥头碉堡。利用火力压制，工兵和第一路进攻步兵迅速放下梯子冲过了壕沟障碍带，试图撕开口子冲进泸镇。经过30分钟的火力准备，各个方向的进攻部队受到敌人猛烈射击，完全没能冲过突破口，许多指战员牺牲。团指赶紧给进攻部队加强兵力和火力，然后继续冲击。经过3小时战斗，我军终于撕开了4个突破口，拿下了一些外围目标。敌人组织炮兵和空军火力拼死抗击，连续轰击我军战斗队形。在这种情况下，团指召开会议和征得大团指同意，把作战方案改为包围分割，切断敌人的接济，创造时机拿下泸镇。

从1950年1月14日到17日，我军各路进攻部队组织包围、狙击，让敌人未能发现我们定下的突破口。敌人飞机对泸镇周围的我军阵地进行狂轰滥炸，然后对守军空投接济，被我军的12.7毫米高射机枪击落1架达科塔运输机，迫使他们不敢大胆低飞轰炸我军阵地。

1950年1月18日，从清晨开始，我军照例在各个方向组织狙击行动，新的一天结束时，敌人还是没有发现有异常，更没有意识到我军准备进攻。

当天9点，敌人一个连从老街出动，在空军和炮兵掩护下组织新一轮的反攻，企图给泸镇解围，却被我军激烈的抵抗所阻。在多次冲锋都没有突破54营7连的阻击后，敌人被迫退却。

18点，第102团对泸镇守敌各火力点进行15分钟火力准备，趁着敌人陷入慌乱的机会，各方向的工兵首先冲上去在障碍带炸开突破口，接着各路步兵发起冲击，迅速拿下泸镇外围各个掩体、火力点、碉堡、战壕，继而往中心区发展进攻。敌人没有进行激烈抵抗，就退入各个地下掩体、工事固守待援。我军工兵们勇敢冲过敌人火力封锁区，用炸药摧毁部分工事，消灭了许多敌人。余敌继续固守地下工事，79营的工兵又用20千克炸药爆破了一个地下工事，炸死部分敌人，迫使剩下的守军举手投降。

1950年1月18日19点30分，第102团完全控制了泸镇。

同一天20点，第102团奉命撤离泸镇。各单位迅速打扫战场，收缴战利品和组织撤退。到20点30分，全团安全返回集结位置。

2. 战斗结果

我军击毙敌 96 人，捕俘 100 人，缴获 8 挺重机枪，1 部电台，42 支冲锋枪、82 支步枪和大量弹药、军需品。

我军牺牲 34 位同志，负伤 62 位同志。〔可武元甲大将在《通往奠边府》这本回忆录中记载的数字却是 100 人牺牲，180 人负伤。《越南人民军卫生勤务史第一册》（Lịch sử quân y Quân Đội Nhân Dân Việt Nam Tập I）第 210 页更是记载，在泸镇战斗中，第 102 团就有 250 多名伤兵（Trận đánh phố Lu, trung đoàn 102 có hơn 250 thương binh），由设在善坊（Thèn Phàng）和奈村的两个手术分站负责救护，可以想见泸镇战斗越南人民军的代价之大。〕

参考书目

［1］Bộ tư lệnh quân đoàn 1. Sư đoàn 308. Lịch sử Sư đoàn 308 quân tiên phong,1949-2009[M]. Nhà xuất bản：Quân đội nhân dân，2009，471

［2］Sư đoàn 312. Lịch sử sư đoan 312, 1950-2010[M]. Nhà xuất bản：Quân đội nhân dân，2010，526

［3］Sư đoàn 304. Lịch sử sư đoàn 304 Tap II[M]. Nhà xuất bản Quân đội nhân dân，1990，400

［4］Thanh Nhàn Nguyễn . Lịch sử Sư đoàn bộ binh 9 1965-2010[M]. Nhà xuất bản Quân đội nhân dân，2010，680

［5］Lịch sử kháng chiến chống Mỹ, cứu nước 1954-1975, tập 7[M]. Chính trị quốc gia，2007，500

［6］Gia Đức Phạm，Hải Triều Lê，Đức Nhuận Hoàng. Lính Trường Sơn[M]. Quân đội nhân dân，1999，351

［7］Đinh Ước Nguyễn ,Lịch sử mặt trận đường 9-Bắc Quảng Trị, 1966-1973[M]. Quân đội nhân dân，2001，520

［8］BỘ QUỐC PH.NG CỤC QUÂN Y – TỔNG CỤC HẬU CẦN（越南国防部总后勤局－卫生局）Lịch sử quân y Quân Đội Nhân Dân Việt Nam Tập III 1969 – 1975[M]. QUÂN ĐỘI NHÂN DÂN，1996，628

［9］BỘ QUỐC PH.NG CỤC QUÂN Y – TỔNG CỤC HẬU CẦN（越南国防部总后勤局－卫生局），Lịch sử quân y Quân Đội Nhân Dân Việt Nam Tập II 1954 – 1968[M]. NHÀ XUẤT BẢN QUÂN ĐỘI NHÂN DÂN，1995，653

《奠边府战役》

抗法战争传奇
越南立国战争
开启东南亚独立崛起运动先河

《神话、谎言和奇迹：溪山血战》

从越美双方视角披露越战声势浩大的围困与
反围困战
140张资料图及作战态势图

《兰山血、广治泪》：从南寮—9号公路
大捷到广治大会战

冷战时期亚洲地区规模最大的火力战役
钢铁火海和血肉之躯的较量

《神话与现实：1975年西贡大捷》

从福隆到西贡
1975年春季攻势纪实
解密南越国军的溃散